上海近代货币竞争

历史与逻辑

余文建◎等著

上海财经大学出版社

图书在版编目(CIP)数据

上海近代货币竞争:历史与逻辑 / 余文建等著. —上海:上海财经大学出版社,2020.7

ISBN 978-7-5642-3500-0/F·3500

Ⅰ. ①上… Ⅱ. ①余… Ⅲ. ①货币史-研究-上海-近代 Ⅳ. ①F822.9

中国版本图书馆 CIP 数据核字(2020)第 056182 号

上海近代货币竞争:历史与逻辑

著 作 者:余文建 等著
责任编辑:朱静怡
封面设计:张克瑶
出版发行:上海财经大学出版社有限公司
地　　址:上海市中山北一路 369 号(邮编 200083)
网　　址:http://www.sufep.com
经　　销:全国新华书店
印刷装订:广东虎彩云印刷有限公司
开　　本:710mm×1000mm 1/16
印　　张:23
字　　数:330 千字
版　　次:2020 年 7 月第 1 版
印　　次:2020 年 7 月第 1 次印刷
定　　价:88.00 元

前　言

当我们跨入21世纪，满怀憧憬地期待美好生活时，偶尔会看到一些小插曲，经济危机、金融欺诈等隐匿其中，这不仅让我们眼花缭乱，更有甚者，让我们深陷泥淖。社会总是在波浪中前行，哲学家这么说，历史也是这么走过来的。今天，只争朝夕的我们，间或调整小憩时，回首一瞥，是否留恋中华民族五千年文明史的过往、农耕秋收时的喜悦、采桑织麻时的满足、稻谷与布匹交换时的单纯，一切都在舒缓和简单中日复一日、年复一年。即使人们想尝试改变生活中的不易，在寻找贝壳、锻造金属中不断摸索，生活依然安详平静，鲜有尔虞我诈和五彩缤纷的“肥皂泡”。庞大的农业社会按照既有的节奏，一朝复一代，将国家、社会和人民以及维系他们之间的经济关系缓慢地推进到19世纪末。最终，在机器、资本和炮火中，我们社会的每一个细胞都实现了不曾有过的历史性蜕变和跨越，包括我们已经使用了千年的货币。

我们自豪地享受悠久的文明历史，也痛苦地经历过动荡不安。所有的过往，均是我们当前得以飞速发展、顺利赶超的丰富经验和教训。当发达的美国经济由于“次贷危机”的冲击而高位降速、欧盟的进一步融合由于各国发展不均衡而停滞不前时，我们仍然有充足的自信、丰富的经验克服各种困难和挑战，继续“中国梦”的追求，谱写中华民族新的篇章。在错综复杂的国内外社会经济发展中，我们已经非常显著地意识到，金融在其中发挥的或积极或消极的作用。社会经济快速发展时，金融发挥了不可或缺的推动作用;社会经济发生局部或系统性危机时,也总是能够窥见金融的消极身影。我们终于明白,“金融要为实体经济服务,满足经济社会发展和人民群众需要。金融活,经济活;金融稳,经济稳”。

相对于漫长的人类历史而言,金融的产生相对较短,不过数百年。但是考察金融所包含的最基础要素——货币的历史,则又可以向前追溯几千年。一个显著的事实是,在过去数千年中,受农业社会为主导的社会经济结构影响,人们活动范围相对狭小、社会产品相对简单、社会整体经济总量相对有限,使得货币的产生、演变和发展相对缓慢。当农业社会过渡到工业社会后,交通工具将人们的活动半径大大延伸,机器生产大大提高产品数量、丰富产品品种,社会的经济总量成倍上升,金融作为经济运行的血脉,其核心和基础的货币则在形态上迅速发生演变,并相应出现适应新模式的制度性安排,更进一步地,不同国家利用所掌握的自然资源、社会资源及制度性优势,在国际竞争中获得巨大的收益。

从1911年清朝政府从历史舞台谢幕,至1937年前后日本军国主义发动对华全面战争,短短30年不到的时间里,上海作为中国被迫开放最早的港口城市,其经济金融的发展、货币的演变和竞争远远超过有史记载的精彩和复杂。单就货币及其竞争而言,清末民初较短的时期内,主要表现在不同形态货币本身之间的竞争和不同发行主体为争夺货币发行权的竞争。从货币形态竞争角度分析,由长期使用的货币银两过渡到银元①,进而过渡到各种各样的兑换券,并迅速地被信用货币所替代,于二三十年间完成三千年未曾发生过的变革;从货币发行权竞争角度分析,则更为纷繁芜杂,甚至刀光剑影,为争夺货币发行权,不同财阀集团、地方政府、中央政府以及外部入侵势力和外国政府相互竞争,关系错综复杂。历史的车轮无论快慢,总是压倒性地向前进,在中华民族集体智慧和不懈努力下,我们在短短时间内完成了货币的演进和统一,建立了自己的中央银

① “银元”是银质圆形货币的统称,亦有文献称之为“银圆”,长期以来,“元”和“圆”在学术上存在混用现象。本书引用的史料以及实物图片用“圆”;其他没有特别说明之处,为尊重习惯则统一用“元”。

行，并在内外交困的环境中创造了远东金融中心的辉煌。当我们在为上海国际金融中心取得建设成就而自豪时，还能依稀看见这个城市百年前摩肩接踵的喧嚣和夜空下闪烁的霓虹灯，彼时的上海已具有活跃的货币市场、证券市场、汇兑市场、标金和条银市场，金融市场功能完备，全国利率和多种金融资产行市依上海变动，经营近代金融业的人才、信息和设备已臻齐全。

深入分析上海近代货币竞争问题，我们才能够更好地看清来时的路、照亮未来的路，不忘初心，继续前进。对于不同形态货币之间的竞争，马克思在其著作中进行了深刻的剖析。马克思认为货币首先是商品，然后再是从商品中分离出来的固定充当一般等价物的特殊商品，随着这些特殊商品的价值尺度、流通手段、储藏手段、支付手段和世界货币职能的逐渐显现和发挥，货币也就从贝壳、布匹等逐渐发展为金、银和当前普遍使用的信用货币。清末前后，我国主要实行银本位货币制度，银两作为主要的货币，在交易结算、税收征缴以及财富积累等方面发挥了主要的作用；由于银两的成色、重量和形状等差异，不同地方使用的银两大相径庭，对于商品流通和经济发展均带来显著制约。伴随国际贸易而引入的银元在克服称量货币诸多不足方面呈现出明显优势，随后西班牙“本洋”、墨西哥“鹰洋”，以及清政府的“龙洋”、北洋政府的“袁大头”等各类银元依次登场，在特定时期发挥了重要作用。直至南京国民政府在1933年和1935年先后强有力地实行“废两改元”和“法币改革”，最终才将市场上流通的来源不一、种类多样的金属货币统一到政府发行的单一“银元”，进而再由银本位制度的“银元”货币跳跃式地演进至政府信用背书的信用货币，实现与世界主流国家货币制度的接轨。

对于有关货币发行权之间的竞争，多集中于当代货币制度下的信用货币发行权之间的竞争，比较有代表性的理论是自由货币竞争理论、货币替代理论和最优货币区理论。自由货币竞争理论重新解读劣币驱逐良币的“格雷欣法则”，提出废除政府对货币发行权的垄断，改由私人发行货币并进行相互竞争。货币替代理论建立在开放经济条件下，基于便利交易、预防风险以及机会成本等动机,表现为一种货币对另外一种货币的替代或一种资产对另外一种货币的替代。最优货币区理论从固定汇率制度与浮动汇率制度,以及货币一体化的角度阐述货币竞争,提出在一定区域内使用最优的单一或多元货币,区域内货币之间保持固定汇率,但与区域外的货币实行浮动汇率,并最终实现区域内外的货币平衡。通常理论来源于实践,不同的实践催生和孕育出大相径庭的理论。将自由货币竞争理论与清末民初上海的货币竞争现状进行比对,我们可以发现二者有诸多相似之处,中央政府不能够完全垄断货币的发行,包括地方政府、不同财阀甚至国外势力和政府,各类发行主体、数十种货币在上海这个舞台上进行充分的自由竞争,纷繁复杂的货币竞争最终在一定程度上对"远东金融中心"的形成发挥了推动作用。今天,我们清醒地认识到,上海近代"远东金融中心"的形成是多种因素共同作用的结果,包括封建体制的坍塌而释放出的各种活力、主要资本主义帝国忙于欧洲利益的争夺而无暇东顾、民族资本主义的兴起等,同时也应该充分肯定"自由货币竞争"的现象对于特定时代背景下"远东金融中心"的形成同样发挥了不可或缺的作用。但是,我们也必须认清,清末民初的"自由货币竞争"并非是主权政府或社会大众的自主选择,而是被一系列战争和不平等条约所胁迫的结果,正因如此,看似繁华的"远东金融中心"只是昙花一现,必然随着战争和侵略的加剧而烟消云散,并不能像伦敦、纽约金融中心那样经风雨而不衰败。

乱世出英雄,竞争出英才。清末民初上海货币竞争中,还涌现出一批杰出的金融人才,为推动货币竞争顺应历史发展趋势敢为人先,为维护国家和民族利益做出了不可磨灭的贡献。他们大多拥有海外留学经历,具有较高的文化素养和丰富的现代经济知识。北洋政府时期,张嘉璈、宋汉章等银行家在抵抗"停兑令"中表现出的专业素养和魄力,为中国银行上海分行发行纸币的信誉奠定了基础、收获了人心,宋、张二人也被誉为"有胆识、有谋略的银行家"。此外,作为江浙银行家的主要代表人物之一,陈光甫于1915年创办上海商业储蓄银行,始终以"顾客至上,服务社会"为宗旨,并创造了中国金融史上多个"第一",被誉为"中国的摩根"。再如交通银行张謇、钱新之，浙江兴业银行徐寄庼，浙江实业银行李铭等银行家，均在致力于银行现代化、建立上海造币厂、实行币制改革中发挥了重要的作用，直接或间接地推动了上海近代货币竞争进程。

在同时期的货币竞争过程中，另外一种不容忽视的力量是钱业公会和银行业公会两个行业组织。1915 年，以中交两行为首的 7 家华商银行发起筹建银行公会，时称“银行业午餐会”。1918 年，上海银行公会正式成立，并创办《银行周报》。《银行周报》不仅在传播西方经济学、银行学的理论知识和成功经验方面做出了卓越贡献，还对国内实行“废两改元”、筹建造币厂、创设征信所、组建票据交换所等提出了改革建议，在推动国内银行业、金融基础设施逐步发展成熟方面起到了积极作用。1920 年，上海银行公会制定了《上海银行营业规程》，刊发了旨在规范业务用语并与国际金融业务接轨的《银行会计科目名词研究》，改变了银行业自由散漫发展和无序竞争的状况，对维护上海银行同业利益和金融秩序稳定、建立行业制度规范和促进上海金融中心形成，均起到了积极的推动作用。对内，上海银行公会在服务实业、参与社会公益事务等方面发挥了重要的作用；对外，上海银行公会在与外国银行势力的竞争中，就赎回胶济铁路、收回关税存放权和筹建上海造币厂等事件，表现出强烈的爱国主义情怀和社会责任感，成为国家银行乃至华商银行参与货币竞争的重要据力点。钱业公会在维护钱庄利益、推动早期的货币竞争中同样发挥了重要的作用。

在快速发展的今天，创新是推动社会进步的关键核心，金融领域同样也需要不断创新。2009 年，采用区块链技术、不受任何政府和中央银行控制的比特币在互联网产生，并迅速成为人们关注未来货币形态的热点。诚然，比特币的产生是货币形态在货币历史长河中的一次创新，对于未来中央银行法定货币研发具有较大的借鉴作用。但与此同时，依托互联网快速发展的各种电子货币鱼龙混杂，其中不少打着区块链技术旗号，先后通过 ICO（首次代币发行）、IFO（首次分叉发行）等变形术，大搞虚拟货币融资，投机炒作盛行，这不仅涉嫌非法集资、金融诈骗等违法犯罪活动，而且对人民币法定货币地位带来挑战,冲击了国家货币发行权。我们梳理清末民初上海货币竞争的历史,不仅可以看到遵循历史发展规律的货币形态演变,而且还要深刻领悟为了国家和民族的独立富强而开展的错综复杂甚至刀光剑影的货币发行权的争夺。所有这些,对于当前我们研发法定数字货币,顺应历史发展趋势、夺取未来国际货币话语权具有显著的启发意义;让我们对牢牢掌握法定货币发行权、确保内外经济的稳定健康发展有了更加清醒的认识;对于我们把握"一带一路"倡议更好地推动人民币国际化、加快上海国际金融中心建设,同样具有现实指导意义。

以史为鉴,鉴古知今。本书从史学角度分析,以经济金融特别是货币为研究切入点,在某种程度上弥补了金融史和上海地方史的空白。但也存在一些不足,如对汗牛充栋的史料和档案搜集整理仍有不到之处,故而对某些方面的研究和剖析不够深入;本书将研究时期和地域限定在清末民初的上海,然而一些货币经济现象跨越时间较长、涉及地域较广,就难以在时间和空间上做显著的割舍和区分。从经济金融角度分析,本书的借鉴意义相对更明显,当前大部分专家学者将主要精力集中在对西方发达国家经济金融的研究,以期指导当下的中国实践,本书却将研究视角切换到我们自身曾经走过的道路,在重拾民族自信、文化自信的同时,从自身历史过往中挖掘指导符合中国特色国情的发展经验。因此,本书无论是在史学领域还是经济学领域,无论是对于理论研究者还是对于实务从业者,均具有较大的启迪意义和借鉴作用。希望本书的推出,能对史学研究者和金融从业者有所裨益。

目　录

前言/001

第一章　绪论/001

第一节　研究背景及意义/001

第二节　货币的本质和货币竞争的定义/002

一、货币的本质/002

二、货币竞争的定义/005

第三节　货币竞争相关理论评述/007

一、马克思政治经济学关于货币竞争的分析/007

二、西方经济学关于货币竞争的分析/009

第四节　文献综述/017

一、一般货币通史的相关研究/017

二、有关近代货币的档案史料/020

三、涉及货币竞争的专题研究/022

第五节　研究思路及创新点/027

一、研究思路/027

二、创新点/028

第二章　清末民初上海政治经济形势/030
第一节　错综复杂的政治形势/030
一、迅速发展的国内政治势力/030
二、此消彼长的外部入侵政治势力/033
第二节　迅速发展的经济金融/036
一、贸易的发展及贸易中心地位的确立/037
二、制造业的发展及工业中心地位的形成/041
三、金融业的发展和金融中心地位的建立/044
第三节　各时期货币制度及影响/053
一、南京临时政府时期/053
二、北洋军阀时期/055
三、南京国民政府时期/059
第四节　近代上海影响巨大的金融风险事件/061
一、中交两行挤兑事件/061
二、白银外流危机/068

第三章　金属货币竞争与废两改元/075
第一节　上海近代金属货币概况/075
一、银两与银两制度/075
二、银元与银元制度/085
第二节　上海近代金属货币竞争概况/100
一、银两之争/100
二、银元之争/104
第三节　废两改元/107
一、废两改元的必要性/107
二、废两改元的酝酿和筹备/110
三、废两改元的具体实施/113
四、废两改元的影响和意义/114

第四章　纸币竞争与法币改革/118
第一节　上海纸币流通概况/118
一、纸币的种类/119
二、纸币总量及结构/142
三、纸币的流通和使用/146
第二节　上海纸币竞争概况/148
一、国外势力的纸币发行与竞争/148
二、国内势力的纸币发行与竞争/155
三、国内外势力之间的货币竞争/175
第三节　法币改革/178
一、白银风潮及其影响/178
二、法币改革的酝酿和实施/181
三、法币改革的影响和意义/185

第五章　中央银行的初创与货币发行权的归一/194
第一节　近代中国中央银行的萌芽/194
一、近代世界中央银行的产生/194
二、近代中国中央银行萌芽/197
第二节　近代中国中央银行的建立/205
一、国民政府对中央银行的认识/206
二、国民政府对中央银行的早期实践/207
三、上海中央银行的成立/211
第三节　中央银行对货币竞争的影响/218
一、中央银行建立及其改善国内货币竞争混乱状况面临的困难/218
二、中央银行统一货币发行权采取的措施及其影响/220

第六章　货币竞争中的人物与行业协会/235
第一节　近代货币竞争中的人物及其货币思想/235

一、货币本位竞争中的人物思想讨论/235
二、货币竞争变革中的重要思想理论/241
三、货币管理发展中的创新思想理论/246
四、从人物思想看货币竞争变革必然趋势/249
第二节　近代货币竞争中的行业协会及其作用/251
一、上海市银行业同业公会/251
二、上海钱业公会/263

第七章　货币竞争国际经验比较/271
第一节　美联储成立与美国货币统一的进程/271
一、美国中央银行制度的建立和特点/271
二、美国货币竞争与货币统一的螺旋发展/273
三、借鉴与启示/275
第二节　主要货币的国际化道路/276
一、英镑的兴起与衰落/276
二、不可阻挡的美元国际化/281
三、并不成功的日元国际化/283
四、前途未卜的欧元国际化/286
第三节　主要国际中心的形成经验/289
一、国际金融中心的形成历程/289
二、货币竞争对国际金融中心形成的作用和影响/297

第八章　启示与建议/300
第一节　上海近代货币竞争的启示/300
一、经济发展对货币形态演变的客观要求/300
二、政府积极参与货币竞争并引导竞争的发展方向/301
三、发行制度变革对纸币信誉的提升/302
四、中央银行制度从萌芽到基本确立/303
五、金融风潮对货币竞争的集中考验/304

六、上海远东金融中心崛起的催化作用/304
七、银行家等金融人才的推动作用/305
八、银行公会等同业组织的积极作用/306
第二节　基于上海近代货币竞争研究的政策建议/307
一、增强人民币国际竞争力，提升人民币国际化程度/307
二、建设在岸人民币市场，助推上海国际金融中心形成/315
三、维护币值稳定，打好防范化解系统性金融风险攻坚战/324
四、加强中央银行数字货币研发，牢牢掌握货币发行权/334

参考文献/342

后记/355

第一章　绪　论

第一节　研究背景及意义

货币竞争在货币发展的历史长河中，与货币的产生相伴相生，这种竞争存在货币形态的演变、货币发行权的博弈、货币主权的争夺等。有些竞争是货币发展演变的必然，对于经济社会的发展起到显著的促进作用；有些竞争是对货币现象和本质认识的深化和提升，是一种螺旋上升的历史发展过程；还有一些竞争充斥着政治、军事或经济利益诉求，对人类社会的发展起到了极大的阻碍作用。

当前，人民币作为我国法定货币，在促进经济金融发展、维护社会稳定和谐等方面发挥了不可或缺的作用，但是各种货币竞争现象依然存在，其竞争过程和结果也将对经济社会的发展带来巨大影响。一是包括支付宝、微信等在内的非现金支付工具迅猛发展，在某些领域已经发挥了重要的支付作用，零售领域非现金对现金的替代效应显著发挥，在一些发达城市，这种替代效应已经由“增量替代”过渡到“存量替代”。二是包括比特币、Libra 等在内的各种民间数字货币蓬勃发展、方兴未艾，在互联网领域的交易、投资或投机如火如荼，其中有些尝试是货币历史进程中的创新，而有些行为却是名不副实会对社会和个人带来巨大损失。三是在“一带一路”倡议下，人民币必将随着“一带一路”国家走向世界，成为世界货币，实现人民币的国际化,这将不可避免地与已有国际化货币产生竞争。四是在建设上海国际金融中心进程中,人民币在岸金融中心将会成为上海国际金融中心的主要内容之一,人民币作为竞争的主要参与主体,努力提高相关基础设施服务水平、提高人民币的话语权需要对诸多方面进行完善。

1911 年,辛亥革命爆发并成功推翻两千多年的封建帝制,这为中国工商业经济的快速发展创造了必要的条件。在随后的时间至 1937 年抗日战争的全面爆发,上海在各国租界经济的基础上,迅速发展并逐步成为远东金融中心。这一时期的货币演变发展和竞争,在历史长河中虽然跨度极短,但在形式上却极为复杂、在内容上也相当丰富,几乎将不同货币形态之间的竞争、中央政府与民间力量就货币发行权之间的竞争、国内外货币主权之间的竞争等各层次的货币竞争演绎得淋漓尽致。梳理和借鉴这一时期的货币竞争历史,不仅有助于我们正确认识和对待当前蓬勃发展的非现金支付方式以及数字货币技术,维护经济金融稳定繁荣;而且也有助于我们贯彻落实国家战略,从前人的实践中寻找智慧结晶,对加快推动"一带一路"倡议、人民币国际化以及上海国际金融中心建设,均具有极大的借鉴意义。

第二节　货币的本质和货币竞争的定义

一、货币的本质

对货币本质的探究是研究货币竞争问题的基础,但目前理论界尚无公认的权威定义,主流的货币本质定义分为两个流派,即演绎的货币定义与经验的货币定义。演绎的货币定义侧重于从货币职能入手探讨货币本质:凯恩斯认为是"流动性",列兰德・伊格尔认为是"普遍接受性",本杰明・弗里德曼强调"购买力的暂栖场所",卡特和巴丁顿认为"货币是金融体系中最具有流动性的金融资产”。[①] 经验货币流派则采用了彻底的工具主义态度对货币进行定义:米尔顿·弗里德曼推崇“理论以计量为依据而不是计量以理论为依据”,认为凡是通过计量验证与GNP之间存在着稳定关系的金融资产就是货币;其他一些经济学家也相继从“利率弹性一致”“相互具有高替代性”等要求出发,从计量角度定义货币。[②] 然而,这些定义只是针对货币个体和表象的界定,没有深入货币所涉及的社会的、制度的、技术的因素,所以不能完全揭示货币的本质。

马克思从生产关系着手探讨货币的本质,指出“货币不是东西,是一种社会关系”,是“隐藏在物后面人的关系的表现形式”,从而给出了研究货币本质的切入角度。[③] 骆玉鼎(1998)、褚俊虹等(2002)、王玉峰等(2003)都从交易货币化和货币演变史角度展开研究,认为货币的本质是信用,具体包括普适性信用、中间人信用和强权者信用,并指出“货币竞争与货币流通区域问题可以从信用的消长及信用的覆盖区域等方面着手分析”[④]。古典经济学家认为货币产生于交易货币化过程中,最初的物物交换中存在“需求双重巧合困境”[⑤]和“商品计价困难”[⑥],交易媒介的出现和交易货币化解决了上述两个问题。货币信用本质观的基本逻辑是,货币化交易是一种间接交易,货币的出现既导致了交易的断裂,又实现了交易的维系。货币之所以具有这种特性,得益于社会人群中的信用关系或信任结构,它使多种交易媒介最终收敛到一种媒介上而形成真正的货币。如果缺少了信用因素,那么货币在断裂的交易中就无法同时发挥维系的

---

① [英]卡特,巴丁顿.实用银行财政学[M].姚念慈等译.北京:中国金融出版社,1984:42.

② 骆玉鼎.交易货币化与货币的信用本质[J].财经研究,1998,(9):22－27.

③ 马克思,恩格斯.马克思恩格斯全集(第4卷)[M].北京:人民出版社,1974:119.

④ 骆玉鼎.交易货币化与货币的信用本质[J].财经研究,1998,(9):22－27.

⑤ 亚当·斯密在《国富论》中提到了屠夫、酿酒师、面包师之间直接交换的困难,杰逢士(Jevons)将之表述为“需求的双重巧合”矛盾(Double Coincidence of Demand),货币就是为了解决这一矛盾而出现的。这一说法至今仍是大多数教科书对货币起源问题的标准解释。

⑥ 马歇尔曾论及,如果交易中不存在货币,那么价格的标示将成为大问题:一个具有N种商品的交换经济中,价目表将包含N(N+1)/2个项目。这许多价格条目将会给交换带来极大的困难。

作用。

自亚当·斯密以来,经济学家在研究货币问题时,通常以交易货币化为切入点。当代经济学家主要从两个方面对交易货币化和货币的产生进行解释:一是布伦纳和梅泽尔(Brunner & Meltzer,1971)分析了交易成本、信息与不确定性,认为公众寻求信息成本最小化的交易媒介的过程导致了交易货币化,一方面公众获取不同商品的边际信息成本不同,另一方面特定商品的边际信息成本随着公众对其使用的增加而下降。当直接交换转换为具有多个中间商品的间接交易链,且中间商品逐渐收敛到某一种特殊商品时,间接交易链最短,交易成本最小,该商品便成为货币。[①] 二是欧(Oh S.,1989)认为在货币产生之前,一些具有"相对普遍性"的中间商品进入间接交易链的概率相对较大,并逐渐具有"自我肯定"[②]的性质,当相对普遍性量变进而质变为普遍接受性时,这种交易媒介就固定充当货币。[③] 欧还提出"自我肯定"的特质已触及货币形成过程中的信任和信用因素,最初这种信任是建立在对商品自然属性的基础上。从本质来说,决定交易媒介可行性的就是这种相信交易媒介在未来交换时不会为他人所拒绝的心理,这种心理就是对物品的"普适性信用"。

对于多种交易媒介是怎样最终收敛到一种或几种商品的,马克思指出"有两种情况起着决定性作用,货币形式或者固定在最重要的外来物品上……或者固定在本地可让渡财产的主要部分如牲畜这种使用物品上"。[④] 一方面,就最重要的外来物品而言,主要体现的是交易者对强权的信任,即"强权者信用"。历史上各类君王、奴隶主、氏族首领等强权者都有接受各番地、异域进贡物品的传统,外来物品的稀缺性和强权者对其

---

① Brunner K,Meltzer A H. The use of money: money in the theory of an exchange economy[J]. American Economic Review,1971,(61):784—805.

② 中间商品的"自我肯定"性质,即如果知道其他人会选择某一商品作为交易媒介,则我也会选择它。

③ Oh S. A Theory of a Generally Acceptable Medium Exchange and Barter[J]. Journal of Monetary Economics,1989,(23):101—119.

④ 马克思. 资本论(第一卷上册)[M]. 北京:人民出版社,1975:107.

掌控力促进了货币的诞生，公众则因履行纳贡义务，将强权者需求内化为个人需求，即人们在交易中愿意接受外来物品的信心源自强权者信用。另一方面，本地可让渡财产主要体现的是对中间人的信任，即“中间人信用”。随着商品交易的发展，某些交易者开始充当专业化的中间人，他们通过“兑入”和“兑出”本地可让渡财产的主要商品获利，公众对这种商品作为支付手段的信任最终是由中间人信用维系的。

货币正是伴随着人类社会的发展，由普适性信用、中间人信用、强权者信用结合在一起，相互交叉、相互影响，从而逐渐产生和演变。

本书沿用货币信用本质观，认为货币是一种能提供一般购买力的信用，在此基础上研究分析上海近代货币的演变和竞争过程。戴建兵(2005)认为，近代中国货币实质上是一种“白银核心型”货币体系，其核心是银两和银元，第二层次是银角，第三层次是以银元、银两、银角标明价值且有准备的银行券，第四层次是以上海钱庄发行的庄票为代表的、依赖白银隐形支撑的商业或金融票据，第五层次是铜元，第六层次是各省银行及私人钱庄发行的铜元券，最边缘层次是军用票及各种无准备的纸币。这种繁杂的货币体系一直持续到 20 世纪 30 年代，此后经过 1933 年“废两改元”和 1935 年“法币改革”两次重大的币制改革，发展为统一的信用货币——法币。为突出重点、简化分析，本书选取银两、银元、银行券、庄票、法币作为货币及其竞争的主要研究对象。

二、货币竞争的定义

从货币的本质出发便于对货币竞争做出定义。货币的本质是信用，这集中体现在货币所具有的内在或外在的信用担保。本书认为，货币竞争和货币演变是内在信用关系发展和外在技术革新的共同结果，货币的信用风险递增和交易成本递减是货币竞争发展的两大规律。

具体而言，上海近代的货币竞争和演变包含四方面内容。一是银两作为足值货币，以其自身的内在价值作为信用担保形式，冶炼技术的产生是金属货币取代实物货币的技术因素。二是银元作为不足值货币，历史上经历了由地方财阀、地方政府到中央政府铸造的发展过程,从而在对银元自身价值的信任之外,增加了财阀和政府信用作为外在信用担保,但两者之间仍以货币自身价值的信用担保为主。此时,冶炼技术的进一步发展是金属铸币取代称量货币的技术条件。三是银行券和庄票作为可兑换的纸币自身并无价值,其信用关系,首先是对与之存在兑换关系的贵金属的信任,其次是对发行机构的信任,由于兑换关系由发行机构维系,因此两者之间以发行机构的信用担保为主,此时的发行机构为钱庄、银行等金融中介,属于中间人信用。这里,造纸术的出现是纸币取代金属货币的技术条件。四是法币作为不兑换的纸币,既无内在价值,也不与贵金属存在兑换关系,因此完全以发行机构信用为担保,此时的发行机构是中央政府,属于强权者信用,即国家信用。这一阶段,造纸术、印刷防伪技术的进一步发展为纸币信用的扩张提供了技术条件。

表 1—1　　货币竞争的内在逻辑

货币形态	特征	信用关系	信用风险	技术革新	交易成本
银两	足值货币	对货币自身价值的信任(普适性信用)	最低	冶炼技术的产生	最高
银元	不足值货币	对货币自身价值和发行机构的信任(普适性信用+强权者信用,以普适性信用为主)	较低	冶炼技术的进一步发展	较高
银行券、庄票	自身无内在价值,与贵金属存在兑换关系	对可兑换货币自身价值和发行机构的信任(普适性信用+中间人信用,以中间人信用为主)	较高	造纸术的出现	较低
法币	自身无内在价值,与贵金属不存在兑换关系	对发行机构的信任(强权者信用)	最高	造纸术、印刷防伪技术的进一步发展	最低

由此可见，货币竞争的实质是技术革新背景下，新的信用关系取代旧的信用关系的过程。在这一过程中，信用关系由普适性信用向中间人信用、强权者信用的高级形式发展，信用的执行力和覆盖面不断拓宽，交易媒介最终收敛到单一货币形态。一方面，随着信用担保主体的逐步外化，相应的信用风险递增，表现为当银行、钱庄经营不善或政府信誉下降时将出现挤兑风险，极端情况下，社会信用关系甚至将倒退回以金属货币内在价值作为信用担保的普适性信用①；另一方面，随着技术革新、货币的便携性和交易流通速度不断增加，交易成本递减。两者之间，技术革新和交易成本降低往往是经济社会发展到一定阶段的客观要求和先决条件，新的信用关系则是为了适应技术革新而产生的社会关系和制度变革，从而在货币层面实现社会的、制度的、技术的统一。

综上所述，本书将“货币竞争”定义为各类市场主体出于各自利益考虑，对不同信用风险下的信用关系和不同交易成本下的技术革新的动态选择过程。由于货币的产生是社会的、制度的、技术的因素综合作用的结果，参与货币竞争的市场主体不仅包括商业机构、企业或个人，还包括政府（国内外政府、中央和地方政府），即政府及其币制改革也应纳入货币竞争的范畴加以考量。

第三节 货币竞争相关理论评述

一、马克思政治经济学关于货币竞争的分析

马克思在《政治经济学批判》和《资本论》中全面深刻地论述了货币的起源、本质和职能，正确揭示了货币流通规律，并科学阐述了货币形态的发展。一是在货币的起源方面，马克思以劳动价值论为基础，指出货币首先是商品，具有价值和使用价值，但货币不是普通商品，而是从商品中分

---

① 现实中，强势货币出现贬值甚至崩溃时，往往伴随着黄金升值，这就说明公众偏好从强权者信用向普适性信用的逆向转变。

离出来的固定充当一般等价物的特殊商品,体现着商品生产者之间的社会生产关系,从而阐明了货币的起源。二是在货币职能方面,马克思认为货币有五大职能,即价值尺度、流通手段、贮藏手段、支付手段和世界货币,前两种职能是货币最基本的职能,后三种职能是随着商品经济的发展从基本职能中派生出来的。三是在货币流通规律方面,马克思认为在实物货币条件下,流通中的货币必要量等于待实现的商品总量与商品价格之积除以货币流通速度的商,而纸币是实物货币的符号,服从于上述规律。

马克思的货币理论又称为商品货币论,他认为货币起源于商品交换的发展,具体分为四个阶段。第一阶段是简单的价值形式。它存在于交换双方都有剩余产品的原始社会末期,商品的价值以另一种商品按一定比例相对表现出来,这时的商品交换具有很大的偶然性,不能适应商品经济不断发展的要求。第二阶段是扩大的价值形式。随着生产力的发展和社会分工的出现,商品交换成为一种经常性的、有规律的社会现象,每一种商品不再是偶然地和另一种商品交换,而是经常地与其他许多种商品交换;其价值不再是由另一种商品表现,而是由许多种商品来表现。但物物直接交换模式下,人们往往需要通过若干次中间交易才能换到所需要的商品,这给商品交换的发展和扩大造成极大的制约,进而要求价值形式的进一步发展。第三阶段是一般的价值形式。物物交换的局限性,使人们在市场上极力发现一种进入交换的次数最多的商品,这种商品表现为所有商品的一般等价物,其使用价值是人们共同需要的,直接的物物交换进而变成由一般等价物为媒介的间接交换。第四阶段是货币的价值形式。一般等价物的出现,解决了物物交换的矛盾和困难,但由于充当一般等价物的商品还不是固定的,这必然阻碍商品交换的进一步发展。因此,人们逐渐地在一个部落、民族、国家等较大的范围内将一般等价物统一起来,这种固定化了的一般等价物就是货币。

马克思的货币理论可以较好地解释历史上商品货币的演变和竞争。商品货币又分为实物货币和金属货币。实物货币的演变过程体现了货币竞争的内涵。一般来说,游牧民族最早以牲畜、兽皮等作为货币,而农业民族以农具、五谷、布帛、陶器、珠玉、海贝等充当最早的货币。但这些实物货币的自然属性并不利于货币职能的发挥,如牛、羊、猪等牲畜不能分割,刀铲等农具笨重,五谷会腐烂,布帛、陶器易损坏,珠玉稀少。交易媒介最后集中到"贝"的实物货币,海贝不仅可作饰品,有使用价值,还便于携带与计数,因此在长期的商品交换中逐渐演化为主要货币。我国最早的货币起源于商朝的贝币,随着商品交换的发展,天然海贝无法满足人们对货币的需求,于是便出现了铜仿贝币,从而实现了由自然货币向人工货币的一次重大演变。随着人工铸币的大量使用,铜铸币取代了海贝,货币形态也更便于商品交换,货币交易成本随之降低。

实物货币之所以随着商品经济的发展逐渐退出历史舞台,根本原因在于实物货币自身属性的缺陷:或体积笨重、不便携带;或质地不匀、难以分割;或容易腐烂、不易储存;或大小不一,难以比较。实物货币被金属货币所替代是商品交换和贸易发展的必然。经过长期的社会实践,人们发现,金银具有充当一般等价物的自然属性:质地较均匀,容易分割,便于携带和保管。于是世界各地的人民不约而同地选择金银充当一般等价物。金银作为固定充当一般等价物的特殊商品,不仅体现了货币的演变发展,也是商品货币竞争的最终结果。

二、西方经济学关于货币竞争的分析

与马克思货币理论主要以实物货币币材的竞争为研究对象不同,西方经济学关于货币竞争的分析虽然也涉及金属货币的竞争,如金银双本位制下劣币驱逐良币的格雷欣法则(Gresham's Law)①,但更多的是以现代货币制度下的信用货币体系为研究框架,其最具有代表性和影响力的是自由货币竞争理论、货币替代理论和最优货币区理论。

---

① 格雷欣法则以最朴实的经济现象展示了货币之间的竞争关系,是指两种实际价值不同而名义价值相同的货币同时流通时,实际价值较高的货币(即良币)必然退出流通——它们被收藏、熔化或被输出国外;实际价值较低的货币(即劣币)则充斥市场。

(一)自由货币竞争理论

哈耶克(Hayek,1976)在《货币的非国家化》中对货币竞争问题进行了系统的研究,颠覆性地提出废除货币发行权的政府垄断,由私人发钞行之间的自由竞争机制取而代之,这种构想被称为自由货币竞争理论。

1. 理论内涵

哈耶克认为,“因为劣币有驱逐良币的趋势,所以需要政府垄断货币发行,这是对格雷欣法则的误解”“格雷欣法则只适用于法律强制规定几种不同的货币之间维持固定兑换率”。[①] 如果兑换率是可变的,私人银行发行的货币之间可以自由竞争,则币值稳定、质量优良的“良币”就会驱逐“劣币”,最后会在不同货币之间竞争出一种最佳货币。哈耶克进一步指出,“私人货币赖以生存的基础是人们对它的信任,这种信任与目前所有私人银行赖以生存的储户对它的信任没有区别”。[②] 如果发钞机构不能保持其发行货币的币值稳定,其发钞业务将会迅速败落,激烈的市场竞争所产生的内在约束,将形成比任何政府垄断更强大的审慎发行机制。

在哈耶克的设想下,发钞机构面对货币间自由竞争所形成的有效激励和约束机制,将竭力寻求币值稳定与货币发行量之间的理性平衡。在这一过程中,“政府要想避免自己的货币被取代,所要做的就是在其完全消失前进行改革”,并根据市场上自由竞争的“私人机构所奉行的同样原则”来调整自身的货币发行量。[③] 因此,他认为实行“货币非国家化”和“自由货币”可以有效解决通货膨胀和失业等问题。哈耶克甚至进一步指出,“市场经济过去的不稳定恰恰是不让市场机制最重要的管理者——货币——由市场过程进行调整的恶果”。[④] 当竞争在货币发行中起主导作

① [英]弗里德里希·冯·哈耶克. 货币的非国家化[M]. 姚中秋译. 海口:海南出版社,2019:29—31.

② [英]弗里德里希·冯·哈耶克. 货币的非国家化[M]. 姚中秋译. 海口:海南出版社,2019:40.

③ [英]弗里德里希·冯·哈耶克. 货币的非国家化[M]. 姚中秋译. 海口:海南出版社,2019:45.

④ [英]弗里德里希·冯·哈耶克. 货币的非国家化[M]. 姚中秋译. 海口:海南出版社,2019:111.

用时,“看不见的手”就会遴选出最具信用的货币,从而稳定市场信心,并解决金融领域中的最后贷款人问题。

哈耶克的货币思想继承了奥地利学派主张自由放任和货币中性的经济思想,他极力反对新古典经济学中关于“完全信息”和“理性人”的假设前提。他认为经济理论是以竞争为基础的,通过竞争才能实现理性行为,理性并不是有效竞争的必要条件,相反恰恰是竞争的过程产生了理性行为。哈耶克提出,人的理性是有限的。他反对理性全知全能论,认为计划经济思想和凯恩斯政府干预思想都是基于全能理性:以为人类能够像在自然学科中发现完美的自然规律一样,在社会学科中也创造完美制度的乌托邦。因此,哈耶克反对一切政府干预,试图让政府重新回归“守夜人”的定位,他认为任何对市场的干预都会扭曲价格体系,使人们不能获取正确的信息,从而破坏经济的正常运行。哈耶克的自由货币竞争理论正是将上述思想运用到货币领域的结果。

2. 理论评述

与哈耶克同时期的经济学家对自由货币竞争理论产生了极大的分歧。

在哈耶克之前,克莱因(Klein,1974)就提出了货币竞争的主张。他分析了完全预期和不完全预期情形下私人货币的竞争性发行行为:完全预期下的货币超发收益将被货币价格上涨完全抵消;不完全预期下的货币超发将影响发行主体的信用和商誉,进而导致其发行货币价值的变动。支持自由货币竞争理论的学者还研究分析了一些历史例证。19 世纪及之前,各国货币史充满了私人机构发行货币和国家垄断发行货币相互交替的历史,中央银行制度和信用货币体系尚未发展成熟,自由银行制度普遍存在,私人可以自由设立银行并发行货币,由市场机制约束其发行行为。劳伦斯·怀特(Lawrence White,1984)研究了 1884 年之前苏格兰货币发行的竞争体系;尤金·怀特(Eugene White,1990)考察了法国大革命时期存在的货币发行的竞争;休·罗考夫(Hugh Rockoff,1990)考察了美国南北战争前 20 年间自由银行的竞争性货币发行。虽然这些历史例证

“没有一个呈现出完美的货币绩效，也没有一个是最近发生的，但所有例证都证明货币竞争比政府垄断货币要稳定”。[①]

但哈耶克的自由货币竞争理论并未得到学术界的广泛认同。以弗里德曼（Friedman，1960）为代表的经济学家认为，私人发行货币易产生欺骗、伪造、逆向选择等问题；货币竞争不仅不能有效遏制通货膨胀，甚至极有可能造成货币超发和恶性通胀；多种货币的流通也会提高交易成本，不利于贸易和经济发展。布莱恩特（Bryant，1981）利用迭代模型分析认为，只有当不兑现纸币的发行成本等于其价值时，竞争性货币供给机制才能达到最优均衡。多德和格林纳威（Dowd & Greenaway，1993）认为，即使存在货币竞争，货币的替代也是非常有限的，货币竞争只会对中央银行产生很小的发行约束。怀特（White，2004）认为，发钞机构为了获取高额利润，可以利用时间不一致性，以高于公众预期的比率增加纸币发行量，竞争性发钞机构追求利润的结果将会导致通货膨胀。此外，欧元的发行也被视为对哈耶克理论的一种反证。

针对自由货币竞争理论的质疑，卡瓦尔坎茨等（Cavalcanti et al.，1999）认为，钞票赎回机制[②]能够有效约束私人银行货币发行的数量、追求银行业务高额利润的动机，将促使私人发钞机构对可兑换纸币发行保持谨慎。伯伦森（Berentsen，2006）认为惩罚机制[③]可以消除垄断发行者的任何未来利润，进而解决时间不一致性问题。马丁和施雷夫特（Martin & Schreft，2006）引入获得兑换券发行权的成本及代理人信念两个约束条件，当银行的货币发行数量超出代理人预期时，代理人认为超发的货币是毫无价值的，银行的超发收益将为零。

虽然理论界对自由货币竞争理论争论不休，但历史实践证明，“无论货币供应者是竞争性的私人还是垄断性的主权国家，货币都可能是脆弱

① [英]弗里德里希·冯·哈耶克．货币的非国家化[M]．姚中秋译．海口：海南出版社，2019：26.

② 赎回机制，即将纸币兑换为金属货币或实物货币。

③ 惩罚机制，即所有交易者放弃货币而转为物物交换。

的”。国际清算银行(BIS,2018)认为,“维持对货币供应制度安排的信任一直是最大的挑战”“长期稳定的货币在历史上其实是特例而不是常态”“信任的崩溃相当频繁,历史就是货币的坟墓”。[①] 客观来说,在一国境内实现自由货币竞争与当前各主权国家的现实政策选择相悖,追求货币信用的坚实制度基础最终导致了现代中央银行制度的出现,世界各地在不同年代和背景下,出于降低交易成本、赋予货币国家信用等考虑,使货币开始依赖中心化当局发行;但扩展至全球,国际货币更具有“非国家化”和“自由竞争”的潜质,最早的国际货币就是与主权国家无关的黄金,通过自由竞争建立起多元化的国际货币体系,避免国际单一本位币所面临的“特里芬难题”以及由此导致的全球贸易失衡,更有利于国际货币体系和世界经济的稳健运行,得到学术界的基本认可。

(二)货币替代理论

“货币替代”现象随着20世纪70年代布雷顿森林体系的崩溃和金融自由化浪潮的兴起浮出水面,并引起理论界广泛关注。

1. 理论内涵

在经济全球化、自由化的背景下,货币的非领土化和国际竞争不断发展。中国学者姜波克和杨槐(1999)对货币替代的经典定义表述为:在货币自由兑换和开放经济条件下,本国居民出于交易、预防动机或优化资产组合等需求,在不同货币资产间进行置换,引发大规模外汇兑换,从而使外国货币在交易媒介、价值尺度和价值储藏等职能方面全部或部分取代本币的现象。

1969年,美国经济学家切提(V. K. Chetty,1969)首次提出货币替代的概念,他通过针对美国国内的实证研究发现,持有准货币可能比持有法定货币更好,公众为实现最有效的货币配置,将调整准货币和法定货币的持有数量。由于准货币对法定货币形成替代效应,但国内货币政策的制定仅基于本国法定货币,所以货币政策的调节效果常常受到外部影响。

---

① 国际清算银行.2018年年度经济报告[EB/OL]. https://www.bis.org/publ/arpdf/ar2018e.pdf. 2018:76.

此后,经济学家将其扩展到国际层面,对国别间的货币替代现象进行研究,迈尔斯(Miles M. A.,1978)通过建立新的效用函数,计算生产服务函数中本外币之间的替代弹性,并以美元和加拿大元数据为基础,对两种货币之间的替代关系进行了实证研究。此后,货币替代问题被纳入主流经济学研究范畴,形成了诸多理论和实证研究。

麦金农(McKinnon,1982)认为,货币替代分为直接和间接的货币替代,前者是货币替代,而后者则是资产替代。直接货币替代是指两种或以上的货币作为支付手段在同一区域内进行竞争,主要发生于金融开放程度较高的发展中国家;间接货币替代则将货币的概念扩展为不同货币计值的非货币金融资产,如以外币计价的债券和股票,公众出于规避投资风险等需求进行转换,其实质是资产组合根据机会成本和收益变化的最优配置。这种区分货币替代和资产替代的分类与货币职能相联系,如萨海和韦格(Sahay & Vegh,1995)认为,货币替代是两种货币在履行支付手段和记账单位职能时的并行使用,而资产替代则更多的是发挥保值增值和价值贮藏的功能。这种分类随着全球经济一体化的日益加深而普遍得到认可,尤其是在通货膨胀时期,人们往往持有外币或外国资产作为抵御宏观经济风险的手段。

2. 理论评述

货币替代是信用货币时代的产物。与金属铸币时期劣币驱逐良币的格雷欣法则不同,信用货币时期的“货币替代”呈现出相反的特点,即良币替代劣币。这是因为纸币本身并没有价值,在浮动汇率制下,当发生通货膨胀或者贬值预期时,货币的购买力会降低,人们更愿意将劣币兑换成良币以避免购买力的损失。

与自由货币竞争理论在近现代缺乏大量实例不同,发生在拉美国家的“美元化”(Dollarization)几乎是货币替代的代名词和最佳案例。拉美国家的“美元化”是指美元相当大程度或者说几乎全部替代了拉美国家的法定货币,代替法定货币发挥交易媒介、支付手段、价值贮藏的功能。发生在拉美国家的“美元化”现象时间较长、范围较广、影响深远,如巴拿马、波多黎各等国早在19世纪末期就开始了美元化进程,并不同程度地延续了近百年。到20世纪70年代,美元化开始迅速蔓延整个拉美大陆,在严重通货膨胀的推波助澜下,阿根廷、巴西、秘鲁、厄瓜多尔、尼加拉瓜、萨尔瓦多等国,美元几乎获得了与本国法定货币等同的地位。至21世纪初,拉美国家在无奈中开始从法律层面上支持美元化,从此进入了全面的美元化时期。学者通过对拉美国家美元化的实证研究表明,货币替代对一国汇率、铸币税、通货膨胀水平、金融稳定性以及货币政策的独立性和有效性均会产生较大影响。

广义的货币替代广泛存在于世界各国,表现为各国均会持有外币资产作为外汇储备,以便开展国际贸易和国际投资。那些被广泛、大量持有作为外汇储备的币种开始逐渐国际化,成为国际社会普遍认可的国际计价、结算和储备货币,如美元、欧元、英镑都曾经或仍在履行国际货币的职能。当这些国际货币在除本国以外的国家通过货币竞争取代该国法定货币的地位,狭义的货币替代就产生了。狭义的货币替代是各国法定货币之间跨国竞争导致的极端结果,也是市场和公众自由选择的结果,充分表现了浮动汇率制度和资本自由流动条件下的国际货币竞争,也是全球一体化背景下主权货币竞争的重要表现形式。

(三)最优货币区理论

最优货币区理论从固定汇率制度与浮动汇率制度,以及货币一体化的角度来阐述货币竞争问题。20世纪60年代,以美元—黄金汇兑本位为中心的固定汇率制(即布雷顿森林体系)的缺陷开始显现,一场关于固定汇率和浮动汇率孰优孰劣的学术争论就此展开,而最优货币区理论正是这次争论产生的理论成果。

1. 理论内涵

最优货币区理论最早由蒙代尔(Mundell,1961)提出,指在一个地理范围内使用最优的单一或多元货币,区域内货币之间保持固定汇率,并可自由进行兑换,从而达成区域内的货币一体化,但货币区与货币区之间实行浮动汇率制度,从而使固定汇率制与浮动汇率制的优势得到最大限度的发挥,有效避免各自的缺陷。因此,“最优”意味着各货币区内部平衡与外部平衡的同时实现。

经济学家们对于建立最优货币区的衡量标准给出了不同的解释。蒙代尔(Mundell,1961)认为,判断最优货币区的标准应该是生产要素的流动性,生产要素流动性较高的国家之间可以实行固定甚至是单一汇率制度,该区域中的国家因外部需求变动而引起的非对称冲击能够自动调节至均衡状态,因此货币区适合建立在生产要素流动性高的区域。麦金农(McKinnon,1963)认为,对外经济开放程度是判断一个货币联盟是否为最优货币区的标准,经济开放度以贸易商品与社会总商品的比率作为衡量指标,开放程度越高的国家之间适宜使用固定汇率制度,并建立最优贸易区。凯南(Kenen,1969)认为,产品的多样化程度是衡量最优货币区的标准,产品多样化可以有效抵御来自国外产品的冲击,不需要借助汇率变动来调节经济运行的内外部均衡,因此更有条件实行固定汇率,便于结成货币联盟。英格拉姆(Ingram,1973)提出,金融市场一体化程度是实现最优货币区的条件,一体化程度越高,资本流动将会通过利率传导机制使国际收支失衡迅速恢复均衡,不需要汇率变动来改变区域内的贸易条件,因此货币联盟更适合建立在金融一体化程度较高的区域。

此外,托尔和威莱特(Tower & Willett,1976)从政策一体化程度,哈伯勒(Harberler,1970)和弗莱明(Fleming,1971)从通货膨胀相似性,弗里德曼(Friedman,1953)和卡瓦伊(Kawai,1987)从物价与工资弹性等角度,分别提出了判断最优货币区的标准。除经济因素以外,政治因素、文化因素以及历史因素等也对货币区的形成、稳定以及有效运行起着至关重要的作用。

2. 理论评述

最优货币区理论是指导国际货币制度改革的重要理论之一。欧元的产生与崛起及其国际竞争力的提升,都是最优货币区理论的最佳实践,它意味着欧元区国家之间货币竞争的终结,并由人为设立的单一货币取而代之。一方面,欧元区以及单一货币的建立降低了交易成本,货币发行纪律得以强化，有利于该区域内经济一体化程度的提高，区域货币的竞争力也将得到有效增强，有助于减缓经济上的非对称性冲击及波动的影响，对要素流动、产品和服务贸易、扩大经济体开放性、寻求区域共同诉求与愿景、维持区域政治稳定都具有重大意义。另一方面，近年来欧洲债务危机、英国脱欧等事件也说明，欧元区经济社会发展不平衡、主权国家政策协调的利益分歧、单一货币牺牲货币政策独立性等问题突出。欧元区的"最优"性开始受到质疑，建立在非最优货币基础上的货币区，其脆弱性和内部矛盾日益显露。由此可见，最优货币区及其单一货币应该由市场货币竞争决定，而非人为设定，货币竞争才是实现最优货币区的有效途径。

与自由货币竞争理论主张的一个国家多种货币相反，最优货币区理论主张多个国家一种货币，而货币替代则是国家之间货币竞争和统一的局部和动态过程，三者都是货币秩序演化的可选方式。值得注意的是，多元化货币的"竞争"和单一化货币的"统一"虽然政策主张大相径庭，但两者的政策目标是一致的，都希望通过国际货币秩序的改革，以达到货币价值稳定和经济发展的目的。但在实践中，两者均面临着极大的挑战和困境，理论研究往往设有比较苛刻的前提条件，忽视了金融资产价格波动对货币和经济运行的影响，对各国各部门在货币制度改革中的作用过于乐观，对现实制度演化的复杂性认识不足，这也是未来研究货币竞争问题应该加以考虑的问题。

第四节　文献综述

一、一般货币通史的相关研究

（一）国内的货币通史研究

货币问题一直是学界关注的重点，无论是货币形态、发行流通还是币制改革都有较多的研究，而就近代货币竞争问题而言，则全面贯穿于货币发行流通、币制改革等各个环节。早在民国时期，国内部分学者立足国家财政金融变革之际,开始涉足货币金融领域的系统研究,比较有代表意义的包括张辑颜著《中国金融论》(商务印书馆 1930 年版)、张家骧著《中国之币制》(商务印书馆 1931 年版)、杨荫溥著《杨著中国金融论》(黎明书局 1936 年版)等。这些著作对中国近代尤其是晚清至民国初年的货币金融相关问题进行了全面的梳理,其他学者在对民国货币的研究也涵盖了币制混乱、币制改革中的各方关系等议题,不同程度涉及了货币竞争的问题。这些研究在奠定中国近代货币史研究基础的同时,也为我们研究近代货币竞争问题提供了重要参考。

新中国成立到改革开放以前,中国的货币史研究相对较为薄弱,仅有少数学者对近代货币史进行了概述,有代表性的为杨端六著《清代货币金融史稿》(三联书店 1962 年版)、彭信威著《中国货币史》(上海人民出版社 1965 年版)。鉴于当时的历史环境,以上研究不可避免地受到意识形态的影响,在行文结构、语言表述方面具有典型的时代特征。改革开放以后,随着党的十一届三中全会以经济建设为中心的指导思想的确立,货币史研究获得了极大的发展,大量货币研究通史渐次出版,如千家驹、郭彦岗著《中国货币史纲要》(上海人民出版社 1986 年版),魏建猷著《中国近代货币史》(黄山书社 1986 年版),萧清著《中国近代货币金融史简编》(山西人民出版社 1987 年版),洪葭管主编《中国金融史》(西南财经大学出版社 1993 年版)。进入 21 世纪以后,货币史研究更加全面深入。例如,叶世昌、潘连贵编写的《中国古近代金融史》(复旦大学出版社 2001 年版)中涉及了近代货币发行流通、币制改革等问题,一定程度上体现了货币竞争的内涵。又如,李飞、赵海宽、许树信、洪葭管主编的《中国金融通史》(中国金融出版社 2002 年版、2008 年版),第二卷(鸦片战争时期至清末时期)、第三卷(北洋政府时期)、第四卷(国民政府时期)分别对清末北洋时期紊乱的币制、国民政府币制改革、各类金融机构和外国势力在华争相发行货币的情况进行了详细的描述和分析,构成了货币竞争问题研究的基础。

在针对上海货币金融史的研究著作方面,徐寄庼著《最近上海金融史》(上海银行周报社 1926 年版)、杨荫溥著《上海金融组织概要》(商务印书馆 1930 年版)、施伯珩著《上海金融市场论》(上海商业珠算学社 1934 年版)等是最早的研究成果,但多为介绍性、概论性的内容。近代以来,关于上海货币金融史的研究逐渐深入,杜恂诚著《上海金融的制度、功能与变迁(1897—1997)》(上海人民出版社 2002 年版)的晚清至民国部分,分别论述了近代自由金融市场制度和政府垄断金融制度下的币制演变和金融发展;潘连贵著《上海货币史》(上海人民出版社 2004 年版)对上海近代货币的发展演变做了较为详细的分析,对上海不同时期金属货币、代用货币和信用货币的发行流通、币制改革等做了阐释;洪葭管著《20 世纪的上海金融》(上海人民出版社 2004 年版)分析了民国时期上海票号、钱庄、银行业等金融机构在社会变化中的作用,以及上海成为旧中国金融中心的若干原因。其他一些著作虽然不以"上海"冠名,但行文中大量涉及上海的货币金融概况和改革等问题,体现了上海在近代货币金融史中的突出地位,也在一定程度上反映了上海货币竞争问题的重要研究价值。

(二)国外的货币通史研究

值得注意的是,国外学者也对近代中国货币金融问题进行了深入研究。[奥]耿爱德著,蔡受百译《中国货币论》(商务印书馆 1929 年版)成书较早,重点论述了中国近代银、金、铜三大类金属货币的流通、分布、汇兑等情况,为研究金属货币竞争提供了依据。[日]吉田虎雄著,周伯棣译《中国货币史纲》(中华书局 1934 年版)全面介绍了自先秦的中国历代货币沿革,重点分析了近代银币、铜币、纸币的概况和竞争变革。[美]阿瑟·恩·杨格著,陈泽宪、陈霞飞译《一九二七至一九三七年中国财政经济情况》(中国社会科学出版社 1981 年版)具有较高的史料和学术价值,杨格利用其担任国民政府财政顾问、参与币制改革方案拟定所接触到的大量一手资料和保存的档案资料,对战前十年国民政府的财政、金融、货币等问题做了详细论述,其中包括银本位、金本位之争,银元的标准化和废除银两,法币改革的筹划和实施等涉及货币竞争的内容。[美]帕克斯·M. 小科布尔著,蔡静仪译《1927—1937 年上海资本家与国民政府》

(中国社会科学出版社 1988 年版)以江浙财阀为首的上海资本家与国民政府之间的金钱与权力纷争为切入点,分析了上海近代货币竞争背后的政治经济势力、民族资本和官僚资本之间错综复杂的合作竞争关系。

尽管部分货币通史已经涉及近代货币竞争问题,但由于通史的体例决定了其内容相对简略,且涉及货币金融体系方方面面,部分内容浅尝辄止、一笔带过,缺乏对特定问题的深入、系统研究。而更多的专题研究则从更加宽广、深入的视角对上海近代货币竞争进行了阐述。

二、有关近代货币的档案史料

(一)档案馆资料

南京中国第二历史档案馆藏有丰富的民国史料,是保存民国时期档案资料最集中、最完整的机构,馆藏档案逾 220 万卷(宗),包括丰富的民国历届中央政府及直属机构文件、函电、会议记录、人物档案和内部资料。第二历史档案馆还汇编出版了一些专题资料,包括《四联总处会议录》《中华民国金融法规选编》《蒋介石年谱初稿》等。

上海市档案馆地处上海重镇要地,而大多数银行都在上海设立分支机构、总管理处甚至总行,因此上海市档案馆保存了民国时期多家银行和同业会所的重要资料。其主办的《档案与历史》杂志(后改为《档案与史学》)陆续刊登了一些银行档案资料,如《上海商业储蓄银行二十年史初稿》《上海金融业沿革及 1950 年概况》等,这些为研究近代货币思想和金融业务提供了依据。

另外,中国人民银行上海分行也保存有一部分货币历史资料,其编发的《上海钱庄史料》《金城银行史料》具有较高的研究价值。

这些档案馆资料虽然集中,但相关货币资料又罗列分散,本书选取其中部分卷宗作为核心资料进行参考和佐证。

(二)史料汇编

近现代以来,关于货币史的史料陆续出版,如中国银行总管理处经济研究室编印的《全国银行年鉴》(1934—1937 年版)、中国人民银行总行参事室金融史料组编《中国近代货币史资料》(第一辑上册、下册)(中华书局1964年版)、中国人民银行总行参事室编《中华民国货币史资料》(第一辑、第二辑)(上海人民出版社1986年版、1991年版)、中国第二历史档案馆编《中华民国史档案资料汇编》第一至第五辑中的财政金融分册和财政经济分册(江苏人民出版社1979—1981年、江苏古籍出版社1991—2000年陆续出版)、洪葭管主编《上海金融志》(上海社会科学院出版社2003年版)等,为货币竞争问题研究提供了宝贵而翔实的历史资料。

此外,特定银行的史料汇编也相当丰富,如《金城银行史料》(上海人民出版社1983年版)、《上海商业储蓄银行史料》(上海人民出版社1990年版)、《美国花旗银行在华史料》(中国金融出版社1990年版)、《中国银行行史资料汇编》(档案出版社1991年版)、《日本横滨正金银行在华活动史料》(中国金融出版社1992年版)、《交通银行史料》(中国金融出版社1995年版)、《中央银行史料》(中国金融出版社2005年版)等。这些银行在上海近代金融系统中均发挥了举足轻重的作用,是货币竞争背后的主要竞争主体,上述档案文献资料条理清楚、内容翔实,对货币竞争问题研究极具研究和学术价值。

(三)报纸杂志

报纸杂志是反映特定时代背景下社会经济生活的重要载体,近代中国最具代表性的金融专业刊物有《银行周报》《中行月刊》和《中央银行月报》等。

《银行周报》自1917年由上海银行公会创刊至1950年3月停刊,历经三十余年,共出版1 635期,是我国近现代创办时间最早、刊期最长的一份金融类报刊。该刊主要报道全国工商与财政金融要情、市况和统计资料,国内外银行业现状、发展调查和理论研究等方面的内容,其社论、特辑等具有相当的权威性,凡财政、金融、商情、货币、汇兑、银行、证券等方面的理论与实务都悉数刊载。

中国银行主办的《中行月刊》创刊于1930年,1938年2月停刊,是第一个由银行编辑出版的全国性金融期刊,主要刊登金融、银行业务方面的言论、调查报告和统计资料。该刊曾发表《二十四年上海金融市场的演变》《各国都市不动产金融事业鸟瞰》等论文和调研报告。

中央银行经济研究处编的《中央银行月报》创刊于1932年,1949年5月停刊,其内容包括各地金融市况,货币市场、外汇市场、票据市场、标金市场的行情分析,以及货币发行数量和重要商品物价指数分析等内容,刊载过《中国之银行业》《金融建设与商业银行承兑汇票》《管理币制本位定价之商榷》等研究文章,其中每月经济述评、全国性银行业务统计资料等内容具有权威性。

这些报纸杂志中的货币发行流通统计数据分析、时人评述等内容,不仅从社会舆论方面推动了近代币制改革进程,也为当前研究上海近代货币竞争问题提供了宝贵的一手资料。

三、涉及货币竞争的专题研究

虽然关于近代货币金融问题的部分研究已经涉及货币竞争内涵,但直接论述"货币竞争"问题的研究较少。相关理论研究多以哈耶克"货币的非国家化理论"入手,并基于20世纪30年代信用货币诞生初期西方资本主义国家经历的短暂的自由银行制度时期,对竞争性货币发行做出分析和评述,并在此基础上分析了货币竞争的形成、发展以及国际货币体系格局的演变。① 关于中国历史上货币竞争的实证研究寥寥无几。管汉晖、陈博凯(2015)综合运用经济学、考古学和钱币学研究方法,以不同时期铸币重量和成色的有关数据记载,实证研究西汉文帝"使民放铸"政策的绩效,证明在交易双方对铸币重量具有充分对称信息的情况下,货币市场的竞争将导致高质量的私人货币得以流通。② 刘愿、岳翔宇(2016)以中国白银风潮前夕银行微观数据实证研究为依据,证明在竞争性货币发

---

① 刘锡良,王丽娅.国际货币竞争理论研究评述[J].经济学动态,2008,(5):98-102.逄锦彩,王倩.自由银行业思想评述[J].当代经济研究,2008,(7):19-22.

② 管汉晖,陈博凯.货币的非国家化:汉代中国的经历(前175—前144年)[J].经济学季刊,2015,(4):291-312.

行条件下，声誉机制能够有效地约束发钞行的行为，银行因追求长远收益而稳健发行。[①] 刘愿(2016)在民国时期银行竞争性发行体系下，分析了中国银行上海分行的货币发行与1921—1937年上海物价波动之间的关系，认为无论是在经济平稳还是经济危机时期，竞争性货币体系均发挥了金融稳定器的功能；法币改革在取消银本位制的同时取消了竞争性的货币体系，为国民政府统治下的恶性通货膨胀埋下了货币制度的种子。[②]

更多的历史学研究虽然并不直接涉及"货币竞争"概念，但都从不同角度研究了近代货币竞争的不同主题和层次，包括不同货币形态、不同货币发行主体、不同外国势力、不同区域的竞争。

(一)不同货币形态的竞争

中国近代没有严格意义上的货币本位，各种货币形态并行流通。戴建兵(2005，2012)认为中国近代是以白银为核心的货币体系，这种货币体系是动态、立体的，其发展的趋势是银本位，体现了白银在近代货币竞争中的突出地位。[③] 陈晓荣(2012)关注了地方钱票泛滥对民国金融体系的影响问题，通过对民国钱票泛滥情况、官票与私票关系等问题的解读，进一步探讨了民国时期金融体系的特点及制度性缺陷，认为钱票泛滥是民国特殊的政治、经济环境的产物，这种缺陷无疑集中体现了当时金融体系和币制的混乱，也加剧了货币的无序竞争。[④] 贺水金(2008)分析了近代紊乱的货币发行和流通情况，银两、银元、铜元等多种货币并行，在流通过程中这种无序的竞争无疑大大提高了交易成本，对经济和民生产生了消极影响。[⑤] 姚会元(2000)从货币流通的角度研究了中外经济关系，认为

---

① 刘愿，岳翔宇．银行商誉资本与货币竞争性发行——来自中国白银风潮前夕银行微观数据的经验证据[J]．财经研究，2016，(3)：96－109.

② 刘愿．市场结构、银行行为与1921—1937年上海物价波动——以中国银行上海分行为中心的分析[J]．中国经济史研究，2016，(4)：128－140.

③ 戴建兵．中国近代的白银核心型货币体系(1890—1935)[J]．中国社会科学，2012，(9)：190－206＋210.

④ 陈晓荣．论国民金融体系下的商号钱票[J]．江苏钱币，2012，(2)：32－38.

⑤ 贺水金．不和谐音：货币紊乱与近代中国经济、社会民生[J]．社会科学，2008，(5)：162－175＋194.

近代外国货币的流入加剧了中国货币的紊乱程度,而外国货币在市场上所具有较高的竞争性,则诱使中国仿制并逐步建立起近代的银元铸造系统,为其后的货币改革奠定了基础。[①] 宋佩玉(2001)分析了自秦汉以来逐渐确立的圆形方孔制钱和银两并用的货币体系在鸦片战争爆发前后被西方资本主义入侵打破了,制钱、银两和外国银元在近代中国并行流通,机铸制钱、自铸银元也陆续出现,同时清政府滥发大钱和官票宝钞,直到1910年颁布《币制则例》,关于本位问题、两元之争、铜辅币问题和发行纸币问题的争论才告一段落,这一时期中国货币形态的复杂性和竞争的激烈程度达到历史顶峰,显示出中国币制改革的重要性与紧迫性。[②]

(二)不同货币发行主体的竞争

货币竞争不仅体现在货币本身和货币形态的竞争,更是不同发行主体竞争的外在表现。1904年美国"会议货币专使"精琪向清政府提出币制改革方案,主张采用金汇兑本位制。崔志海(2017)认为清政府拒绝精琪货币改革方案的主因在于该方案没有顾及中国主权和利益及相关主客观条件,而不能简单归咎于晚清"货币发行地方化"所代表的地方利益的抵制。[③] 精琪访华实则体现了围绕中国币制改革,国内各派以及中国与外国之间围绕货币本位进行的竞争。1933年"废两改元"是国内两大货币发行主体——银钱业竞争的集中体现。吴景平(2001)对上海银钱业之间关于废两改元的争辩做了评述,认为在1932年上海银行业与钱庄业之间围绕是否实施"废两改元"问题所爆发的激烈争辩中,上海银行业取得了优势,并在客观上也为国民政府实施对银行业的统治做了相应准备。[④] 王忠宝(2017)研究了利益集团与民国"废两改元"货币制度改革之间的关系,认为"废两改元"触犯了钱庄利益集团和外商银行利益集团的根本利

---

① 姚会元.中外钱币交流及西方银元流入对中国货币近代化的影响[J].福建论坛,2000,(6):39—43.

② 宋佩玉.1840—1911年中国货币制度研究[D].乌鲁木齐:新疆大学,2001:1—2.

③ 崔志海.精琪访华与清末币制改革[J].历史研究,2017,(6):98—108+191.

④ 吴景平.评上海银钱业之间关于废两改元的争辩[J].近代史研究,2001,(5):113—143+317.

益，他们作为银两货币体系下的既得利益者成为改革的阻力；而以突破传统银两货币体系为目标的华商银行利益集团则成为改革的重要推动者。两者为了自身利益的最大化，围绕“废两改元”展开了博弈和斗争，影响着“废两改元”在不同阶段的启动和实施进程。而“废两改元”的成功则表明近代中国传统金融资本衰落与现代金融资本崛起，强力政府在“废两改元”币制改革中发挥着主导作用。[①]

（三）不同外国势力的竞争

由于中国近代半殖民地半封建社会的性质，中国近代的币制改革势必受到英、美、日等大国的介入，1935 年“法币改革”就是不同外国势力介入中国货币竞争的集中体现。吴景平（1988，1991）从国际货币竞争的角度，分别对英美两国对中国币制改革的影响进行了深刻阐述，认为英国是最早介入 1935 年中国币制改革的国家，但在对华贷款问题上的拖宕是造成中国没有加入英镑集团的原因。与英国主动介入不同，美国直到中国宣布币制改革方案之际，才一改单纯消极观望的立场，开始以从中国购买白银的方式，向中国提供用来稳定法币汇价的外汇储备，并企图阻止法币与英镑建立契约性、依附性联系。[②] 王小欧（2017）则从微观视角出发，从棉业竞争的角度，探讨了日英在法币改革上对立的原因，对于我们深化日英对法币改革的态度有所帮助，也从微观层面揭示法币改革所引发的大国博弈与激烈竞争。[③] 许明霞（2014）从经济学中的非对称依赖入手，认为法币改革之所以可以顺利实施，就是英、美、日等大国在政治、经济等方面的不对称相互依赖，造成中国有讨价还价的余地，为中国在货币竞争中争取有利地位创造了条件。[④] 刘巍、郝雁（2009）通过对近代中国 1910—

---

① 王宝忠．利益集团与民国“废两改元”货币制度改革研究[D]．沈阳：辽宁大学，2017：119－125.

② 吴景平．英国与 1935 年的中国币制改革[J]．历史研究，1988，(6)：174－189；吴景平．美国和 1935 年中国的币制改革[J]．近代史研究，1991，(6)：201－222.

③ 王小欧．日英在 1935 年中国币制改革问题上的对立——从棉业竞争角度的观察[J]．长春师范大学学报，2017，(1)：86－88.

④ 许明霞．1935 年国民政府法币改革研究——以非对称依赖为视角[D]．上海：华东师范大学，2014：37－41.

1935 年的货币供给决定机制做逻辑分析和实证分析,表明近代中国的货币量是由银价变动导致的白银国际流动和国内金融机构的货币创造力所决定的,亦即部分受到由国际货币竞争的影响,并认为 1910—1935 年中国的货币供给属于"不可控外生变量"性质,这种货币性质对经济是有害的。[①]

(四)不同区域的竞争

中国近代不同区域货币发行流通、分裂统一的历史也是货币竞争的重要内容。潘连贵(2004)对不同时期上海货币的发行流通、币制改革等做了分析说明,认为上海货币演变的历史一定程度上就是中国近代货币竞争的历史。[②] 杨勇(2005)探究了近代江西地方货币与乡村金融的问题,认为江西地方货币的推广困难与传统乡村金融体系的势力强大和新式金融组织缺失密切相关,这在一定程度上削弱了江西地方货币在传统乡村金融体系中的竞争力。[③] 孟川(2007)探究了青岛从开埠到抗战全面爆发阶段货币金融发展的历程,并对近代青岛与以上海为代表的其他通商口岸之间的金融互动和不同市场层级进行探究,体现了不同时期、不同机构、不同层级之间的竞争关系。[④] 李石(2013)以"滇币"的发行、流通为中心,认为云南地方货币金融体系的形成,有着特定的市场基础和政治前提,货币一体化趋势与市场多样化需求之间存在矛盾,而如何在货币竞争中平衡这一矛盾,即为云南货币金融体系顶层设计的关键性问题,体现了货币竞争对金融体系建设中的影响和作用。[⑤] 穆渊、王昭武以及吴福环、宋佩玉都关注了近代新疆货币的相关问题,涉及了近代新疆不同势力之

---

① 刘巍,郝雁. 一种有害的货币供给机制:不可控外生性——对近代中国 1910—1935 年的研究[J]. 江苏社会科学,2009,(5):66-70.

② 潘连贵. 上海货币史[M]. 上海:上海人民出版社,2004:240-273.

③ 杨勇. 近代江西地方货币与乡村金融转型[J]. 中国农史,2005,(4):58-65.

④ 孟川. 近代青岛货币金融述论(1897—1937 年)[D]. 苏州:苏州大学,2007:62-76.

⑤ 李石."滇币"始末——民国时期云南地方货币金融体系初探[D]. 昆明:云南大学,2013:7.

间围绕货币的争斗，及其背后所体现的竞争关系。[①] 张宁认为近代武汉“九省通衢”的区位优势和内外贸易转运中心的地位是武汉成为区域货币中心地位的必要条件，这种区位优势使得武汉在近代区域货币竞争中占据优势。[②]

综上所述，学界在对近代货币史的研究中，无论是货币通史、档案史料，还是关于货币发行流通、币制改革等专题研究都已涉及货币竞争，且相关研究大多基于对近代中国社会的实证考察，认为近代紊乱的货币制度、无序的货币竞争，对社会经济发展产生了消极影响，货币统一是多方期待的，而中国从“废两改元”到“法币改革”正是对这种期待的回应。

第五节　研究思路及创新点

一、研究思路

与钱币学研究的种类法和历史学研究的分期法不同，本书基于货币竞争和币制演变的内在逻辑开展深入研究，重点分析近代上海货币竞争的状况、特点、表现、原因，以及币制统一的路径选择，并通过理论和史料分析，全面展示近代货币竞争的上海样本，试图给出研究中国货币现代化的新视角，以期对当前增强人民币国际竞争力、建设上海国际金融中心、防范化解金融风险、加强法定数字货币研发等重大议题提供历史借鉴和有益启发。

本书内容分为八个章节。第一章为绪论，对上海近代货币竞争相关背景、定义、理论、文献综述等做简要介绍。第二章为近代上海政治经济发展演变概要，简要介绍研究内容的时代背景。第三章为金属货币竞争

① 穆渊．新疆近代货币问题上的分裂与反分裂斗争[J]．新疆大学学报(哲学社会科学版)，1991，(2)：48－54；王昭武．近代新疆货币述略[J]．民族研究，1992，(3)：47－52；吴福环，宋佩玉．新疆货币金融的近代化[J]．新疆大学学报(哲学社会科学版)，2002，(3)：74－78.

② 张宁．近代武汉区域货币中心地位探析[J]．湖北大学学报(哲学社会科学版)，2009，(3)：103－106.

与废两改元，介绍纷繁复杂的金属货币并对其相互竞争进行深入研究，“废两改元”是金属货币竞争的集中表现，“银元”是竞争的结果。第四章为纸币竞争与法币改革，对不同主体发行的各种纸币及其相互竞争进行深入研究，“法币改革”是金属货币与纸币竞争以及纸币内部竞争的集中表现，“法币”是竞争的结果。第五章为中央银行的初创与货币发行权的垄断，是第三章、第四章的延续和深化，货币竞争的结果和归宿是货币由代表国家的中央银行垄断发行。第六章为货币竞争中的人物与行业协会，优秀的政治经济人物以及自律有效的行业协会在近代货币竞争中发挥了重要的作用和影响。第七章为货币竞争国际经验借鉴，梳理了国际上一些国家不同时期的货币竞争案例，对近代上海货币竞争的形式、内容和本质进行印证和比较。第八章为启示与建议，对上海近代货币竞争的一般规律进行总结，同时在国内外货币竞争经验的基础上，结合当前面临的经济金融形势，从货币竞争的视角对推进人民币国际化、加快建设上海国际金融中心、防范和化解金融风险以及牢牢掌握人民币发行权四个方面提出相应的政策建议。

二、创新点

本书的主要创新体现在从“货币竞争”的理论和实践视角研究近代上海货币演变和发展的内在动力和原因，对近代上海发行货币的种类、数量以及流通情况进行定性分析与对比分析，对金属货币、纸币等各层面的货币竞争和币制改革进行研究，对国家银行、华商银行、外商银行以及钱庄等传统金融机构之间围绕货币进行的竞争进行系统阐述，并对货币竞争中政府、行业组织、社会精英等发挥的具体作用和上海远东金融中心的形成做全面分析与评价，并由货币竞争的现象提炼出内在的规律和逻辑。

本书力求理性地描述、分析和评论中国近代货币制度和经济发展的历程，并通过对中国近代经济史中货币竞争问题的深入研究，科学总结中国独特的经济运行和发展规律，从货币史的角度对当前面临的国内和国际层面的货币竞争现实问题提出建议。

本章小结

以国内层面民间虚拟代币对法定货币的冲击和竞争，以及国际层面人民币国际化的竞争为研究背景，认为研究上海近代货币竞争对当前人民币国际化、上海国际金融中心建设、防范化解系统性金融风险以及数字货币研发和监管等重大议题提供了历史借鉴和有益启发。

从货币的信用本质出发，将“货币竞争”定义为各类主体出于各自利益考虑，对不同信用风险下的信用关系和不同交易成本下的技术革新的动态选择过程，认为货币竞争和货币演变是内在信用关系发展和外在技术革新共同作用的结果。

阐述了马克思政治经济学的货币理论，以及西方经济学中的自由货币竞争理论、货币替代理论和最优货币区理论的内涵，并作出相应理论评述。上述货币理论虽然政策主张大相径庭，但政策目标是一致的，都希望通过国际货币秩序的改革达到货币价值稳定和经济发展的目的。但在实践中，这些理论均面临着极大的挑战和困境，这是未来研究货币竞争问题应该加以考虑的问题。

从一般货币通史的相关研究、有关近代货币的档案史料、涉及货币竞争的专题研究三个层面，对国内外相关文献进行了综述，认为学界在对近代货币史的研究中，无论是货币通史、档案史料，还是关于不同货币形态、发行主体等专题研究，都已涉及货币竞争问题。

阐述了本书的研究思路和创新点。

第二章 清末民初上海政治经济形势

第一节 错综复杂的政治形势

20世纪初，中国陷入重重危机，各种不平等条约下的巨额外债、帝国主义的政治经济掠夺、国内此起彼伏的反帝反封建斗争等，均使当时的中国处于混乱无序的状态，一时间不同势力竞相登场，或为个人私利，或为国家民族前途和命运，推开了中国近代化的历程。

一、迅速发展的国内政治势力

（一）辛亥革命成功爆发，同盟会走上历史舞台

1911年10月10日，武昌起义爆发，打响了反帝反封建的第一枪。武昌起义发生后，各省纷纷响应，宣布独立，脱离清王朝的统治。消息传到上海，陈其美带领的中国同盟会①，联合以李燮带领的光复会②及李平书带领的上海商团③，决定响应武昌起义，同盟会中部总会、光复会上海

---

① 同盟会是清朝末年由孙中山领导和组织的一个统一的全国资产阶级政党。1905年8月20日，同盟会在东京召开成立大会。1911年7月，同盟会中部总会在上海北四川路湖北小学成立。

② 光复会是清朝末年著名革命团体。1904年11月，光复会在上海成立。

③ 上海商团是清朝末年上海工商界的自卫武装团体。1911年3月，由李平书等人发起成立。

支会和上海商团共同组成了上海光复的三大力量集团。1911 年 11 月 4 日，上海成功光复。上海的光复，不仅有力策应了武昌起义，扩大并巩固了辛亥革命的胜利成果，还在中国最大的都市建立了一支经过革命洗礼的武装力量，从而直接对浙江、江苏的光复起到了重要的促进作用。[①] 对于上海辛亥革命之役，孙中山曾做出如下评价："武昌既稍能久支，则所欲救武汉而促革命之成功者，不在武汉之一着，而在各省之响应也。吾党之士能见及此，故不约而同，各自为战，不数月而十五省皆光复矣。时响应之最力，而影响全国最大者厥为上海。"[②]上海光复后，陈其美随即指派上海先锋队支援南京起义，与此同时，上海商团也为攻打南京的战役输送了大量的军用物资，直到 1911 年 12 月 2 日，南京宣布独立，江、浙、沪一带最终被革命军占领。1912 年 1 月 1 日，孙中山在南京就任中华民国临时大总统，成立南京临时政府。辛亥革命的胜利，推翻了统治中国两千多年封建君主专制制度的统治。

（二）袁世凯窃取辛亥革命成果，但最终未能成功

1912 年 3 月 10 日，袁世凯在北京宣誓就任临时大总统，意图窃取辛亥革命胜利的果实。1913 年 8 月，"二次革命"[③]失败后，袁世凯指使上海镇守使郑汝成疯狂镇压革命势力，大肆破坏上海人民在辛亥革命中取得的成果。1915 年 12 月，袁世凯宣布接受帝位、复辟帝制，辛亥革命的胜利成果被彻底抹杀。

袁世凯的种种行径得到了社会各界的抵制。早在袁世凯宣布就任临时大总统的次日，孙中山即在南京公布了《中华民国临时约法》，企图制约袁世凯的统治，维护民主共和制度。1915 年 1 月，面对日本政府提出的

---

① 王琪森．上海光复起义与辛亥革命[N]．文汇报，2011-08-08，(15)：2.

② 上海市政协文史资料工作委员会．辛亥革命七十周年——文史资料纪念专辑（上）[M]．上海：上海人民出版社，1981：165.

③ "二次革命"是指 1913 年国民党代理理事长宋教仁被杀后，孙中山为挽回辛亥革命的失败而发动的一次革命斗争，目的是推翻袁世凯，重新恢复资产阶级革命派的领导权。

"二十一条"[①]条约，袁世凯秘密接受除第 5 条以外的条款，激起了全国人民的强烈愤慨，各地各阶层国民纷纷走上街头，发起了声势浩大的反日爱国运动。上海各界分别组织"中华民国请愿会"和"国民对日同志会"，宣布誓死捍卫国权。1915 年 3 月，留日学生代表、中华民国请愿会、国民对日同志会及各界爱国群众，在张园安垲第[②]召开国民大会，并致电袁世凯、各省将军、巡按使、镇守使、商会等，揭露日本政府侵略中国之野心。"张园集会"标志着上海民众大规模反对"二十一条"抗议活动的正式开始，在全国人民的愤怒声讨中，以孙中山为代表的资产阶级革命派再次举起讨伐袁世凯的大旗，护国战争全面爆发。

(三)北洋政府后期军阀割据，皖系力量控制上海

1916 年 6 月，袁世凯去世以后，北洋军阀随后分裂，主要分为三个派系：以段祺瑞为首的皖系军阀，以冯国璋和曹锟为首的直系军阀，以张作霖为首的奉系军阀。上海此时在行政上隶属于江苏省，因此归直系军阀掌控，但因驻沪军事长官淞沪护军使不受江苏军事机关的管理，正副军使都隶属皖系，所以上海实际由皖系军阀控制。1917 年 9 月，段祺瑞派杨善德任浙江督军，升卢永祥为淞沪护军使，并撤副使，从而进一步加强对上海的控制。

(四)巴黎和会与五四运动，中国共产党登上历史舞台

1919 年 1 月，巴黎和会召开。中国代表王正廷、顾维钧等人在会上提出取消列强在华的一切特权，并收回德国在山东的权利及废除"二十一条"等要求，但均遭到了列强的拒绝。中国在巴黎和会上的外交失败，激怒了国内各阶层的爱国人士，这也是五四爱国运动爆发的导火线。1919

① "二十一条"是指第一次世界大战期间，日本帝国主义向中华民国临时大总统袁世凯递交的二十一条旨在灭亡中国的无理条款。其内容包括五项：一是承认日本继承德国在山东的一切权益；二是承认日本人有在南满和内蒙古东部居住、往来、经营工商业及开矿等特权；三是汉冶萍公司改为中日合办；四是所有中国沿海港湾、岛屿不租借或让给他国；五是中国政府聘用日本人为政治、军事、财政等顾问。

② 张园位于今南京西路以南、石门一路以西的泰兴路南端，由英国商人营造为园。园中有当时上海最高建筑安垲第，可以容纳千人以上会议。

年5月4日，以北京大学为首的北京十几所学校学生三千余人在天安门前集会，举行示威游行，但学生的爱国运动遭到了北洋政府的严厉镇压。为响应北京学生的反帝爱国运动，上海人民也行动起来，从1919年6月5日起，上海大批工人先后举行罢工，上海工人罢工同时推动了商人罢市、学生罢课，实现了“三罢”。最终，在全国人民的声讨声中，中国代表拒绝在和约上签字。五四运动爆发后，上海工人立即响应，并取得了初步胜利，为中国共产党在上海的成立奠定了基础。1921年7月，中国共产党在上海成立，提出了反帝反封建的民主革命纲领，后在苏联和共产国际的帮助下，推动孙中山改组国民党，实现国共第一次合作，掀起轰轰烈烈的国民革命。

（五）直皖军阀对江浙沪展开争夺，南京国民政府成立

1924年，直皖两系军阀展开了争夺上海地区的江浙战争。江苏省原归直系军阀齐燮元控制，上海也在其势力范围之内，但盘踞在浙江的皖系军阀卢永祥却利用地理优势将上海收入囊中。1924年9月，直皖两系军阀为争夺上海，在嘉定、太仓、浏河一带相持不下；与此同时，盘踞福建的直系军阀孙传芳趁机率领军队入侵浙江，10月13日，卢永祥在孙传芳和齐燮元的南北夹击下，被迫逃往日本，江浙战争结束。1927年4月，当北伐战争逐渐胜利的时候，蒋介石在上海发动“四一二”政变，建立南京国民政府；同年7月，汪精卫在武汉发动“七一五”政变，国共合作宣告失败，中华民国进入国民党统治的南京政府时期。

二、此消彼长的外部入侵政治势力

19世纪末，随着资本主义的发展，帝国主义列强开始对外进行侵略扩张，当时的中国成为列强入侵的主要对象。

（一）列强的入侵和租界的形成

第一次鸦片战争失败后，1842年8月29日，清政府与英国签订《南京条约》，上海作为通商口岸被迫对外开放。1843年11月，上海正式开埠。随着《黄埔条约》《望厦条约》等一系列不平等条约的签订，美国和法

国也相继在中国取得了类似于英国的通商特权。1845 年 11 月 29 日,英国领事与上海道台签订了一项《上海租地章程》,“划定洋泾以北、李家庄以南之地,准租与英国商人,为建筑房舍及居住之用”。其后列强纷纷在上海划定租界,并在租界内行使管理和司法管辖权,形成了“国中之国”的局面。[①]

上海租界成立之初,中国政府对租界内的行政、司法等尚有干预权,对租借享有领土主权。但随着帝国主义列强对中国侵略的不断加强,中国政府逐渐失去了对租界的控制。1854 年 7 月,英、美、法三国驻上海领事在小刀会[②]起义之际,不仅夺去了上海海关的行政权,而且在租界成立“工部局”,组织“义勇队”和巡捕,对中国居民行使征税权和司法权,实行独立于中国行政系统和法律制度之外的殖民地制度。

近代上海在城市管理上呈现独特的“三位一体”结构,即公共租界、法租界与上海县城三个行政单位[③]各自独立、互不干涉的局面。[④] 这种特殊的城市格局使上海获得了城市近代化的契机和资源,为不同文化、经济等的交流与融合提供了特殊的环境。在租界内,西方殖民主义在政治上由少数领事、大班、金融寡头垄断权力,经济上是竭力榨取,但在文化上则相对自由,并没有为建立西方文化霸权做过多干涉。[⑤] 在租界内的居民中,尽管华人占绝大多数,但主要的立法、行政和司法权力却是掌握在外国领事和主要由外国侨民组成的工部局董事会、行政委员会以及领事法庭等组织手中,施行的行政、经济、文化、社会管理和司法制度也已经迥异于中国的传统社会。1849 年,法租界建立。与公共租界的成立和管理一样,法租界亦是根据其本国的社会立法、行政、司法三权分立的政权组建模

---

① 于海娣. 中国历史常识全知道[M]. 北京:中国华侨出版社,2011:301.

② 小刀会是中国清朝时期的一个民间秘密组织,成员多为农民、手工业者、城市游民,间有工商业者加入,承袭“反清复明”口号。

③ 上海租界包括公共租界和法租界两部分。公共租界是英、美两国在 1863 年合并而成的,位于上海县城北部,后经多次扩大,占地 22 平方公里;法租界在 1849 年建立,南至护城河、北至洋泾浜、西至关帝庙诸家桥、东至广东潮州会馆沿河至洋泾浜东角,面积约 986 亩。

④ 江沛等. 城市化进程研究[M]. 南京:南京大学出版社,2015:79.

⑤ 熊月之. 上海租界与文化融合[M]. 上海:上海社会科学院出版社,2003:43-50.

式，来实现租界内的繁荣与稳定。

公共租界、法租界与上海县城“三位一体”格局的出现，是清政府、以英美为主的殖民者、法国殖民者按照自己的想法管理上海、建设上海的具体表现，直接对近代上海的政治、经济、文化造成了巨大影响，形成了独特的城市内涵。

（二）日本强化对上海的控制

1914 年 8 月 1 日，第一次世界大战爆发，西方列强忙于互相厮杀，暂时放松了对中国的侵略。日本在此时趁机扩大在华势力，加紧了对中国的掠夺，企图将其独占。日本政府先是宣布参加英、法、俄组成的协约国集团，借口对德国宣战，并于 1914 年 9 月入侵我国的山东半岛，攻下胶济铁路和青岛，取代了德国在山东的侵略地位。

1931 年，日军在东北发动“九一八”事变，全面侵华战争爆发。占领中国东北三省后，日本即策划华北事变，妄图吞并华北，蓄谋侵占有东南大门之称的上海。1932 年 1 月 28 日，日本帝国主义将上海作为侵略目标，在上海发动“一·二八”事变①，入侵淞沪地区。驻守上海的十九路军和前来支援的第五军同上海人民共同抗敌，沉重打击了日本侵略者的野心。而以蒋介石为首的国民党面对日军的侵略，却仍在“适可而止”的方针下，执意求和；曾经纵容侵略的英、美逐渐感到日军的暴行，为了维护各自在沪利益，他们对日军的态度强硬起来。最终在各方势力的相互制约下，日本与国民党政府签订了《淞沪停战协定》，日军撤出上海。

1937 年 7 月 7 日，日本帝国主义向我国北平西南卢沟桥驻军进攻，中国军民的抗日战争全面爆发。8 月，战事蔓延到上海，以“大山事件”②作为导火线，中日双方于 8 月 13 日在上海开战，自此战争扩大到了华东地区。由于上海在中国的特殊经济地位，蒋介石亲自率领七十多个师领

---

① 指“九一八”事变后，日本侵略者为了转移国际视线，并迫使南京政府屈服，于 1932 年 1 月 28 日晚发动的进攻上海守军的事件。

② “大山事件”指，1937 年 8 月 9 日，日本人身着戎装强行进入上海虹桥机场，被中国守卫制止而引发冲突，又称“上海虹桥机场事件”，是“八一三”淞沪会战的导火线。

导战斗,几乎动用了全国军队的三分之一。中国军民虽进行了奋勇抗争,但最终仍不敌日军。1937 年 10 月,上海沦陷,除租界以外地区全部由日军占领。三个月交战给双方带来巨大损失,日军方面死伤人数超过四五万人,而国民党军死伤者近 20 万人,百姓伤亡人数达上万人,财产损失数十亿。[①]

1937 年底,日军六千多人在上海西站和白渡桥的公共租界进行“胜利游行”,一方面为了向中国人和租界内的欧美人显示“日本的强大”,另一方面也表明日本对上海租界的野心。不久,虹口及杨树浦被日军占领,租界的面积因此减少到战前的一半以下,日军还将租界包围,来往租界的行人都要向日本官兵脱帽行礼并且被搜身。不仅如此,日本政府企图掌握租界的行政权,参加租界当事会议长的选举,并有一名日本人成功当选副议长的职位。日本打算在 1940 年的选举中增加日本参事人数,结果由于美国和英国的阻挠而失败,但随着国际形势的紧张局面,西方列强被迫同意日本提出增加一名成员作为租界参事的要求。至此,日本逐渐完成了对原有公共租界、法租界的控制,并将其主权交还给了“汪伪”政府,实现了对上海的控制。

第二节　迅速发展的经济金融

上海是近代中国的工商贸易中心,也是全国的金融中心。在 1927 年以前,北京凭借其为前清及北洋政府首都的优势,负责统收国家财政收支,有财政经济中心的地位,而上海在工商业经济、对外贸易与汇兑业务上占有相对优势,成为工业与金融中心。[②] 1927 年国民政府定都南京,次年设立中央银行于上海,当时全国最大的中国银行与交通银行也先后迁

---

① [日]木村泰枝.西方·日本·中国——日本人的“上海梦”[D].上海:复旦大学,2008:47.

② 杜恂诚.二十世纪二三十年代上海的远东金融中心地位[A].上海金融的现代化与国际化国际学术讨论会论文集[C].上海:上海古籍出版社,2002:1-2.

沪，使上海逐步成为名副其实的全国金融中心乃至远东金融中心。

回头梳理这段历史，了解当时的上海成就如此的成绩的途径，上海作为全国金融中心以及远东金融中心与其他地区的不同特点，对于今天上海国际金融中心建设有着经验与启发。

一、贸易的发展及贸易中心地位的确立

20 世纪伊始，上海的商业贸易在第二产业的依托下发展迅速，国际贸易与国内埠际贸易均达到空前水平。据统计，开埠前，上海贸易总量为 5 330 万两，其中，埠际贸易额 4 840 万两，占 90.8%；对外贸易额 450 万两，占 8.44%。此时的上海港外贸总体规模虽然不大，但已是全国重要贸易港口之一。[①] 开埠后，上海对外贸易总量直线上升，对外贸易总值由 1897 年的 500 多万海关两迅速增长到 1930 年的 9.9 亿海关两，增长了 13 倍；在全国对外贸易中所占的百分比一直保持在 40%～60%，纵观同时期国内其他口岸无一能及。[②] 在国内埠际贸易交易上，虽然上海的埠际贸易额从 1925 年至 1935 年的占全国埠际贸易总额的比例已下降至 38%左右[③]，但在全国各通商口岸中仍处于绝对领先地位。

上海作为一个港口城市得以崛起，其江海交汇处的区位优势是非常重要的决定因素。1853 年前后，上海超越广州，成为中国最大的贸易港口，这是被许多研究者所公认的历史事实。[④] 而上海港向政府缴纳的关税额，更是占据所有港口之首。茅伯科曾对上海港的地位按年代做了说明，“1840 年之前，它已经是国内航运贸易的枢纽大港，开埠后，逐步进入现代化的进程之中，1895 年之后，开始向国际贸易大港过渡，1919—1937

---

① 上海对外经济贸易志编纂委员会．上海对外经济贸易志[M]．上海：上海社会科学院出版社，2001：5.

② 罗志如．统计表中之上海[J]．南京国立中央研究院社会科学研究所季刊，1932，(4)：21.

③ 张忠民．近代上海经济中心地位的形成和确立[J]．上海经济研究，1996，(10)：33.

④ 黄苇．上海开埠初期对外贸易(1843—1863)[M]．上海：上海人民出版社，1961：71.

年间,成为国际贸易大港”。[①]

表 2—1　　上海港商品净进口比例表(1922—1931 年)　　单位:%

	1922 年	1923 年	1924 年	1925 年	1926 年	1927 年	1928 年	1929 年	1930 年	1931 年	平均值
烟草	47.06	40.43	49.40	36.02	41.34	39.34	68.50	56.50	61.10	64.45	50.41
糖	50.05	7.29	55.24	51.67	47.43	45.79	52.39	53.36	33.93	53.28	45.04
小麦	100.00	99.44	92.38	88.29	100.00	100.00	100.00	99.81	100.00	99.00	97.89
米	100.00	100.00	54.31	91.05	83.12	98.35	24.25	98.97	99.84	99.68	84.96
毛制品	80.34	79.15	73.54	54.19	65.98	29.80	68.41	63.27	4.46	65.04	58.42
棉花	89.27	97.99	98.46	98.14	95.78	93.72	95.20	88.44	89.12	87.62	93.37
棉布	29.10	22.96	43.09	44.00	36.28	28.79	52.12	48.65	36.27	36.93	37.82
硫酸铵	62.35	100.00	7.45	62.34	68.61	64.01	73.12	73.31	72.82	76.56	69.29
纸	66.94	66.98	68.18	62.41	68.61	64.01	73.12	73.31	72.82	76.56	69.29
钢铁条	42.83	52.65	66.45	5.92	48.85	47.94	70.28	75.92	78.63	83.90	57.34
木材	92.65	85.79	91.37	87.51	89.99	90.57	86.93	92.30	92.45	95.08	90.46
汽油	60.81	88.88	51.18	72.36	81.69	82.33	77.30	72.87	65.62	98.35	75.14
煤油	48.14	31.13	24.27	22.14	33.50	39.23	40.32	33.79	41.03	50.12	36.37
煤	21.53	83.89	86.69	79.69	76.89	77.04	74.20	70.70	74.51	88.72	73.39

注:表格数据百分比表示该年各流通商品总价值中的进口价值所占比重。

资料来源:《上海海关志》编纂委员会．上海海关志[M]. 上海:上海社会科学院出版社,1997:440－447.

从 19 世纪末到 20 世纪初,世界各主要资本主义国家从自由竞争阶段过渡到帝国主义阶段。这些国家在商品输出后,又向中国攫取了设厂权、筑路权、开矿权、贷款权等有利于资本输出的特权,并在中国投资兴办了大批工矿企业、建设交通运输和租界内的城市基础设施,使中国的贸易运输和民族资本经营的新兴企业逐渐发展起来。这些新兴企业的发展对国外输入物资设备的需求不断扩大,并逐步代替了鸦片和棉纺织品等旧

① 上海港史编纂委员会．上海港史(古、近代部分)[M]. 北京:人民交通出版社,1990:1.

的传统商品，从而改变了上海对外贸易的商品结构，具体进出口商品所占比重变化如表 2—2、表 2—3 所示。

表 2—2　　上海主要进口商品所占比重变化表(1894—1936 年)　　单位：%

	1894 年	1913 年	1921 年	1929 年	1931 年	1936 年
鸦片	19.8	12.3	—	—	—	—
棉织品	40.9	43.1	25.0	14.9	7.0	2.2
杂项纺织品	2.8	2.8	3.5	9.4	5.9	3.1
金属及矿砂	5.5	3.6	5.5	5.4	6.1	11.3
棉花	—	1.0	7.7	12.6	19.9	6.2
小麦	—	—	0.1	3.3	9.0	2.0
面粉	0.1	0.3	0.2	0.3	0.2	0.2
糖	6.9	5.0	6.3	7.8	4.6	0.6
煤油	4.8	2.1	3.4	2.3	2.1	0.9
汽油	—	—	0.3	0.3	1.0	2.1
米	—	—		0.4	0.5	0.1
纸烟	0.2	2.9	5.3	2.5	1.3	0.2
烟叶	0.1	0.9	2.7	3.7	5.3	2.6
机器	1.1	0.9	8.4	3.0	3.6	5.9
车辆	—	0.5	1.4	1.4	1.0	4.0
纸张	—	1.5	2.2	3.5	3.6	5.4
化学产品	0.4	0.8	1.3	2.2	3.1	5.1
染料	1.2	4.9	4.6	3.3	3.0	4.4
木材	1.2	1.2	1.5	2.5	2.6	2.6
电气材料及装置	0.1	0.7	2.2	1.5	2.2	2.5

注：表格数据百分比表示该年进口商品总价值中各商品所占比重。

资料来源：上海社会科学院经济研究所，上海市国际贸易学会学术委员会．上海对外贸易：1840—1949(上册)[M]．上海：上海社会科学院出版社，1989：195.

表 2—3　　上海主要出口商品所占比重变化表(1894—1936 年)　　单位：%

	1894 年	1913 年	1921 年	1929 年	1931 年	1936 年
丝	39.5	27.7	28.4	28.5	17.9	8.1
茶叶	14.9	12.2	4.2	9.5	9.6	6.9
豆及豆饼	0.8	3.1	1.1	1.3	1.2	2.0
桐油	0.1	1.6	1.9	3.9	3.9	18.7
籽仁、籽饼	1.4	8.6	7.8	5.8	4.5	4.5
蛋品	—	1.3	4.5	5.8	4.5	4.5
皮、皮制品	4.4	10.7	4.4	4.9	5.3	5.8
毛类	4.0	3.5	2.0	0.9	0.7	0.7
煤	—	—	—	0.2	0.2	0.1
猪鬃	0.6	2.0	1.3	1.5	1.6	4.3
肠衣	—	0.2	0.4	0.4	0.5	2.1
羽毛	0.2	0.5	0.3	0.5	0.5	0.9
花边	—	—	2.1	0.8	2.5	3.6
草帽	—	—	—	—	1.4	1.0

注：表格数据百分比表示该年出口商品总价值中各商品所占比重。

资料来源：上海社会科学院经济研究所，上海市国际贸易学会学术委员会．上海对外贸易：1840—1949(上册)[M]．上海：上海社会科学院出版社，1989：198.

在开埠初期，上海对外贸易进口商品主要是以消费物资为主。进入20 世纪以后，进口生产资料增长的速度超过消费物资，前者在进口商品中的比重逐步增加，而后者的比重则一直下降。随着上海近代工业的发展，进口的金属及矿砂、机器、车辆、化学产品、染料、电器材料及装置、纸张，以及为工业制造提供的棉花、烟叶、小麦等原料和燃料等占了很大的比重，这主要是满足外国在华企业和中国近代民族工业发展的需要。在这一时期，伴随着商品贸易而来的资本输出，使上海的经济变革从流通领域扩大到了整个生产环节。

在出口商品结构方面，早期上海出口的商品主要以农产品原料和手工业制品为主。20 世纪以后，出口的商品结构发生了明显的变化。一个变化是农副产品出口种类更加多样化。在 20 世纪以前，生丝和茶叶是中国传统的大宗出口商品；20 世纪以后，桐油、籽仁、猪鬃、蛋制品等新的出口商品扩大，1936 年桐油的出口比重已经超越了生丝和茶叶两项商品的总和。另一个变化是轻纺工业品的崛起改变了单一的农副产品出口的局面。从近代上海贸易商品结构的变动中可以观测到，各年进口商品中生产资料所占比重不断上升，消费资料所占比重不断下降，出口商品中手工制品所占比重不断下降，机器制品所占比重不断上升。

二、制造业的发展及工业中心地位的形成

1842 年 8 月 29 日，清朝政府与英国签订《南京条约》，开放广州、厦门、福州、宁波、上海五处为通商口岸(史称“五口通商”)，准许英国派驻领事，准许英商及其家属自由居住。19 世纪末 20 世纪初，上海近代制造业迅速发展，并很快成为近代中国的工业中心。

1895 年后，上海的外资工业，特别是棉纺织业首先得到发展。外国工业资本主要集中在船舶修造工业，缫丝[①]、印刷等行业，其次是制药、食品、卷烟等其他轻工业和杂项工业。[②] 1895—1913 年，全国开办的资本在 10 万元以上的外商工厂共有 91 家，其中上海有 43 家，占总数的 45.1%。1913 年，全国外资工厂开办资本总额约 4 855 万元，上海英商怡和纱厂、英美烟公司、上海自来水公司、耶松船厂、日商上海纺织株式会社、内外棉株式会社等开办资本总额约 2 090 万元，占全国的 43%。[③] 1894—1913 年的 20 年间，上海外资工业资本估计增长 5.5 倍，达 6 346 万元。1914—1936 年外资扩张速度更为惊人，1936 年外资工业的资本额估计已

① 将蚕茧抽出蚕丝的工艺概称缫丝，是制丝过程的一个主要工序，应用于纺织工业。
② 徐新吾，黄汉民．上海近代工业史[M]．上海：上海社会科学院出版社，1998：10.
③ 汪敬虞．中国近代工业史资料(第 2 辑)[M]．北京：科学出版社，1957：7—11.

达 9 亿元。[①] 也就是说,上海外资工业资本在 20 年里实现了近 15 倍的增长。

同时期的中资与外资相比较,外国资本工业投资额的增长高于民族资本工业。1894 年外国资本工业资本估计为 975.2 万元,民族工业资本估计为 605.7 万元,其比例为 1.61∶1;1933 年,外国资本工业资本已达约 4 亿元,民族工业资本为 16 268.6 万元,其比例为 2.46∶1。[②] 从比例上看,外国资本工业的体量和增速都超过了民族资本工业。

虽然增长速度不如外国资本工业,上海的民族资本工业在 1895 年以后发展也很快。1895—1911 年,全国华资开办的工厂总计有 449 家,其中上海有 112 家,占总数的 25%;全国华商投资总额为 9 744 万元,其中上海为 2 799 万元,占全国总额的近 29%。[③]

第一次世界大战期间,战争的爆发减少了资本主义列强对中国的商品及资本输出,上海的民族工业进入了"黄金时期"的发展阶段。20 世纪 30 年代后,上海工业进一步发展,1933 年上海的工业总产值达到全国的近 40%,中外企业比例约为 7∶3,中资制造业占有绝对的优势。[④] 至全面抗战前夕,上海全市已有近代工厂 5 500 余家,手工工场 16 851 家,手工作坊 35 615 家,这时上海的近代工业规模已占到全国的 50%左右。[⑤]

经过几十年的发展,刘大钧在著作《上海工业化研究》(2015 年版)中,将工业统计范围由轻至重分为 16 个统计对象。[⑥] 根据这一分类统计方法,参考黄汉民在《1933 和 1947 年上海工业产值的估计》一文中的估计数据,结合当时上海工业各部门经济数据,1933 年上海工业不同行业产值所占比重如图 2—1 所示。

---

① 张仲礼.近代上海城市研究[M].上海:上海人民出版社,1990:334.
② 张仲礼.近代上海城市研究[M].上海:上海人民出版社,1990:342.
③ 汪敬虞.中国近代工业史资料(第 2 辑)[M].北京:科学出版社,1957:654.
④ 张仲礼.近代上海城市研究[M].上海:上海人民出版社,1990:92—97.
⑤ 黄汉民.1933 和 1947 年上海工业产值的估计[J].上海经济研究,1989,(1):63—68.
⑥ 刘大钧.上海工业化研究[M].北京:商务印书馆,2015:346—347.

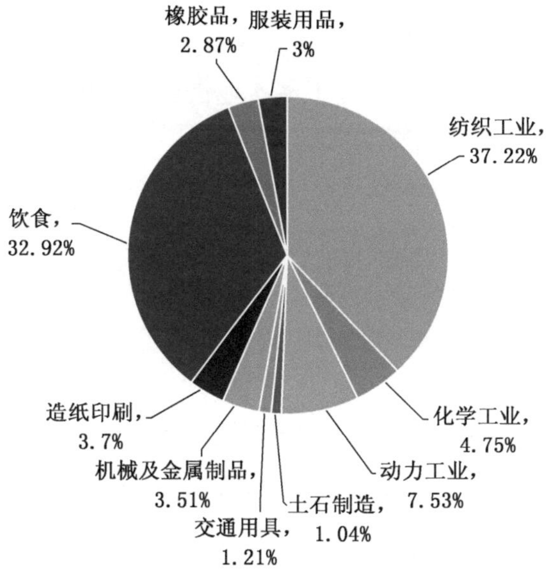

注：木材、家具、冶炼、建筑、皮革品、饰物仪器、其他工业比重小于1%，未列入统计范围。

资料来源：黄汉民.1933和1947年上海工业产值的估计[J].上海经济研究，1989，(1)：63—68.

图2—1　1933年上海各行业产值比重图

从图2—1可以看出，在1933年上海各行业中，纺织工业和饮食所占份额最高，仅这两项工业的产值和就占当年上海工业产值总额的70%，若加上服装用品工业项目，轻工业所占比重就占据了上海工业产值总额的四分之三。由此可见，近代上海工业发展的特点是以轻工业发展为主、重工业发展为辅。

近代上海工业的发展，使得上海在20世纪前期已经成为近代中国的工业中心。

首先，近代上海工业在中国近代工业中已占有绝对的优势。1933年，上海有30人以上的华商工厂3 485家，占全国十二大城市同类工厂总数的36%；资本总额1.9亿元，占总数的60%；生产净值7.28亿元，占总数的 66%。①

其次,上海机制工业品的市场覆盖遍及全国,上海已成为中国最大的工业生产和供应基地。1912 年,上海工业产品的总输出额为 0.81 亿海关两,到 1921 年已增至 2.76 亿海关两,约增长了 2.3 倍。

再次,上海拥有当时中国数量最多、整体素质最高的企业家阶层,以及稳定的工程技术人员、管理人员和熟练的工人队伍。上海工业整体的技术水平处于全国领先地位,上海工业的资本规模、技术构成、经济效益等都大大高于全国平均水平,此时上海已成为近代中国工业的人才和技术储备的中心。

最后,上海作为近代中国的工业中心,不仅集中了大量的民族资本工业,同时也是外商在华工业企业最集中的城市,许多国际大垄断资本都以上海作为主要的工业投资地区。截至抗战全面爆发前夕,外商在华工业投资的 67%集中在上海。上海已是名副其实的近代中国的工业中心。

三、金融业的发展和金融中心地位的建立

(一)金融机构的发展

抗战全面爆发前十年,总行迁到上海的银行共有 13 家,其中北京 6 家、天津 5 家、青岛和重庆各 1 家。② 华资银行、外资银行和钱庄在上海的机构数量占比均较大,呈现三足鼎立的局面。虽然上海钱庄数量不及广州、天津,但上海 48 家钱庄的资本总额高达 1 800 万元,而广州 80 家、天津 53 家钱庄的资本总额分别只有 288.9 万元和 386.5 万元,资力相差悬殊。③ 具体数据可见表 2—4 所示。

---

① 巫宝三. 中国国民所得(上册)[M]. 上海:中华书局,1947:64.

② 刘克祥,吴太昌. 中国近代经济史(1927—1937)[M]. 北京:人民出版社,2010:1895—1896.

③ 朱荫贵. 抗战前钱庄业的衰落与南京国民政府[J]. 中国经济史研究,2003,(1):61.

表 2—4　　上海各类金融机构数量及占比

华资银行(1936年)			外资银行(1935年)			钱庄(1936年)		
地区	机构数量(家)	占比(%)	地区	机构数量(家)	占比(%)	地区	机构数量(家)	占比(%)
上海	58	35.37	上海	28	33.33	上海	48	15.64
江浙	38	23.17	天津	16	19.05	北京	9	2.93
京津	11	6.71	北平	9	10.71	天津	53	17.26
西北	6	3.66	汉口	9	10.71	汉口	28	9.12
西南	17	10.37	广州	8	9.52	重庆	13	4.23
华中及华南	24	14.63	青岛	6	7.14	杭州	30	9.77
东北	0	0.00	其他	8	9.52	宁波	40	13.03
香港及国外	10	6.10				南京	6	1.95
						广州	80	26.06
合计	164	100.00	合计	84	100.00	合计	307	100.00

注:华资银行数据来源于中国银行总管理处经济研究室．全国银行年鉴(1934—1937)[M]．上海:汉文正楷印书局,1937:16．外资银行数据来源于实业部中国经济年鉴编纂委员会．中国经济年鉴[M]．北京:国家图书馆出版社,1936:33－34;朱荫贵．抗战前钱庄业的衰落与南京国民政府[J]．中国经济史研究,2003,(1):61.

上海非银行金融机构的发展也令人瞩目,尤其是以保险公司和信托公司为代表的金融机构聚集优势更加明显。据1936年《中国保险年鉴》统计,从数量的地域分配来看,上海占52%、香港占27%、广州占6.3%、福州占6.3%、天津占4.2%、北平占2.1%,其中60%以上的华商保险公司总公司设在上海。[①] 上海也是中国信托业发展的中心,经历了20世纪20年代初的“信交风潮”[②],大部分信托公司已基本夭折,风潮过后仅剩下2家信托公司。1927—1936年,全国陆续设立信托公司18家,中途停业

① 中国保险年鉴社．中国保险年鉴(1936)[M]．北京:中国保险年鉴社,1936:4－5.

② 1921年底,一些稳健的银行和钱庄收缩资金,进而停止放款,银根紧缺,靠借款从事股票投机者资金运转不灵,顿时陷入困境,证券价格暴跌,大批交易所和信托公司纷纷倒闭,形成上海又一次严重的金融风暴。史称“民十信交风潮”,简称“信交风潮”。

6家,到1936年末仍在营业的为12家,其中上海有10家,占全国的83.3%;全国信托公司实收资本总额为1 738.6万元,上海为1 680万元,占全国的96.6%。

(二)金融制度的发展

1. 海关金制度的实施

面对数额巨大的外债,南京国民政府决定从关税收入入手实施改革。由于当时实行的是银本位制,而外债计量均是以金为计量单位,1929年的银价暴跌使国民政府关税收入不升反降。为避免关税收入受国际银价波动影响,1930年1月15日,国民政府正式发布命令,宣布"自二月一日起征收海关进口税一律改用海关金单位计算,海关金单位并由政府规定值60.1886克纯金"。[①] 中国海关进口关税计征中所实施的金单位制度,是南京政府成立后在财政金融制度方面的一次重大安排。以1930年为例,关税收入达到1.8亿关平两,实际上进口关税如果按海关金单位计征,比关平银多征收3 000余万元,增幅20%以上。[②]

由于海关金制度的实施,南京国民政府得以改变以往偿付外债和赔款本息的机制,相应减少了由银价变动导致的债额增加幅度。标金结价废除、外汇改按关金标准,一方面使金价直接与伦敦市场金银供求状况相联,稳定了金价,便利了进出口贸易活动;另一方面各类汇兑的挂牌从汇丰银行转入中央银行,使得中央银行控制汇兑的力量更为强大,加强了南京政府对金融市场上黄金交易的监管和控制。[③]

海关金制度的实施意义重大,它不仅减少了国民经济的损失,缓解了财政压力,同时在某种程度上为1935年的法币改革废除银本位制作出了积极探索,促使中国货币制度的演变,在外汇制度上转入有管理的外汇汇兑本位制度的轨道。

---

① [美]阿瑟·恩·杨格. 一九二七至一九三七年中国财政经济情况[M]. 陈泽宪,陈霞飞译. 北京:中国社会科学出版社,1981:48.

② [美]阿瑟·恩·杨格. 一九二七至一九三七年中国财政经济状况[M]. 陈泽宪,陈霞飞译. 北京:中国社会科学出版社,1981:619.

③ 刘慧宇. 中国中央银行研究(1928—1949)[M]. 北京:中国经济出版社,1999:162.

2. 中央银行制度建立

南京国民政府时期中央银行的设立是中国金融业现代化历程的延伸，是中国金融制度现代化的开端。1928 年 10 月 5 日，国民政府公布了由宋子文主持制定的《中央银行条例》。中央银行作为南京国民政府创办的一家国家银行，在上海金融界的出现，具有极大的象征意义，它标志着国民政府在上海金融业中有了自己能够完全控制的银行。而且，中央银行不仅是一家最高金融机构，还是“中央”的银行，是中央权力的象征，也是中央政府逐步控制整个金融界的工具。

中央银行在上海成立后，代理国库即为其特权之一。中央银行依照 1928 年颁布的《金库条例草案》代理国库，总库设立于上海总行，并于业务局设立国库科具体办理国库业务。在各分支行设立的同时成立国库分库或支库：以分行所在地为国库分库，分库以省名为简称；支行及办事处所在地的国库支库，则以地名为简称。

中央银行成立后，被赋予了“募集或经理国内外公债事务”的特权，并可从事国库证券买卖业务。① 北洋政府时期，设立整理内国公债基金，并确立起由海关总税务司直接负责保管内国公债库券基金的制度。从 1929 年起，存于外商银行的内债基金，改存中央银行，中央银行获得了内债基金的存储权。1928—1933 年，经财政部发行的国库券共 17 种，金额 90 300 万元，代理发行公债 14 种，金额 34 100 万元，还本付息 88 570 万元(含北洋政府发行到期公债本息)，1934—1936 年，各种公债库券的发行额为 134 200 万元，十年间共发行内债近 26 亿元。②

代理政府处理对外债务事项，是中央银行作为“政府的银行”的职责之一。1930 年海关金单位制的实施，使外汇源源不断地流入中央银行，也使财政部和中央银行从海关和外国银行手里接管经理偿付外债的业

---

① 摘录自《中央银行现制之解剖》，上海市档案馆藏(中央银行上海分行档案)，档号 Q53—2—4，1908－1953.

② 卓遵宏．中央银行与近代上海金融中心地位(1927—1937)[A]．上海金融中心地位的变迁[C]．上海：复旦大学出版社，2005：22.

务,摆脱了之前仅为“税款收缴人”的尴尬地位。同时,中央银行开始参与更多的黄金买卖并开始影响其定价,掌握了越来越多的外汇储备,加强了中央银行对外汇市场的干预和控制,上海外汇市场也逐渐由外商银行操控改为中央银行挂牌。

中央银行是历史的产物,在其产生和发展的过程中,社会经济活动中的种种矛盾既是中央银行产生和发展的最基本动力,同时也是塑造中央银行各项基本职能的重要推手。中央银行制度的设立既顺应了国际经济现代化的潮流,也迎合了金融市场自由发展的趋势,有助于中国金融业进一步融入世界金融大格局。

3. 金融监管的发展

国民政府成立后,近代中国出现第一次立法高潮,金融监管走上法制化道路。据统计,1927—1937 年,国民政府共颁布实施了近百部金融法规,包括币制类 26 部、银行类 35 部、邮政储金类 7 部、票据法 2 部、交易所类 17 部。[①] 这些金融法规不仅数量和种类较多,而且立法内容也达到了较高水平,充分反映了国民政府时期法律监管意识明显增强。同时,由于其涉及金融业的各个领域,使国民政府时期的金融监管有法可依,标志着近代中国的金融监管由行政化管理走向了法制化管理,也意味着近代金融监管更为有序,大大降低了监管的随意性、主观性。

在监管机构方面,制度对此的规定主要经历了以下历程。1908 年 2 月 15 日,晚清政府度支部奏准公布的《银行通行则例》,明确规定由度支部负责对银行的监管。南京临时政府成立之初,明确由财政部负责管理钱币、银行等事务。[②] 北京政府建立后,为实现对银行的监管,仿效日本,规定由财政部负责银行监理。1916 年 12 月,财政部订定《银行稽查章程》18 条,该章程规定,财政部为综核全国银行起见,特设银行稽查,办理各处官立、私立、各银行稽查事宜。1918 年 8 月 10 日,北京政府设置币

---

① 中央银行经济研究所. 金融法规大全[M]. 上海:商务印书馆,1947:42.

② 中国第二历史档案馆. 中华民国史档案资料汇编(第 2 辑)[M]. 南京:江苏人民出版社,1981:8—9.

制局，直隶国务总理，整理全国财政，督办由财政总长兼任。[①] 1927年11月1日，国民政府第12次会议决定裁撤财政部钱币司，同时为监理全国金融起见，特于上海设立金融监理局。财政部部长孙科还特别下令："将上海交易所监理官、江苏银行监理官、全国特种营业稽征特派员等一律裁撤，归并金融监理局办理，以统一事权，并饬令该局前往接收。"[②]1927年11月19日，国民政府正式公布了《财政部金融监理局组织条例》，条例规定，金融监理局隶属国民政府财政部，监理全国关于金融行政上一切事宜。

从监管机构看，晚清政府至南京国民政府时期，中央政府的银行业监管常设机构有过不同的称谓，但实质上一直由中央政府财政主管部门承担其职责。

（三）金融市场的发展

1. 货币市场

鸦片战争前，尽管清政府尚未发行纸币，但纸币流通已在民间普及。上海开埠后，外国银行竞相在沪设立分行，并利用特权擅自发行以中国货币为单位的纸币，上海各外国银行的钞票风行市上，数量庞大、品种繁多，不仅排挤国内银行的纸币，而且对金融市场秩序也造成了干扰。1897年，中国第一家银行——中国通商银行在上海创立，次年起发行银行券和银两券，开启了由我国银行发行兑换券的先河。辛亥革命时期，上海军政府为筹措军政款项，组建中华银行，于1911年1月发行军用钞票。1912年，南京临时政府发行南京军用钞票。1935年11月3日，上海市政府公布财政部公告，自11月4日起实行法币政策，规定以中央、中国、交通三行所发纸币为法币，另外8家华商银行的发行权被取消。上述举措在一定程度上抑制了外国银行钞票在本国和上海地区的流通，截止到1931年

① 中国第二历史档案馆. 中华民国史档案资料汇编(第3辑)[M]. 南京：江苏古籍出版社，1991：2.

② 周春英. 近代中国银行监管制度探析[J]. 烟台师范学院学报(哲学社会科学版)，2006，(2)：16—19.

末,外国银行钞票仅占上海市面纸币流通总额的2%。

金属货币方面,清代以白银作为主要货币在全国流通,纹银则是一种通用的标准银,同时铜钱在流通中也占有很重要的地位。随着上海贸易的扩大,外国银元大量涌入中国,并在上海附近地区开始盛行,包括西班牙银元、荷兰银元、美国银元等。开埠之后,上海市面流通的银两是宝银,规银用来作为计算的一种银两标准,广泛流通的外国银元是西班牙银元(本洋)与墨西哥银元(鹰洋)。同时,英国、美国、日本等国的银元也逐渐流入上海进行流通,形成了多国银元共存的局面。1856年,上海铸造了著名的"号商银饼",作为上海最早铸造的银元,也是中国现存最早的以两为单位的银币,反映了当时已初步意识到改善货币流通的重要性,使其较早登上了自铸银元的舞台。1912年中华民国成立,同年南京造币厂开铸"孙中山像开国纪念银币";1914年2月制造了"袁世凯像壹圆银币",俗称"袁大头"。1933年3月,国民党政府财政部颁布了《废两改元令》和《银本位铸造条例》,"船洋"作为一种新式的银币在市场上深受民众欢迎,并和"袁大头""开国纪念币"一起逐渐取代了流通于市面的各式"龙洋"和外国银元。

2. 汇兑市场

(1)内汇市场

上海钱庄参与国内埠际贸易的金融周转在开埠以前就已经发生,开埠以后,随着长江沿线贸易的兴盛,钱庄在国内贸易中的周转范围越来越广。当时上海的商号进行贸易的时候,一般都向上海钱庄开具远期汇票——"申票",商人们可以持票向当地同上海同行有业务联系的钱庄贴现取得现款后置办货物。20世纪初一个以上海为枢纽、钱庄为主体的全国性的内汇网络已经形成,在这个网络中,内汇与贸易紧密联系,以上海为中心,以各地的申汇市场为依托,把全国重要商埠的钱庄连成一片,使埠际间款项的划拨畅通无阻,最重要的是内汇市场能够把汇兑、结算、信贷连接起来。

近代中资银行成立后,致力于发展国内汇兑,在其章程中,都把经营内汇业务同存款和放款并列，即所谓“存、放、汇”三大业务。大银行资金雄厚、信誉高且分支机构众多，在开展汇兑业务方面占有明显优势，随着银行分支机构的广泛设立，一个多层次、立体型的资金调拨系统逐渐形成，大大促进了各地资金市场的开拓与发展。

1930—1936 年，中国银行每年办理内汇均超过 5 亿元。五年间汇款地域中，长江流域占一半。大银行国内汇兑的发展加速了上海埠际贸易的兴旺。1935—1936 年，上海国内贸易进出口总值 3 倍于汉口、4 倍于天津、5 倍于广州、6 倍于青岛，上海进出口的贸易值近乎等于汉口、天津、广州、青岛、汕头和重庆的总和。①

(2)外汇市场

上海的外汇市场也随着开埠而形成。19 世纪 70 年代初，上海对外贸易额已占全国对外贸易总额的 63.60%。到了 20 世纪初，上海有 11 家外国银行，分别属于 8 个国家，几乎垄断了上海进出口贸易的国际汇兑业务。20 世纪二三十年代，上海外汇市场成为全国国际汇兑市场中心，与伦敦、纽约、巴黎、东京等市场相联，成为国际资金流动的重要场所。

英国汇丰银行因为能够无限制出售或购入外汇，其牌价对上海汇市有巨大影响，因此上海外汇市场的汇率遂以汇丰银行上海分行挂牌为准，汇丰银行上海分行的牌价成为中国实际有效汇率。中资银行经营国际汇兑业务以中国银行为主，1928 年中国银行成为国家国际汇兑专业行，先后在伦敦、大阪等地设分行，对外业务日益发达。

1935 年 11 月 4 日，国民政府施行法币政策。为了达到稳定汇率的目标，改革在汇率方面实行汇价钉住政策，由中央、中国、交通三家银行负责外汇的买卖，只有它们在超出价格范围能够进行无限制买卖。1937 年，“七七”事变后人心恐慌，资本家们纷纷购买外汇，中央、中国、交通三家银行售出外汇 750 多万英镑。上海沦陷后，国民政府为对付日伪套购外汇，另行组织了审核委员会，审核限度以外的存款提取核准事宜，并于

① 洪葭管．上海金融志[M]．上海：上海社会科学院出版社，2003：663.

1938 年 3 月 14 日宣布对外汇实行管制。

3. 标金市场

19 世纪末,西方国家均以金为货币,而中国则以银为货币。通过购买标金作为价值储备可以预防银价跌落风险,同时黄金的储备也是外币收支的价值保障手段之一,上海黄金交易市场由此应运而生。

20 世纪 20 年代后,上海正式集中买卖的金业交易市场有两处:一是 1920 年设立的上海证券物品交易所的标金部,二是 1921 年 11 月成立的上海金业交易所。1934 年 9 月,上海证券物品交易所按照政府规定,将标金部一处合并于金业交易所,于是上海金业交易所成为上海唯一的金市场。

标金交易的参加者有华商银行、外商银行、钱庄、银楼、证券商和进出口商等,但准入入场买卖只能是正式登记的经纪人。开业初期有经纪人 138 家,1934 年又增加了 30 家,但到抗战初期,实际进入市场交易的只有 85 家。金业交易所规定可供买卖的为国内矿金、各国金币、标金、赤金四种,但由于实际交易中大多以标金为主,故上海的黄金市场也称为标金市场。

上海标金市场实际上已经是全国金市场买卖的中心,它的交易方式可以分为现货买卖和定期买卖两种,每日交易额十分巨大。1926 年,全年成交额达 6 232 万条,按购入售出对半计算,实际成交额为 3 116 万条,已超过法国、印度和日本。①

法币改革后,实行汇兑本位,导致黄金成交量大大减少,全面抗日战争爆发,上海金业交易所停业。

4. 证券市场

19 世纪七八十年代,股份制华资企业开始发展,实收资本随之增长。1914 年,上海成立股票商业公会后,申请加入的股份公司企业 992 家、实收资本 8 600 万元;1917 年增加至 1 024 家,实收资本 19 100 万元。1920

---

① 洪葭管. 上海金融志[M]. 上海:上海社会科学院出版社,2003:677.

年和 1921 年，上海证券物品交易所与上海华商证券交易所先后开业，同时办理现货和期货交易业务。

随后证券市场逐渐以公债交易为主。南京临时政府募集资金 500 万元，北洋政府以发行公债作为解决财源的重要途径，1912 年、1913 年各发行 600 多万元公债，1914—1926 年又逐年发行累计 59 300 万元。上海"信交风潮"后，股票信誉大受影响，证券交易所转以北洋政府公债为主要交易对象。南京国民政府建立后，以上海为主要发行市场发行内债，发行种类和发行额逐年扩大：1927 年发行 2 种，发行额 7 000 万元；1928 年发行 6 种，发行额 15 000 万元；1929 年发行 6 种，发行额 19 800 万元；1930 年发行 4 种，发行额 17 400 万元；1931 年发行 7 种，发行额 46 600 万元；合计发行债券 25 种，累计发行额达 105 800 万元。公债发行规模的扩大带来了公债交易市场的繁荣，公债交易额由 1927 年的 2.39 亿元一路上涨至 1934 年的 47.7 亿元历史最高值。

第三节　各时期货币制度及影响

在 19 世纪后半叶，中国境内流通的货币除了传统的银两制钱外，还有各省制造的银元、中央及各省发行的纸币、外国铸造并在中国流通的各式银元、外国银行在华发行的纸币等。为统一币制，自清末以来，历届政府都曾试图建立一种货币制度或体系，以更好地促进经济社会发展。[①]

一、南京临时政府时期

1912 年 1 月 1 日，中华民国南京临时政府成立。新政府刚一成立就面临着严峻的财政问题，各省的独立截留了应上缴中央的各项税款，加上中央政府缺乏地方商业资本家的支持，导致临时政府无法维持每日巨大的军政费用。为改革清末以来的混乱币制，南京临时政府采取了一系列

① 王利中．民国前期(1912 年—1927 年)中国货币制度研究[D]．乌鲁木齐：新疆大学，2003：1.

包括统一币制、兴办银行、建立监督制度等措施。

(一)统一币制的尝试

统一货币的铸造权是为将来金融币制的改革创造条件。南京临时政府刚一成立,孙中山便下令将设在南京的江南造币厂收归财政部所有,作为民国特设机关,“掌铸造国币一切事宜,造币厂暂设总厂于南京,设分厂于武昌、广州、成都、云南四处……财政部筹备铸币专款,发给总厂分派各厂应用;所有各省旧设银铜圆厂机器、厂房材料,准总厂选择提用,总分各厂铸成新币、重量、成色、公差之类,必须遵照定章”。①

1912 年 2 月 17 日,南京临时政府财政部示谕各省,“凡是广东银元及各省银元一律照本省(江苏)湖北洋价通用。对于已发行的各地的军用票,要求在全国流通,以打破省区界限”。2 月 14 日,财政总长陈锦涛致电各省都督,要求各省设法收回军用钞票,以免造成币制紊乱。3 月 9 日,财政部又发三件批文,禁止江苏等地商民曾祯、张秉磺等滥铸银币、铜元,又向江北都督蒋雁行、湖南财政司发电,限制其铸造铜元。

在采取上述措施过程中,南京临时政府曾计划建立新的货币本位制,财政总长陈锦涛在给孙中山的呈文中提出建立金汇兑本位制的主张,但由于无论实行何种本位制,首先要具有大量的黄金储备,这是处于财政困难中的南京临时政府短期内无法办到的,因而暂时搁浅。

(二)设立商业银行

1912 年 2 月 5 日,南京临时政府在上海正式设立了中国银行,2 月 15 日,在南京设立分行。此后,南方各省纷纷将原先大清银行改为中国银行。《中国银行条例》规定中国银行拥有发行可兑现纸币、经理国库、买卖生金银、经营汇兑、借款贴现等项业务,使中国银行成为政府掌控下的金融机关,为日后成立中央银行打下了基础。为了发展实业,南京临时政府还鼓励创办商业银行,并公布了《商业银行则例》十四条,规定商业银行可经理工商企业存放款、汇划等业务,此外还颁布实行兴农、惠工、殖边、储

① 中国人民银行总行参事室. 中华民国货币史资料(1912—1927)(第一辑)[M]. 上海:上海人民出版社,1986:11.

蓄等银行则例，形成了一个比较完备的金融体系。

（三）颁布法律维护金融秩序

中国银行建立后，财政部派遣李象权为中国银行监理，根据《中国银行条例》第二十四条规定，执行检查中国银行票据、现金及一切账簿等任务。南京临时政府除了颁布的一些有关银行设立方面的法律外，还制定了《国家金库则例》《金库出纳事务暂行章程》《财政会计法草案》等，以期完善金融货币体系，稳定国家财政。

在南京临时政府存在的三个月中，临时政府对当时混乱的中国币制金融做了一系列改革的尝试，努力建立一套完整、统一的货币金融体系，虽然时间较短，但是临时政府的改革却积累了不少宝贵的经验。

二、北洋军阀时期

这一时期，各方面的专家学者纷纷提出关于中国货币理论的学说，希望能建立一种适合中国国情的货币制度，结束中国货币流通混乱无序的状态，然而复杂多变的国内外政治经济环境，使得各种统一币制的努力收效甚微。

（一）袁世凯政府时期

1. 币制方面

1912 年 10 月 8 日币制委员会正式成立，同时拟定了《币制委员会章程草案》，规定币制改革的重大问题需由币制委员会商议决定，具体行政部门设在财政部帛币司，管理货币的铸造、发行、流通。随后，币制委员会进行了一次关于币制问题的讨论，当时中国政界学界主要的币制思想仍倾向于金汇兑本位制，但实施金汇兑本位制必须筹备大宗黄金准备，以便清偿贸易逆差及稳定金银汇价，且准备金须存于国外，必然会对国外产生依赖。对于入不敷出的袁世凯政府来说，财政上拿不出大量资金来实施币制改革，不得不考虑放弃金汇兑本位制的方案，转而采用银本位制，以求少借外债，减轻外债负担。1914 年 2 月 8 日币制会议颁布了《国币条例》，该条例在法律上确定了在中国实行银本位的货币制度，暂时使中国货币本位制的争论告一段落。

1914 年 12 月 24 日,设在天津的造币厂开始铸造一圆银币,所铸成的银币正面铸有袁世凯的肖像,俗称"袁头币",又称"袁大头"。"袁头币"铸出后,为了在当时中国混乱复杂的货币市场上取得主导地位,就必须在中国的经济金融中心上海获得通行。上海中国银行、交通银行于 1915 年 7 月与上海钱业公会相互致函,达成协议:"江南、湖北、广东及一圆银币四种龙洋,暂与新币一律通用,先将其他各种龙洋逐日换掉,一候新币充裕,再委一律办理。至于龙洋行市亦于阴历七月一日起取消,每日只开新币及鹰洋行市。"[①]这样,自 1915 年起,"袁头币"开始逐渐在上海金融市场上取代龙洋地位,以国币行市取代龙洋行市。

2. 纸币方面

1913 年和 1914 年,参议院公布《中国银行则例》,规定中国银行、交通银行具有经理国库及募集或偿还公债业务,代国家发行国币,发行兑换券的权利。1913 年,北洋政府财政部制定了《中国银行兑换券暂行章程》,规定使用中国银行兑换券用于交纳关税、发放工资、军饷及公款收支等贸易活动,拟通过兑换券逐步统一纸币。同年,财政部又将交通银行发行的兑换券纳入其中。这样中、交两行的兑换券成为国家法定货币在全国流通。为制止全国各地滥发纸币现象,1915 年 10 月 20 日财政部又制定了《取缔纸币条例》,规定凡是新设立的银钱行号,或者已经设立但还未发行纸币的,都不得发行纸币。同时着手整理收回各省纸币,经回收后,分期陆续由中国银行发行兑换券以弥补钞票流通缺额。

袁世凯自筹备登基称帝后,其帝制活动需要大量经费,而政府财政困难,袁世凯便下令中、交两行垫款,仅交通银行为袁世凯政府垫支的经费就累计达 4 600 万元。而中国银行已发兑换券 3 914 万元,交通银行已发

---

① 中国人民银行总行参事室. 中华民国货币史资料(1912—1927)(第一辑)[M]. 上海:上海人民出版社,1986:122.

兑换券 4 160 万元。[①] 终于，在 1916 年 5 月，爆发挤兑风潮，人们涌至各地的中国银行和交通银行门前用兑换券兑换现金、提取存款，使得中、交两行准备金有被提光的危险。段祺瑞与内阁商议后，于 1916 年 5 月 12 日发布停兑令。但是，上海中国银行率先反对停兑令，总经理宋汉章在中外金融资本家的支持下，宣布继续兑现，从而成功地稳定了上海的金融形势。

经过这次挤兑危机，原先做出的运用中国银行兑换券逐步替代各省旧币的计划无从实现，反而造成了兑换券的信用一落千丈。

(二)皖系军阀政府时期

1916 年 6 月，袁世凯帝制活动失败，黎元洪继任总统，中央政府的实权操纵在皖系军阀手中。为了平息“挤兑风潮”，使中、交两行恢复兑现，中央政府着手现金筹备与兑换券回收工作。一方面，1916 年 10 月政府与日、英、俄、法四国银行团达成协议，借款 80 万元，接济中国银行；11 月，又与美国芝加哥大陆商业银行达成中美借款合同，借款 500 万美元增加中国交通银行准备金。另一方面，1918 年发行公债，以公债兑换兑换券，前后共收回兑换券 7 000 万元；1920 年以海关金盈余作担保，发行整理金融短期公债 6 000 万元，将流通兑换券陆续收回。[②]

币制方面，北洋政府财政部拟定了《国币法草案》，将银主币的成色由“银九铜一”改为“银八九铜一一”的原则。1917 年 1 月 31 日，财政部就发行一分和五厘两种新铜辅币发布咨文，宣布铸造一分、五厘两种铜辅币，由中国银行、交通银行负责发行。

在随后的《修正国币条例草案》中，增加了铸造金主币的内容，打算将中国的货币本位制从银本位过渡到金本位。1917 年，北洋政府计划实行币制改革，其间希望得到外国援助，将借款兑换黄金，再将黄金购买外国有价证券，分别存于外国银行，作为发行汇票的准备金和公债担保。由于

---

① 王利中．民国前期(1912 年—1927 年)中国货币制度研究[D]．乌鲁木齐：新疆大学，2003：1.

② 魏建猷．中国近代货币史[M]．合肥：黄山书社，1986：198.

西方各国利益的诉求不能得到平衡,加上梁启超辞去财政总长职务,这一计划暂且搁置。1917 年 8 月 10 日,段祺瑞政府正式公布有关币制改革的《金券条例》,“中国货币改用金本位制,由币制局发行金券,持有外国金币或生金的,可向指定银行兑换金券,在金圆铸成后,金券可兑换金圆,金券和国币不定比价,可按各地指定银行牌价以金券兑换国币或以国币及生银兑换金券”。1918 年 9 月 28 日,由于日本内阁解散,两国间的币制借款未能达成协议,《金券条例》被迫取消。

(三)直系、奉系军阀政府时期

1920 年直皖战争中皖系战败,以曹锟、吴佩孚为首的直系军阀控制了北京中央政府的权力。

1921 年 8 月 13 日,币制局拟定了《银行公库兑换券条例草案》,决定在单银行发行制和多银行发行制之间采取折中方法,由各地银行公会组织公库,发行兑换券,命名为“银行公库兑换券”。公库成立以后,从前各银行所享有的纸币发行权立即取消,不得再直接发行纸币,并陆续收回销毁已发行的纸币。至于缺乏准备金、信用不佳的银行,则取消其纸币发行权。

1922 年 8 月,币制局拟定了一个虚金本位,提出在中国实行金汇兑本位制,办法是:使用中元①作为金单位的代表,分三层整理硬币,首先是统一大银元,即通过收缴旧银币,熔铸新银主币,使银币划一;其次是铸造并推行新银铜辅币;最后是整理旧铜币,即停铸旧铜元,制造合法成色的新铜币。由于当时军阀割据的情形,各省官立银行一般都受本省军阀控制,成为其财政支柱,并且秉承其意志滥发纸币,因而这些币制改革设想在实际中并未付诸实施。

1925 年 3 月 3 日,北洋政府财政司长李恩浩在善后会议上宣布了其财政、币制改革方针构想,提出首先要设立国家银行,国家银行可由中国

① 1919 年,在币制委员会委员陶德锟发表的《币制问题之治标策》中将“中元”定义为五角银币。《马寅初全集》第四卷(浙江人民出版社)中定义“中元”所含纯银数为 11.9512404 克,作为金币单位。

银行改组或由政府另行筹款设立的方式进行组建；其次，在北京设立国家总金库，凡国家收支均由总金库经理，全国其他地区或设置分库，或由总库委托银行代理；最后是整理纸币和硬币，将纸币发行权统一于国家银行或总金库，裁撤一些无关紧要的造币厂，并将人事权牢牢把握在中央，实现币制统一。而这一改革设想由于国民革命军的北伐而宣告失败。

三、南京国民政府时期

1927 年北伐战争的胜利，结束了军阀割据的局面，形成了暂时性的“稳定”。这一时期国民政府实施的金融制度现代化改革，推动形成了以中央银行为中心、商业银行为主导、多种金融机构百家争鸣的格局，实现了中国经济历史上新的尝试和突破，对今后中国的经济走势产生了深远影响。

（一）废两改元

货币主权方面，1933 年 3 月 1 日，国民政府正式施行“废两改元”，开始铸造银元。对于统一货币来说，这是一个划时代的标志，意味着中国货币制度开始施行银元单位，并且银元在全国范围内有较为一致的形状、颜色和重量，减少了流通环节的成本，增加了商品经济的发展动力。

为了牢牢地把握住发行权，南京国民政府必须将铸造权统一于中央造币厂。1929 年 4 月 10 日，国民政府颁布了中央造币厂的组织章程，宣布“中央造币厂仍旧设于上海，就原有造币厂旧址改设之”，同时在《银本位铸造条例》中，将铸造权法定。国民政府命令中央造币厂与中央银行共同合作，使“废两改元”顺利进行，加强金融垄断。通过“废两改元”，南京国民政府将全国货币的铸造权完全掌握在政府控制的中央造币厂手中，这是国民政府推行金融统治的一项重要举措。

（二）法币改革

作为近代使用银本位的用银大国，中国是世界白银市场的最大客户。1931—1933 年，加拿大、墨西哥和美国向中国输出的白银占出口总额近

45%;1933年底,仅上海的存银就占当年世界产量的2.69倍。[①] 1934年白银价格暴涨后,中国因此成了最大的白银外流国。继"废两改元"之后,白银危机迫使国民政府于1935年11月3日颁布《法币政策实施法》和《兑换法币办法》,以求全面统一币制,实行白银国有,放弃银本位制。此次改革中,政府明确规定了纸币的发行权集中于中央、中国和交通三家银行,结束了长期以来中国币制混乱的状况。同时,面对国内通货紧缩,物价大幅下跌,法币政策的实施使中国金融业和工商业不受贵金属货币存底的束缚而从货币危机中解放出来,成功地摆脱了1934—1935年通货紧缩的金融危机。

（三）中央银行制度

南京国民政府为巩固政权,加强对金融体系的控制,在1928年11月设立中央银行。中央银行作为金融制度现代化的核心,其主要职能是统一币制、管理金库以及金融监管等。1928年10月,经国民政府核准,财政部颁布了《中央银行章程》,为中央银行的成立做出了最终的制度规范。1928—1933年,中央银行的资产总额增长近10倍,存款增加近17倍,货币发行增加近7倍,纯收益增加60倍。[②] 截至1935年11月2日,发行额达13 600万元,到了1937年6月30日,则高达37 600万元,不到两年时间增长近3倍,仅居于中国银行之下。[③] 中央银行通过操纵货币总量、伸缩货币信用、监管金融机构等功能,来引导经济形势的快速发展,其金融活动能力不断增强、职能逐渐完善,在各项经济活动中的地位随着政府的支持也日益提高。其现代性金融体系已初具规模,作为南京国民政府金融统治的有力后盾,是金融制度现代化改革的突出表现。

（四）外汇管理制度

近代以来的上海作为西方国家在中国市场的资本输出地,其贸易与

① 实业部银价物价讨论委员会. 中国银价物价问题[M]. 上海:商务印书馆,1936:100.

② 郝明超. 1927—1937年中国金融制度现代化研究[D]. 哈尔滨:哈尔滨工业大学,2014:36.

③ 郝明超. 1927—1937年中国金融制度现代化研究[D]. 哈尔滨:哈尔滨工业大学,2014:36.

金融地位迅速崛起，成为中国各地外汇与黄金的交易中心。1931 年以前，上海外汇市场交易主体基本以外国银行特别是汇丰银行为主，交易对象以英、美、日远期电汇为主。由于决定中国对外汇率的基础主要是白银价格，因此国际市场的银价涨落会影响中国的汇率水平走势，1931 年之前的数据显示，中国银两的对外汇率与金银比价完全相反，中国白银对外汇汇率处于不断下跌的趋势中。

1931—1935 年，浮动汇率制使白银价格对中国经济的影响更为显著。一方面虽然能够减少一部分以外币计价的借款(不包括海关金担保部分)，但另一方面进口与出口值都出现下降，以白银标注的中国出口商品价格相对上升，中国商品在国际市场的竞争力逐渐减弱。1935 年币制改革后，中央银行、中国银行、交通银行的无限制买卖外汇，使中国进入汇率稳定阶段，这促进了中国对外贸易的发展。从 1935 年 11 月 4 日法币推出至 1938 年 3 月 12 日，属于近代中国固定汇率制时期，这种汇率制度的出现以"保证法币币值稳定"为目的。据贸易统计显示，中国在 1935 年 12 月出现了历史罕见的贸易顺差，全月出口超过进口 535 万元，以海关金单位计算为 235 万两海关金。值得肯定的是，在 1937 年 7 月战争冲击下中国对外贸易仍能有所提高，主要归功于法币对外稳定的汇率。

第四节　近代上海影响巨大的金融风险事件

一、中交两行挤兑事件

在北洋政府统治时期，中国货币体系先后发生过两次挤兑危机。第一次挤兑危机从 1916 年 5 月爆发，一直持续到 1921 年初；第二次挤兑危机发生在 1921 年 11 月中下旬，前后持续半个多月。这两次挤兑危机，发生的背景、过程、措施和影响等方面各不相同。第一次挤兑危机发生的根本原因是袁世凯阴谋复辟帝制，中交两行为政府"财政垫款过多，酿成挤兑危机"；第二次挤兑危机的原因极为复杂，是当时中国经济的内外因素共同作用的结果。从挤兑危机发生的地理位置来看,第一次挤兑风潮是从广州、浙江一带爆发,向京津地区蔓延,呈现由南及北的走势;第二次挤兑风潮爆发时,京津地区首当其冲,随后波及济南、上海等地,呈现由北及南的走势。

(一)1916 年中交两行挤兑风潮

1. 事件发生的背景

北洋政府统治时期,中国的关税、盐税等重要国库收入被外国列强在华银行把持,中央财政空虚,同时由于军阀割据造成政治版图四分五裂,北洋政府对各地方财政缺乏有效的控制。对于常年战乱的时局,北洋政府为维持表面上对各派系的统治,已难以应对庞大的军费开支,尤其是1913 年镇压"二次革命"过程中主要的军费来源为外国借款,据统计当年的全国税收为 31 816 万元,内外债务为 23 913 万元,合计 55 729 万元,债务的比重高达 0.429 1。[①] 袁世凯企图复辟帝制,为了保存北洋军阀原有实力,并能够以武力对抗西南地区,急需解决军费问题。当时参与财政的梁士诒等,献计将中国银行和交通银行合并,把现金集中于交通银行,发行一种不兑换钞券,以应对经济上的危机。但是计划尚未实施,消息已被外泄,北洋政府声誉扫地,市场人心动摇,全国多地区银行兑现量增加,袁世凯政府意识到局面难以掌控,于是下令停兑钞票。

1916 年 5 月 11 日,段祺瑞下达"停兑令"。顿时,社会经济剧烈波动,物价飞涨、民不聊生,停兑"不过一月,而百物昂贵,除房租外,几无一不为八与十之比较。纵米麦转运各路特为减价,而最高之白米,其价已涨至十四元有奇,最次者亦已十二元,面粉一月前价每斤京钱七百文,现则八百二十。贫民每日之小米,一月前每斤京钱五百六十文,现则六百四十文"。[②]

---

① 赵星宇. 浅析 1916 年中国银行上海分行应对停兑风潮[J]. 榆林学院学报,2014,(24):105-107+112.

② 中国银行北京分行,北京市档案馆. 北京的中国银行(1914—1949)[M]. 北京:中国金融出版社,1989:132.

2. 上海地区应对“停兑令”

1916 年 5 月 11 日，接到“停兑令”后，交通银行上海分行一方面遵循总行的意图不敢违抗，另一方面自身对库存现银能否应付挤兑并无把握，只得选择遵令停兑。而中国银行上海分行主要负责人意识到了问题的严重性。时任中国银行上海分行经理宋汉章和副经理张嘉璈，考虑到现实情况，若按照北洋政府命令停止兑现，中国银行将不得民心，而中国的金融体系也将被外国列强借机控制。随后，中国银行上海分行初步核对了库存并预估了应对此次挤兑的实力，经过分析，认为其纸币和存款金额足以应对上海地区的兑现风潮。于是次日（5 月 12 日）中国银行上海分行正常开业，支付一切取款。因前一日“停兑令”已经正式公布，中国银行上海分行外聚集了上千名前来提现的民众。由于准备充分，中国银行上海分行按既定计划维持兑现，第一天共兑现 2 000 余人；第二天兑现者仍不减少；第三天是周六，银行登报宣布延长办公时间来稳定民众情绪，随即兑现人数减少至 400 余人；周日宣布营业半日，前来兑现者仅数百人，风潮渐渐平息。截至 18 日，上海地区的挤兑风波基本结束。据统计，自 13 日至 17 日，中国银行上海分行共兑现现金 160 余万元，现金消耗超过 80%，形势十分严峻。

3. 上海地区的应对措施

上海能够成功度过此次挤兑危机，究其原因是“停兑令”不得人心。中国银行相当于北洋政府的中央银行，其总部虽在北京，但业务重心在上海，如果上海分行停止兑现，则长江以南各分行均会停止兑现，这对中央银行的信誉打击是毁灭性的，而且各地华商银行的货币也将一文不值，民众可能会转而相信外商银行的货币，威胁金融主权和民族利益，所以中国银行上海分行的决定得到了各界广泛的支持。上海地区采取的具体措施如下：

（1）统筹调度，准备充分，获外商支持

一方面，中国银行上海分行在停兑风潮中，坚持积极兑现，在兑现过程中有条不紊，并备有多套应急方案。中国银行上海分行库房里有 200

多万元现银准备,挤兑开始一周共兑出 160 多万元,库房现银准备尚充足。另一方面,就外商银行来说,停兑事件会使华商银行和钱庄大规模关门歇业,而这些银行和钱庄与外商银行都有日常业务往来,因此挤兑事件也将影响外商银行的发展。因此,"从第三天(15 日)开始,外商银行开会,指定华俄道胜银行提前出仓,接济中国银行上海分行"[①],中国银行上海分行与外国在华银行订立了 200 万元透支额度,作为兑现准备,但最终并未动用。

(2)取得江浙资产阶级的支持

中国银行上海分行在中行各分行中资力最强,处于举足轻重的地位,其身后有江浙资产阶级核心人物做后盾。当时中国银行所发行的以上海地名为标志的钞票共 400 多万元,其中 250 万元是中国银行上海分行自己直接发行的,150 万元为浙江实业、浙江兴业等银行以领券形式代为发行的,"停兑令"直接影响了民族资产阶级的利益,所以中国银行上海分行反对"停兑令",实质上体现了江浙资产阶级的意志。

(3)得到地方军阀势力的支持

中国银行上海分行之所以敢于顶着压力抵制停兑,与直系首领冯国璋的态度大有关联。时任江苏督军的冯国璋在长江流域经营多年,具有重大的影响力。冯国璋率先对上海抵制"停兑令"表示认可,并连上三电,强烈要求北京方面取消"停兑令"。"地方秩序,系乎金融通塞、人心之恐慌与否,非命令可以行之。况值此举世危疑之日,不知政府何术以处此。滇黔等省先后独立,对于金融犹竭力维持。惟恐商民苦痛,今乃以中央政府而布此骚动。全国之令,置国家之存亡、商民之生死于不顾,窃为我国家痛之。"[②]同时,湖北中交两行接到"停兑令"后于 12 日、13 日停止兑现,但地方政府势力随即电令正常兑现,江苏、湖北两省的态度与做法直接影响了长江流域的安徽、江西、浙江三省,因此在汉口、南京等长江流域重要

---

① 李思浩,吴震修.关于上海中国银行 1916 年抗令兑现的回忆[A].全国政协文史资料研究委员会.文史资料选辑(第 49 辑)[C].北京:文史资料出版社,1964:105.

② 黎传霖.中交停兑始末:各处之反动[J].护国军纪事,1916,(5):6.

城市的中国银行，虽其经济实力无法和上海分行相比，但此次停兑危机几乎没有对其信誉造成影响。

4. 影响和借鉴意义

北洋政府“停兑令”引发的挤兑危机，中国银行上海分行没有贸然执行命令，在抵抗“停兑令”的过程中表现得沉着冷静，统筹协调，顾全大局，这不仅维护了中国银行上海分行的声誉，有利于自身的长足发展，也成功地化解了停兑危机。此次抗令事件对中国银行的发展产生了巨大的影响，其他各地区纷纷效仿上海分行，对“停兑令”进行不同程度的抵制，尤其是在江浙一带，扩大了中国银行在全国范围内的影响力。原本与交通银行并驾齐驱的中国银行，从此一枝独秀，占领银行界的首要地位，为其在南方地区取得更多的发行权奠定了良好的基础。而唯命是从的交通银行在此次事件中名誉大大下降，地位一落千丈，停兑后经过多年才渐渐恢复元气。

（二）1921 年中交两行挤兑风潮

1. 风潮发生的背景

1921 年挤兑发生的原因极为复杂。一种说法是国际势力利用华盛顿会议阴谋共管中国而策划的，英美两国特别是英国计划在全国范围内同时进行挤兑，意图造成经济混乱，破坏中国金融业，进而扰乱中国政局，以扶植其代言人吴佩孚上台。另一种说法是某派系政客指使总税务司安格联（英国人，1869—1932 年第三任中国海关总税务司）命令各海关拒绝拨付公债本息，不再收受中交钞票，对中交钞票的信用产生了恶劣影响。

究其真正原因，应是当时中国经济的内外因素共同作用的结果。首先，当时中国银行的头寸很紧，库存的现金量较少，靠着向联行和北京银行同业拆借度日，而交通银行为几大官僚资本公司垫资高达数百万，见表 2—5。其次，当时政局混乱，袁世凯称帝败亡后，南北对立，北方政府内部相互倾轧，政局几无宁日，战争使社会金融大乱，1920 年的直皖战争期间，“中、交钞价于半月之内下跌 20%以上，中钞价格指数从 612.5 跌至 406，交钞价格从 615.5 跌至 406，钞价仅值面值的 40%出头，几乎创出历史低位”。[①] 1921年南北统一谈判破裂,新四国银行团借款迟迟未能实现,依靠外债维持的北洋政府财政陷于极度困境之中。加之当时市场投机肆虐,政府为了缓解危机大肆发行公债,这些扰乱市场的行为进一步加剧了紧张的局面。

表2—5　　1921年挤兑时中交两行发行钞票及准备金　　单位:元

银　行	钞票发行额	准备金	
		现金准备	保证准备
中国银行	62 493 340.87	33 147 171.07	29 346 169.80
交通银行	40 693 754.76	5 153 294.54	35 540 547.22

资料来源:1.《中国银行资产负债表》(1921-12-31),见中国银行总行,中国第二历史档案馆.中国银行行史资料汇编(1912—1949)(上编一)[M].北京:档案出版社,1991:1902.

2.《发行独立准备公开制度之创设及实行》,见《交通银行月刊》增刊第1号,1925年5月,第4页,上海档案馆藏,档号Q55—2—234。

财政困窘、银根紧张、投机狂热、钞券滥发,这些都是金融危机爆发的前提条件。当京津地区出现兑付方面的传言时,立即引爆了恐慌性挤兑。

2. 挤兑经过

1921年11月12日,天津出现挤兑风波,并很快蔓延到了北京地区。突然的大规模挤兑,使现金不足的中国银行、交通银行马上陷入困境。16日,中国银行“挤兑一日,提存兑现约百万元,行力不支。省长传见想维持办法”。[②] 商讨结果,只能实行限兑,当时局面的严重性,不亚于1916年的停兑风潮。这次挤兑风波虽来势汹汹,然而不到半月即宣告结束。21日,挤兑风潮已经基本得到了控制。

3. 上海地区的应对措施

(1)沉稳应对,维持信用

较1916年挤兑危机,此次北京政府没有贸然停止兑现,而是紧急拨

① 余捷琼.民国五年中交两行的停兑风潮[J].社会科学杂志,1936,(7):117.

② 中国政协天津市委员会文史资料委员会,中国银行天津分行.卞白眉日记(第1卷)[M].天津:天津古籍出版社,2008:168.

款救市，维持银行信用。15 日晚，政府当局在“棉花胡同靳宅内开会，所有阁员及银行界要人均列席。会议决定救济方法有二：①磋商税务司安格联迅将应拨关余 1 200 万两，尽日内拨出 600 万两，专供市面之用；②由银行公会及中交两行，自向外埠各分行，商量援助之法”。[①] 同时打击谣言，引导舆论，暗示此次危机为外国势力密谋，唤醒民众爱国热情，同仇敌忾，通力合作。上海中国、交通两行“特于本行照兑以外，并托福源、福康、永丰、宝丰等钱庄，代为收兑，及虹口法租界英租界南市各小钱庄，亦均十足兑现，以免商民跋涉之劳，于此可见准备充足，随处可以兑现也”。[②]

(2)统筹协作，合力应对

不同于 1916 年的挤兑危机，在此次挤兑中，中国、交通两家银行及整个银行界基本上步调一致，商议方针，“①总银行及分行存贮准备金，一律公开，随时任人参观或稽核；②各银行无论总行分行，应定期实行同行拆款方法；③对于外国银行，只于协助方面供给现款；④将历来充分准备情形，报告商会财政部及新闻界”。[③]

(3)出售现洋，回收现钞

中国银行上海分行主动出售现洋，回收现钞。据当时报端记载：出售现洋“两日已达 50 万元之数，昨日又售出 20 余万元，收回钞票，可见该行准备之充足也”。因为措施得当，准备充足，而且有了一定的应对挤兑的经验，上海地区平稳地度过了本次挤兑风波。同时，由于上海在国内金融界的重要地位，上海金融市场的稳定对安定全国民心、恢复全社会金融信用起到了重要作用。

4. 借鉴意义

相比 1916 年的挤兑风潮，此次挤兑危机准备更充分、应对更从容、效果更明显。从银行本身来看，还在于其市场化发展的初见成效及整体实

① 北京通信[N]. 申报，1921-11-19，(3)：10.

② 中交兑现之昨讯[N]. 申报，1921-11-18，(4)：14.

③ 北京金融界风潮别报[N]. 申报，1921-11-18，(3)：11.

力的增强,尤其是民营经济在这一时期崛起,开始充当稳定金融的支柱,银行和政府之间逐渐超出单向的依附关系,虽然这是一个健康发展的趋向,但它建立在北京政府无力管控的基础之上。对此,有精彩评论:"此次风潮之起,似强混国家经济与国民经济为一。盖国家经济破产而国民经济安全者,国家犹有挽救之方,若国民经济同时牵连,斯为全局之破产……我国现政府财政紊乱无序,国家经济或将陷入无能力之地位。然国民经济,健全如故,年来转益发达。观于各种新企业,可以明白,我国人今而后认定国民经济完全由国民负责,归国民维持。"①

1921年挤兑危机的应对、处理,虽然让人们看到了进步的一面,然而危机中所展现的中国货币制度的缺陷,必将成为此后中国金融界及政府努力解决的问题。直到1935年南京国民政府推行法币改革,挤兑风险才暂时得到了缓解。

二、白银外流危机

银本位是世界范围内最早出现的货币体制,萌芽于货币刚出现的中世纪,具体可分为银币本位制、银块本位制或银汇兑本位制。中国早在明朝中后期,白银就成了对外贸易的主要货币;清朝时期的中国社会也实行银本位制,以铜币作为辅助货币,从日常的大小额货币流通到国家的税收与财政支出,都以白银作为主要流通货币。所以,白银从明清开始就占据了我国货币体系的主要地位。

(一)发生的背景

20世纪30年代,西方各资本主义国家均被经济危机的阴影笼罩,世界经济进入大萧条。"危机长达4年之久,生产下降和失业增长都达到了空前猛烈的程度。世界工业生产几乎下降了44%,失业人数达到5 000万人左右,一些国家的失业率竟高达30%～50%,世界对外贸易总额下

① 義农. 兑现潮中之舆论一斑[N]. 银行周报,1921-11-29,5(46):19－20.

降了 66%,倒退到 1913 年的水平以下。”[①]就美国而言,大萧条时期“工业生产下降了 56.6%,其中生铁产量减少了 79.4%,钢产量减少了 75.8%,汽车产量减少了 74.4%,整个加工工业工人人数减少 42.7%,支付工资总额降低 57.7%,失业人数达 1 200 多万人”。[②] 1933 年初,美国金融业爆发恐慌,且愈演愈烈,最终在 3 月爆发了全国信用总危机。

1933 年 3 月 4 日,民主党领袖富兰克林·罗斯福就任美国总统。罗斯福政府为了遏制提现风潮,缓和金融危机,开始对银行制度进行改革,继而放弃金本位,实行美元贬值政策。1933 年 6 月 19 日,罗斯福签署《购银法案》,同年 8 月 9 日宣布白银国有,造成世界银价的剧烈上涨。通过《银购入法》《购银法案》《白银国有令》等一系列法令(下称“白银政策”),纽约银价由美国实行白银国有时的每盎司 49.31 美分涨至 1935 年 5 月的每盎司 74.42 美分,以后虽略有下降,但一直维持在 65 美分以上。伦敦银价也跟随纽约银价的上涨而不断攀升,到 1935 年 4 月,几乎是 1931 年银价的两倍多。经济史上对美国提高银价的动机有多重看法,可大致有以下三种观点。

第一,作为民主党代表人物的罗斯福与西部产银州议员集团政治上关系密切,在其当选以后,要满足这些“白银议员”的要求。罗斯福支持白银派议员提高银价,以换取白银派议员对国内一系列立法的支持,后来罗斯福与白银派势力之间的博弈也影响到白银政策的实施和对中国货币改革的态度。此观点较为客观,并且与以后的历史进程相吻合,可信度较高。

第二,提高白银价格,中国等以银为本位国家的商品将在国际市场上失去价格优势,无法与美国竞争,给美国的对外贸易带来优势。事实上,这高估了中国的实力,中国在国际贸易流通中输出商品的份额较小,完全

---

① 姚莉 . 胡佛的悲剧命运与 1929—1933 年大萧条[J]. 宜宾学院学报,2009,(11):39—41.

② 姚莉 . 胡佛的悲剧命运与 1929—1933 年大萧条[J]. 宜宾学院学报,2009,(11):39—41.

无法与美国输出的商品相提并论。当时美国的经济学界和商业杂志一致批判这种看法，因为从美国国内来看，银价上涨只会增加美国政府的债务并降低国家货币的信誉，不会对美国国内工业和国际贸易带来明显的好处。

第三，美国购买白银，做好国内的通货准备，通过贬低币值，造成通货膨胀，企图以此控制世界经济。此种说法被业界认为是为了提高银价而做的宣传，美国政府采取此政策的可能性较小，因此国内学者很少引用此观点。

中国作为当时世界上唯一的银本位国家，美国的“白银政策”造成了中国大量白银外流，其中绝大部分是外资银行的白银。在此期间，外商银行趁机将白银大量运出，从中赚取高额利润。“1934 年 1 月，上海的外商银行存银约 27 500 万元，占上海中外银库存银的 49%，年底仅仅剩下 5 400 万元，为 1 月的五分之一。”①这一年中国白银的外流量达到民国以来最高，也是历史上白银外流最高年份 1907 年的 5 倍。1931—1934 年上海白银进出口数量见表 2—6。

表 2—6　　1931—1934 年上海白银进出口数量　　单位：元

时　间	进　口	出　口	纯输入	纯输出
1931 年	118 233 016	47 429 681	70 803 355	
1932 年	96 538 889	6 143 824	10 395 065	
1933 年	8 032 474	94 845 914		14 422 440
1934 年	7 414 009	267 355 432		259 941 423

资料来源：戴建兵．白银与近代中国经济（1890—1935）[M]．上海：复旦大学出版社，2005：246.

中国作为银本位国家对白银的需求量巨大，但是中国却不是产银国，白银的供给大部分依赖国际市场。由于白银不是国际通货，在国际市场上是只用来交易的普通贵金属商品。当国际银价发生变化时，中国作为

① 戴建兵．白银与近代中国经济（1890—1935）[M]．上海：复旦大学出版社，2005：245.

世界上唯一使用银本位的国家，根本无法通过国际价格机制保持国内银价稳定，而中国因国力衰弱无力购买国际市场剩余白银，因此整个国民经济由于国际银价的变动而遭受沉重打击。据统计，上海、天津、汉口三大城市各银行的钞票发行额，1935 年年中比年初减少了 10%；同时白银的外流也使得硬币的流通减少，银行无法进行资金周转而导致破产，仅 1934 年 7 月，就有美丰银行、银公司、信托公司等倒闭，华商银行方面有明华银行、上海江南银行、宁波实业银行等银行倒闭。

(二)应对措施

1. 政府下令征收白银出口税和银价平衡税

1934 年 4 月，国民政府开始对白银出口征收 2.25%的出口税。为了有效抑制中国境内的白银出口，国民政府把出口税作为维持国内银本位币稳定的主要措施。国民政府认为出口税的推行可以有力地防止白银外流，有助于银本位币的稳定。白银出口税的征收，虽然使中国白银的输出受到一定的限制，但是由于世界银价的持续上涨，白银出口在交纳 2.25%的出口税后仍然具有利润空间。特别是 1934 年 6 月和 8 月，美国先后实施“购银法案”和“白银国有”，中国的白银外流更加严重。为了阻止白银的进一步外流，国民政府决定从 1934 年 10 月 15 日起增收白银出口税。1934 年 10 月 14 日，国民政府财政部发布“白银出口税增收实施法令”规定：(1)银本位币出口增税 10%，减去铸币费 2.25%，净增 7.75%；(2)大条宝银及其他银类，除原增 2.25%外，加增 7.75%，也合计 10%；(3)如伦敦银价折合上海汇兑的比价与中央银行当日按照市价核定的汇价相差之数，除交纳出口税后，仍有不足，应该按照其不足的数目征收平衡税。同时，中央银行发表公告：将所有合算伦敦银价与上海电汇伦敦先令差额之行市，由本行在每营业日上午十一时半核定后，通知海关。①

白银出口税实施后，中国政府合法的白银外流得到了有效的抑制，但

① 周伯棣．白银问题与中国货币政策[M]．上海：中华书局，1938：38.

白银走私却同时兴起。由于国内外银价的差距增大,白银走私的巨额利润让走私犯铤而走险,把中国大量的白银偷运出境。1934 年 11 月,即征税措施实施仅一个月后,白银走私就成为中国当时主要的不法行业之一。

2. 寻求国外经济援助与政治支持

美国不仅是造成中国经济恐慌的始作俑者,同时也是有可能帮助中国经济的最大援助者;而英国也一直想恢复昔日在华影响和利益,对中国经济困境一度表示出积极态度。因此,国民政府把求助的目标主要投向了美英两国。1935 年初,中国驻美国大使施肇基奉南京政府之命向美国国务院递交一份备忘录,严肃声明因为美国的白银法案造成中国白银外流,中国的通货是白银,因此对于国际银价暴涨表示极大的关注和不满,希望美国能够考虑中国利益而改变购银政策。但美国继续实施购银政策,到 1935 年下半年世界银价不但没有降低,反而呈现不断上涨的趋势。南京政府意识到要求美国降低白银价格几无可能后,提出向美英两国出售白银的建议,以期克服财政困难,摆脱通货紧缩后出现的经济危机。同时,在准备实施币制改革时,表示愿意将新发行的货币与美元相关联并以库存白银满足美国需要为代价,希望获得美国的帮助。出于政治因素考虑,美国没有接受。①

为缓解国内困境,当时南京政府除了计划向美国售银换取外汇之外,还制订了向英国借款的计划。在白银危机不断深入之时,南京政府向英国求援,"1935 年 3 月 25 日孔祥熙在给驻英国公使郭泰祺密电中通报了中国政府向英美商洽借款的情况,但最终英方出于自身利益的考虑,不愿因中国破坏与美日之间的关系,借款计划最终未被接受"。②

3. 实行国内币制改革

1935 年 9 月,英国派遣首席经济顾问李滋·罗斯来华,筹办货币改

① 中国人民银行总行参事室. 中华民国货币史资料(1924—1949)(第二辑)[M]. 上海:上海人民出版社,1991:127.

② [美]阿瑟·恩·杨格. 一九二七至一九三七年中国财政经济情况[M]. 陈泽宪,陈霞飞译. 北京:中国社会科学出版社,1981:234.

革的相关事宜。中国政府在英国的推动下，实行了废止银本位制、采取纸币制的币制改革，即法币改革。国民政府所公布的币制改革方案具体内容为：(1)统一中国货币的发行权，规定自1935年11月4日起，以中央、中国、交通三家银行发行的钞票为法币；(2)所有税收和公私收支款项均用法币支付；(3)法币准备金以现银六成和有价证四成比例为储备基础，同时收兑和保存现银并收归国有后，存到国外以作为外汇准备金，禁止白银在国内流通；(4)法币与英镑挂钩，规定法币1元等于英镑1先令2.5便士，并由中央、中国、交通银行无限制买卖外汇币制。[①] 改革令的发布，使旧的银本位被不兑现纸币流通制度所代替，白银在法律上已经不再作为我国的流通货币，银币、生银、银锭及其他银类开始退出中国货币的流通领域。

(三)借鉴意义

由于1934年国民政府抑制白银外流的系列措施并未取得预期效果，未能抑制白银大量外流的趋势，直接引发了学界1934—1935年开展的关于货币改革政策的大讨论。有代表性的改革方案，包括顾季高、姚庆三主张的金本位、纸本位，张素民主张的金汇兑本位，以及当时的实业部银价物价委员会主张的外币汇兑本位等。最终经过国内学者、金融界人士的共同论证，促成了1935年11月4日的国民政府法币改革。

1929—1931年白银外流危机，体现了汇率的(银价)波动对于国内经济的巨大冲击。白银外流危机的内因是中国白银资源并不丰富，却长期实行银本位制度，导致经济基础极为脆弱，抗风险能力差。外因是美国为缓解本国金融危机而采取的“白银政策”，可见银价的波动对国内经济巨大的影响力。

白银外流危机也体现了一国保持货币政策独立性的重要意义。一方面当时国民政府没有专业的货币政策机构以应对金融风险，对社会经济缺乏专业的调控管理，以行政政策代替货币政策，导致应对外部金融风险能力极其脆弱。另一方面，危机发生伊始，政府不但不采取针对性措施立即组织

① 中国人民银行总行参事室．中华民国货币史资料(1924—1949)(第二辑)[M]．上海：上海人民出版社，1991：127.

自救,反而极力掩盖危机事实,寄希望于国外资本的援助,丧失了货币政策独立性,将本国经济政策依附于国外势力,必然难逃走向失败的命运。

本章小结

本章介绍了近代史中政治势力在中国尤其是上海周边地区的争夺与更替,分别从内部军阀和外部列强两方面进行了回顾。认为在各方势力的影响下,上海形成了以公共租界、法租界与上海县城三个行政单位的基本政治形势,在此期间,独特的城市管理模式加快了上海的城市化进程,也使得先进的管理思想登陆中国。

本章分别从贸易、制造业工业、金融业三方面综述了上海逐渐成为远东国际金融中心的历程。作为港口城市的上海,把贸易作开端,以制造业工业为基石,金融市场发展为砖瓦,筑成了经济、金融中心的双子塔。贸易发展促进了制造业工业的繁荣,政治的相对稳定与先进思想加快了金融制度和市场的建立,三者在近代上海发展的过程中相辅相成、相得益彰,为现代上海成为国际金融中心提供有益借鉴。

本章梳理了不同时期政权下的币制制度演变情况,南京临时政府时期和北洋军阀时期的制度建设屡屡夭折,主要归咎于不稳定的政治环境;南京国民政府时期的"废两改元"和"法币改革"是近代货币史中里程碑式的壮举,但过度的政府控制也为后来金融的无序发展和严重的通货膨胀埋下了伏笔。

本章介绍了中交两行两次挤兑事件和白银外流危机,从第一次的违抗"停兑令"到第二次银行与政府的通力合作,既稳定了民心,也维护了全社会的金融信用,同时也暴露了银本位制下的制度弊端。白银资源的匮乏与银本位制的叠加效应导致了白银外流事件,这给中国经济、金融的发展造成了严重的阻碍,但也促成实施法币改革、放弃银本位制等一系列货币政策的出台。

第三章　金属货币竞争与废两改元

追古烁今，铜、铁、金、银、镍、铝等金属都曾被制作成货币甚至使用至今。金属因其坚固耐磨、不易腐蚀、易于熔铸等特性，在人类文明中书写了恢宏的历史。在清末民初的中国近代历史中，作为主要的流通货币之一，银两与银元是本章研究的内容。按照历史时间线，根据货币学家千家驹对清朝用银的划分，可分为三个阶段："首先是入关到乾隆年间的100多年（17世纪中叶至18世纪中叶），普遍使用银锭；其次是嘉庆以后的八九十年为第二阶段（18世纪末至19世纪末），外国银元成为中国的流通货币；最后是清末的宣统年间（20世纪初以后），自铸银元，银元与银两并用，这'两元并用'的局面一直维持到1933年废两改元。"①

第一节　上海近代金属货币概况

一、银两与银两制度

银，在《新华字典》中的一种解释是"一种金属元素，可以制货币和器皿、电子设备、感光材料、装饰品等"；另一种解释是"旧时用银铸成块的一种货币"。作为一种化学元素，银的稀缺性使之成为仅次于金的贵金属，因而银同金一起成为流通于中国封建社会及近代社会的主要货币。金、

① 千家驹，郭彦岗．中国货币演变史［M］．上海：上海人民出版社，2005：171－172.

银既可以铸造成块状流通,又可以铸造成币状流通。在日常使用中,银铸成的币状物称“银元”、金铸成的币状物称“金币”;银所铸成的块状物称“银两”,但金铸成的块状物却不称“金两”。在数千年的流通过程中,因为广泛使用,银成为称量金属货币的代表,以“两”称重、以“两”计值,“银两”就成为口口相传的惯用词汇;而相较于银,金由于储藏量及开采量稀少,更多地作为贵金属储藏货币使用,无法像银两一样,以“两”计值参与结算,这就是没有“金两”之称的原因。

(一)银两的种类

银两,指由银这种贵金属铸造而成的广泛流通于中国古近代社会的“称量金属货币”。所谓“称量金属货币”,是指通过鉴定成色和称量重量进行定价的、由金属铸造的流通货币。银的使用记录最早可以上溯到殷商时期,“农工商交易之路通,而龟贝金钱刀布之币兴焉。所从来久远,自高辛氏之前尚矣,靡得而记云。……虞夏之币,金为三品,或黄,或白,或赤,或钱,或布,或刀,或龟贝”[①],此处的“白金”即为银。银在殷商时期已具备货币的部分职能,但并不是主要的支付手段,而是用作装饰赏赐,所以这时的银并不符合“称量金属货币”的特征。真正作为“称量金属货币”的银两,起于汉朝,盛于明清。明清时期的银两已成为当时中国社会流通中主流结算货币之一,银锭的铸造也发展到了鼎盛时期。因官府允许私铸银锭,各类官铸与私铸银锭样式各异。官铸为官府设立的官银匠或银炉所铸造,其业务主要是把藩库、盐库、海关等收缴的不同形状、不同成色的银两统一熔化铸造,以便留存和上缴国库;私铸为各地银炉铸造。除铸造成形的银锭外,碎银也被使用并小部分流通。

从银两的使用模式来说,现代电视剧给观众普遍留下银两可以直接用于小额交易的印象是错误的,银两在使用过程中的记值、找零是需要客观科学研究的。在清代,政府收支与民间大宗交易用银两,小额的交易结算一般不用这种价值较大的银两,而是使用制钱(明清时期官炉铸成的钱

---

① 徐瑾. 白银帝国[M]. 北京:中信出版社,2017:2.

币)。银两与制钱的比价,清初法律规定 1 000 文制钱换 1 两银。对于制钱的管理,清政府严禁私铸,仅允许官铸。但对于价值高于制钱的银两,却放任自流,允许各地私铸。[①] 银两与制钱并用形成了清朝早期的货币使用模式,制钱作为银两交易的补充手段,通过与银两之间的折价弥补了小额交易的不便,共同构成了清朝早期的支付体系。到了清朝中后期,外国银元与本国银元的引入构成了银两、银元共同并存的支付体系,将在本章第三节具体介绍。

银两作为主要支付手段之一,需满足不同的使用场景与使用需求,因而有不同的银两种类。银两自使用以来,铸造形状、重量、成色均不一,有大锭、中锭、小锭、碎银、锞子,以及用于运输与储藏的大条与厂条等。民间对于银两的称呼也不尽相同,最为熟知的是"元宝","元宝"约重 50 两,又称"马蹄银",常用于大额支付;此外,还有"中锭""锞子""小元宝""小锭""小锞银""碎银""滴珠""福珠"等。

除称呼五花八门外,银两的成色也是品质各异。20 世纪 60 年代,上海市文博部门在上海嘉定县"清代银锭完纳规则的残碑"碑文中发现对银两成色的描述,其中,"纹银""纹足""细丝""白纹""凸心镜面"等,表示丝文清晰、自然形成、银色泛白,这些都是指成色高的银锭;"撒丝""磨丝""牵丝""煤白""药煮"等,表示丝文是人为而成、颜色发黑、以次充好,多指成色低的银锭。由于银两成色各异,公估局应运而生,这一机构对各家银炉所铸银锭进行统一公估,即鉴定银两成色。

清朝同治末年,学者罗尔纲曾记载:"江西、湖南、山西、山东、河南、安徽、直隶、江苏、浙江九省藩库倾用元宝库平重五十两,另铸大小银锭十两至五两;湖北、广东、广西、陕西、甘肃、云南、贵州、四川、福建九省皆无元宝,仅铸造银锭十两至五两。……其余亦用银锭十两至二、三两不等,故难枚举。"[②]清末上海隶属于江苏省,故有五十两、十两至五两等银锭通行于市。按照考古研究中已出土的银锭为参考,上海当时的流通银两可大

---

① 刘燕武. 天津行化银由宝银转为"虚银两"的过程[J]. 中国钱币,2011,(2):65—70.

② 罗尔纲. 清代的元宝纹银[J]. 历史研究,1956,(4):54.

致分为以下几类:

1. 五十两大锭

五十两大锭一般称为"元宝银",因形如马蹄,又称"马蹄银"。按照形状元宝银又可分为"方形银锭"(图 3—1)和"元宝形银锭"(图 3—2)。"方形银锭"为长方形,边沿起翘,面大底小,锭面砸印有铭文,铭文排列有一定的规律。"元宝形银锭"为束腰形,两翼上翘,同样锭面有砸印戳记。

图 3—1　方形银锭

以重量五十两作为官方银锭标准自古已有,据《元史·杨湜传》记载:"以湜为诸路交钞都提举,上钞法便宜事,谓'平准行用库白金出入有偷滥之弊,请以五十两铸为锭,文以元宝',用之便。"由此可知,自元朝起五十两银锭即已出现,并且名为元宝,意为"元朝之宝"。五十两是清代常见银锭的最大重量,除此之外,湖北也铸造 100 两重的镇库银等,但极为稀少。

上海本地铸造的、具有代表性的五十两银锭，分别为开埠以前的“海关道元宝”和开埠之后的“夷场新”，二者皆为元宝形银锭。“海关道元宝”顾名思义为海关道衙门所设官炉铸造。上海开埠之后，租界商务日渐兴起，北市开设银炉，所铸元宝名为“夷场新”[①]。“夷场新”的特征是形状、成色统一，锭面没有戳印纪年，只有纪地上海、银炉字号与编号，如“卒源二”“勤泰慎记 三”“生源茂记 四”“久泰丰 上海 五”“生源 六”“源大 七”“联生洽 玖”“久泰丰 上海 富”“协泰丰 全”“鼎泰永”等。[②] 除了上海本地银炉铸造的银锭外，也有外国银行铸造的银锭流通于市，如“光绪念[③]五年俄国道胜银行伍十两银锭”，由华俄道胜银行委托“生源”银炉所铸，上刻“光绪念五年 俄国道胜银行 生源 六”[④]。

1999 年上海出土 10 只银锭、467 枚银元[⑤]，10 只银锭均为清代五十两大锭，有方形银锭与元宝形银锭两类。方形银锭上书铭文“万年县同治玖年二月五十两匠万炯”，应为江西方宝。江西方宝在清道光年间已经开始铸造，1902 年(光绪二十八年)设立江西官银号，专为各县熔铸江西方宝。上海出土同治江西方宝，反映了在清朝同治年间，随着商品经济的发展与跨省交易的便利，江西方宝已经开始流通到上海地区。元宝形银锭上书“同治七年月平遥县匠连升”，应为山西银锭。清代山西票号发展已相当兴旺，其平遥县、祁县、太谷三地最具代表性，山西票号、汇兑业的发达带动了银炉的兴旺，使山西成为全国铸造银锭数量最多的省份，山西熔铸的银锭大量流入外省，人称“山西宝”，也于同治年间流入上海。

---

① 中国历代货币大系编辑委员会．中国历代货币大系 8[M]．上海：上海书店出版社，1998：56.

② 戳记名称来源于北京大晋浩天国际拍卖有限公司 2013 年拍卖品。

③ “念”同“廿”，意为“二十”。

④ 浙江省博物馆．银的历程——从银两到银元[M]．北京：文物出版社，2015：125.

⑤ 何继英，何民华．上海新发现清代窖藏银锭银币[J]．收藏家，2002，(5)：2－5.

图 3—2 元宝形银锭

2. 十两、五两、三两、一两等小锭

除了用于大额交易的五十两大锭，清朝还流通重量较轻的小锭，包括中元宝、小元宝、砝码锭、椭圆锭、牌坊锭、圆槽锭、腰锭、银锞子等，重量自一两至十两不等。上海地区也流通拾两左右的圆锭，如“上海福泰拾两银锭”，重量 380.8 克，半球形，中间下凹，类似馒头状，上书“福泰 上海”。另外，还有华俄道胜银行所铸的半两至一两的小锭。不同重量小形银锭的出现，是为了满足交易的便利性，既可便于携带、存放，又可满足各地的使用习惯。虽然小锭形态各异，但都是适应商品经济发展规律的产物。

（二）近代银两铸造机构

清代官铸银锭为官府设立的官银匠或银炉所铸造；私铸为各地银炉铸造。

官银匠是对各地官府任命的、铸造官银的工匠的统称。清末不同地区的官银匠处于各自为政的状态，具有较高的独立性。官银匠的隶属派系也随着地方藩司划分。以江苏省为例，清朝中晚期江苏省分为江宁、苏州两大藩司，并于上下江分治；与藩司分治相对应，布政使衙门属下官银匠也分为江宁、苏州两派。以清光绪时期苏州地方银号“聚源斋”所收录的《各路元宝目录》考证，其所列的同治光绪时期的 9 家官银店，官银匠名分别为“陈恒升、王鼎泰……”等 9 人，9 人铭文归属地均是苏州藩司辖下的常（常州）、镇（镇江）、苏（苏州）、松（松江）、太（太仓）地区，并未记录江宁地区官银匠[①]，可见，不同地区官银匠各司其职、各自为政。各地分设官银匠代表清朝铸币权的分散，将货币发行权下放给各地藩司，这虽然缓解了中央铸币长途押运的不便，但也为后来混乱的币制埋下了祸根。

清初政府对私设银炉控制极严，必须凭借户部所发的执照开业，还有数额限制，不准多开。至清末则管理渐渐松弛，私自开设者甚多，在上海、汉口、天津等各大城市都有设立。各地银炉对其所铸银锭的重量、成色负责，必须在其铸锭上刻明铸地及银炉名号戳记。部分银炉并不局限于铸造银锭，还兼营存贷及汇兑业务，甚至发行流通票据，成为近代金融机构的雏形。

公估局是清中叶以后鉴定宝银重量、成色的专门机构，分官办、商办两种。公估局需由官府批准或当地钱业公会认可方能设立，且每地仅设一局。各地银炉所铸宝银，必须经由公估局鉴定，在宝银中央凹部加批申水或耗水，才能在当地市场上流通；外地流入的宝银，一般须经公估局重估后方能流通。公估局鉴定手续分为两步，先称重量，继看成色，并在鉴定时收取一定数量的手续费称作批费。上海所设公估局于 1850 年（道光

---

① 贾雁民，张煜．清代中晚期江苏官银匠的两大独立系统[J]．中国钱币，2009，(3)：12—14＋79.

三十年)成立,此后上海银炉所铸新宝或者外来元宝一律需经过公估局的鉴定。凡是经过鉴定的宝银可以按照公估局批估的重量、成色在市面流通,交易时不必再随时称量,从而化繁为简、便利商业往来,显著改善了近代银两制度。

(三)银两制度

在一种货币流通的过程中,货币制度随货币应运而生。银两制度随银两而生,相辅相成。银两制度是一种以白银作为货币材料,以重量作为货币单位的较原始的货币制度。其从 1529 年(嘉靖八年)正式确立起,到 1933 年“废两改元”被取消,共计存在 405 年。[①]

1. 近代银两制度的确立

中国用银历史很早,上古时期便有使用。唐宋时期,银已普遍流通。宋仁宗景祐年间,政府规定纳税收银,银锭正式取得合法的货币地位。元朝建立后,白银已是民间通用货币,不仅借贷、俸饷、爵赏、大宗交易及税收用银,物价也用银表示,发行纸钞的准备金也是白银。明朝初年,民间交易只用银锭;洪武年间和永乐年间,为了推行宝钞,两度禁止用金银交易。然而,银两制度正是在明朝时期确立起来,英宗正统元年取消禁令,银锭成为正式法定货币,当时的田税、徭役、商税、盐税、关税和其他税收,都折收银两。嘉靖八年政府规定解京银两都要铸成锭,并纪年月、官吏与工匠姓名。从此,银两有了规定的成色、重量和单位,又被定为纳税的法定货币和国家财政收支的计算单位,银两制度相应确立。

清朝使用的货币种类更多,但在很长一段时期,基本是银钱平行流通,日常交易,大数用银,小数用钱。银两制度在清朝得到很大发展:

(1)征税起点在一两以上者必须收纳银两,一两以下听民自便。

(2)银两与制钱的比价,法定为 1 两银换 1 000 文钱。完纳钱粮时,凡小户零星、大户尾欠,纳银时每银 1 分收钱 10 文。

(3)政府规定纹银为标准成色。

---

① 千家驹,郭彦岗. 中国货币演变史[M]. 上海:上海人民出版社,2005:171-172.

(4)政府会计都用银两核算。

政府收税、大额支付、通商贸易,常以银两作为计价、核算和折算其他货币的标准,银两已成为法定的本位币,银两与制钱实际上具有主辅币的关系。

2. 近代银两制度的特点

银两制度是一种极其烦琐庞杂的货币制度。千家驹把银两制度的特点总结为"形式不适于应用""种类名称过于复杂""成色高下不齐""平砝大小不一""计算繁难"五个特点。特点都为负面评价,可见其落后性。

种类名称过于复杂。从实银形状分,有马蹄状的"马蹄银"、秤锤状的"锞子"、馒头状的"小锭"等;从铸造地区分,有北京的"十足银"、天津的"化宝银"、上海的"二七宝银"[①]、苏州的"苏元锭"等[②]。据张家骧调查,各省通用银两计 104 种,但"若细别之,无虑数百种。盖因地而生,随俗而变,尤难得有详确之标准也"。[③]

成色高下不齐。按照所含白银成分,可分为纯银(1 000‰)、足银(990‰)、纹银(930‰)和标准银(900‰)等。这只是全国公认的统一标准,具体到各地更为复杂。例如,汉口、西安、太原、济南、长沙、南昌、重庆、成都、开封、镇江等地习用"二四宝银",北京、天津、营口、吉林等地习用"二六宝银",上海、南京、杭州、芜湖等地习用"二七宝银",苏州、安庆用"二八宝银",宁波用"二九宝银"等。由于成色不同,各处银两价值便高低不同,异地往来很不方便。

平砝大小不一。平砝是称量银两的单位,据中国银行调查,民国初年存在的"平"就有 170 多种,实际上远不止这个数字。主要的"平"有库平、漕平、关平、市平等(见表 3—1)。

① 本节所称宝银即为银元宝之意,参见清末郑观应《盛世危言·铸银》:洋人以货售我,大都取宝银而归。彼旋得宝银,即旋铸洋钱,仍售诸我,于中取利,往复无穷。

② 千家驹,郭彦岗. 中国货币演变史[M]. 上海:上海人民出版社,2005:173.

③ 张家骧. 中华币制史[M]. 北京:民国大学,1926:46.

表 3—1　　平

库平	一两等于 37.31 克	户部征税使用平码
漕平	一两等于 36.64 克	漕粮兑换银两使用的平码
关平	一两等于 37.68 克	征收关税时使用的平码
市平	包括济平(济南)、厂平(吉林)、司库平(杭州)、京平(直隶)、行平(天津)、康平(太远)、同平(大同)、营平(营口)、宽平(长春)、洋例平(汉口)等	

注:摘录统计自浙江省博物馆．银的历程——从银两到银元[M]. 北京:文物出版社,2015:209.

可见,银两的名称、大小、形状、重量、成色、平砝等各不相同,没有全国统一的标准。随着经济的发展,需要区域性的统一货币,至少在记账的时候能够统一,由此,产生了虚银两。

虚银两是白银货币的价值符号,规定了某种银两的名称、重量、成色和行用方法,代表白银发挥货币的职能作用,是政府和民间公认的能在市场上流通使用的标准银两,作为记账单位和清算标准。虚银两的种类中,使用广泛的有上海“九八规元”、天津“行化银”、汉口“洋例银”、营口“炉银”、国库的“库平银”、海关的“关平银”、征收漕粮的“漕平银”,以及各地市场使用的“市平银”等(见表 3—2)。以上海通用的“九八规元”为例,“二七宝银”实重五十两,加升水二两七钱,折合纹银五十二两七钱,再行“九八升算”,即除 98%,含实银五十三两七钱七分,于是被称为“九八规元”。

表 3—2　　虚银两

纹银	康熙年间(1662—1722 年)清政府法定的银两标准成色,每 1 000 两纹银含 935.374 两纯银
九八规元	又称规银,上海地区用作商品交易的银两计算单位
炉银	营口铸造现宝的炉房所发
洋例银	专门为外国商人来汉口通商时制定的计算标准
行化银	天津通用专属记账用的虚银两

注:摘录统计自浙江省博物馆．银的历程——从银两到银元[M]. 北京:文物出版社,2015:209.

综上,传统的银两制度严苛复杂、弊病百出。这样的货币状况制约了商品经济的进一步发展,同时也为西方银元的入境和流通提供了可乘之机。

二、银元与银元制度

银元，在辞海里的解释是，俗称“大洋”，大型银币，16 世纪末从外国流入，19 世纪中叶中国开始自己铸造，1910 年被定为中国的主币，名称为“圆”，重七钱二分，成色九成，1933 年改称“元”。银元与银两有两处明显不同：一是形状不同，银两的形态各异，而银元一般为圆饼状，类似银饼，以花纹、篆字区分；二是记值方式不同，银两是“称量金属货币”以重记值，银元以面值记值，类似现代信用货币。银元的面值一般超过其所含银本身的价值，这是银元与银饼的本质区别。在中国近代货币研究历史上，有许多“以两记值”的圆饼形货币也称为银元，如“咸丰六年上海县号商银饼”，但此类货币仅有银元之名，并无银元之实，因而在研究中如果统称为银元是不严谨的，在此特做区分。

世界银元起源于 15 世纪的欧洲，是银本位制国家的主要流通货币。虽然中国使用银两货币的历史久远，但银元却是与西方国家进行国际贸易活动过程中的舶来品。中国近代所用的银两，依其白银价值来衡量其他商品的价值，已经落后于时代；而西方国家的银元，早已摈弃了称量金属货币的各种弊端，各国纷纷抽象出自己的非计重货币单位，如英镑、里尔等，并铸造银元按枚行使。

15 世纪末至 16 世纪初，自哥伦布发现新大陆后，丰富的矿藏被发现，西方银币铸造逐步走向顶峰。占有巨额白银财富的西班牙于 1571 年（明朝中后期）占领马尼拉，将菲律宾殖民地变成著名贸易地点，经过中外海商之手，西班牙运往东方的白银源源不断流入中国。西班牙人通过和中国开展贸易，以银元换取丝绸、瓷器等商品，促使本来产银不多的中国开始在流通领域大量使用白银。舶来的银元，一部分被熔化重新铸造成船形的元宝，另一部分仍作为银元使用，广泛流通于南方的广东、广西、福建、江西、浙江、江苏、安徽和湖南的东部、南部等区域。[①]

---

① 戴建兵．传统币制的缓慢演变——中国仿铸银元的历程[J]．钱币文论特辑，2006，(2)：160－168.

(一)外国银元的种类

西班牙从1643年起在其殖民地墨西哥铸造了1亿多枚西班牙本洋(又称“双柱”)输入中国,1821年墨西哥独立后又继续铸造3亿多枚新银币(俗称“鹰洋”)输入中国;同时英国在缅甸、法国在越南等地使用的银元也大量输入中国,因银元图案分别是站立的武士和坐着的女神而被称为“站洋”和“坐洋”;日本于1868年开铸日本“龙洋”,并随其对中国东北的扩张输入中国。至此,中国货币流通领域已经渗入了本洋、鹰洋、站洋、坐洋、日本龙洋等外来银元。

1. 早期霸主——西班牙银元

1567年(明代隆庆元年)开放海禁、设置“洋市”,海上贸易迎来了高潮。中国与西班牙的贸易中,西班牙人多用美洲运来的洋钱(银元)支付货款。中国早期虽以银两作为贸易结算货币,但清中叶以后银元成为我国南方的主要货币。银两使用有很大缺陷,白银成色不一,不法商人故意掺铅造假;而银元作为机制币,有固定的成色、重量、图案,在没有专门的铸币机情况下根本无法造假。“本洋”是“结算本银”或“本位银洋”的意思,西班牙银元“本洋”成为大宗贸易的结算货币。随着中国对外长期贸易顺差,本洋大量流入中国。

1521年,西班牙正式占领美洲,随即着手开采金银矿产,熔成金、银锭块运回欧洲;1535年,在墨西哥城首设造币厂,把开采的白银按照西班牙本土的币制就地制成银币。

西班牙本洋可以分为三大类型:

第一类是早期半手工制造的不规则银块。其特点是币面上突出一个大十字图案,故称“十字币”。

第二类是机器制造的双柱银币。从1732年开始,墨西哥造币厂引入机器制造。机器制造的银币精美圆润,一面为盾形徽章图案,另一面为双柱双球图案,故有“双柱抱葫芦”“双烛台”和“双柱”的别称(见图3—3)。

图 3—3　西班牙菲利普五世双球双柱 1763 年 8 里亚尔(西属墨西哥代制)银圆

第三类为肖像图案银币。其制造于 1772 年至 1822 年,历时 50 年,肖像人物为卡洛斯三世、卡洛斯四世和斐迪南七世。该种银币也有"番婆头""佛头银"和"鬼仔头"的别称,又因银币的另一面盾徽两边也有双柱图案,又有"新双柱""新烛台"的俗称。肖像银币流通于近代,存世量较前两种多,因而为人所熟知。

2. 后起之秀——墨西哥鹰洋

1856 年以前,西班牙本洋是普遍流通于上海及长江下游地区的主要外国货币。1821 年墨西哥独立后,西班牙银元停铸,市面上逐渐供不应求,加之窖藏和走私盛行,银元市价日益增高,造成通货紧缩,严重影响了贸易和经济的发展。墨西哥银元于 1854 年进入中国,随着墨西哥银元输入的增加,逐渐取代了西班牙银元在中国的地位。

墨西哥"鹰洋"于墨西哥独立后的第三年(1823 年)开始铸造。银元的正面铸有一只展翅的雄鹰,以致敬墨西哥国徽中的老鹰,鹰嘴叼长蛇,单腿立于仙人掌(墨西哥国花)上,"鹰洋"的名称源于此。鹰洋正面上方边缘为西班牙文"REPUBLICA MEXICANA"(墨西哥共和国);背面为一顶自由软帽,帽上写有西班牙文"LIBERTAD"(自由),帽周围放射长短不一的光芒线(见图 3—4)。

图 3—4　墨西哥 1896 年 8 里亚尔银圆

墨西哥鹰洋自 1823 年开铸,到 1905 年停铸,历时 83 年。按不同的发行年份、造币厂,以及图案、面值、边齿等差别来区分,鹰洋版别繁多,有 500 多种。按面值可大体分为两种,1897 年以前的花边鹰洋和 1898 年以后的直边鹰洋。两者规格均为直径 39 毫米,重量 27 克左右,含银 95%。花边鹰洋币背面自由帽较小、光芒线较长,使用西班牙货币单位,面值为 8 里亚尔(Real),自 1823 年至 1897 年共生产了 75 年,存世量较多。直边鹰洋币背面自由帽较大、光芒线较短,使用墨西哥货币单位,面值为 1 比索(Peso),自 1898 年至 1905 年共生产了 8 年,存世量相对较少。

3. 鹰洋对手——英国贸易银元

1866 年,为了抵抗鹰洋,英国在香港造币厂铸造发行了一套香港银币。银币正面是维多利亚女王像,上下两端刻英文"VICTORIAQUEEN"(维多利亚女王),背面中央为寿字纹,旁有英文"ONE DOLLAR HONGKONG"(香港一元),下方为纪年。因香港银元的成色低于鹰洋,需要折扣才能使用,难以广泛推广,1868 年香港造币厂倒闭,设备转售给日本。香港银币仅铸 200 万元,该币俗称"香洋"。

1895 年,英国政府在印度的孟买、加尔各答造币厂尝试铸造新的贸易银元。银元正面中央是一持戟、盾的武士,上端在武士左右有英文币值"ONE DOLLAR"(壹元),下有纪年;背面中央为寿字纹,上下为中文"壹圆",左右为马来文"壹圆",俗称"站人"或"站洋"(见图 3—5)。站洋虽然是英国在印度发行的贸易银币，但严格算来属于英国本土货币体系，标准称谓为“英国贸易银元”，重 26.95 克，成色 90%。该币在中国流通颇受欢迎，成了墨西哥鹰洋的主要对手。

图 3—5　英国 1929 年壹圆贸易银圆

4. 小众货币——美国银元、安南银元、日本银元等

美国银元、日本银元、安南银元等（见图 3—6、图 3—7、图 3—8），都曾在中国货币市场上互相角逐，不过都没能竞争过墨西哥鹰洋。

当墨西哥银元正达到顶峰时期，美国贸易银元约在 1873 年进入中国的主要港口城市，因成色更高，有逐步取代墨西哥银元之势。但美国政府于 1887 年宣布停止铸造贸易银元，并将其收回改铸银本位币，美国贸易银元自此淡出中国历史舞台。

1862 年，印度成为法国殖民地以后，在安南开铸法国货币，并输入法国本土、新加坡和中国。1885 年“安南银元”正式登场，其在重量、图案方面均模仿美国贸易银元，银币正面是自由女神坐像，反面铸有“Piastre de Commerce”字样。1885—1903 年，安南银元主要流通于中国云南和东南沿海的许多省份。

1871 年 5 月，日本大阪市国立造币厂成立并开铸“一圆龙洋”。由于其重量稍低，因而无法抗衡墨西哥银元。为驱逐墨西哥银元，日本政府模仿美国贸易银元铸造了“贸易银”，又称“日本龙洋”。银币正面铸有“一圆”字样，背面为龙珠图案。“贸易银”较原先的银元重，纯度高。因两种

图 3-6　美国 1874 年壹圆自由神像贸易银圆

图 3-7　日本明治三年一圆银圆

图 3-8　法属安南 1898 年壹皮阿斯特(重 27 克)银圆

银元的重量不同引起币制混乱，1878 年日本政府决定停止“贸易银”的铸造。1897 年，日本改为金本位，并自 1898 年 4 月起全面禁止银元流通，日本龙洋由此大量输入中国，并在中国东北等地区流通了相当长的时间。

随着外国银元流入更多、通行更广，经营外贸的中国商人往往不惜以远高于外国银元实际价值的价格收购储蓄。为了摆脱通货严重不足的困境，中外商人议定以规元为记账单位，“本洋之市价步涨，适与上海规元价值相等，故账册上只需易数字单位名称，而数字可仍其旧”。这一创举改变了对外贸易使用银元的传统，从此以银两为记账单位和支付手段，同时又在银两与银元之间建立起一种可兑换关系，上海“洋厘”行市产生，银两与银元并用成为现实。

（二）本国银元的种类

清政府末期，随着外国银元的流入及大量流通，部分有识之士逐渐抛弃禁止外国银元流通的僵化观点，认识到银两制度的落后性和银元的优点，主张购买机器，自铸银元。1887 年（光绪十三年），清廷批准两广总督张之洞在广东省设造币厂试铸银元，直至 1935 年国民政府推行纸币禁用银元，约 48 年。

1. 银元尝试——光绪龙洋与宣统龙洋

1887 年（光绪十三年），两广总督张之洞根据国家财政与国际贸易的需要，多次奏请朝廷发行银元，“广东通省皆用外洋银钱，波及广西至于闽、浙、皖、鄂，所有通商口岸，以及湖南、四川、前后藏，无不通行”。1888 年（光绪十四年），张之洞从英国伯明翰造币厂进口造币机器，率先开铸国产“光绪元宝”银币。“光绪元宝”银币背面都有龙的图案，史称“光绪龙洋”。

“光绪龙洋”为中国历史上第一套“龙洋”，由伯明翰造币厂刻模试铸，由广东钱局银币厂于 1889 年（光绪十五年）制造。“光绪龙洋”面值有库平七钱三分、三钱六分五厘、一钱四分六厘、七分三厘和三分六厘五种。其正面中间为汉满文“光绪元宝”，外围刻英文地名及面值，两侧刻“十字花”星；背面中央刻蟠龙图，外围上下刻汉文地名及面值。因其面值定为库平七钱三分,又将英文置于币面,史称"七三反版"(见图 3—9)。"反版"源于"番版",清代民间将外国银币称为"番饼",因其正面有英文,百姓沿袭旧名,称为"番版",日久讹成"反版"。

图 3—9 光绪元宝广东省造(1889 年)库平七钱三分(七三反版)银圆

"七三反版"银币比外币加重漕平一分五厘,因分量稍重而被囤积私熔,流通阻滞,折耗甚巨,后直至停铸。其铸造流通时间短,设备安装初期"机器尚未全开,工匠亦未募足,而且诸少熟手",实际制成的数量有限,又有大半被回炉改制,故流通极为有限。1889 年(光绪十五年)10 月,广东钱局银币厂改"七三"为"七二"呈于朝廷,清廷因英文置于币面颇为不满,认为不符合中国体制,命将英文放在银币背面。1890 年(光绪十六年)4 月,广为流传的"广东省造光绪元宝库平七钱二分银币"正式开造,面值有库平七钱二分、三钱六分、一钱四分四厘、七分二厘、三分六厘五种,其英文地名改放至蟠龙外围,成为最为人熟知的"光绪元宝"样式。

1895 年(光绪二十一年)后,各省纷纷效仿,竞相设厂开制,各省制造的"龙洋"都以广东"龙洋"为蓝本,文字图案大同小异,尺寸成色参差不齐。经查,有湖北省、安徽省、江南省(今江苏、安徽一带)、浙江省、四川省、湖南省、云南省、奉天省(今辽宁省)、吉林省等十数省发行的"光绪龙洋"流传于世。

1910 年(宣统二年),度支部为整顿币制,将各省造币厂或裁或并。广东钱局因为信誉卓著,不在裁并之列,但被更名为"度支部广州造币分厂”，同年制造“宣统元宝”银币。1910 年 5 月，湖北银币局与铜元局合并收归度支部所有，更名为“武昌造币分厂”，并开铸“宣统元宝”银币。各省所铸“宣统元宝”较于“光绪元宝”除币面“宣统”二字改为“光绪”二字外，版式、币样等并无变动（见图 3—10）。

图 3—10　宣统元宝广东省造（1910 年）库平七钱二分银圆

“光绪龙洋”与“宣统龙洋”都是中国货币史上迈向自铸银元之路的初次尝试，成为中国历史上第一次铸造机制币。“光绪龙洋”与“宣统龙洋”尽管从币样、造型、铸币机制上模仿了外国银元，但并未改变其称量记重的本质，故并不能算作严格意义上的银元，这也是本章一直称其为银币的原因。

真正的自铸银元，始于大清银币（见图 3—11）。

图 3—11　大清银币宣统年造（1910 年）壹圆银圆

2. 真正银元——大清银币

早在 1896 年(光绪二十二年)前后,北洋机器铸钱局与奉天机器局先后发行银币,以圆、角为货币单位。这是以"圆"为单位的货币记值体系的首次尝试。但是,没有与之相符的新货币制度,其结果是与其他的"七钱二分"计重银币一样在走传统银两制度的老路。北洋机器局和奉天机器局发行的圆角计值银币是地方督抚为弥补货币短缺、驱逐外洋、收回铸币权而铸造的货币。"银元按银两七钱二分的价值在市场上流通,并没有像外国银元那样,从计重单位中抽象出来,从而形成元、镑、法郎等这样的纯货币单位。"[①]1903 年(光绪二十九年)奉天机器局改建为奉天造币厂,所铸银币式样也改成龙洋式样。

1904 年(光绪三十年)11 月,清末大臣端方下令:"现经本部堂奏准,就湖北试铸一两重银圆,名曰大清银币。奏内声明此项银币即为将来中国全国划一元银币,是此后所铸银元即为国币,应饬将银元局改名为银币局。"1904 年 12 月,湖北银币局制造了"湖北大清银币一两",但事与愿违,一两银币上市不久便遭抵制而被迫停造。

在新兴资产阶级的推动下,上海总商会上书度支部,痛斥用"两"作为货币本位的弊端。1909 年(宣统元年),度支部再议币制,主张以"元"为单位;1910 年(宣统二年),度支部奏定《币制则例》,规定国币以"元"为单位。1911 年(宣统三年)开铸"大清银币",币值分别为一圆、五角、二角、一角。以一圆银币为例,银币正面中心为"大清银币"四个汉字,下方为汉字"宣统三年",上方满文对应,花枝分列左右两侧;银币反面正中为"壹圆"两个汉字,下方为英文"ONE DOLLAR",币面龙纹摇头摆尾,隐现于团云之中,龙头正面位于币面上方。这就是为人熟知的"宣统三年大清银币"。

"宣统三年大清银币"代表中国历史上以"元"为单位的货币计价体系真正开始推行,同时铸造权统归中央,一改自光绪年间地方督抚可自行铸

---

① 戴建兵.白银与近代中国经济(1890—1935)[M].上海:复旦大学出版社,2005:46.

造的格局，故时称“国币”。清政府以大清银币发行为标志，最终在近代中国金融史上统一了货币发行大权，确立了以银元为本位的货币制度，但随着辛亥革命的爆发，新的货币制度仅是昙花一现。

3. 国币之争——孙小头、袁大头、船洋

1911 年辛亥革命推翻了中国传统封建社会，1912 年中华民国成立。同年南京造币厂开铸“孙中山像开国纪念银币”，正面刻孙中山半身像，上方为“中华民国××年”，背面为嘉禾图围绕“壹圆”二字。

1914 年（民国三年）2 月，北洋政府为了整顿币制，统一银币，颁布了《国币条例》十三条，其中规定：“以库平纯银六钱四分八厘为价格之单位，定名曰圆；一圆银币，总重七钱二分，银八九铜十一；一圆银币用数无限制（即以一圆银币为无限法偿的本位货币）。”根据这一规定，天津造币总厂以及南京分厂于 1914 年 12 月及 1915 年 2 月先后制造“袁世凯像壹圆银币”，俗称“袁大头”（见图 3－12）。由于该币整齐划一，商民乐用，很快就占据了流通市场，随后一些地方造币厂也根据总厂模具制造该币。“袁大头”面值有壹圆、五角、二角、一角和五分五种，在 1916 年（民国五年）、1919 年（民国八年）、1920 年（民国九年）、1921 年（民国十年）都有制造，各地造币厂共计铸造约 11 亿枚之多，因此成为中国货币史上发行量最大的银本位币。“袁大头”形制统一，成色和重量标准，是中国币制改革的里程碑。

图 3－12　袁世凯像民国三年（1914 年 O 版）壹圆银圆

国民政府成立后，于1928年草拟《国币条例草案》，停铸"袁大头"，改以"孙中山像开国纪念银币"旧模铸造银币。1929年又颁布了《中央造币厂组织章程》，在上海筹建中央造币厂，鼓励铸造银元，"袁大头"在上海的流通由盛转衰。这样，"孙中山像开国纪念银币"有两个版本，一是1912年（民国元年）南京造币厂制造；二是1927年（民国十六年）以后，南京、天津、浙江、四川等造币厂再次制造。1927年后的四年间，"孙中山像开国纪念银币"铸量不下数亿，与"袁大头"一起成为当时中国的主要流通货币，史称"孙小头"（见图3—13）。

图3—13　孙中山像开国纪念币（1927年）壹圆银圆

1933年（民国二十二年）3月，南京国民政府财政部颁布了《废两改元令》和《银本位铸造条例》，决定打破各省分铸银元的局面，将银币的铸造权收归于设在上海的中央造币厂；同时决定首先从上海推行"废两改元"，即从1933年4月6日起，所有公私款项的收付须一律改用银币，不得再用银两交易。1933年，"船洋"作为一种新式的银币开始在上海中央造币厂铸造。"船洋"即"海洋帆船图案银币"（见图3—14），该币设计新颖，铸工精湛。其直径39.4毫米，重量为26.69克，成色88%，含纯银达23.49克。其正面图案铸革命先驱孙中山先生身着汉装的侧面头像，上方记"中华民国××年"；背面图案是双桅帆船放洋图，计值"壹圆"两字列在船左右，直齿边。"船洋"发行后，在市场上深受民众欢迎，和"袁大头""孙小头"一起逐渐取代了流通于市面的各式"龙洋"和外国银元。

图 3—14　孙中山像民国二十二年(1933 年)双帆船壹圆银圆

在“船洋”系列银币中，1934 年(民国二十三年)壹圆币较常见，总铸数为 9 874 万枚；其次是 1933 年(民国二十二年)壹圆币，总铸数为 4 640 万枚。至于 1932 年(民国二十一年)银元币，币面刻有一艘双桅帆船，顶上有三只飞鸟，东方有一轮初升的太阳，俗称“落日三鸟”，由于恰逢“九一八事变”，民众对该币面设计反响巨大而被收回，该版“船洋”总铸量为 226 万枚，实际流通不足 5 万枚。

(三)银元制度

外国银元的流入，对中国传统的币制产生了巨大的冲击。首先，中国传统的以铜钱和纸币相结合的货币制度发生了根本性的变革，白银因作为贵金属储备的职能逐渐提高了其在经济中的地位。[①] 白银在大额交易和政府财政上，起着纸币和铜钱无法替代的作用。其次，引起中国仿铸西方银元的浪潮，实现了从“称量金属货币”银两到“非计重货币”银元的过渡。在中外白银货币的碰撞中，清政府于 1910 年颁布《货币则例》，以法规的形式确定了银元本位制(即银元制度)。

1. 银元制度的确立

由于清政府对于金银的铸造采取放任政策，没有统一标准，使清代的银两制度陷入混乱局面。一是成色不同造成了甲地银两不能直接通行于

---

① 戴建兵，陈晓荣．传教士与中国货币[J]．江苏钱币，2008，(2)：12—23.

乙地的尴尬局面,银两在异地使用时必须根据当地的成色标准验色、称重或重新熔铸,十分不便;二是银两流通制度中的虚银两判定标准不同,也导致了银两难以跨地区流通的问题。

与此同时,具有统一价格标准的外国银元进入中国市场,给清代货币带来了极大的冲击,也给中国的币制改革带来了契机。1887年(光绪十三年),两广总督张之洞率先尝试铸造的“龙洋”标志着中国银元开始走上历史舞台。银元制度可以看作是银两制度的进化,是适应经济社会发展的必然趋势,在银两制度的弊端阻碍经济发展需求时,银元制度应运而生。

银元制度确立的标志是1910年(宣统二年)颁布的《币制则例》。其规定:中央收回铸币权利,由造币总厂及其分厂铸造,模具由造币总厂统一分发给分厂,发放由中央统一调拨;明文规定国币的成色及重量,以“圆”为单位,主币重库平七钱二分,成色千分之九百,计纯银六钱四分八厘,并于宣统三年开始铸造大清银币。

《币制则例》的推出使得繁杂的货币体系终于有了制度可寻,银元制度产生。

2. 银元制度的特点

一是从货币属性上开创了信用货币的先河。银元作为流通货币,具有传统金属货币与信用货币共同的特征,银元的票面价值等于其实际价值与信用价值之和。实际价值指的是银元本身含银量的价值;信用价值指的是银元面值与其含银量价值之差。按照发行方区分,不同种类的银元信用价值分别由外国银行、清政府以及私人背书。信用货币的出现可以降低铸币成本、提高铸币税,缓解了中国近代产银匮乏的局面。但也是基于此,使得银元变相成为西方列强对中国进行经济掠夺的手段之一,外国银元套取价值更高的银两,导致白银外流。

二是统一了混乱的币制,将货币发行权收归中央。银元制度的确立,改变了各地银币重量不一、成色各异、折价行用的局面,统一了流通领域的货币及体系制度。晚清大臣载泽在奏章中提道:“窃维推行币值,要以统一铸造为先务，诚以铸币本中央特权，断无任各省自为风气之理……各省所设银铜各厂一律裁撤，专归天津总厂铸造。”货币发行权的统一便利了商品的交换和物资交流，极大地促进了商品经济的发展和政权的统一。

三是具有严格的铸币标准，保证银元使用“整洁度”。《币制则例》规定，铸行银币每一千枚合计重量与法定重量相比，偏差不能超过万分之三，一圆银币单枚误差不能超过库平二厘，五角以下银币单枚误差不能超过库平一厘。银币使用会产生磨损，允许兑换以库平七钱一分为磨损限度，低于此限度就应兑换新币。“以新易旧”的规定保障了市场流通货币的质量，类似于现代社会纸币“整洁度”[①]评价指标，是货币制度的伟大进步。

四是将银元与传统银两挂钩，形成两元并行的局面。《币制则例》规定，以国币一圆五角准合度支部库平足银一两（成色千分之九八五），确立了银元与银两的兑换关系，各地按照平色折合库平银，再折合国币。前期各省使用的银币、铜币、制钱或其他钱文，均可按照市价折合库平银，再折合国币。各省原先铸造的大小银币，也有与国币的兑换关系，见表 3—3。

表 3—3　　圆银币兑换新币(大清银币)表

	重量(克)	成色(‰)	实含纯银重量(克)	兑换新币数量
总厂	0.718	906.4	0.646 49	0.984 49
北洋	0.719 9	890.4	0.642 00	0.977 67
北洋机器局	0.721 6	890.3	0.646 44	0.984 42
奉天	0.710 3	842.0	0.598 07	0.910 77
奉天机器局	0.710 7	842.5	0.59876	0.911 82
吉林	0.763 0	894.7	0.620 03	0.944 20
湖北	0.718 2	899.6	0.646 09	0.983 89
江南	0.718 2	900.2	0.646 52	0.984 55

① 纸币发行后进入流通，由于污染、磨损、揉搓、浸泡等会逐渐变旧，最终成为损伤货币退出流通领域。货币整洁度所反映的就是货币在流通过程中的新旧程度。

续表

	重量(克)	成色(‰)	实含纯银重量(克)	兑换新币数量
广东	0.720 8	898.6	0.647 71	0.986 36
四川	0.718 6	886.6	0.637 11	0.970 22
安徽	0.721 7	885.9	0.639 45	0.973 63
墨西哥鹰洋	0.722 4	901.3	0.65110	0.991 49
站洋	0.721 9	899.1	0.649 06	0.988 42
西班牙本洋	0.711 8	900.1	0.640 69	0.975 67

说明:本表按《币制则例》第十三条国币一圆五角合九八五库平足银一两,将各种银币实含纯银重量折合九八五库平足银,再按《币制则例》比价折成新币数量。

资料来源:中国人民银行总行参事室金融史料组. 中国近代货币史资料(第一辑下册)[M]. 北京:中华书局,1964:792.

第二节　上海近代金属货币竞争概况

一、银两之争

上海的文化被称为“海派文化”,是在中国江南传统文化(吴越文化)的基础上融合开埠后传入的西方近现代工业文明而逐步形成的上海特有的文化集合,是多种文化的融合与集大成者。就像海派文化一样,上海的货币历史文化也是多种货币的融合,银两、银元、纸币,外国货币、官方货币、民间货币,不同种类、不同发行主体的货币共同流通、争相斗艳、百家争鸣。

(一)银两成色之争

银两的价值在于其所含纯银本身的价值,所以在流通时必须计算其成色。银两成色指的是银两中含纯银的比例。晚晴时期,由于铸币权分散,各地所铸的银两成色各不相同。

上海流通的银元宝为“二七宝银”,每枚重量以漕平四十九两八钱为标准(习惯称为“五十两”),“二七宝银”成色较标准纹银高 5.5%。每枚五十两的元宝在公估局折算成纹银时会批升二两七钱五分；即使是成色略低者，则批升二两七钱或二两六钱五分。平均升水二两七钱，“二七宝银”的名称由此而来。

银两成色之争的表面原因在于地理与使用习惯的差异，不同地区的流通货币因长年累积的使用习惯，在铸币时养成一种约定俗成的成色。但成色之争的本质和根本原因在于私银炉之争，又因私银炉为钱庄所设，也可理解为钱庄之争。上海开埠前，海关道和钱庄联合设立私银炉，“二七宝银”就是由私银炉所铸，开埠之后发展更甚，上海南北市私银炉最多可达 20 家之多。① 各家银炉均铸造“二七宝银”，仅以银锭加盖银炉名称戳记加以区分。“二七宝银”是上海流通银两的统一，也是上海银炉发行权威的一种体现。

南京也铸造“二七宝银”流通使用，但南京铸造的“二七宝银”并不等同于上海铸造的“二七宝银”，仅仅是银两成色相近的一种巧合。南京所铸的“二七宝银”与苏州所铸的“二八宝银”一样，在上海流通使用前均需经过公估局的估价。这种模式是银两竞争中对上海本地流通银两的一种保护，也是对上海本地私银炉的一种保护。

为了缓解银两成色之争带来的弊端，清朝政府规定了一种全国性的标准，即“纹银”，全称“户部库平十足纹银”。它是清朝法定的银两标准成色，实际上并无实银。纹银的成色约 93.537 4%，低于全国各地流通的宝银的成色，所以将宝银折成纹银时，通常都需要做升水处理，这种升水是指成色较高的宝银折合为纹银时在比价上的提高。例如，“二四宝银”就是五十两重的宝银在流通时要升水二两四钱，等于五十二两四钱的纹银，也就是五十两重的“二四宝银”所含的纯银等于五十二两四钱纹银所含的纯银。

银两成色竞争激烈、白银混杂流通的近代社会，将含银量不同的各种银两以纹银为钩稽关系进行折算，以同等的标准衡量其价值，稳定银两流

---

① 贾雁民，张煜．清代上海地名银锭漫谈[J]．钱币博览，2010，(3)：32－36.

通市场，既便于官府民间进行银两交易，也避免了劣币驱逐良币的局面。

(二)银两形状之争

银两的形状包括大元宝、龟宝、大翅宝、方宝、中元宝、小元宝、砝码锭、椭圆锭、牌坊锭、圆槽锭、腰锭、银锞子等十几种。银两的形状变化主要是为了满足交易的便利性，如在大宗交易中五十两的大元宝、龟宝便于交易与称重；而在日常生活交易中，重为数两的银锞子更易携带、便于找零。近代不同形状的银两并不存在严格意义的竞争，而是互相弥补并存；真正的银两形状之争，一是远古的"银铤"与古代的"银锭"之争；二是传统的银两形状与近代"饼"形银两之争。

1. 早期铤锭之别

根据历史铸造记录划分，不同时期的银两分别称为"铤"和"锭"。铤，最早可以追溯到东汉。东汉许慎所注《淮南子》："铤者金银铜等未成器铸作片，名曰铤。"彭信威所著《中国货币史》："铤是一种长方形的东西，多成条形，但未必固定于某一形式。"[①]根据各地出土文物，唐代银铤为长条形，两宋时期为面大底小的束腰线板形。[②] 元代之后，银铤改称为银锭。据《元史杨湜传》记载："以湜为诸路交钞都提举，上钞法便宜事，谓：'平准行用库白金出入有偷滥之弊，请以五十两铸为锭，文以元宝'，用之便。"据此，银铤已经改为银锭，并一直沿用至近代。

"锭"形替代"铤"形，正是古代银两形状竞争的结果。究其成因，银两形状的变化是为了满足携带与交易的便利性，"铤"形是早期铸银形状的尝试，四四方方、有棱有角，并不适合携带；而"锭"形打磨了棱角呈现圆弧状，便于握持，并且更耐磕碰，降低了长时间流通下的磨损程度。

2. 传统银两形状到近代"饼"形银两

到了清代，流通银两的形状更是五花八门，各地按照使用习惯随意铸造，如"马蹄状""元宝状""馒头状""碗状"等。为与西方国家钱币制度接轨，清政府于1856年发行上海银饼，"饼"形银两应运而生，也是现代硬币

---

① 彭信威．中国货币史[M]．上海：上海人民出版社，1965：110.

② 浙江省博物馆．银的历程——从银两到银元[M]．北京：文物出版社，2015：39.

形状的雏形。上海银饼正面文字是“咸丰六年 上海县号 商王永盛 足纹银饼”(即咸丰六年银饼,王永盛商号,上海铸造);背面是“朱源裕监 倾曹平宝 重一两银 匠万全造”(即宝重一两银,朱源裕监造,银匠万全)。据伟烈亚力(Alexander Wylie)描述:“币重一两,上海铸造,道台督办,时间约是1856年底;采用不锈钢钢模,铸造精良,但却鲜见于市,当时还有大量贱金属模仿铸造的伪造币流通于市,信用全失,因而上海一两很快消失踪迹,现仅能找到几枚钱币之样品。”①

上海银饼虽然流通甚少,但是其作为近代银两形状竞争的最终产物,具有非凡的历史意义。上海银饼与其他五花八门的近代银两形状的区别在于:一是没有棱角,可在流通过程中减少磨损;二是不容易损坏其他容器;三是设计与铸造成本低。“饼”形不仅是银元所采用的形状,也是现代硬币所采用的形状,其优点延续至今。历史与实践证明,“饼”形是迄今为止最合适的小面额金属货币形状。

上海银饼与光绪龙洋、宣统龙洋、大清银币一样,不是严格意义上的自铸银元,只是银元形状上的尝试,其本质还是银两,可以视其为银两形状之争的产物。从“银铤”到“银锭”再到“银饼”,银两形状的竞争与发展体现着银两流通规模的扩大,标志着白银在历史进程中地位的不断上升。

(三)记账单位之争

虽然清政府规定纹银为标准银两,但各地还有不同的习惯,如天津的行化银、汉口的洋例银,上海用“九八规元”作为通用的虚银两。虚银两不存在实银,而是一种记账单位;虚银两形成与产生的过程,即可以理解为记账单位之争的过程。

“九八规元”起源于道光时期的上海南市豆商。东北的豆运到上海,由上海出口,由于现银缺乏,上海豆商一时间筹措不齐,卖豆的人为了及时取得现钱,不惜打九八折出售,实际收到的宝银换算成纹银应计作九十八两,而东北豆商记为一百两,即九十八两纹银相当于一百两规元银两。

---

① 参见周迈可著《霍华德·富兰克林·包克——钱币学研究先驱者》的第41—44页,该书未公开出版.

后来，此规成为上海通用做法，结账时所用虚银两成色再比纹银低百分之二，直到1933年国民党废两改元前，上海一直采用“九八规元”记账计值。

从“九八规元”的形成过程来看，其反映的记账单位之争不仅是经济现象，而且是更深层次文化碰撞的结果。“九八规元”是上海与东北两地文化结合的产物，一方面反映了东北商人的粗犷、豪爽、不拘小节；另一方面反映了上海商人精干、细腻的从商作风。可以想到，第一个上海商人筹措不齐现银，得以9.8两纹银记作10两结账，之后的第二人、第三人未必都筹措不齐现银且都只差百分之二，这必然是一番讨价还价的结果，沪商坚持要循前例，东北商人不愿纠缠做出让步，长此以往就形成了习惯——每收到上海商人9.8两纹银，即记入10两结账。倘若东北商人丝毫不让，就难以形成这一行规，也就没有历史闻名的“九八规元”。

二、银元之争

明代中后期，西班牙人与中国开展贸易，以银元换取丝绸、瓷器等商品，促使本来不是产银大国的中国开始在流通领域中大量使用白银。清朝中期，对外贸易逐步展开，外国货币进一步输入中国，中外白银货币在碰撞中展开竞争。

（一）外国银元的竞争

外国银元之间的竞争，主要体现在历史流通过程中的更迭。从时间线分析，1856年以前西班牙本洋是上海及长江下游地区普遍流通的主要外国货币，“18世纪到19世纪初……上海流通的外国银元中十之八九是西班牙银元”。[①] 1821年墨西哥独立后，停止铸造西班牙银元，西班牙本洋在市面上逐渐供不应求，加上窖藏和走私盛行，从而造成通货紧缩，严重影响了贸易和经济的发展。1854年，墨西哥银元进入中国，次年各国驻沪领事致函上海，倡议把墨西哥银元作为货币与西班牙银元同时流通，并于1856年2月实施。随着墨西哥银元输入的增加，逐渐取代了西班牙

---

① 潘连贵．上海货币史[M]．上海：上海人民出版社，2004：23.

银元在上海的地位,"至同治初,复有鹰洋出……而本洋渐晦。今市廛交易,莫不以鹰洋为率"。[①] 当墨西哥银元正达到顶峰时期,美国贸易银元约在1873年进入香港和中国的主要港口城市,因成色更高,有逐步取代墨西哥银元之势,但美国政府于1887年宣布停止铸造贸易银元,并将其收回改铸银本位币,"在19世纪结束以前,滞留在中国的美国贸易银元陆续被熔化,在上海市场上也消失了"。[②] 1895—1935年,英国贸易银元主要由当时的英国殖民地、印度的孟买皇家造币厂和加尔各答造币厂铸造,因其成色较高,在中国流通颇受欢迎,从而成为墨西哥鹰洋的主要竞争对手,但英国贸易银元发行时墨西哥鹰洋已在中国流通了近40年,地位已难以撼动。另有日本银元、安南银元等,都曾在中国货币市场上互相角逐,不过都没能竞争过墨西哥鹰洋。

(二)本国自铸银元的竞争

本国银元的竞争,主要体现在政权与货币发行权的更替。清政府末期,部分有识之士认识到外国银元使中国本就繁杂的货币体制更加无序和混乱,主张改革币制,自铸银元。1887年(光绪十三年),清廷同意两广总督张之洞在广东省设造币厂试铸银元,即"龙洋"。但"龙洋"因成色和重量仅仅是作为铸造银元的一个标准,而不是出于中央政府的规定,难免会使形相似而纹饰各异,品质也有高低之分,因而各省之间不能相互流通,无法发挥良好的流通职能。

1910年(宣统二年)清政府颁布具有革新意义的《币制则例》,将银元的铸造权收归中央,开始铸造"大清银币"。《币制则例》是晚清政府正式颁布的第一个银本位制条例,顺应了中国社会近代化的发展趋势和币制发展的要求。但不久辛亥革命便爆发了,清政府所铸的银元还未正式发行,便宣告垮台。

中华民国建立以后,南京造币厂最早在1912年铸造了孙中山像开国纪念银币。1914年,北洋政府颁布新的《国币条例》,天津造币总厂开铸

---

① 潘连贵.上海货币史[M].上海:上海人民出版社,2004:41.

② 潘连贵.上海货币史[M].上海:上海人民出版社,2004:45.

新版袁世凯头像国币，称为"袁大头"。由于"袁大头"形式划一、花式新颖、容易识别，成色重量严守规定，因此逐渐成为流通领域的主要货币，银元趋于统一。

国民政府成立后，于1928年草拟《国币条例草案》，停铸"袁大头"，改以孙中山像开国纪念币旧模铸造银币，1929年又颁布了《中央造币厂组织章程》，在上海筹建中央造币厂，鼓铸银元，"袁大头"在上海市面的盛况渐衰。1933年，国民政府正式实施废两改元，颁布《银本位币铸造条例》，新币正面为孙中山半身像，背面为帆船图案，俗称"船洋"。此后，其他中外银元逐渐退出中国市场。

（三）中外银元的竞争

在上海流通的外国银元中，先后以本洋、鹰洋影响最大，时人评论"上海开埠，正本洋、墨洋与规银竞争激烈之际。吾国政府，既未纵观世界之大势，从速规定国内划一之币制，一任社会金融之参差涨落，而不为之所，于是各国金融，乃乘机而得以操纵我商市"。① 中国自铸银元"龙洋"的产生打破了这一僵局，中外银元之间的竞争也正式拉开序幕。然而"龙洋"重量、成色参差不齐，"以至民间显分畛域，此省所铸往往不能行于彼省，仍不如墨西哥银元之南北通行"。② 直到1914年"袁大头"大量铸造并进入流通，1928年之后"船洋"与"袁大头"同时流通，鹰洋才逐渐退出中国市场。

中外银元之间的竞争可以通过上海"洋厘"行市的变迁得以体现。上海洋厘行市最早有本洋行市、鹰洋行市两种，此后西班牙银元因停铸、窖藏等原因流通渐少，中国自铸龙洋开始流通。到民国初期，洋厘行市又分为鹰洋行市和龙洋行市。1914年，"袁大头"开始投入上海流通市场，逐渐成为市面流通最广的银元之一。1915年8月，经中国、交通两行与上海钱业公会协商，取消龙洋行市，洋厘行市改为鹰洋行市和国币（即"袁大

① 姚公鹤．上海闲话[M]．上海：上海古籍出版社，1989：113－114.

② 中国人民银行总行参事室金融史料组．中国近代货币史资料（第一辑下册）[M]．北京：中华书局，1964：805.

头”)行市,且前者更活跃,处于统治地位。1919年“五四运动”上海罢市之后,上海钱业公会毅然取消鹰洋行市。自此,上海洋厘行市统一为国币行市,所有大清银币,江南、湖北、广东龙洋及鹰洋,与国币一律同价。上海银钱业先后取消本洋、龙洋、鹰洋三种行市,体现了鹰洋取代本洋、国币取代龙洋以及国币最终取代鹰洋的货币竞争过程。洋厘行市的统一,不仅大大降低了社会交易成本,还结束了中国流通主币使用外国银元、行市为标准的历史,标志着国币在中外银元竞争中取得胜利,迈出了货币统一的第一步,同时也为后续的废两改元准备了条件。

第三节　废两改元

银两、银元并用的模式,增加了货币流通的复杂性,给正常交易和工商业发展带来了极大的负面影响。在两元并用的情况下,一般交易使用银元,而大部分批发以及国际贸易仍以银两定价,使得商家既要有银元准备,又要有银两准备,以避免银元与银两在折算上的损失;而对金融机构来讲,两种货币并用,不仅账目计算麻烦,而且必须有两种准备以分别应付银两或银元的提取,分散了准备力量。银两与银元虽然有市场议定的兑换比例,但在交易以及记账中反复折算,弊端横生,而且比价又时常起伏涨落。所以“废两改元”,作为银两与银元竞争的集中体现与最终结果,走上了历史舞台。

一、废两改元的必要性

(一)银两与银元的比价关系

两元并行的近代社会中,两元如何行使至关重要,银两与银元的兑换关系成为当时经济社会中极为重要的金融价格,史称“洋厘”。早在鸦片战争以前,外国银元已流通于中国沿海各省,上海开辟租界之后,外国银行纷纷在上海开设分行,它们之间的交易最早使用的是西班牙银元;后来因为西班牙银元供应渐渐减少,且采用墨西哥鹰洋进行“等价通用”的办法未能实行,于是市场在1856年起采用上海豆麦行市通用的“九八规元”作为记账单位,实际交易使用“二七宝银”和各种银元。在这种市场环境下,如何将各种银元折算成“九八规元”进行记账,是洋厘产生的原因。

洋厘对于商品贸易极为重要,“华商金融界每日开出之行市,除标金而外,厥为洋厘、银拆最足引人注意。盖无论中外各商号,必须探知当日厘拆之市价,以为营业上银货计算之准绳”。[①] “洋”即为洋钱,也就是外国银元。当时的外国银元多为库平七钱二分(这也是“光绪龙洋”与“宣统龙洋”多为七钱二分的原因),所以洋厘的市价以七钱几分为标准。洋厘每日内基本变化不过一毫二毫之数,上下落差最大的也不过一厘或者数厘;其上下涨跌幅最大以“厘”位计价,故称“厘价”,“洋厘”之称由此得来。上海洋厘行市的厘价“最高不出八钱之外,最低不入七钱以内”,厘价不超过八钱为钱业市场的限制,不低于七钱则为劣币驱逐良币的缘故,当市价低于七钱,可直接将银元交给银炉熔铸为银,所以洋厘低于七钱也难以实现。另外,洋厘的高低与商品交易的频繁程度有关,并且有一定的季节性。“沪上对于各埠现洋之用途,最旺盛时代,厥推春季之茧汛,秋季之花汛,其次为茶、杂粮、米、菽、豆、麦等。各种农产,视收获之丰歉。而定用途之旺衰。”[②]当农产品丰收的季节,外洋因使用量大而供不应求,洋厘价格会随之升高,洋厘行情随着白银市场价格的变动和银元铸币的市场需求程度而起伏波动。

(二)银两与银元并行流通的弊端

1. 增加了商品交易成本,束缚了经济的发展

两元并行流通的局面下,必须经过复杂的鉴别和兑换,才能完成商品交易,增加了商品交易成本。货币之间的兑换比率没有法定的标准,完全取决于金属货币的市场价格和流通需求,造成了政府无法控制货币兑换比率的变化,影响了社会金融体系的稳定和安全。

从银两角度来说,银两货币是由各地炉房自由熔铸,不受政府干涉,

① 邹晓昇.银元主币流通与上海洋厘行市的更替[J].史学月刊,2006,(8):36-42.

② 中国人民银行上海市分行.上海钱庄史料[M].上海:上海人民出版社,1960:556.

各个地区不同炉房的铸造标准不同，形成了具有地方差异的银两货币体系。近代以来，随着各个地区商品流通的扩大，打破了过去各个地区自然经济封闭的状态，区域间标准不一的银两货币增加了商品交易成本，成为商品经济进一步发展的障碍。

从银元角度来说，民国时期，各个地区流通的银元铸币标准不一，在商品贸易中，不同的银元铸币需要折算成银两进行交易。"洋厘行市"作为银元和银两相互折算的货币市场，长期以来由钱庄行业垄断，在两元兑换过程中，收取每元兑换 1.25 毫至 2.5 毫手续费，俗称"厘润"。这种银两货币和银元铸币在商品流通中的频繁兑换，大大增加了国内商品交易的成本。

从进出口贸易角度来说，民国初期，西方主要资本主义国家已采用金本位货币体系，白银已经退出货币市场，成为一种金属商品。这时的进口贸易，从外国进货以金计算，货到时按金价换为银两计价入账，卖货时收到银元，又须折成银两入账；输出贸易也是一样，先准备银元于内地采购，然后以银两计算入账，出口后又须把所得金价结汇，变成银两计账，极为复杂。"银两银元并用，主币辅币不分，国内外贸易有两有元，曲折转化，计算艰难，手续繁杂，精力空耗，对内贸易用银两计价者，实以银元付，迂回化合，进出迥别。"①

2. 阻碍货币金融体系的统一，影响币制近代化进程

清朝把落后的称量金属货币作为商品交易中的价值尺度和媒介，在全国各个地区流通的过程中，形成了区域性格局的近代货币体系；民国时期的货币制度则是对清末传统币制的继承，当时的中央政府只是形式上统一全国，没有实现铸币权的完全统一，中央政府发行的货币并不具有唯一性，只是众多金属货币中的一种。在统筹全国货币发行的中央银行尚未形成之时，国家银行、地方银行、私营商业银行都拥有货币发行权，影响着以中央银行为核心的国家金融货币体系的形成。经济学家马寅初这样

---

① 金源云，李国强．鸦片战争赔付款实付银两数额再研究[J]．河北大学学报，2017，(1)：86－91.

描述这一时期中国的货币金融现状:“吾国内地之金融,各地互异,异常复杂,一如欧洲各国货币之不同者然。”①

虽然近代中国的货币制度是以白银为核心,但是中国不是产银国,国内流通的白银货币主要依靠进口。世界产银大国中,以墨西哥、美国、加拿大占前三位,这三个国家的产量占了世界银产量的一大半;世界银市中心集中在伦敦和纽约,每年世界产银额的40%是在伦敦销售的,纽约居第二位。与伦敦和纽约两大白银销售市场关系密切的外商银行,成为近代中国白银进出口贸易的垄断者,因而在中国自铸银元前,外国政府和外商银行均是外国银元有力的引入者;而当中国自铸银元并日益提高其地位时,外商银行则通过白银市场控制中国的货币。所以,在近代白银货币制度下,外商银行垄断着中国白银进出口业务,影响着中国白银货币的流通量,进而成为中国货币供给量的决定者,严重破坏了中国货币金融体系的统一和独立。

二、废两改元的酝酿和筹备

两元并用在进一步加剧白银货币制度混乱的同时,也推动了传统的称量金属货币制度开始向近现代转型。实行货币单一化,成为当时中国历届政府努力的目标,清政府、北洋政府和南京国民政府先后进行过三次政府层面的废两改元。

(一)1910年废两改元

1900年,八国联军发动侵华战争并迫使战败的清政府签订《辛丑条约》,使清政府的财政几乎陷于破产,对外债务和赔款的偿付直接涉及中国货币与外国货币的比价关系,白银价格的波动对中国十分不利。在和地方官员进行了银两制和银元制取舍的激烈辩论后,清政府最终于1910年颁布了《银本位币制则例》。这是第一个关于国币的制度文本,规定国币的单位为“圆”,一圆银币折合库平银0.72两,含纯银90%,即相当于

① 彭景景.民国时期马寅初经济思想研究[D].郑州:郑州大学,2012:29.

纯银 0.648 两。[①]

但是《银本位币制则例》并没有废除银两制，而且规定了国币银元是通过银两来体现其价值的。作为中国最后一个封建帝制朝代，在某种意义上讲，财政征收体现的是皇权，皇权最重要的表现就是没有限制、不计价，不存在等价要求，这与货币制度体现商品经济等价原则有着根本的区别。在清政府看来，只要能够确保各地财政征收的顺利，无论社会经济领域中使用何种货币、如何计价、折算是否繁杂等，都不是当务之急。这个文本拟订后一年多，辛亥革命便爆发了，清政府来不及照此文本开铸新的国币银元便宣告垮台。

(二)1914 年废两改元

民国初年，为了划一币制，改变两元并用的混乱状态，1914 年 2 月 28 日北洋政府颁布新的《国币条例》，进行废两改元的尝试。依条例，鼓铸新版袁世凯头像国币，其枚重七钱二分，成色为 89%，每元含纯银 23.977 950 48 克。

由于“袁大头”含银量低于已在流通中的银元，依据格雷欣法则，劣币驱逐良币，“袁大头”迅速流行。然而，由于大小军阀拥兵割据、战乱连年、中央政府有令不行，而且国库空虚、财政拮据，根本无力整理币制，再加上使用银两的积习作用(有利益集团的存在)，造币厂带头铸银角谋利，致使主辅币之间的十进位制无以为继，废两改元归于失败。市面上，银元和银两仍然并用。

但是，不可否认这次废两改元的意义。有统计资料表明，1914—1927 年，各地造币厂共铸“袁大头”11 亿枚之多，使之成为中国货币史上发行量最大的银本位币，这促成了大量“袁大头”进入流通，壮大了国产银元的社会保有量，并逐渐在民众日常生活中取代了银两。由于其形制统一，成色和重量标准，与芜杂的清末各省龙洋相比，是一种进步，在币制改革中具有一定的里程碑意义。政府的财政收支项目由此开始改以

① 洪葭管．中国金融史[M]．成都：西南财经大学出版社，2001：103.

银元为计算单位,表明了中央政府废两改元的立场和币制改革的未来方向。因而,1914 年北洋政府的废两改元,为 1933 年的废两改元奠定了基础。

(三)1933 年废两改元

1927 年南京国民政府成立后,深知在巩固政权、发展经济过程中,无法回避整理币制这一重大而又现实的社会问题。1928 年,国民政府整顿经济金融,召开全国财政经济会议,宋子文提出实行废两改元,单一实行银元的主张。对此主张,银钱业从各自利益出发,争议极大。

截至 1929 年,据 22 个省的统计,中外银行发行的本位币——银元主要有 15 种,辅币更是五花八门、种类繁多。钱庄长期以来利用两元并用的局面从中渔利,并把持洋厘和银拆的定价权,以此操纵金融行市。废两改元涉及钱庄的经济利益和在金融界中的地位,因而银庄竭力反对。银行虽然支持废两改元,无奈钱庄势力强大,废两改元暂时未能付诸实施。

1929—1933 年资本主义世界爆发了一场空前严重的经济危机,遭受危机严重打击的日本急于摆脱冲击和影响,加快了侵略中国的步伐。1931 年发动"九一八"事变;1932 年进攻上海,发动"一·二八"事变。日军的疯狂侵略,使得全国金融市场陷于一片恐慌,各金融机构纷纷终止向内地贷款、收缩业务,内地银元大量流入上海。上海的银元存底迅速增加,呈过剩状态。到 1932 年 6 月,上海洋厘跌至六钱六分八厘半,开两元并用以来洋厘行市的最低纪录。公众舆论普遍认为废两改元机会难得,刻不容缓。上海工商界代表也致电南京国民政府,表示一致赞同废两改元,切盼实现。

经过持久的激论,1932 年国民党政府组织废两改元研究会,由银行界、商业界等各方代表参加,对银元的重量、成色、与银两的兑换率等提出研究意见。会议建议,因使用银两习惯过久,不便徒然废除,可分步骤逐步推行;上海是全国经济金融重心,若在上海行得通,则容易推行于各地。国民党政府采纳了此建议。

三、废两改元的具体实施

1933 年 3 月 1 日，国民政府财政部颁布《废两改元令》，称“本部为准备废两，规定上海市面通用银两与银本位币一元，或旧有一元银币之合原定重量成色者，以规元七钱一分五厘合银币一元为一定换算率，并自本年三月十日起施行”，“所有上海市各商店，无论何种营业，凡关于货物市价以及一切交易，均应自该日，一律用银币计算，不得再用银两，以重法令而归一致”。

3 月 8 日，国民政府财政部又颁布《银本位币铸造条例》，确定新的银本位币单位为“元”，重量为 26.697 1 克，成色银 88%、铜 12%，即含银两 23.493 448 克；银本位币的铸造权专属中央造币厂；由中央银行、中国银行、交通银行三行联合组织“上海银元银两兑换委员会”负责兑换事宜等。

3 月 10 日，是上海试行废两改元的第一天，正式取消了洋厘行市，全市各行各业所有公私交易往来一律改用银元计价。同一天，中央造币厂开始铸造银币，正面为孙中山半身像，背面为帆船图案，俗称“船洋”，所铸银元的重量成色由审查委员会严格审查。

可能是出于对银两作为足值货币安全性的依赖以及对政府信用的怀疑，据上海银元银两兑换委员会统计数据表明，试行期间（3 月 10 日—4 月 5 日），中央银行、中国银行、交通银行三行共兑入银元 63 449 030.99 元，兑出银元 2 031 159.03 元，净入 61 417 872.96 元，废两改元变成了废元改两。这主要是因为银两存世仍多，一些钱庄和外国银行违规与客户私相收受，观望者不免益多。在此情况下，若不断然采取措施而任其继续下去，则废两改元有可能再次失败。财政部遂于 4 月 5 日发布《废两改元布告》，宣布从次日起全国范围内推行废两改元：

1. 兹定 4 月 6 日起，所有公私款项之收付，与订立契约、票据及一切交易，须一律改用银币，不得再用银两。

2. 原定以银两收付者，在上海应以银两 7 钱 1 分 5 厘折合银币 1 元的标准以银币收付。上海以外应按 4 月 5 日申汇行市,先行折合规元,再以规元7钱1分5厘折合银币1元的标准收付。

3. 持有银两者,可由中央造币厂代铸银币,或在中央、中国、交通三银行兑换银币。

此外,中央造币厂除加紧铸造银币外,还另铸厂条(成色为999‰,与新银元1 000元等值)以应市面巨额款项收付之用;中央、中国、交通三行代理全国范围内的银币兑换;中央银行通知中外银行和钱业,将4月6日前所存银两数上报,并按法定兑换率兑换新银币;撤销银炉房和公估局;限制白银外流,对白银出口征收2.25%的出口关税。

自此,从法律上取消了银两作为货币的资格,这标志着银元本位制度的真正确立。由于国民政府运用国家强制力强力推行,从而保证了废两改元得以顺利进行。4月7日—6月30日,上海共兑进规元银2 794万两;至11月,天津兑入行化银697万两,汉口兑进洋例银632万两。到1933年底,全国金融市场呈现相对稳定态势,废两改元成功。至此,银两在全国范围内被废除,经历了千余年的银两从此退出货币行列。

四、废两改元的影响和意义

从1910年的《货币则例》到1914年北京政府的《国币条例》,再到1933年南京国民政府的《银本位币铸造条例》,是近代中国中央政府推进废两改元的三个不同阶段。这三个阶段有着显著的差别:1910年的《货币则例》只是提出银元为本位币,并没有开铸新币;1914年随着《国币条例》的颁布,开铸袁世凯头像新国币,5年开铸总数达24 000万余元,成为金融市场上银元行市的主体,但没有限制其他银元的流通,更没有从文本上废除银两制,这样的银元本位币地位只是停留在文本上,对货币流通和计价结算并无大的改变;1933年实施"废两改元令"和公布《银本位币铸造条例》,不仅大量开铸新的银本位币,而且从法律上废除了银两在流通领域和计价结算上的合法性。比较废两改元的三个阶段,可以看出1933年南京国民政府实施的废两改元是真正彻底实现了货币制度的统一。

银两制度是一种落后的货币制度,不能在全国范围内充分发挥货币价值尺度和流通手段的职能,对商品交换与货币流通都有严重的阻碍。废两改元是货币制度演化的必然结果,也是符合商品经济发展的客观需要。当然,废两改元之所以成功,不仅因其顺应了经济金融发展的内在需要,也离不开政府强有力的推进。南京国民政府开启的币制改革进程并不止于此,废两改元之后不到3年,1935年11月国民政府实施了更为彻底的币制改革,即废除银本位,推行了本质上属于信用货币的"法币",取消商业银行的发行权,由政府银行专享货币发行权,从而在政府对币制的控制上达到了前所未有的程度。

1. 统一币制,为法币改革打下基础

废两改元的实施,结束了近百年银两和银元混用的状况,从历史的发展来看这是一个进步,反映了中国币制的近代化。自民国初年以来,尽管国内金融界、工商界有废两改元之议,但由于国内动荡分裂的政局,不但各地成色不一、重量不等的铸币不能统一,更何论废两改元。而废两改元的实现,既使五花八门的货币计算单位由繁变简,又使不同的银元统一为中央造币厂铸造的国币,这对社会经济的发展产生了重大影响。据统计,1933年3月—1935年10月,中央造币厂共铸造新银元一亿三千三百万枚和价值五千六百万元的银条。① 大量统一铸造的银元进入社会经济生活,促使各种杂乱的银币陆续退出流通领域,同时为20世纪30年代中国币制的另一项重大改革——法币改革的推行打下了重要基础。

2. 稳定金融,加强中央政府控制力

废两改元有利于南京国民政府对当时的财政金融进行控制。首先,南京国民政府将货币铸造权归中央造币厂所有,强化了对银行业的控制。其次,从财政的角度来看,废两改元后财政税收一律以银元计算和征收,有利于中央政府加强对税收这一重要财政来源的掌握。再次,废两改元的实现,整顿了当时的货币流通领域,维护了货币稳定和促进了工商业的

① 宋振凌．银本位币制之改进——从本位制构建的角度论"废两改元"[J]．经济研究导刊,2011,(11):97—98.

发展,减少了两元兑换的风险和损失,企业可以比较精确地核算成本,从而合理地核定价格、安排生产和销售等,有利于商品的流通,促进了资本主义商品经济的发展。

3. 留下祸端,加大了经济对白银的依赖度

虽然废除银两使得统一的新式银元在中国市场上推行流通,但是中国的货币本位制度依然是银本位制,中国货币的币值仍然要受到世界市场上白银价格波动的影响。国际白银价格,如果是根据市场需求进行变动,那么中国政府可以相应地调整财政或货币政策;如果是由于一些非市场因素使白银价格波动"无法捉摸",那么中国的银本位制将会受到极大的干扰。南京国民政府与美国、墨西哥、澳大利亚等8个国家在伦敦签订了《伦敦白银协议》,试图通过限制各国出售白银的数量来稳定世界白银价格,但是美国政府违背协议导致银价暴涨,进而使得中国银本位制的弊端显现,白银外流造成银根吃紧,从而产生物价下跌、工商业信心受挫、企业倒闭增多、失业增长、政府收入丧失等一系列消极影响。面对这种局面,南京国民政府采取了相应的举措来应对,一方面严格控制白银的外流,另一方面鼓励白银的输入,但是依然不能抵挡白银的走私浪潮,也正因如此,国民政府的法币改革随即被提上议事日程。

本章小结

通过对银两与银元实例的介绍,分析了中国近代的银两制度与银元制度。银两以重量不同,可分为五十两大锭与其余小锭。银元以发行方和流通规模不同,有外国银元的"西班牙本洋""墨西哥鹰洋""英国贸易银元"等;中国银元的"光绪、宣统龙洋""大清银币""袁大头""孙小头""船洋"。不同的银两与银元有着不同的特征、流通量、市场接受程度等,这是货币流通实物的进化,也代表着货币制度的更迭变化,显现从传统银两流通、外国银元入侵到本国自铸银元驱逐外国银元和传统银两的历程。

以竞争视角为切入点,分析银两之争与银元之争。银两之争从成色、

形状、记账单位三个角度进行细分;银元之争从外国银元之间、本国自铸银元之间、中外银元之间三个角度进行细分。银两由低成色到高质量、由笨重到便携、由实银两到虚银两,显示的是中国银两制度的变革路程银元由外国银元入侵到本国银元崛起,显示的是中国在币制上抗击外国势力的辉煌经历。银两与银元作为两个不同的币制,在各自的发展路径上不断成熟完善,并最终走向碰撞,两元之争终而来袭。

以“废两改元”这一重大的历史事件为切入点,分析了银两与银元之争。从废两改元的必要性、筹备工作、具体实施、影响和意义四个角度进行了全视角的分析。废两改元是银两与银元竞争的最终结果,银元制度最终战胜了银两制度,统一了币制,银元成为近代中国社会的主流货币。但银元制度的胜出并不代表着其就是最优货币制度,银本位制的弊端在历史发展中不断显现,最终法币改革走上历史舞台,银两与银元两个传统货币制度均被淘汰在历史的长河之中。

第四章　纸币竞争与法币改革

第一节　上海纸币流通概况

关于纸币，马克思在《资本论》中就指出："既然货币流通本身使铸币的实际含量同名义含量分离，使铸币的金属存在同它的职能存在分离，所以在货币流通中就隐藏着一种可能性：可以用其他材料做的记号或用象征来代替金属货币执行铸币的职能。"①中国早在宋代就以"交子"作为国家纸币，是世界上最早使用纸币的国家。中国纸币虽然出现较早，且有信用性质，然而中国历代封建统治者一旦掌握纸币发行这一经济杠杆，便将之纳入国家财政领域，将纸币作为解决财政困难、扩充军费、维持封建统治的工具，造成中国古代国家纸币屡发屡滥的命运。但是，即便历史上国家纸币流通弊端甚多，人民屡受其害，纸币却仍然为民众所乐用。随着商品贸易的发展，制钱、银两交易不便的弊端显现，民间纸币在封建统治下开始萌芽，宋代商办交子、元代私帖、明代汇票、清代钱票等民间纸币相继出现，这体现了纸币的生命力及其在便利交易方面的优越性。

鸦片战争以后，外国银行纸币开始在华大肆流通，纸币才真正在中国货币流通领域占据重要地位。此后的一个世纪里，中国的货币和货币制

---

① 马克思．资本论(第一卷上册)[M]．北京：人民出版社，1975：145.

度极度混乱繁杂，各类纸币五花八门、并行流通，日常交易、汇兑、结算复杂，货币的区域性差异对贸易的发展形成阻碍。中华民国成立以后，北洋政府曾颁布《取缔纸币条例》以限制民间纸币，并试图利用国家银行统一纸币发行，但在半殖民地半封建社会的内外部环境下，上述政策均未得到有效执行。直到南京国民政府 1935 年实施"法币"改革，发行不兑现纸币，废除银本位，中国的货币制度才从漫长的金属货币体系转变为现代信用货币体系，纸币也逐渐成为唯一法定的货币形态。上海作为近代中国国内和远东地区的金融中心，在纸币的种类、流通量等方面执全国之牛耳，为上海近代纸币竞争提供了先决条件。

一、纸币的种类

近代上海不同时期流通的纸币，不仅内在性质不同、兑换标的物不同，还存在着区域差异和发行机构之别，货币竞争在各个层面均有体现。

（一）按货币性质和兑换标的物分类

上海近代纸币，虽然都以纸张为载体，但前期和后期相比，纸币在内涵和性质上相差甚远。1935 年"法币"改革前的纸币为兑换券，当时的货币制度仍是银本位制或银铜复本位制，兑换券是为解决金属货币携带不便的代用品，类似一种无息的所有权凭证。兑换券的发行一般需要十足准备，其中现金准备六成，有价证券保证准备四成。1935 年"法币"改革后的纸币则属于信用货币的范畴，与贵金属不存在兑换关系，法币与外币挂钩，本质上属于汇兑本位的货币制度。

上海近代流通的纸币兑换券，按可兑换的金属货币标的物可以分为银两券、银元券、小银元券、铜元券、辅币券等。以中国银行为例，其近代纸币有 260 余种，印制版别不下 60 余种。其中，中国银行上海分行 1917—1935 年印制的上海地名券，有银元券 10 种、辅币券 5 种（见表 4—1）。[①] 交通银行上海分行 1912—1935 年发行的上海地名券，有银

① 中国银行．中国银行上海分行史[M]．北京：经济科学出版社，1991：248－249.

元券 26 种、辅币券 4 种。[①]

表 4—1　　1917—1935 年中国银行上海地名券各券版一览

券版	印制年份	券类	正面		反面	
			图案	颜色	图案	颜色
滨改沪辅币券	1917	1 角券	天坛图	黑	花纹	黑
滨改沪辅币券	1917	2 角券	天坛图	黑	花纹	黑
上海地名券	1918	5 元券	北海塔	淡蓝	花纹	淡绿
上海地名券	1918	10 元券	风景图	朱黄	花纹	朱红
滨改沪券	1918	1 元券	天坛图	红色	花纹	红
滨改沪券	1918	5 元券	北海图	咖啡	花纹	咖啡
滨改沪券	1918	10 元券	宫殿图	墨绿	花纹	墨绿
京改沪券	1918	1 元券	天坛图	灰	花纹	灰
上海地名券	1924	10 元券		紫	花纹	灰
上海地名辅币券	1925	1 角券	风景图	黄	花纹	蓝
上海地名辅币券	1925	2 角券	铜牛图	蓝	花纹	棕
上海地名辅币券	1925	5 角券	寿星图	红	花纹	绿
上海地名券	1926	5 元券	北海塔	灰	沪行大厦	绿
上海地名券	1926	1 元券	天坛图	墨	帆船图	蓝
上海地名总理像券	1935	5 元券	总理像	墨	沪行大厦	绿

注:滨改沪券、京改沪券指原为哈尔滨、北京地名券,经加盖上海地名后发行。

资料来源:中国银行．中国银行上海分行史[M]．北京:经济科学出版社,1991:248—249.

银两券是清末"两元并用"的遗物,是称量货币的纸币表现形式,属于过渡性质的纸币。银元券以各地通用银元为标的物,是上海近代发行量最大、流通区域最广的纸币种类。图 4—1 为中国通商银行的银两券。[②]

① 交通银行总行,中国第二历史档案馆．交通银行史料(1907—1949)(第一卷下册)[M]．北京:中国金融出版社,1995:823.

② 中国通商银行作为中国第一家华商银行,其纸币票面图案为财神像,具有鲜明的民族特色。

图 4—1　中国通商银行民国九年(1920 年)上海通用拾两银两券

小银元券、铜元券多为调剂地方金融而发行的一种地方性质的纸币，一般与地方金属货币挂钩，上海少有流通。辅币券则是以银元券为依托的辅币表现形式，便于日常交易和找零。

小银元券和辅币券虽然都以“角”为单位，但性质不同。小银元券对应金属货币的银角，银角是银元的辅币，但成色低于银元，清末各省纷纷铸造劣质银角，互相倾销，银角与银元的兑价市场波动频繁，不能维持十进位制，实际上小银元券起不到银元辅币的作用。辅币券对应银元的辅币纸币，按十进制计算，集满十角可换做银元券，进而可兑换银元。

同一标的类型的纸币也千差万别。例如，国币券就是银元券的一种，指定兑换“国币”银元，而上海早期流通的银元券多兑换本洋、鹰洋；银两券则因各地银两成色、平称不同,即使各地银两券面额相同,其真实价值却各异。上海近代流通的纸币以银元券及其辅币券最多,相比之下,其他省份的纸币种类往往更加复杂。以东三省为例,曾发行流通过的纸币包括铜元券、小银元券、奉天票、汇兑券、哈大洋券、吉大洋票、江大洋票等。纸币标的物种类的多样,进一步印证了同期金属货币的繁多,也反映了近代币制的混乱。

(二)按区域差异和发行机构分类

地名券和暗记券是中国近代纸币最具时代和地域特色的表现形式,两者均对推广纸币流通起到一定的积极作用。

地名券是指票面加印省区地名的纸币,由各发行地分行负责兑换。以中国银行为例,其成立初期将大清银行已印未签字的钞券,改印中国银行行名,加盖签字图章和上海地名后投放市场。此后各种地名券,有用同一图案不同颜色印制,也有用不同图案不同颜色印制,以便识别。图 4—2 为中国银行上海地名券,其票面正面为风景图,由美国钞票公司承印。地名券的产生具有深刻的社会经济背景。一方面,地名券的发行是为了适应当时军阀割裂政治形势的需要,由于各地政权不统一,经济金融各自为政,各银行总行没有控制和调剂全国金融的能力,因此由各地分行自行保管纸币准备金并负责兑现,同时也可以避免因一地发生金融风潮牵连其他地方。另一方面,地名券的出现也是国内币制紊乱、各地通用银两银元种类成色不一、各省汇兑行市差异较大的表现。中国近代币制的长期不统一限制了兑换券的流通区域和兑现地点,各地纸币互不通用,地名券正是近代币制紊乱的产物。

暗记券是领券制度下的产物。领券是指没有发行权的银行或钱庄与发行银行订立协议,按一定条件向发行银行领用一定数量的兑换券,并在兑换券上加印暗记向市场投放。暗记券由发行银行负责兑现,发行银行兑入后按不同暗记分类整理,通知领券行庄以现金(银两、银元)调回,再由领券行庄对外发行。暗记券和领券制度,最早起源于统一纸币发行的设想,这有利于发行权集中于个别大银行,并扩大本国银行势力以抵抗外

图 4—2　中国银行民国十三年(1924 年)上海地名拾圆国币券

资银行纸币侵犯我国货币主权，是我国货币发行制度的独创产物。1915 年 5 月，中国银行与浙江实业银行订立领券合同，“由该行限期将自发之钞券收回，领用本行发行之暗记券，此为领券制度之滥觞”。① 中国银行和交通银行在北洋政府时期均有大量发行暗记券的经历。以中国银行为例，至 1928 年 4 月，中国银行上海分行发行上海地名券 10 085 万元，占全国发行总量的 60%，其中各行庄领券数达 2 432 万元，占上海地名券发行额的 24%。②

---

① 中国银行总行，中国第二历史档案馆．中国银行行史资料汇编(1912—1949)(上编二)[M]．北京：档案出版社，1991：947.

② 中国银行．中国银行上海分行史[M]．北京：经济科学出版社，1991：27.

1935年法币改革后,国民政府为推行法币、收兑银元,仍沿用领券制度,由各行庄以六成现金准备、四成保证准备交于四大国家银行,领取十足法币。但由于法币属于不兑现信用货币,领券没有兑现义务,因此不加印暗记,暗记券就此消亡。

(三)按发行主体分类

上海近代发行纸币的主体,不仅有钱庄、银号等旧式金融机构,还有代表外国利益的外资银行,以及中国新式的商业银行、国家银行和地方银行,甚至政府在特殊时期也直接发行过纸币和变相货币。

1. 银票、钱票、庄票

上海钱庄有着悠久的历史和深远的影响,商铺兼营兑换和存放款是它最早的形式。钱庄作为中国历史上较有影响的传统金融机构,产生于明代中后叶,并逐渐开始发行会票。会票即汇票,是异地支付的汇款凭证。"今人家多有移重资至京师者,以道路不便,委钱于京师富商之家,取票至京师取值,谓之会票。"[①]这是当时会票兴起的真实写照,此时的会票,只是一种汇兑凭据,还不具备货币的性质。

到了清朝,随着商品经济的发展,庄票的使用和流通越来越广泛。钱庄、银号等传统金融机构发行的银票、钱票、庄票已在各地通行,其中上海入园钱庄所出庄票信用最为卓越。狭义的庄票是钱庄签发的本票,在北方多为钱票,在南方以银票为主。早在鸦片战争前,上海的豆米、土布等行业的大宗货款一般不采用现银直接结算,而是使用庄票进行清算,从而减少了不必要的银两搬运,简化了付款手续,降低了交易成本,提高了商品贸易的效率。由于庄票可以兑取银钱,它作为价值符号和流通手段进入市场流通,逐渐具备了货币的性质。

上海开埠后,租界的建立促进了钱庄的进一步发展,庄票逐渐成为进出口商品交易的融资结算工具,在商业活动中日益重要。开埠早期,外国商人在上海开展进出口贸易均通过买办和钱庄进行,并以庄票收取货款。

---

① 戴建兵. 中国近代纸币[M]. 北京:中国金融出版社,1993:13.

其中，作为贸易中间人和担保人的买办，与钱庄往往具有密切的联系，并为其外国雇主担保庄票的偿付能力。庄票之所以具有较高的信用，是因为庄票具有双重担保，即使发行庄票的钱庄无力偿付，外国商人仍然能从买办手里收取钱款。由此可见，庄票在上海近代对外贸易中曾起到了关键性的作用，庄票信用的增强进一步提高了其流动性，并在通商口岸之间与现银一样流通无阻。

庄票作为民间的一种纸币，发行不需要官方批准，形制早期多为直型，中间一行记金额，左边一行记到期日，右边一行记编号，票面多加盖各种印章、印记等便于鉴别真伪的特殊字样。庄票既可以直接收解，也能转换和汇划，用途很广，对钱庄本身业务的扩展具有重要意义。潘连贵(2004)总结庄票有如下几个特点：一是面值无定额，在发票时临时填写；二是使用有期限，付款后即销毁；三是没有准备金制度，故钱庄对庄票的信用极为看重，遵行“认票不认人”的原则，以维护持票人的权益。[①]

2. 外资银行纸币

上海近代流通的外资银行纸币，包括在中国境内发行的外资银行纸币(多以本币作为货币单位)和在中国境外发行并流入中国境内的外资银行纸币(多以外币作为货币单位)两大类。

鸦片战争后不久，由银行发行纸币的模式和机制从外国传入中国。在中国境内发行的外资银行纸币，其发行地点虽多以租界为限，但货币随着贸易交换在区域间流转，从而辐射到周边区域。例如，英资汇丰、麦加利银行以香港、上海为发行中心，其纸币畅行于广东及长江流域一带；美资花旗、华比银行以上海为据点发行纸币，在上海、北京、汉口及沿江沿海通商口岸流通。这一类外资银行纸币通常以本币计值，分为银两券和银元券，如汇丰银行上海分行 1867 年最初发行的是一两面额的纸币，区别于其在香港发行的港元纸币，这显示出外国金融势力在进入上海市场初期，主动适应本地贸易和金融习惯的灵活性，从而为其迅速渗透上海市场

① 潘连贵．上海货币史[M]．上海：上海人民出版社，2004：18.

打开了局面。图 4—3 为汇丰银行兑换券，票面正面上方行名为“英商香港上海汇丰银行”，下方帆船表示香港是自由港，背面为女神天使丰收图，具有鲜明的西方货币文化色彩。图 4—4 为花旗银行银两券，票面正面上方行名为“美商花旗银行”，图案是展翅的雄鹰站在银行的楼顶上，行屋前面有东西两半球图案。

图 4—3　英商香港上海汇丰银行 1923 年上海地名伍圆券

图 4—4　美商花旗银行 1918 年上海地名拾两规元银两券

除在中国境内发行的外资银行纸币外，还有境外发行并流入中国境内的外资银行纸币。其中，数量较大、影响较广的有沙俄国家银行发行的主要在东三省流通的卢布（俗称“羌帖”），日本政府控制的朝鲜银行在东北流通的“金票”，东方汇理银行在法国殖民地西贡发行并流入云贵等西南省份的“贡纸”，以及法币恶性膨胀时期流入的大量港币和美元。这类外资银行纸币直到 1935 年“法币”改革后仍在中国边境流通，但就上海而言，其流通数量和影响远不及中国境内发行的外贸银行纸币。

外资银行纸币的发行和流入，不仅使中国本已混乱不堪的币制更加错综复杂，还破坏了中国货币金融主权，是资本主义列强殖民统治和经济侵略的重要表现。洪葭管(2004)认为,外资银行纸币从本质上可以分为两类:一类是商业营利性质的,与银行业务活动相关联,旨在谋求和榨取经济利益;另一种是政治掠夺性质的,即在掠取超额经济利润的同时,还有明显的配合外国政府的侵略意图。① 戴建兵(1993)指出,外国银元和外国纸币在中国流通的性质是截然不同的,银元的流通是由于中外贸易的交往而自发地流入中国,而纸币的流通却是帝国主义蓄谋已久的,它严重地损害了中国的货币政策。② 总体而言,早期外资银行纸币的发行和流通,使中国落后的称量货币制度相形见绌,客观上推动和加快了中国近代货币形态的演变和币制改革的实施。但外资银行纸币的侵略本质,特别是民国后期配合政治意图的货币滥发和经济掠夺,严重侵害了中国的货币主权。而上海作为最早出现民族资本发展和主权意识觉醒的地区,外资银行纸币逐渐被本国纸币所排挤,到抗战爆发前流通量已经十分有限。

3. 商业银行纸币

清朝末期,外资银行在华擅自发行纸币,激发了国人自办银行的思想萌芽。中国通商银行纸币是中国最早独立发行的银行券。其在英国印制,于1898年秋由伦敦运抵上海,开始投入市场流通。所发纸币分为银元券和银两券,银元券面额分为一元、五元、十元、五十元、一百元五种,银两券分为一两、五两、十两、五十两、一百两五种。纸币正面为中文,背面为英文,并印有洋大班③的签字。时人评论:"因发行钞票,不得已雇用洋员在票背签字,以期不致为外滩洋商银行所拒收,可见创始之艰。"④ 图4—5为中国通商银行银两券,其背面行名为"The Imperial Bank of China"。

---

① 洪葭管.20世纪的上海金融[M].上海:上海人民出版社,2004:191.

② 戴建兵.中国近代纸币[M].北京:中国金融出版社,1993:55.

③ 中国通商银行成立之初,聘任英国人美德伦为洋大班(总经理),钱业董事陈笙郊为华大班。

④ 中国通商银行.五十年来之中国经济[M].台北:文海出版社,1947:30.

图 4—5　中国通商银行大清光绪二十四年(1898 年)上海通用壹两银两券

此后,信成银行在 1907 年开始发行纸币,面额分为一元、五元、十元三种,兑换上海通用银元。图 4—6 为信成银行银元券,票面正面上方行名为“华商上海信成银行”,并印有银行大楼和清商部尚书载振头像,由日本印刷局印制。信成银行冠以“华商”二字,既区别于官办银行和外资银行,也有以此迎合市民阶层的持有意愿。后该行因发生挤兑而一蹶不振,勉强维持到 1913 年秋停业。

图 4—6　华商上海信成银行大清光绪三十三年(1907 年)上海通用拾元银元券

信义银行 1908 年开始发行纸币,上海地名券分为一元、五元两种,票面图案摈弃传统蟠龙图案,而且只用中文,这在清末银行业纸币中是独一无二的,票面背面整版刊印《信义储蓄银行浅说》,并以镇江方言宣传储蓄的好处,力图招揽储户,具有鲜明的特色。1909 年,信义银行发生挤兑风潮,虽经上海商务总会竭力支持,但终因营业亏损、资金周转不灵而倒闭。

浙江兴业银行是浙江保路运动的产物。该行最早发行的纸币以铁路上奔驰的火车与杭州行屋为票面图案,由上海商务印书馆于 1907 年印制,面额分为一元、五元、十元三种,有杭州、上海、汉口三地地名券。1915

年，该行与中国银行订立特约，收回之前本行所发行的纸币，改为领用中国银行兑换券，代为发行。1921 年因其业务扩展，领券不够使用，再次呈请自行发行纸币。

四明银行于 1909 年发行纸币，由商务印书馆和集成图书公司两家印制，前者面额有一元、五元、十元三种，后者还有二元券，票面图案均为四明山风景，但并未发行过银两券。四明银行纸币发行初期一度遭到上海外资银行和洋行的倾轧，发生挤兑风潮，在本国钱庄、商行的支持下才得以渡过难关。

此外，上海相继还有中国实业银行、中南银行、中国农工银行、中国垦业银行等商业银行发行纸币。商业银行的纸币发行，从 1898 年中国通商银行开始，到 1935 年 11 月"法币"改革取消商业银行纸币发行权为止，在近 40 年中，对中国货币和商品经济的发展起到了重要作用。它不仅树立了中国近代银行纸币的信用基础，削弱了外资银行在华发行纸币的经济入侵势力，增加了市场的信贷资金力量，还有利于城乡物资交流和埠际贸易，并对民间私票的流通形成遏制。

4. 国家银行纸币

中国通商银行成立后，清政府官员提议由户部集股，开设银行。1904 年(光绪三十年)，户部奏请试办户部银行，这是最早具有国家性质的银行。户部银行总行设在北京，同年 10 月设立上海分行，并拟定《试办银行章程》，其中拟印纸币分为库平银两券一百两、五十两、十两、五两、一两五种，通用银元券一百元、五十元、十元、五元、一元五种。1906 年，由商务印书馆印制的户部银行纸币，实际只有银元券一元、五元、十元三种，这是中国人自己印制的第一批纸币。1908 年(光绪三十四年)，因户部改为度支部，户部银行改为大清银行，并拟定《大清银行则例》。1910 年(宣统二年)，度支部奏准《兑换纸币则例》，规定清政府的纸币由大清银行统一发行，这是中国第一部纸币法规。

1908 年(光绪三十四年)，继户部银行之后，清邮传部开办了交通银行。交通银行自 1909 年开始发行兑换券，有银两券、银元券和小银元券。

上海只发行银元券,面额分为一元、五元、十元三种。图 4—7 是交通银行银元券,票面正面背面均为行驶中的火车图案。1914 年颁布的《交通银行则例》,规定交通银行“受政府之特许发行兑换券”。①

图 4—7 交通银行民国二年(1913 年)上海地名丁粮厘税通用伍圆银圆券

1911 年(宣统三年),辛亥革命爆发后,大清银行上海分行首先易名为中国银行,此后各地分行纷纷效仿,实行停业清理。1912 年(民国元年),中国银行开始营业,“改为民国之唯一金融机关”“将来于统一纸币”。② 1913 年,北洋政府通过《中国银行则例》,其中第十四条规定:“中

---

① 交通银行总行,中国第二历史档案馆. 交通银行史料(1907—1949)(第一卷下册)[M]. 北京:中国金融出版社,1995:190.

② 中国人民银行总行参事室金融史料组. 中国近代货币史资料(第一辑上册)[M]. 北京:中华书局,1964:38.

国银行有代国家发行国币之责。”①1914 年,《国币条例》颁布,中国银行、交通银行取得发行国币兑换券的特权,从而正式确立了其国家银行的地位。图 4—8 为中国银行国币券,票面正面为北京天坛图,原为北京地名券,后经加盖上海地名流通。

图 4—8　中国银行民国七年(1918 年)上海地名壹圆国币券

南京国民政府时期,除中国银行、交通银行发行的纸币之外,中央银行、中国农民银行发行的纸币也属于国家银行纸币的范畴。中央银行成立于 1928 年,成立之初国民政府即授予其一切中央银行应当享有的特权,将原由中国、交通两行分享的经理国库、经募国内外公债等特权授予中央银行。1935 年“法币”改革后,中央银行与中交两行共同发行法币。

① 中国银行总行,中国第二历史档案馆.中国银行行史资料汇编(1912—1949)(上编一)[M].北京:档案出版社,1991:112.

图 4—9 为中央银行国币券。1937 年抗日战争全面爆发后,国民政府为了进一步加强对全国金融的管控,又成立“四联总处”凌驾于国家银行之上。1942 年,国民政府将全国纸币发行权集中于中央银行。1948 年,“四联总处”撤销后,其职能为中央银行所取代,我国近代中央银行制度基本实现。

图 4—9　中央银行民国二十五年(1936 年)拾圆国币券

中国农民银行的前身是 1933 年成立的豫鄂皖赣四省农民银行,是蒋介石为配合反革命围剿而建立的以军事筹资为目的的银行。1935 年,豫鄂皖赣四省农民银行正式改名为中国农民银行,次年中国农民银行纸币被纳入法币范畴,因此具有了国家银行地位。图 4—10 为中国农民银行国币券,票面正面为农田图案,背面中间为古迹风景图案,右侧为牛图案,由英国德纳罗钞票公司印制。

图 4—10　中国农民银行民国二十四年(1935 年)拾圆国币券

5. 地方银行纸币

清末光绪年间,由于外国纸币泛滥、中央政府纸币推广流通艰难、各地铸钱局及银两平色不同,各省开始大设官银钱号发行纸币。官银钱号纸币多和当地流通金属货币挂钩,因而纸币的种类和面额极为复杂。其中,银两券多标明各地不同的银两平色,制钱券多以地方制钱为标准,银元券随各地流通种类不同而变化。图 4—11 是江苏裕苏官银钱局的银圆券,票面正面有“江苏裕苏官银钱局通用钞票”,下方为“鹰元”字样(即可兑换鹰元),并盖有“裕苏局会办章”,在上海发行的则在背面左下角加盖圆形“沪”字图章。官银钱号纸币的地方性,为以后军阀割据,特别是近代货币制度的进一步紊乱埋下了伏笔。

图 4—11　江苏裕苏官银钱局大清光绪三十四年(1908 年)通用鹰圆伍圆银圆券

辛亥革命期间，清末的官银钱号被破坏、倒闭，纷纷改组为省银行。例如，1911 年 11 月，江苏银行在苏州裕苏官银钱局原址开幕，并于次年 3 月将总行迁至上海。地方军阀为巩固自己的势力范围，使得货币的地方性色彩更浓。由于政治上的分裂和连年的军阀混战，省银行几乎沦为各地方军阀军费的出纳，且往往与各地军阀共存亡。由于纸币发行泛滥无章，终日处于整理之中；纸币样式经常变换，种类繁多，人民深受其害。千家驹、郭彦岗(1982)认为，1935 年以前，中国近代纸币并没有造成通货膨胀的后果。[①] 但戴建兵(1993)认为实际上恰恰相反，北洋军阀时期，中国

① 千家驹，郭彦岗．中国货币发展简史和表解[M]．北京：人民出版社，1982：51.

可以说无省无通货膨胀，只不过表现为纸币的滥发在地域上、在各省区间此起彼伏，没有形成法币、金圆券的全国性和时间一致性的通货膨胀。[①]

北伐战争中，一些地方银行停业或改组。此后，南京国民政府加强对全国金融的控制，特别是对地方银行发行纸币的管理。1935 年的“法币”改革禁止地方银行发行纸币。抗日战争爆发后，日本在沦陷区扶植了一批伪银行，将沦陷区原地方银行强行并入，地方银行纸币多被伪银行折扣收兑或停止使用。到 1938 年底，地方银行纸币几乎在沦陷区销声匿迹。太平洋战争爆发后，特别是 1942 年国民政府将纸币发行权集中于中央银行后，地方银行纸币逐渐消失。直到国共内战后期，国民党控制涣散，各国民党控制区在地方军政长官的命令下，纷纷发行地方性银元券，但这些银元券多数寿命极短，最终彻底结束了地方银行纸币的混乱发行。

6. 政府纸币与变相货币等

清政府在 1853 年(咸丰三年)2 月，为筹措镇压太平天国的军费，发行了户部官票和大清宝钞两种纸币，“仿照前代钞法，以官票代银，以宝钞代钱”。[②] 户部官票以“准二两平足色银”为单位，分为一两、三两、十两和五十两四种，票面印有“户部奏行官票，凡愿将官票兑换银钱者与银一律，并准按部定章程搭交官项，伪造者依律治罪不贷”字样。图 4－12 为户部官票。《试行官票拟定章程》中规定，持官票赴银钱号兑换现钱者，“均按照票上所开平色照数付银”。[③] 但实际上，户部官票在发行初期，各地官方和民间银钱号都不肯兑现，流通受阻。同年 12 月，清政府又发行大清宝钞，早期分为五百文、一千文、一千五百文和二千文四种，后续又增发大额宝钞，票面印有“此钞即代制钱行用，并准按成交纳地丁钱粮，一切税课捐项，京处各库一概收解，每钱钞二千文抵换官票一两”字样。图 4－13 为大清宝钞。但户部官票和大清宝钞均因滥发而迅速贬值，造成通货膨胀，最终都以失败告终。

---

① 戴建兵．中国近代纸币[M]. 北京：中国金融出版社，1993：23.

② 中国人民银行总行参事室金融史料组．中国近代货币史资料(第一辑上册)[M]. 北京：中华书局，1964：360.

③ 中国人民银行总行参事室金融史料组．中国近代货币史资料(第一辑上册)[M]. 北京：中华书局，1964：351.

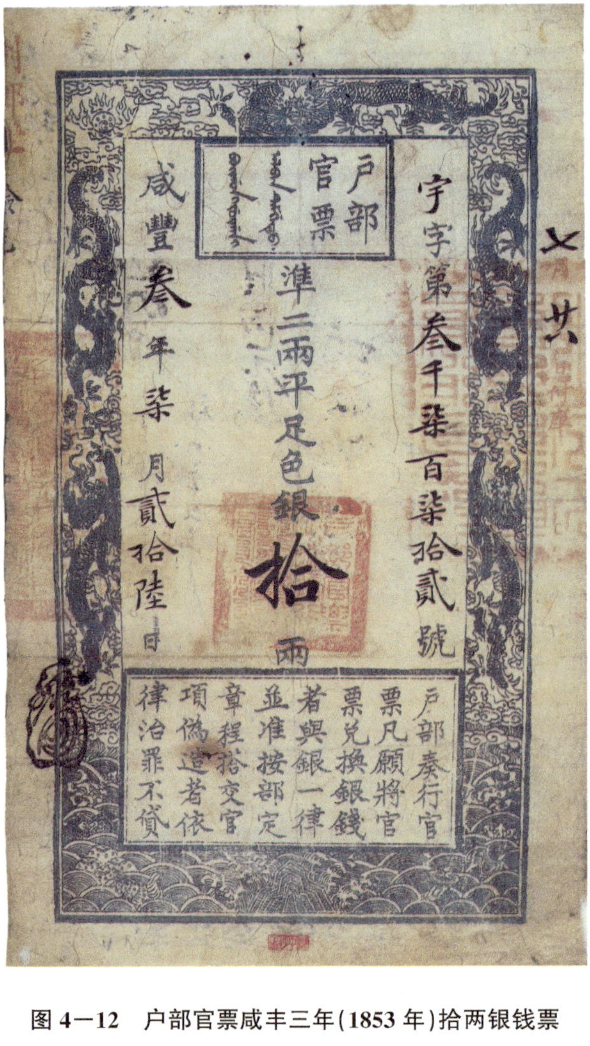

图 4—12　户部官票咸丰三年(1853 年)拾两银钱票

图 4—13　大清宝钞咸丰七年(1857 年)伍拾千文银钱票

民国时期的政府纸币主要以北洋政府财政部发行的兑换券为代表。1922年5月,北洋政府经奉直战争以后已经穷困至极,同时逐渐丧失对华资银行的控制,在外资银行面前也已经信誉扫地,政府财源荒尽。面对巨大的财政窘境,北洋政府财政部发行名为"财政部平市官钱局兑换银元券"纸币共计200万元,并称以盐余项下每月拨款作为基金保证。此例一开,一发不可收拾,财政部此后相继在两年内发行兑换券、流通券共计800万元。这些政府纸币虽然规定有兑现日期和基金保证,但并未还本付息,这充分暴露出北洋政府以发行变相货币、赤裸裸地搜刮民间财富的丑恶行径。同时也表明,北洋政府已经无法控制全国金融和银行体系,政府机构不加掩饰地将财政和货币混为一谈,加剧了货币制度的紊乱,政府信用丧失殆尽。

除此之外,军用票是变相货币的一种,曾于辛亥革命早期和抗日战争初期在上海流通。辛亥革命时期,上海军政府于1911年11月创办中华银行,设立当天即发行"中华民国军用钞票",面值分为五角、一元、五元、十元四种,由中华银行代上海军政府发行,正面有"沪军都督""财政总长"的印章。图4－14是中华民国军用钞票,这是辛亥革命货币的标志之一,以示作为黄帝子孙,立志"驱除鞑虏,恢复中华"的决心。1912年1月,南京临时政府又发行"南京军用钞票",后由中国银行上海分行负责收兑。此外,抗日战争初期,日本军队在中国华南、华中占领区内大肆发行军用票,以套购物资,达到"以战养战"的险恶用心。图4－15是日本军用票,票面印有龙凤图案。日本军用票以军事力量强制流通,没有准备金,可以无限制滥发,对上海及华中地区经济有极大的破坏性。直到1943年,日本军用票才停止发行,以各种伪币取而代之。

图 4—14　中华民国黄帝四千六百零九年(1911 年)上海通用拾圆军用钞票

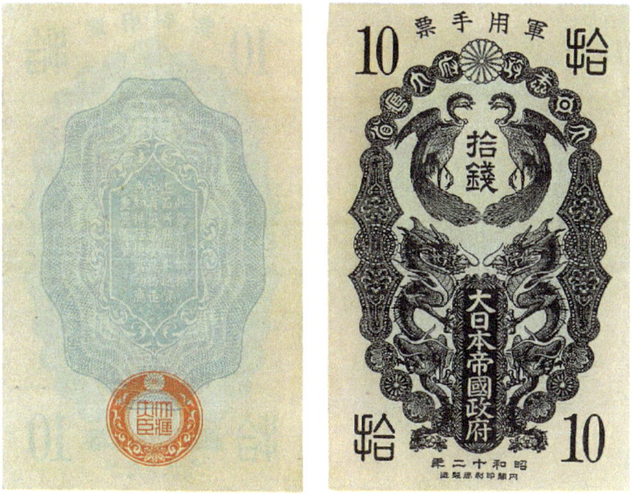

图 4—15　大日本政府大藏省昭和十二年拾钱军用票

二、纸币总量及结构

(一)全国的情况

清朝末期,中国政治经济处于重大变革阶段,这是造成近代币制紊乱和货币竞争的主要社会背景。在当时动荡的社会格局和不成熟的经济管理条件下,对各类货币很难有确切的记载与统计数据。彭信威(1965)根据有限的史料记载和研究成果,大致估计了清末的货币数量(见表4—2),这是当时关于清末货币数量最全面、最详细的估计。根据估算,清末时期全国货币总量为20.97亿元,其中纸币2.78亿元,占比仅为13.25%。金属货币仍是清末的主流通货,其中银币12.97亿元,占比61.85%;铜币5.22亿元,占比24.90%。纸币结构中,银两券、银元券、铜钱券和外国纸币在全国货币总量中的占比分别为1.33%、2.38%、4.77%和4.77%,外国纸币和铜钱券占比较高。

表4—2　　清末中国货币数量分类估计表

货币种类	数额	折合银元(亿元)	所占比例(%)
1. 银币		12.97	61.85
中国银元	2.00亿元	2.00	9.54
外国银元	5.00亿元	5.00	23.84
银角	2.50亿元	2.50	11.92
银锭	2.50亿两	3.47	16.55
2. 铜币		5.22	24.90
铜元	2 000亿枚	1.49	7.12
铜钱	5 000亿文	3.73	17.78
3. 纸币		2.78	13.25
银两票	0.20亿两	0.28	1.33
银元票	0.50亿元	0.50	2.38
铜钱票	1.34亿吊	1.00	4.77
外国钞票	1.00亿元	1.00	4.77
合计		20.97	100

数据来源:彭信威. 中国货币史[M]. 上海:上海人民出版社,1965:888—889.

民国初期是中国货币体系自明清以来最混乱的一个时期，由于军阀地域分割、货币种类繁多、货币制度紊乱，有关货币发行和流通数量的记载和统计十分有限，但较于清朝而言已经大大增多。综合学术界对民国各种货币数量的估算数据，以罗斯基（Rawski，1989）的数据序列最为完整翔实，估算方法最为合理（见图 4—16）。

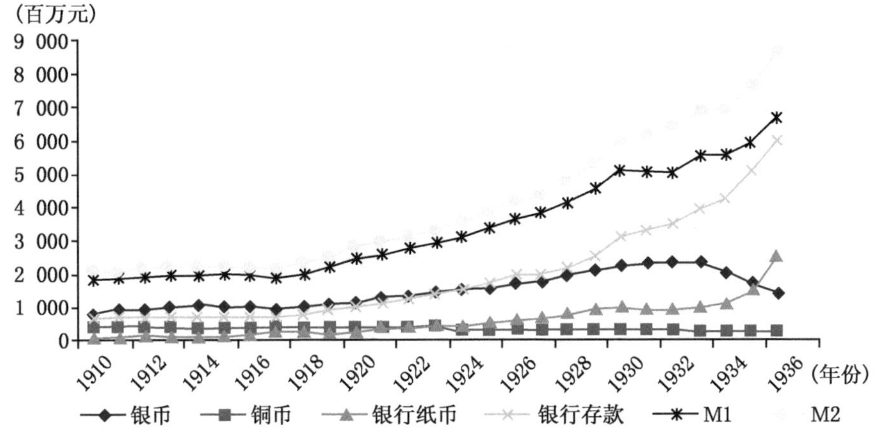

数据来源：燕红忠．货币供给量、货币结构与中国经济趋势：1650—1936[J]．金融研究，2011，(7)：57—69.

图 4—16　1910—1936 年各类货币量及其趋势

根据罗斯基的估算，从货币总量来看，全面抗日战争爆发前二十多年呈现不断增长的趋势。从货币结构来看，银币的数量存在一定的波动，并在 1933 年废两改元后急剧下降，铜币的数量呈持续下降的趋势；而纸币则在 1935 年"法币"改革后大幅上升。这说明，20 世纪二三十年代，经济中货币总量的快速增长，很大程度上是由纸币的兴起和普及所推动的，同时银行存款作为纸币衍生的广义货币也出现了明显增长，这也反映了银行等新式金融机构的发展。

从全国纸币的不同发行主体来看，1913 年底国家银行、商业银行、各省官银行号和外资银行纸币发行额分别为 1 177 万元、359 万元、14 557 万元和 3 906 万元，占比分别为 5.89％、1.80％、72.78％和 19.53％；到

1925年,四者发行额分别为17 543万元、3 627万元、12 297万元和16 639万元,占比分别为35.01%、7.24%、24.54%和33.21%,见图4—17。由此可见,在北洋政府期间,国家银行、商业银行、外资银行纸币占比均有不同程度的提高,其中国家银行纸币占比的增长幅度最大,而各省官银行号纸币占比下降明显。到了南京国民政府期间,随着国家垄断金融体系的建立,国家银行纸币开始占据流通市场的绝对份额,商业银行、各省官银行号纸币逐渐停止发行,外资银行纸币也仅在东三省和西南省份流通。纸币趋于统一。

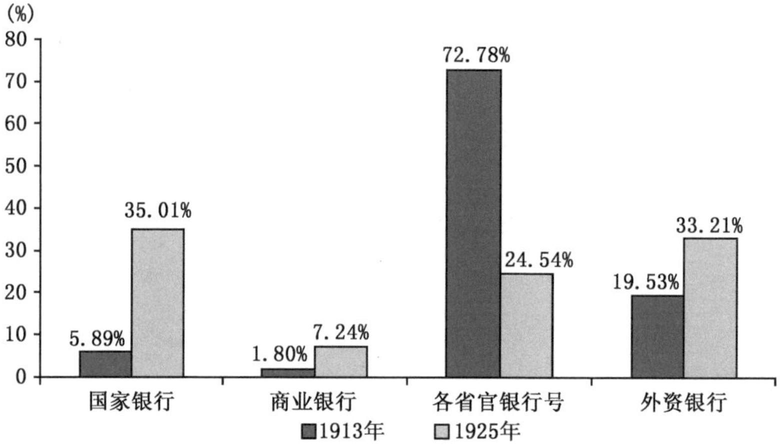

数据来源:中国历代货币大系编辑委员会. 中国历代货币大系9上[M]. 上海:上海辞书出版社,2001:13.

图4—17 1913年和1925年全国各类纸币发行主体发行额占比

(二)上海的情况

关于上海的纸币发行和流通总量,直到20世纪30年代才有详细的统计数据。通过表4—3可以看出,"法币"改革前夕,主要商业银行在上海的纸币发行额约在4亿元左右,其中中央、中国、交通三大国家银行占73.70%,商业银行仅占26.3%,扣除这些银行在上海发行但流通到外地的纸币金额，“流通总额恒在三万万元左右”①，即上海一地的纸币流通额在3亿元左右，为天津纸币流通额的6倍、武汉纸币流通额的近30倍，规模与流通广度可见一斑。相比之下，“法币”改革时收兑的外资银行纸币中，“上海一地为300万元”②，与国家银行、商业银行纸币发行量相比悬殊。同时，上海一直以来被南京国民政府视为控制全国金融的重地，各类官私银钱号、钱庄等传统金融机构纸币，逐渐在一系列币制改革中退出货币竞争的历史舞台。

表4—3　　主要商业银行在上海的纸币发行情况

行　名	1933年12月		1934年12月		1935年10月（“法币”改革前夕）	
	流通额（元）	占比（%）	流通额（元）	占比（%）	流通额（元）	占比（%）
中央银行	70 271 542	20.49	85 339 300	20.80	131 246 364	31.66
中国银行	121 878 855	35.54	136 868 530	33.37	119 455 496	28.81
交通银行	42 702 869	12.45	57 883 500	14.11	54 862 900	13.23
国家银行小计	234 853 266	68.48	280 091 330	68.28	305 564 760	73.70
浙江兴业银行	7 900 916	2.30	9 247 838	2.25	8 009 773	1.93
中国实业银行	32 110 391	9.36	33 645 413	8.20	28 822 913	6.95
四行准备库	28 079 337	8.19	31 344 373	7.64	20 937 573	5.05
四明银行	19 497 600	5.69	18 310 300	4.46	13 449 900	3.24
中国通商银行	14 813 600	4.32	24 302 900	5.92	25 280 300	6.10
中国垦业银行	5 707 000	1.66	7 084 000	1.73	6 242 000	1.51
中国农工银行	—	—	6 167 262	1.50	6 295 582	1.52
商业银行小计	108 108 844	31.52	130 102 086	31.72	109 038 041	26.30
合计	342 962 110	100.00	410 193 416	100.00	414 602 801	100.00

数据来源：根据潘连贵．上海货币史[M]．上海：上海人民出版社，2004：236整理。

① 中国人民银行总行参事室．中华民国货币史资料（1924—1949）（第二辑）[M]．上海：上海人民出版社，1991：231.

② 吴群敢．在华外商银行的概况[M]．上海：现代经济通讯社，1949：12.

表4—4为主要银行在上海的发行数量。中国、交通两行作为北洋政府时期的国家银行,早期其沪行纸币发行额占比均不足10%。1916年和1921年两次停兑风潮中,中、交两行上海分行的纸币信用得到民众的认可,沪钞流通地域愈发广阔,国家银行沪行发行额占比一度跃升至30%左右。国民政府时期,随着政府定都南京,各大金融机构总部纷纷迁沪,上海在国内乃至远东的金融中心地位进一步提高。同时上海还是废两改元和"法币"改革两项重大币制改革的策源和首发之地,此后中交两行沪行纸币发行额占其全行发行额的比例均超过60%。可见,上海的货币竞争已经成为全国货币竞争的缩影,代表了近代中国货币竞争的发展方向。

表4—4　　国家银行在上海的纸币发行情况

年份	中国银行			交通银行		
	全行(万元)	沪行(万元)	沪行占比(%)	全行(万元)	沪行(万元)	沪行占比(%)
1916	4 644	370	8.0	3 195	206	6.4
1921	6 249	2 184	35.0	3 014	898	29.8
1924	8 998	4 133	45.9	4 161	1 262	30.3
1933	18 373	12 188	66.3	9 301	4 312	46.4
1934	20 471	13 687	66.8	11 251	5 945	52.8
1935	28 625	17 567	61.0	18 083	9 729	53.8
1936	45 931	29 400	64.0	30 214	18 343	60.7

注:中国银行全行、沪行均为各年底发行数据,见中国银行. 中国银行上海分行史[M]. 北京:经济科学出版社,1991:22—23,67—68。交通银行全行为各年底纸币发行数据,见交通银行总行,中国第二历史档案馆. 交通银行史料(1907—1949)(第一卷下册)[M]. 北京:中国金融出版社,1995:838;沪行1916年、1921年为两次停兑风潮时的纸币发行数据,1924年为筹设沪区发行总库时的年底发行数据,1933—1936年为各年底沪区纸币流通额,分别见交通银行总行,中国第二历史档案馆. 交通银行史料(1907—1949)(第一卷下册)[M]. 北京:中国金融出版社,1995:869,870,850,839。

三、纸币的流通和使用

中国近代由于政治割裂、经济发展不平衡,各省市纸币互不相通。

"各地相互间之汇兑，汇水特重；甚且一省之间，甲地与乙地纸币不能融通，当地之纸币一出境即成废纸。"[①]所以，在纸币上，除了发行机构外，还会标注地名，这是我国近代纸币的特有现象。纸币发行大省多为沿海通商口岸或者内陆商业重镇，其中"沪钞"信用最佳，为全国各项纸币之冠，流通地域亦为最广。表4—5为各地区纸币发行及流通状况。

表4—5　　各地区纸币发行及流通状况

名称	发行银行	流通额	备注
沪钞	中央、中国、交通、中国通商、四明、中南、中国实业、中国垦业、浙江兴业、中国农工、中国农民、农商等	恒在三万万元左右	上海各银行发行纸币简称
津钞	中央、中国、交通、浙江实业、河北省银行、北洋保商、四行准备库、大中、天津边业、中国实业、中国农工等	五千万元左右	在华北各省大致均可通用
汉钞	中国通商、浙江兴业、农商银行、鄂省行与中国农民合组之二行准备库、四行准备库、交通、中国实业及中国农工等	一千三百万元左右	武汉流通纸币
渝钞	中国、四川地方、重庆银行、重庆市民银行等	密不宣布	四川流通纸币
晋绥钞	山西省银行、绥西垦业银行、晋绥地方铁路银号等	晋钞六百万元、绥钞五百万元左右	
粤钞	广东省银行、广州市立银行、约四十二家钱庄、外国银行		纸币流通最复杂

数据来源：中国银行经济研究室．中国纸币发行及其流通状况之解剖[J]．中行月刊，1935，11(2)．转引自中国人民银行总行参事室．中华民国货币史资料(1924—1949)(第二辑)[M]．上海：上海人民出版社，1991：230.

货币的产生和发展与贸易密切相关，货币和金融是商品贸易发展的自然延伸。清朝末期，金属货币中白银与制钱分别满足不同层次的交易需求。例如，县以下征收地丁、赋税用制钱，县解中央则用银；各种批发贸易、长途贩运贸易、对外贸易用银，一般的零售交易则用钱；大额的商业汇

① 中国人民银行总行参事室．中华民国货币史资料(1924—1949)(第二辑)[M]．上海：上海人民出版社，1991：231.

兑、销售交易、田产买卖以及民间贮藏等需要用银，民间的一般收支则用钱；地域之间的经济往来多用银，地域内部的经济往来则多用钱。

民初以来，随着封建社会经济的解体，以及商品贸易特别是对外贸易的扩大和繁荣，市场对货币互换、汇兑、票据业务的需求持续增加，传统的“大数用银，小数用钱”的金属货币使用惯例已经不能满足货币资金跨区域、跨时期的大量流转，纸币的兴起和广泛流通成为必然。由于“法币”改革前纸币属于兑换券性质，因此上海近代纸币的使用和流通虽然呈现出一定的自身特点，但总体仍然是依附于其可兑换的金属货币的流通、使用特点。

上海一般商品交易使用银元，而大部分批发交易和国际贸易尚以银两定价，银两仍然是政府收支和对外贸易的结算和记账货币，因此清末发行的纸币多有银两券，以适应金属货币的记账和流通需求。此后，银元券随着银元的广泛使用而成为上海主流的纸币形式，在上海对外贸易、埠内贸易、埠间贸易以及与内地的贸易中普遍使用。例如，中国银行、交通银行各地分行都曾发行过地方性的银两券、银元券、小银元券、铜元券，版别非常复杂，但中交两行的上海分行始终只发行银元券(及银元辅币券)纸币。

第二节　上海纸币竞争概况

一、国外势力的纸币发行与竞争

鸦片战争之后，随着对外贸易需求的不断增加和西方股份制银行的兴起，银行业务从洋行中分离出来，设立银行的风潮逐渐由西方扩展到东方。到了19世纪40年代，一些小的英印合资银行已经逐渐在印度崛起。[①] 他们迫切需要突破旧有的汇兑体系，在更广阔的地域拓展业务。在这种背景下，外资银行陆续来到上海设立分支机构。他们在华经营业

① 中国人民银行总行参事室．中华民国货币史资料(1912—1927)(第一辑)[M]．上海：上海人民出版社，1986：879.

务繁多,发钞业务是其重要的一环,对近代上海经济金融发展起着不可或缺的重要作用。

(一)外资银行的发展概况

1. 晚清政府时期渗透发展

1847年,英资丽如银行率先在上海设立代表处。这是在上海设立的第一家外资银行。当时中国除旧式钱庄、票号外,还没有本国自办自营的新式银行。到辛亥革命爆发前,共有英、法、德、俄、日、比、荷、意8个国家的27家外资银行先后在上海设立分支机构,其中英资银行14家,超过半数,独占鳌头。英资银行中,1865年成立的汇丰银行实际上是将"发起的十三家洋行的金融部合并成为一家专营金融业务的银行"①,结束了原来由洋行等商业机构兼营金融业务的时代。汇丰银行因基础稳固且经营有方,发展迅速,很快就超过其他同行,英资银行初步形成在外资银行中的霸主地位(见表4—6)。

表4—6　　1890—1910年在华英资银行资力表　　单位:百万英镑

年份	汇丰银行		麦加利银行		有利银行		丽如银行	
	资本(港币计值)	净资产(港币计值)	资本	资本和准备	资本	资本和准备	资本	资本和准备
1890	1.6(9.3)	2.8(16.5)	0.8	1.0	0.75	1.00	0.6	0.6
1900	1.6(10)	2.6(24.7)	0.8	1.3	0.56	0.60		
1910	1.4(15)	4.4(48.5)	1.2	2.8	0.56	0.84		

注:与其他在华英商银行都以金本位的英镑作为记账单位不同,汇丰银行为避免金银比价波动,在成立之初就以银本位的港币作为记账单位。

资料来源:宋佩玉. 近代上海外商银行研究(1847—1949)[M]. 上海:上海远东出版社,2016:94.

汇丰银行的经营重点是国际汇兑业务,第一次世界大战之前,上海进出口贸易通过汇丰银行买入、卖出的外汇总值,占上海外汇市场成交量的60%～70%。上海外汇市场的汇率每天由汇丰银行上海分行挂牌。同

① 洪葭管. 上海金融志[M]. 上海:上海社会科学院出版社,2003:178.

时,汇丰银行也积极拓展其存放款业务,逐渐从开业时的“仅通洋商”转向通过买办将部分多余资金向钱庄“拆票”放息。上海钱庄通过外资银行的拆票,解决了流动资金不足的问题,但也从原来的独立地位转向不得不受外资银行牵制,一旦以汇丰银行为首的外资银行抽紧银根,钱庄就会周转失灵,引发金融恐慌。由此可见,19 世纪末期的上海金融体系已经逐渐被外资银行所控制。

2. 北洋政府时期群雄逐鹿

北洋政府时期,上海共有 26 家外资银行成立,其中日资 8 家、美资 7 家、法资 5 家、意资 2 家、英俄荷比各 1 家。清末留存下来的外资银行中,逐渐形成了以德国德华银行、日本横滨正金银行、俄国华俄道胜银行、法国东方汇理银行、美国花旗银行以及英国汇丰银行 6 家银行为核心的合作竞争关系。

第一次世界大战的爆发改变了各国在华银行的发展情况。首先,以汇丰银行为首的英资银行已经无力面对日美银行在华咄咄逼人的竞争,不得不关注于中国海关税收和战争理赔等事务。① 第一次世界大战结束后,为了应付五卅运动带来的经营能力下降,汇丰和麦加利银行分别筹措 540 万港元和 150 万港元才渡过危机。② 其次,伴随着第一次世界大战后中美贸易的增加,美国加大在华设立银行的力度,美资银行无论从资力还是势力上都得到了极大的拓展。以花旗银行为例,第一次世界大战后其业务仅次于汇丰和麦加利银行,到了 1926 年其实收资本已高达 500 万美元,为其初创资本的 10 倍,发展之快可见一斑。③ 再次,日资银行也呈现急速发展的态势,第一次世界大战前日本在华银行仅有横滨正金和台湾银行 2 家,而到 1926 年已有朝鲜银行、住友银行、三菱银行、三井银行等 9 家,银行数量位居各国在华银行首位。除此以外,以东方汇理银行为代表

---

① 宋佩玉．近代上海外商银行研究(1847—1949)[M]．上海:上海远东出版社,2016:126—127.

② 杜恂诚．中国金融通史(第三卷)[M]．北京:中国金融出版社,2002:53.

③ 宋佩玉．近代上海外商银行研究(1847—1949)[M]．上海:上海远东出版社,2016:129.

的法资银行也获得较快发展，而受第一次世界大战战败国影响的德资、俄资银行则几近消失。

图 4—18 为 1947—1936 年上海近代外资银行数量。

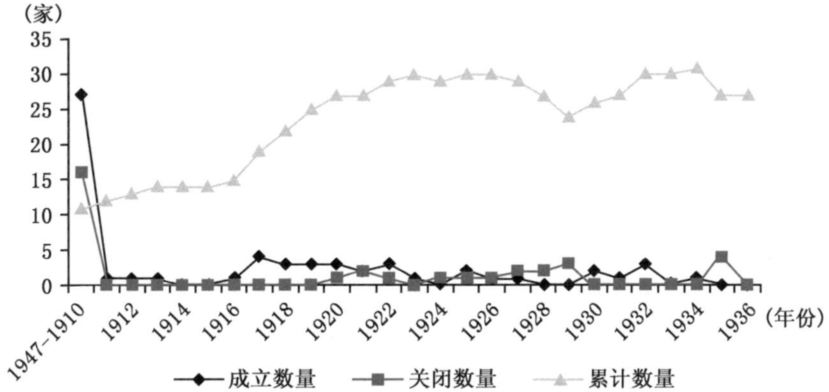

数据来源：洪葭管．上海金融志[M]．上海：上海社会科学院出版社，2003：186—189.

图 4—18　上海近代外资银行历年数量

3. 国民政府时期由盛转衰

南京国民政府成立后，外资银行在华势力的消长基本与本国在华政治势力的消长保持同步。随着英、美、日三国对华侵略的加紧，三国在华银行之间的明争暗斗日趋尖锐。英资银行的业务发展大多踟蹰不前，美资银行则伴随着美国在华投资的扩大而蒸蒸日上，日资银行在日本对华侵略政策的支持下逐渐控制了东北金融市场。但总体而言，这一时期外资银行在上海的发展处于相对"停滞"阶段，其间仅有 8 家小型外资银行在上海成立，外资银行在上海近代各类金融势力的此消彼长中逐渐走向衰落。

一方面，华商银行(包括国家银行和商业银行)的发展抑制了外资银行的扩张。外资银行早期在华纵横捭阖直接刺激了华商银行的兴起和发展,华商银行成立之初就表示"对于外资银行在华之势力,则谋有以削弱之"[①],此后华商银行进入快速积累时期,无论是资本额、存放总额还是发钞额均快速增加,日益在竞争中占据一席之地。另一方面,钱庄的衰落削弱了外资银行的盈利能力。清末以来外资银行通过买办对钱庄拆放资金,扩大了资金营运和盈利,两者各得其利,拆票大肆盛行,许多钱庄完全依赖拆票资金才得以经营,实际上替外资银行扩展了在华业务。废两改元后,旧式钱庄的衰落直接导致外资银行拆票业务丧失,金融业务和盈利能力急剧下降。

(二)外资银行的纸币发行与竞争

北洋政府初期,外资银行在华仍占据绝对优势,华商银行尚处于幼小阶段,外资银行凭借不平等条约的庇护,以及雄厚的资本,"实际上统治着中国新兴金融机关的银行和旧式金融机关的钱庄,它们一手抓住在中国穿西装的金融资本家,一手抓住穿长袍马褂的金融资本家,利用二位服装整齐、珊珊有礼的富翁,来直接支配中国的金融界"。[②] 这一时期,外资银行大多依仗"治外法权",依照其本国规定在华发行纸币,外资银行发钞额整体呈快速增加之势,1924 年比 1916 年增长比例均超过 100%(见表 4—7)。其中,汇丰银行虽然在总额上仍占据优势,但其增长已经低于花旗银行、上海美丰银行等美资银行,以及东方汇理银行等法资银行,也不及朝鲜银行等日资银行。英资银行一枝独秀的时代一去不复返,多国竞争、群雄逐鹿的局面逐渐形成。此时,北洋政府虽然逐渐认识到外资银行滥发纸币的危害性,但却无力制止,其 1915 年颁布的《取缔纸币条例》主要是限制华商银行发行纸币,并未过问外资银行擅自在华发行纸币。

---

① 1927 年下期发告同人书,选自上海商业储蓄银行编《陈光甫先生言论集》的第 7 页。

② 孟宪章. 中国近代经济史教程[M]. 上海:中华书局,1951:168.

表 4—7　　主要外国在华银行 1916 年和 1924 年发行纸币增长情况表

行名	成立时间	国别	1916 年发行额(万元)	1924 年发行额(万元)	1924 年比 1916 年增长比例(%)
汇丰银行	1865 年	英	2 915.0	4 961.0	170.2
麦加利银行	1858 年	英	92.6(1 917)	173.2	187.0
花旗银行	1902 年	美	78.9	437.1	554.0
东方汇理银行	1899 年	法	9 402.4	83 109.4	980.3
横滨正金银行	1893 年	日	1 805.0	326.3	−81.9
台湾银行	1911 年	日	2 629.8	5 126.0	194.9
朝鲜银行	1918 年	日	5 822.6	14 888.4	255.7
华比银行	1902 年	比	114.6	216.3	188.7
有利银行	1854 年	英	13.0(1 918)	29.3	225.4
上海美丰银行	1917 年	美	31.8(1 918)	205.2	645.3

注：1. 汇丰银行为港元，麦加利银行、有利银行为英镑，花旗银行为美元，东方汇理银行、华比银行为法郎，横滨正金银行、朝鲜银行、台湾银行为日元，上海美丰银行为中国元。

2. 除花旗银行、华比银行、上海美丰银行 3 家银行系单独列出在中国境内发行者外，其余均为全行性数字。其中，横滨正金银行因日本在东北调整发行分工范围，故发行额锐减。

资料来源：中国人民银行总行参事室．中华民国货币史资料(1912—1927)(第一辑)[M]. 上海：上海人民出版社，1986. 转引自洪葭管．中国金融通史(第四卷)[M]. 北京：中国金融出版社，2008：178.

北洋政府后期，特别是 1925 年以后，随着华商银行的崛起和反帝爱国斗争的深入，“外籍银行在关内(即山海关以内)华北、华中各地发行纸币数量，由于中国本国银行纸币信用的增强而日渐减少。”①到国民政府时期，外资银行在与华商银行的竞争中逐渐落后，国民政府美籍顾问杨格曾说：“战前十年内出现的现象是外国银行已经大大为中国的现代化银行的进展所超越。”②当时评论亦称，“我国银行发钞日多，其发行之信用不但足与外资银行互相对抗，且有凌驾而上者。故国人信仰本国钞票之心

① 献可．近百年来帝国主义在华银行发行纸币概况[M]. 上海：上海人民出版社，1958：37.

② [美]阿瑟・恩・杨格．一九二七至一九三七年中国财政经济情况[M]. 陈泽宪，陈霞飞译．北京：中国社会科学出版社，1981：300.

理,愈益增长”。[①] 也正是基于此,可以说“没有华资银行的发展壮大和与外资银行在竞争中取得优势为前提,很难想象国民政府一系列的币制改革能取得成功”。[②]

20世纪30年代后,外资银行纸币发行量,见表4—8。上海在300万~400万元,并呈现两大特点:一是与当时上海主要华商银行纸币发行额相比,上海外资银行发行额不足其百分之一,与清末民初时的盛况不可同日而语;二是与全国外资银行纸币发行额相比,上海外资银行发行额亦仅占其百分之一左右,说明外资银行在华纸币发行和流通的重点并不在上海[③],亦表明上海华商银行的发展执全国之牛耳,对外资银行纸币形成排挤之势。

表4—8　近代外资银行与华商银行纸币发行量情况　单位:万元

上海外资银行纸币发行		上海华商银行纸币发行		全国外资银行纸币发行	
时　间	发行额	时　间	发行额	时　间	发行额
1930年12月	518.5			1924年	12 861.7
1931年12月	398.1			1925年	32 325.1
1932年6月	400.0			1927年	30 000.0
1933年6月	317.4	1933年12月	34 296.2	1933年	29 934.2
1934年4月	320.0	1934年12月	41 019.3	1934年	22 275.5
1935年1月	297.6	1935年10月	41 460.3	1935年	32 201.6
1935年2月	357.1			1936年	36 081.9

注:外资银行纸币金额均换算为国币或法币元。

数据来源:上海外资银行纸币发行额,见宋佩玉.竞争·协作·共生:1927—1937年的中外银行业[J].学术月刊,2007,(9):148—155;上海华资银行纸币发行额见潘连贵.上海货币史[M].上海:上海人民出版社,2004:236。全国外资银行纸币发行额,见献可.近百年来帝国主义在华银行发行纸币概况[M].上海:上海人民出版社,1958:57—58。

---

① 子明.国人应自动抵抗外资银行增发钞票[N].银行周报,1935-03-05,19(8):5—7.

② 李晓春.近代外资银行没落原因初探[J].阴山学刊,2008,(2):68.

③ 如东方汇理银行,根据献可在《近百年来帝国主义在华银行发行纸币概况》里的估算,东方汇理银行1936年在华纸币流通额折合国币16 023.7万元,占同期全国外资银行发行额的44.41%,但其纸币流通区域主要在云南、广西、贵州等地,而不在上海。此外,如朝鲜银行、台湾银行的纸币发行业务主要在东北和华南,在上海的纸币发行、流通量极少。

到1935年"法币"改革时，国民政府对于外资银行纸币并未有明文规定，英资银行遵英皇敕令率先交兑库存白银，美资银行在获得一定补偿后也顺利移交白银换取法币，上海的日资银行经多次商谈后于1937年才达成移交协议，但东北地区的白银则被日本方面截留。至此，外资银行的纸币发行已然受到致命打击。"法币"改革的实施使得外资银行的发钞权逐渐被取缔，1935—1936年部分外资银行最后在中国发行纸币，到了1937年仅有日美两国银行在华发行纸币，整体发行额锐减，亦标志着外资银行在与华商银行的竞争中彻底落败。①

二、国内势力的纸币发行与竞争

上海近代国内的纸币发行主体，包括代表中国传统金融势力的钱庄、代表新式金融势力的商业银行和代表政府意志的国家银行。三大势力之间的货币竞争，不仅体现了中国近代曲折的货币统一进程，还见证了各类金融机构的发展变迁和兴衰沉浮。

（一）钱庄

钱庄是中国明朝以后民间自发发展起来的传统金融机构。它最初以银钱兑换和发行庄票为基础，广泛开展多种信用业务，近代逐渐演变为综合性金融机构，并成立了同业组织——上海钱业公会。近代上海开埠之后，钱庄及其庄票在国内商品交易和对外贸易中都起到了重要的资金融通作用，并逐渐与华商银行、外资银行形成了"三足鼎立"的金融格局。庄票的发展变迁对近代上海货币竞争产生了重要影响。

1. 钱庄的发展概况

上海钱庄，多为江浙财阀所把持，以上海为中心，江浙为两翼，长江中下游地区为基地，兼及平津、闽广、川陕等地区。钱庄按其业务性质和信用能力，分为汇划庄和一般钱庄。汇划庄称大同行或入园钱庄，共同组建

---

① 需要指出的是"法币"改革后，虽然外资银行大规模发钞停止，但局部地区仍然通行着外商的纸币。如东方汇理银行发行的安南纸币，在云南、广西等地仍然流通着。（参见献可．近百年来帝国主义在华银行发行纸币概况[M]．上海：上海人民出版社，1958：36.）

汇划总会作为清算机构;一般钱庄称小同行或未入园钱庄,按照业务大小又分为元、亨、利、贞四个等级。钱庄因投资者和经理的籍贯不同,形成地区性帮别,上海钱庄有绍兴帮、宁波帮、苏州帮、松江帮、南浔帮、镇扬帮、广东帮、安徽帮和本帮九个帮别,以绍兴帮和宁波帮势力最大。

(1)钱庄与外资银行的协同发展

19 世纪 50 年代以后,钱庄在进出口贸易中通过发行庄票,与外资银行之间形成了密切的资金合作关系,在贸易和商业的资金融通和交易结算中发挥了重要作用。近代上海随着转口贸易的发展,带来了外贸和内贸的繁荣,随之产生对金融工具的巨大需求,钱庄和庄票也由此迎来快速发展。清末上海钱庄数量除个别年份因倒账风潮(1883 年)等出现减少以外,均维持在高位,一度曾达到 123 家的峰值,见图 4—19。

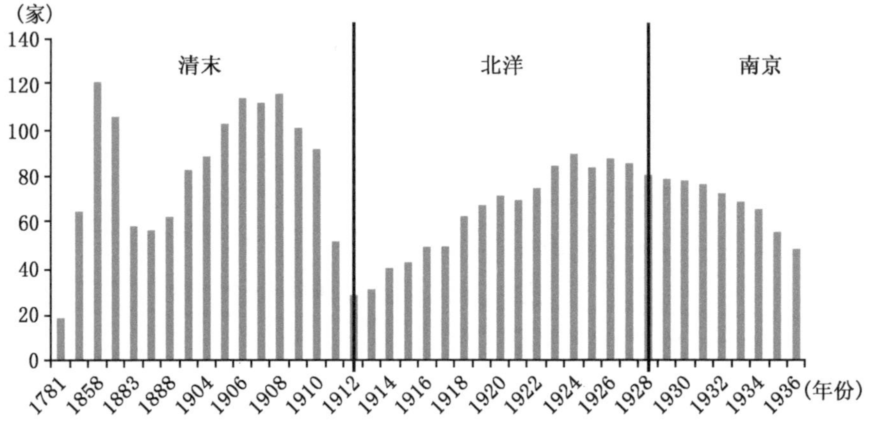

数据来源:中国人民银行上海市分行.上海钱庄史料[M].上海:上海人民出版社,1960:11,14,32,94,188,260.

图 4—19 上海近代钱庄历年数量

在国际贸易中,由于钱庄所出庄票普遍得到外国商人信任,形成了一套以庄票作为信用票据的收付款模式。以进口为例,钱庄向中国商人授信并发出庄票,中国商人在进口贸易中以庄票向外国商人支付货款,外国商人将庄票交于外资银行以获得现金或存款,庄票到期时,外商银行与钱庄之间就票据相互轧抵，而中国商人则按期向钱庄偿还本息，如图 4—20 所示。由此，钱庄作为中间人，以其信誉和庄票促进了进出口贸易的发展，同时也避免了交易过程中现银的频繁搬运。

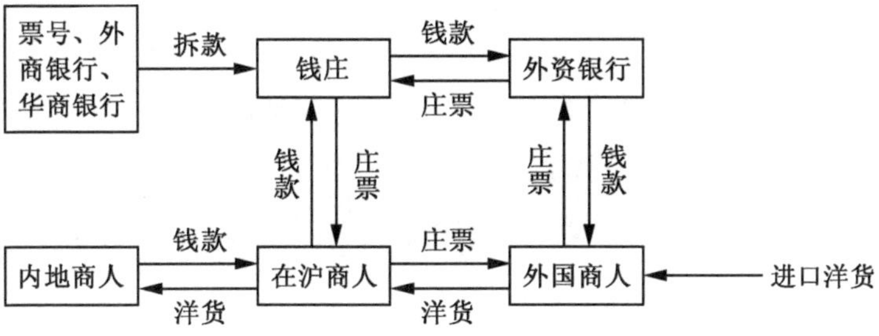

图 4—20　上海钱庄与进口贸易的关系

(2)钱庄与华商银行的竞争合作

民国初期，上海钱庄在辛亥革命前后大量倒闭，1912 年仍开业的汇划庄只有 28 家。第一次世界大战以后，随着民族工业的发展和华商银行的兴起，钱庄也得到快速发展，到 1926 年恢复到 87 家，上海钱庄按资本计算居全国钱庄之首。这一时期，上海钱庄与华商银行呈现竞争合作的关系。一方面，华商银行在开办初期与工商业来往较少，钱庄较银行有更深的商业根基，且金融款项的清算掌握在钱庄的汇划总会手中，银行和钱庄间的收解以及银行间的收解均要通过钱庄，银行不得不在钱庄预存款项以备清算划拨之用。另一方面，发行银行也要利用钱庄与工商业的关系，代为推广纸币，并由此逐渐建立了领券关系，加强了以国家银行为代表的华商银行和钱庄之间的合作互补，使一向与外资银行关系密切的钱庄逐步向华商银行靠拢，同时在人事安排上两者之间相互兼任颇多，相互投资也十分常见。然而，银钱业之间的这种共生共存、兼容互补的关系只存在于近代金融市场发展的初级阶段，当金融市场扩展至一定规模后，市场容量逐渐趋于饱和，钱庄与银行之间难免会出现竞争，其结果将导致两者的分离或同质化。

(3)钱庄对金融市场的操控

从微观层面分析,银两制度和两元并用的货币体系是钱庄和庄票得以生存和发展的重要前提。近代上海钱庄有四大法宝:一是汇划总会,控制支付清算和票据交换;二是操纵“洋厘”和“银拆”①,掌握货币市场定价权;三是发行庄票,成为联系中外商人、白银与贸易的桥梁;四是与工商业联系紧密,易于开展各类金融业务。可见,钱庄在近代中国金融体系中承担了货币汇兑、支付清算、票据交换、金融市场基础定价权等部分中央银行职能。近代混乱的货币体系使中央银行职能分散,上海钱庄和庄票正是基于掌控金融市场基础设施和定价权以及与工商业的密切联系,从而在货币竞争中一度占据优势。

(4)钱庄的衰落与废两改元

国民政府时期,钱庄开始逐步衰落。1927 年上海的汇划庄共 85 家,以后逐年减少,至 1937 年尚存 46 家。从宏观层面分析,首先,随着民族工商业的发展壮大,相对传统经济,大型工厂企业的规模和资金需求更大,此时钱庄自身实力和借贷方式受限,只能继续向中小企业提供小额短期信用贷款,无力从事长期大额贷款业务,钱庄的经营状况出现衰败的迹象。其次,国民政府希望发展银行抑制钱庄的倾向已经显露。1931 年颁布的《银行法》进一步约束了钱庄的发展,钱庄被纳入银行体系进行监管,这不仅否定了钱庄业长期以来的地位与作用,而且还从根本上否定了其继续存在下去的价值。最后,国外势力的干扰使钱庄的处境日益艰难,西方国家经济侵略的加深,导致中国农村经济陷入危机和破产,内陆城市钱庄因贷款不能收回而周转失灵;而美国白银政策造成中国白银大量外流,港口城市钱庄库存空虚,资金周转困难,流动性短缺,钱庄信用因此受到影响,这也是钱庄衰落的重要原因。

1933 年废两改元后,钱庄通过把持洋厘、银拆操纵金融市场的条件

---

① 洋厘是指银元折合银两的市价,是两元并用下的货币兑换率;银拆是指金融同业间互相拆借银两的利率,类似于银行间同业拆借利率。钱业同业每日议定洋厘和银拆,并登报公布,中外金融业一律遵行。

丧失,“一切交易银行均可独自任之,固不必受制于钱庄矣”。[①] 钱庄因丧失其传统业务优势,在竞争中日渐式微。1935 年法币政策后,庄票被彻底排除在流通货币之外,钱庄受到致命打击,势力更加削弱,迅速走向衰落。同年,钱业沿用多年的汇划制度又被否定。此时的钱庄“失去了它过去作为外国贸易势力深入内地的桥梁功能,已经不是本国银行赖以进行资金划拨清算的场所,相反,在业务上反而处于本国银行的从属地位”。[②]

2. 庄票的货币性与货币竞争

庄票有广义和狭义之分。从广义上讲,庄票是钱庄发行的所有票据,包括钱票、银票、庄票、定期存票、汇票、支票等多种;从狭义上讲,庄票是汇划钱庄签发并负责兑现的本票,可视同现金在市面流通。汇划钱庄是上海钱业中实力雄厚的钱庄,所出庄票信用卓著,流通普遍。这类钱庄因加入上海汇划总会,一切票据收解均可用公单在汇划总会相互抵轧汇划。庄票由于携带方便、信用良好,而被市场普遍接受。使用庄票大为减少商人持有实物货币的数量和重量,对当时的金属货币起到了部分替代作用,承担了一定的货币流通功能和支付功能。

庄票的货币性最初从市场原有货币均衡被打破后的客观需求中产生。18 世纪末 19 世纪初,国内白银产量下降,国外白银流入量日趋减少,流出量与日俱增,中国白银短缺导致原有货币均衡逐渐遭到破坏,从而为庄票的产生提供了条件。庄票之所以被人们所接受和广泛使用,离不开庄票的普适性信用(市场普遍接受性)和中间人信用(发出庄票并负责兑换的钱庄的信用)。

普适性信用。首先,庄票被外国商人所接受。钱庄发行庄票,将之提供给本国进出口商,本国进出口商用庄票来支付货款,外国商人凭庄票向钱庄兑现,日后本国进出口商再向钱庄还款。其次,庄票被外资银行所接受。虽然早期外资银行主要为外国商人办理汇兑业务,但到了 19 世纪

① 贝淞孙．废两改元问题[N]．银行周报,1932-05-31,16(20):3—6.

② 洪葭管．中国金融史[M]．成都:西南财经大学出版社,2001:282.

60 年代初,外资银行开始接受庄票贴现业务,从而为中国商人提供资金融通。另外,华商银行也普遍接受庄票,第一家华商银行——中国通商银行,在成立之初就接受庄票作为抵押,向上海南北钱业放款。

中间人信用。首先,钱业形成和完善了行业习惯法。1900 年上海钱业整章建制,形成第一个成文的行业习惯法,此后钱业的习惯法逐步完善,并得到商业机构、司法组织和外地钱业的高度认同。其次,钱业汇划制度的健全。上海钱业于 19 世纪末实行了"公单制度",各汇划钱庄每日汇总其应收票据换取公单,在规定时间各钱庄聚集汇划总会相互结算,公单制度的建立大大提高了钱业的汇划效率,银行间的收解也必须委托汇划钱庄代为办理。可见,行业制度的健全和普遍认可,夯实了钱业及其庄票的中间人信用。

强权者信用。当时的强权者南京国民政府出于自身考虑,没有选择钱庄和庄票作为强权者信用的结合对象。首先,从资本实力来看,钱业不符合南京国民政府的要求。由于财政支出需要大量发行内债和借款及透支来维持,而钱庄业因其性质和特点,历来重视汇兑和票据业务,而轻视吸收存款业务,资力显然无法与银行业相比。① 其次,钱业从整体可控性来讲,也不符合南京国民政府的要求。南京国民政府致力于建立一个能够控制全国金融货币体系的垄断金融体系。由于钱业是长期自然发展的民间产物,并自然形成了通过钱业工会进行行业民主管理的规范,因此钱业无法替代银行业成为南京国民政府金融垄断体系的一部分。

由此可见,庄票的货币性要分阶段来看。从 19 世纪末 20 世纪初到南京政府成立之前,庄票部分执行了货币职能,并随着庄票普适性信用、中间人信用的不断加强,其货币性逐渐强化,流动性增强,这一时期的庄票属于流通中现金(M0)的范畴,与银两、银元、银行券等通货存在正面的货币竞争。而在南京政府成立之后,庄票由于没有强权者信用的支持而

① 钱庄在 1927—1935 年共认购债券 265 万元,而银行仅在 1927 年就认购了 9 005 万元。钱庄在 1927—1935 年共承担借款 2 697.5 万元,而银行同期只承担了 10 亿元。两者的差距是显而易见的。

在货币演化竞争中败下阵来，其货币性逐渐淡化，流动性降低，这一时期的庄票仅仅是促进贸易交易结算的金融票据，属于准货币（M2）的范畴。

在庄票的发行数量方面，由于上海钱庄的经营遵循保密原则，因此庄票的发行数量没有确切的统计数据。《上海钱庄史料》对 1919 年庄票数量进行了粗略估计，认为庄票总额为“十六七万万两”。[①] 李耀华（2005）通过对与庄票发行密切相关的公单和进出口数量的分析，粗略估计 1925—1932 年上海钱庄发行庄票的金额，见表 4－9。从数量上看，上海庄票的估计值是同期纸币发行量的数倍[②]，这侧面说明，庄票的性质已经逐渐从流通中现金向准货币转变。

表 4－9　　1925—1932 年上海庄票数量的估计值　　单位：亿两

年份	1925	1926	1927	1928	1929	1930	1931	1932
庄票数量	13.03	17.32	13.83	16.26	17.97	18.62	21.66	13.13
						23.84	29.58	18.59

注：1930—1932 年分别为估计值的下限和上限。

数据来源：李耀华．上海近代庄票的性质、数量与功能[J]．财经研究，2005，(2)：98－109.

（二）商业银行

上海近代享有纸币发行权并有大规模发钞记录的商业银行，主要有中国通商银行、浙江兴业银行、四明商业银行、中国实业银行、中南银行、中国农工银行和中国垦业银行，它们或将总行、总管理处初设于上海，或后迁至上海，它们发行的纸币是参与上海近代货币竞争的重要组成部分之一。本节所指的商业银行，是指由私人创办经营的民营银行，不具备国家银行的特权和性质，既区别于中央银行、中国银行、交通银行、中国农民银行（以下简称“中中交农”）四行，也区别于其他地方政府银行。

① 中国人民银行上海市分行．上海钱庄史料[M]．上海：上海人民出版社，1960：552.

② “法币”改革前，上海纸币流通总额恒在三万万元左右。（参见中国人民银行总行参事室．中华民国货币史资料（1924—1949）（第二辑）[M]．上海：上海人民出版社，1991：231.）

1. 商业银行的发展概况

(1)商业银行的艰难起步

1897年,在清朝洋务派大臣盛宣怀等人的倡议下,中国通商银行在上海成立。它是中国有史以来国人自办的第一家新式银行,打破了外国银行在中国境内银行业的垄断局面,但此时距英国最早在上海设立丽如银行已经晚了半个世纪。中国通商银行作为第一家华商银行,设立时参照汇丰银行拟订章程,因此其初期的组织管理及营业规则,基本上均与外资银行相同。同时,为了迅速打入已被外资把持的银行市场,中国通商银行还加入了上海外商银行同业公会,其账册、簿据等全部用英文记载,总行除由中国人担任华大班以外,还聘请一名外国人担任洋大班,以获得"外滩银行"的地位。

中国通商银行初期的业务中最具深远意义的是对钱庄的"拆票"①。中国通商银行第一任华大班陈笙郊是上海北市钱业会馆的创始人、咸康钱庄经理,与钱庄关系密切,在钱业中享有威望。因此,中国通商银行开业初期的放款,几乎全部都是对钱庄的"拆票"。中国通商银行对钱庄的拆票,使钱庄摆脱了外资银行的控制,特别是橡胶股票风潮及辛亥革命之后,外资银行对钱庄停止拆放,华商银行担负起钱庄的资金融通任务,两者之间逐渐建立起相互协作关系,共同抵抗外国势力的经济侵略。中国通商银行陆续开办存贷款、国际汇兑等业务,彻底打破了当时对银行普遍存在的神秘感,提升了国人对自办银行的信心和决心。

此后,上海及其周边陆续兴办了一批私人资本的银行,如信成商业银行(1906年设于上海)、信义工商储蓄银行(1907年设于镇江)、浙江兴业银行(1907年设于杭州)、四明商业银行(1908年设于上海)。总体而言,这一时期的中国银行业尚处于萌芽状态。

(2)商业银行的黄金发展

北洋政府时期,中国银行业开始呈现活跃状态,随着民族资本的发

① "拆票"一直是外资银行用以控制上海钱庄和上海金融市场的主要工具。汇丰等外商银行通过"拆票"操纵了上海金融市场,钱庄虽赖此而周转灵活,但不得不沦为外资银行的附庸。

展，商业银行的增设如雨后春笋，同时还有一批冠以殖边、边业、劝业等名号的特种银行相继设立。特别是 1914 年第一次世界大战爆发后，西方列强暂时放松了对中国的侵略，商业银行也进入迅速发展的黄金时期，1915—1923 年上海新设银行高达 100 家。著名的"南三行"中的上海商业储蓄银行(其余两家是成立于清末的浙江兴业银行、浙江实业银行)和"北四行"(中南、金城、盐业、大陆银行)均成立于 1915—1923 年间。到 1925 年，包括国家银行、商业银行在内的华商银行，已与外资银行、钱庄呈三足鼎立之势。据估计，在 1925 年的总资力中，外资银行占 36.7%，钱庄占 22.5%，华商银行占 40.8%，其中国家银行占 15.2%，商业银行占 25.6%。① 图 4—21 为近代上海商业银行历年数量。

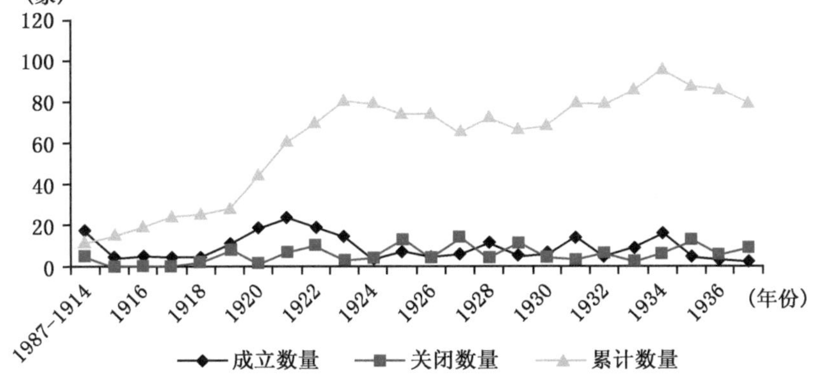

数据来源：洪葭管．上海金融志[M]．上海：上海社会科学院出版社，2003：131—138.

图 4—21　上海近代商业银行历年数量

这一时期商业银行的发展主要有三个特点。一是淘汰率较高。中国银行业发展之初鱼龙混杂，银行注册制度不规范，有相当一部分银行先行开业再申请注册，一些小型银行与工商业联系少、资力薄弱、信誉不足，吸

① 唐传泗，黄汉民．试论 1927 年以前的中国银行业[A].《中国近代经济史丛书》编委会．中国近代经济史研究资料(第 4 辑)[C]．上海：上海社会科学院出版社，1985：83.

收不到存款,并缺乏现代经营理念和专业人才,每年新设和停业的数量均不少。二是投机性较强。北洋政府时期因内战不断、财政状况濒于崩溃,政府公债在发行之前,一般已按票面五六折向银行抵押,公债上市后再按七折结算,银行经销公债的直接间接利益要高于任何形式的放款,市场上公债投机之风盛行,但一旦政局发生变动或周转不灵,便出现大量银行倒闭,这些专注于投机,把自身命运与政权捆绑在一起的小型银行自然免不了被淘汰的结局。三是与实体经济不符的畸形发展。第一次世界大战结束后,西方列强以更凶猛的姿态卷土重来,大量商品倾销中国,使刚刚出现生机的民族工商业再度陷入困境,上海许多工厂被迫停业或惨淡经营,然而此时银行却仍大批设立,在百业萧条中独占风采,成为战后经济的畸形发展现象。时人感叹"近岁以来,我国小银行创始之多,几于不可言喻。其名也,孰不自谓调剂金融、发展产业;其实也,又何莫非行险侥幸妄事投机。是以小银行创始愈甚,外界之恶影响感受亦愈速"。①

(3)商业银行的成熟发展和逐步边缘化

南京国民政府成立后,1928—1937年上海新设商业银行67家,倒闭63家,倒闭原因不一,包括经营不善、投机失败或受时局影响等。风雨萧条中,银行跌宕起伏、层出不穷,众多银行倒闭的同时,一些老牌银行如"南三行""北四行",不仅业务没有受到影响,反而呈现出长足的发展。这七家银行的存款合计,1926年底是2.2亿元,至1936年底已达8.6亿元,增加近3倍。②

这一时期推动商业银行发展的因素有三个。一是先进的经营管理理念。商业银行存贷款可按银两、银元分别开户,钱庄收付记账只用规元,市场上流通的则是银元。商业银行一改钱庄长期惯用的信用贷款方式,改为凭抵押资产放款,使工商业能够根据自身资力条件,获得合理的信贷资金。商业银行账务全部采用新式会计方法,账目清晰,并定期公布存贷款和资产负债情况,这和钱庄业务状况不公开、一切存贷数据均不示人的

---

① 郑维均.小银行滥兴杂感[N].银行周报,1922-02-14,6(5):14-16.

② 洪葭管.上海金融志[M].上海:上海社会科学院出版社,2003:118.

传统做法截然不同。二是金融专业人才的涌现。清末以来，我国陆续出现了一批学成归国的金融专业人才，他们既掌握经营现代银行的理论和经验，又熟悉本国金融行情，对推动商业银行不断发展壮大发挥了重要作用。三是商业银行聚集于上海金融中心。上海租界除了提供一个安定的环境，既有利于工商业也有利于金融业发展外，还是东西方冲突碰撞的集中点。中国从农本主义的闭关自守封建帝国被迫对外开放，商业银行最初均仿照汇丰银行等外国银行建立，它们既吸收西方先进经验，又结合本国具体情况，走出一条符合我国国情的发展道路。

然而，国民政府逐步建立起以"四行两局"为主的国家垄断金融体系，以加强对商业银行和金融市场的控制。1935 年，受美国白银政策影响，中国白银大量外流，国内银根缩紧，金融梗塞，物价下跌，工商业资金周转困难，民族金融业岌岌可危。在此背景下，国民政府实施"法币"改革，此后中中交农四行基本控制了全国金融命脉，商业银行的经营发展和发行业务受到极大打击。

2. 商业银行的纸币发行与竞争

清政府时期，国人对于纸币发行的本质认识不清，政府对商业银行乃至外资银行发行兑换券均采取放任自由的态度。据统计，辛亥革命前成立的商业银行除 1 家情况不明外，其余 23 家均发行纸币。[①] 早期的商业银行对发钞业务的依赖程度较高，究其原因，一是外国银行侵占中国金融市场已达半个世纪之久，资力雄厚，无法与之竞争；二是旧式钱庄在金融市场上依然处于强势地位，始终保持其在汇兑、清算等方面的传统优势；三是中国产业资本的发展尚处于起步阶段，资力薄弱，剩余不出多少货币资本作为银行存款，同时也难以取得银行信用支持。

北洋政府时期，商业银行的成立和倒闭数量均较大，且大多拥有货币发行权，市场流通货币最为纷繁复杂，竞争最为自由充分，最终只有部分经营得当、信用卓越的银行在竞争中得以发展壮大。商业银行的纸币发

① 中国第二历史档案馆．中华民国史档案资料汇编(第 3 辑)[M]．南京：江苏古籍出版社，1991：556－559.

行,不仅对外打破了外资银行长期侵占上海货币市场的局面,还对内通过广设分支机构促进了纸币的跨区域流通,遏制了私票滥发,为货币发行最终统一到少数银行机构奠定了基础。然而,与国家银行相比,商业银行纸币发行额及其占比虽然逐年增大,但自始至终无法与中央、中国、交通三行相提并论,差距悬殊,见表 4—10。

表 4—10　　国家银行与商业银行纸币发行对比

年份	中央、中国、交通三行		通商、浙江、四明、中实、中南、农工、垦业七行	
	发行额(元)	占比(%)	发行额(元)	占比(%)
1921	92 636 574	96.55	3 312 391	3.45
1922	110 289 870	95.93	4 682 196	4.07
1923	119 504 325	85.06	20 983 838	14.94
1924	131 592 000	86.88	19 878 217	13.12
1925	175 428 595	85.66	29 376 815	14.34
1926	194 557 811	84.97	34 403 736	15.03
1927	224 097 991	85.48	38 065 893	14.52
1928	252 043 064	81.62	56 774 875	18.38
1929	282 329 661	80.61	67 906 424	19.39
1930	309 410 457	74.92	103 558 131	25.08
1931	298 020 567	75.76	95 347 302	24.24

数据来源:于彤,戴建兵. 中国近代商业银行纸币史[M]. 石家庄:河北教育出版社,1996:394.

国民政府时期,南京政府通过征收发行税等系列措施,加强国家对金融的主导权,商业银行的纸币发行流通受到挤压而逐步边缘化。1935 年前后,为进一步控制代表民族资本的商业银行,国民政府以白银风潮、银根紧缩为契机,通过采取提前大量筹措商业银行纸币,然后突然兑现的手段,人为制造挤兑和破产危机,迫使其不得不接受政府的"救济",中国通商银行、四明银行、中国实业银行相继被国民政府改组为官商合办银行,为国民政府垄断金融、统一发行和实施币制改革铺平了道路。此后,商业银行的经营业务和纸币发行逐渐被国家银行所排挤，商业银行与国家银行之间的货币竞争在政府强权统治中走向货币统一。

商业银行的纸币发行呈现以下特点：一是纸币发行与业务开拓密切结合，商业银行纸币一般通过存、贷、汇业务投放市场，有利于增加信贷力量，扩大经营规模。这属于纯业务性的发行，不存在国家银行财政性发行的弊端。二是成立联营组织和联合发行准备库。中南银行与盐业、金城、大陆三行同为"北四行"成员，1922 年成立四行准备库，联合开展兑换券发行。这是近代中国第一个也是唯一的一个联营组织，有利于厚集资本、互通声气、提高信誉、扩展业务。三是发行准备充足。商业银行发行准备都能遵循六成现金准备、四成保证准备的要求，根据 1935 年"法币"改革前夕的检查数据，上海七家主要商业银行的现金准备与发行额的比率，最低为 60.23%，最高为 95.14%，平均为 80.63%。[①] 图 4－22 是 1927—1935 年上海七家商业银行纸币发行情况。

商业银行发行的纸币具有较好的普适性信用和中间人信用，使其在近代货币竞争中始终占据一席之地。1935 年法币的诞生依靠强权者信用和政府强制手段，迅速成为上海流通领域的唯一通货，商业银行纸币的昔日辉煌逐渐落幕。

（三）国家银行

国家银行纸币的发行机构，在清政府晚期（1904—1910 年）为户部银行，后改为大清银行；在南京临时政府（1911—1912 年）和北洋政府时期（1913—1927 年）为中国银行和交通银行；在国民政府时期（1928—1937 年）为中央银行、中国银行、交通银行和中国农民银行。中央、中国、交通、农民四行分别成立于 1928 年、1912 年、1908 年和 1935 年。中国银行和交通银行在成立之初均为官商合办的银行，资本总额官商各半，此后它们与政府的关系经历了依附、独立到渗透控制的转变，其地位也随着政府币制改革的推进在中央银行、国家银行和商业银行之间转变。中央银行的

---

① 中国人民银行总行参事室．中华民国货币史资料（1924—1949）（第二辑）[M]．上海：上海人民出版社，1991：233－234.

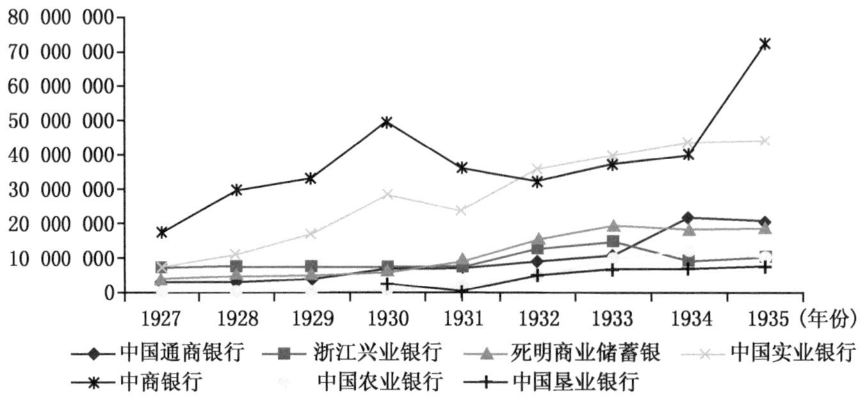

数据来源:于彤,戴建兵．中国近代商业银行纸币史[M]. 石家庄:河北教育出版社,1996.

图 4—22 上海近代商业银行历年纸币发行情况

成立是国民政府为逐步实施废两改元、法币改革、统一货币发行权和加强金融管控而迈出的第一步。中国农民银行则是集中办理全国农贷与土地金融业务,为保障农业信用、发展农村经济的专业银行。国家银行发行的纸币是上海近代最为重要的流通货币之一。

1. 国家银行的发展概况

(1)国家银行的萌芽:户部银行、大清银行

1840 年鸦片战争爆发,帝国主义列强用武力敲开了中国闭关锁国的大门,使中国社会经济发生了深刻的变化。外资银行纷纷在沪设立分行,一时间中国的货币主权为外人操纵。1904 年,清户部奏请试办户部银行,由户部筹拨 200 万两库平银,招募商股 200 万两,为中国第一个国家性质的银行。户部银行 1905 年首先在北京发行银两券,并逐渐推广至天津、奉天、上海等地。1906 年,户部银行加发银元券和制钱券两种纸币。户部银行经过 3 年的试办,颇有成效,1907 年举行的第一次股东大会对营业情况进行了披露,其中上海分行从 1905 年 10 月开办到 1906 年底,净得余利 129 937 两。

1908 年户部银行改名大清银行,股本官商各半,享有经理国库和公

债、发行纸币等特权。清度支部在奏本中言明：设立户部银行，目的在“以立中央银行之基础”，而大清银行则是“即为中央银行”。[①] 由此可见，大清银行虽为户部银行易名而来，但其地位、职能、性质与户部银行相比较，更具有中央银行的特色。此后，清政府逐渐认识到，发行纸币属于国家特权，但政府不可直接发行，世界各国大多委托中央银行代为发行。1910年，清度支部拟定《兑换纸币则例》，其中说明“诚以纸币关系重要，倘发行之机关不一，势必漫无限制，充斥市廛，物价因之奇昂，商务遂以不振，贻害于国计民生何堪设想。现拟将此项纸币一切兑换发行之事，统归大清银行管理。”[②]清政府总结宋朝以来历代纸币发行的经验教训，并吸取世界各国纸币发行的先进做法，开办大清银行，对中国近代纸币发行有着深远的影响。然而，大清银行尚未完全走上正轨，清政府就已经在辛亥革命中覆灭了。

(2)国家银行的独立化发展：中国银行、交通银行

1912年，经南京临时政府大总统孙中山批准，中国银行在原大清银行的基础上成立。1913年通过的《中国银行则例》规定，股本官商各半，正副总裁由政府任命，银行一切业务由政府监督。交通银行则最初于1908年由清政府为赎回京汉铁路和经办铁路、电报、邮政、航运四项事业的收付而设立，1914年呈准北洋政府交通部修改章程，颁布《交通银行则例》，其经营决策长期由交通系梁士诒、曹汝霖等人把持。1915年，袁世凯申令“中国、交通两银行具有国家银行性质，信用夙著，历年经理公库，流通钞币，成效昭彰，责成该两银行按照前此办法，切实推行，以为币制公债进行辅助”[③]，正式确立了中交两行的国家银行地位。1916年，袁世凯称帝，激起人民强烈反对，政局动荡，同年5月北洋政府发布针对中交两

---

① 中国人民银行总行参事室金融史料组．中国近代货币史资料(第一辑下册)[M]．北京：中华书局，1964：1044.

② 中国人民银行总行参事室金融史料组．中国近代货币史资料(第一辑下册)[M]．北京：中华书局，1964：1051.

③ 中国第二历史档案馆．中华民国史档案资料汇编(第3辑)[M]．南京：江苏古籍出版社，1991：68.

行的“停兑令”,引发挤兑风波。

经历停兑风潮,中交两行均认识到依附政府的危险性和加强管理的必要性,从而分别在不同程度上进行了内部管理制度的改革。一方面,中交两行加深了独立于政府而向工商业靠拢的认识:一是提高商股占比,如中国银行商股比重 1915 年为 17.01%,1917 年为 59.29%,1921 年为 72.64%,1923 年更增至 97.47%[①],到 1924 年官股仅余五万元而已[②],这种股权变化是国家银行摆脱政府控制的直接表现;二是修改银行则例,取消选任董事监事的条件,成立股东总会,民族资产阶级由此逐渐掌握了中交两行的控制权;三是人事任命变革,要求政府只能从股东总会选出的董事中任命正副总裁,避免了国家银行掌权人随着军阀官僚各派势力消长而频繁变动的弊端,进一步限制了政府的权限、增强了银行的独立性。[③]另一方面,中交两行开始减少经营政府公债和对政府放款,并限制政府在银行业务中的权限,强调以商业经营为主,重视对工商业的投资和贷款,以扶助民族产业、服务公众、改进国民生活为经营方针,逐渐走上独立发展的道路。

(3)国家银行金融垄断体系的形成:中央银行、中国银行、交通银行、中国农民银行

1927 年南京国民政府成立,政治中心南迁,并于 1928 年在上海筹建中央银行,其成立的目的“一为统一国家之币制,二为统一全国之金库,三为调剂国内之金融”。[④] 中央银行享有经理国库、发行兑换券、铸造和发行国币、经募国债等特权,在国民政府的扶持下业务发展迅速。同时,官僚资本不断加强对发行银行的渗透,为了控制资金雄厚的中交两行,国民政府分别于 1927 年、1928 年将中国银行总行、交通银行总行由北京迁往

---

① 杜恂诚. 中国金融通史(第三卷)[M]. 北京:中国金融出版社,2002:127.

② 中国人民银行总行参事室. 中华民国货币史资料(1924—1949)(第二辑)[M]. 上海:上海人民出版社,1991:144.

③ 民二《则例》、民四《则例》和民六《则例》均见中国银行总行,中国第二历史档案馆. 中国银行行史资料汇编(上编一)[M]. 北京:档案出版社,1991:111,115,119.

④ 中央银行开幕记[N]. 银行周报,1928-11-06,20(34):1—6.

上海，并修改银行条例，定中国银行资本为 2 500 万元，加入官股 500 万元，指定其为特许的“国际汇兑银行”；定交通银行资本为 1 000 万元，加入官股 200 万元，指定其为特许的“发展全国实业之银行”。[①] 此时，中交两行资力雄厚、业务发达、声誉卓越，中央银行就资本和信用等实力而言，还不能望其项背。

随着 20 世纪 30 年代白银风潮的爆发和内战的不断加剧，国民政府财政开支日益庞大，国家银行商业模式的正常借款已经无法满足国民政府的需求，中交两行颇具独立性的商业化发展倾向显然违背了国民政府的意愿，国民政府于是对国家银行实行了第二次增资和改组，进一步加强金融垄断统治。1934 年，国民政府为进一步稳固中央银行的地位，将该行资本总额由 2 000 万元增加到 1 亿元。1935 年，国民政府又以应对金融危机为由发行公债，并宣布拨付中交两行，增加官股分别至 50% 和 55%(最初均定为 60%)[②]，并增派财政部指定的董事、监察，从而未付出任何真金白银，以几纸金融公债便巧取豪夺了两行的主导权。同年 4 月，国民政府又批准成立中国农民银行，至此“四行”之国家银行集团得以形成，这些都为此后的法币改革和统一发行埋下了伏笔。

2. 国家银行的纸币发行与竞争

国家银行在各自成立之初即享有发行纸币的特权，图 4－23 为各国家银行纸币发行额历年占比，从中可以看出它们之间的消长变化。在 1912 年北洋政府初期，特别是 1914 年《国币条例》颁布之后，中国银行和交通银行承担起了中央银行的角色，享有发行国币兑换券的特权，两者的纸币发行额基本相当，各占五成。然而，北洋政府财政枯竭、国库空虚，军

---

① 详见 1928 年《中国银行条例》《交通银行条例》，分别载于中国银行总行，中国第二历史档案馆．中国银行行史资料汇编(1912—1949)(上编一)[M]．北京：档案出版社，1991：124；交通银行总行，中国第二历史档案馆．交通银行史料(1907—1949)(第一卷上册)[M]．北京：中国金融出版社，1995：193。

② 详见 1935 年《中国银行条例》《交通银行条例》，分别载于中国银行总行，中国第二历史档案馆．中国银行行史资料汇编(1912—1949)(上编一)[M]．北京：档案出版社，1991：127；交通银行总行，中国第二历史档案馆．交通银行史料(1907—1949)(第一卷上册)[M]．北京：中国金融出版社，1995：196。

政支出靠中交两行发行纸币垫付，并大量动用两行现银准备，至1916年袁世凯复辟帝制失败，下令两行纸币和应付款项暂时一律不准兑现。面对北洋政府的"停兑令"，中交两行采取了不同的应对措施。中国银行上海分行在取得同业、社团乃至外资银行的支持下，毅然抗命，照常兑现，从此声誉大振，发钞业务也日益壮大；交通银行受北洋政府交通系控制，执行"停兑令"，使其纸币信誉一落千丈，在市面上只能折扣使用，交通银行上海分行为此停业近一年，直至1917年4月才恢复营业。受政治干预、市场风险等多种因素影响，中交两行的货币发行业务出现显著分化。其中，中国银行上海分行纸币发行额占其全行发行额的比重从1916年的8%逐渐上升到1928年的65%。① 同时，中交两行纸币发行额占比也发生了微妙的变化，从民国初期的各占五成变为北洋政府后期的七三分成。

北洋政府的腐败无能，在客观上为现代银行业的发展提供了相对宽松和自由竞争的环境，这一时期纸币依赖新式银行的中间人信用不断发展成熟，这是决定货币竞争力的主要因素。中交两行的上海分行是实施独立经营和发行制度改革的先驱。"停兑令"平息后，为取信于民，提高纸币信誉和竞争力，中交两行陆续建立健全纸币发行制度。一是执行发行准备制度。发行准备是控制纸币发行量和应对挤兑风潮的重要手段，中交两行早期未对发行准备做出明确规定，"停兑令"后才制定兑换券章程，规定"凡区内各分支行领用兑换券，应以六成现金，四成有价证券面额，交入总库或分库作为额定准备，再交二成现金作为额外准备"。② 二是采取集中准备和分区发行制度。中交两行早期由各分行发行地名券，并自行保管准备金。1920年以后，中交两行为保障发行准备安全、树立兑换信用，先后决定适当集中发行，"改为分区发行制，计分全国为五大区，其现金准备分存五区之发行行，以备兑现"。③ 三是创立领券制度。中交两行

---

① 中国银行．中国银行上海分行史[M]．北京：经济科学出版社，1991：22－23.

② 交通银行总行，中国第二历史档案馆．交通银行史料(1907—1949)(第一卷下册)[M]．北京：中国金融出版社，1995：848.

③ 中国银行总行，中国第二历史档案馆．中国银行行史资料汇编(1912—1949)(上编二)[M]．北京：档案出版社，1991：952.

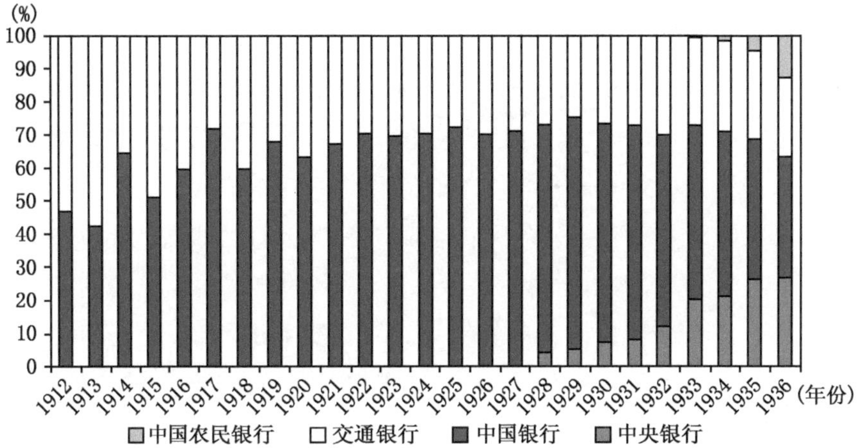

数据来源：中央银行数据见《中央银行营业报告》1928—1937年上期，中国第二历史档案馆藏，中央银行档案，档号：三九六—2672(1)；中国银行数据见中国银行总行，中国第二历史档案馆．中国银行行史资料汇编(1912—1949)(上编二)[M]．北京：档案出版社，1991：956。交通银行数据见交通银行总行，中国第二历史档案馆．交通银行史料(1907—1949)(第一卷下册)[M]．北京：中国金融出版社，1995：838；中国人民银行金融研究所．中国农民银行[M]．北京：中国财政经济出版社，1980：201。

图4—23 各国家银行纸币发行额历年占比

先后与商业银行和钱庄订立领券协议，北洋政府“同时饬令中国银行厘订《领用兑换券办法》”，要求其他发行银行以现金六成、保证四成领用中行兑换券代为发行，试图统一纸币发行。[①] 领券制度有利于发行权向少数大银行集中，使国家银行在货币竞争中逐渐成为纸币发行的中坚力量。四是实行准备金公开和检查制度。中交两行鉴于行庄领券日益增多，决定将所有准备金统一由专库保管，每月“由沪行与领券各行庄签订检查准备办法，实行公开检查，登报公告，以昭信实起见”，并由上海商会、银行公会、钱业公会、领券行庄、财政部和银行董监事等人组成发行准备检查委

① 中国人民银行总行参事室．中华民国货币史资料(1912—1927)(第一辑)[M]．上海：上海人民出版社，1986：176.

员会,规范准备金公开和检查制度。[①] 由此,国家银行的发行制度和发行管理日益健全,纸币信誉也日益巩固,竞争力愈发增强。

与北洋政府时期政府逐渐失去对银行和金融业的控制不同,国民政府时期,政府最初依靠"江浙财阀"站稳脚跟后,通过一系列金融政策和币制改革,加强对金融的管控,国家垄断金融体系逐渐取代了民族资本银行阵营,国家银行与政府的关系从最初的支持到抗衡再到附庸,此阶段国家银行乃至各类发行主体之间的货币竞争,更多的体现的是政府的意志和政策导向,而非市场自由竞争的结果。从本质上讲,这一时期的货币竞争,是货币的信用关系从中间人信用向强权者信用逐渐转变的过程。

从国家银行内部的货币竞争来看,1928 年中央银行成立之初,其纸币发行量在国家银行中的占比仅为 4.63%,而中交两行基本维持了北洋政府后期的七三分成的局面。表 4—11 为"法币"改革后国家银行纸币发行额及占比,从表中可以看出,在国民政府的扶持下,1935 年中央银行纸币发行量在国家银行中的占比上升到 26.67%,与交通银行基本持平,而中国银行纸币发行量占比减少到仅四成左右;此后,中交两行法币发行额占比进一步被中央银行、中国农民银行挤占,到 1937 年抗日战争全面爆发,仅为六成;到 1941 年太平洋战争爆发,只剩不到五成。到 1942 年,中交两行的货币发行权被完全取消。

表 4—11　　　　法币改革后国家银行纸币发行额及其占比

年份	中央银行		中国银行		交通银行		中国农民银行	
	发行额(万元)	占比(%)	发行额(万元)	占比(%)	发行额(万元)	占比(%)	发行额(万元)	占比(%)
1935	17 906.49	26.67	28 624.50	42.63	17 624.50	26.25	2 984.68	4.45
1936	32 559.25	26.22	45 931.02	36.98	29 504.55	23.76	16 201.38	13.04
1937	43 060.83	26.27	60 654.77	37.00	37 114.36	22.64	23 079.82	14.08

① 中国银行总行,中国第二历史档案馆. 中国银行行史资料汇编(1912—1949)(上编二)[M]. 北京:档案出版社,1991:950.

续表

年份	中央银行		中国银行		交通银行		中国农民银行	
	发行额（万元）	占比（%）	发行额（万元）	占比（%）	发行额（万元）	占比（%）	发行额（万元）	占比（%）
1938	73 802.79	32.55	71 105.03	31.36	54 313.14	23.95	27 524.71	12.14
1939	188 014.21	43.86	122 683.03	28.62	81 423.17	18.99	36 543.22	8.52
1940	391 268.80	49.31	194 691.36	24.54	132 900.80	16.75	74 606.41	9.40
1941	643 713.37	42.26	434 855.17	28.55	263 659.37	17.31	181 159.27	11.89

数据来源：根据中国人民银行总行参事室．中华民国货币史资料（1924—1949）（第二辑）[M]. 上海：上海人民出版社，1991：862 整理。

从国家银行与其他发行主体的货币竞争来看，随着国家垄断金融体系的形成，中中交农成为国民政府扩大国家垄断资本、控制全国货币金融的有力工具，国民政府运用各种办法，通过中中交农把其他商业银行、钱庄置于直接或间接的控制之下，并推行废两改元和“法币”改革两项重大币制改革，进一步加强垄断统治和金融管控。1933 年废两改元的实行，使钱庄等中国传统金融机构丧失了对金融市场的操纵，逐渐走向衰落。1935 年“法币”改革实施后，中中交农共同享有纸币发行权，禁止其他商业银行发行纸币，同时法币采取汇兑本位制，并以中央银行挂牌的汇价为基础，收回了被外人控制长达一个世纪的汇率决定权。1942 年 7 月，国民政府进一步取消中国、交通、农民三行货币发行权，并要求三行将发行准备全部移交中央银行接收保管，中国的纸币发行制度也由长期的自由分散，发展为单一的垄断发行。中央银行发行的法币依靠国民政府的强权者信用在货币竞争中取得胜利。

三、国内外势力之间的货币竞争

（一）早期直接的货币竞争

19 世纪 70 年代起，帝国主义国家纷纷在华开设银行，并借口享有“治外法权”，擅自在中国非法发行纸币。半个世纪之后，国人才认识到外资银行在华发行纸币的侵略本质，并开始成立银行，发行兑换券。

表4—12是中外银行纸币发行额比较。从表中可看出,民国初期,中外银行纸币发行量基本相当;到了北洋政府后期,随着军阀混战和帝国主义加强侵略,外资银行纸币一度占据总额的三分之二。此后,随着一些在华外资银行相继停业或倒闭①,外国纸币信用丧失,使国人对外资银行的迷信破灭,从而失去了持有和使用的信心。1919年五四运动以后,特别是1925年五卅运动的爆发,中国人民反对帝国主义侵略的爱国热情日益高涨,反帝斗争和爱国热情使外资银行受到沉重打击,各地一再反对外资银行在中国发行纸币,并倡议拒绝使用。到1935年,“法币”改革时收兑的外资银行发行的纸币,“上海一地为300万元,天津一地为150万元,而这时中资银行发行的钞票已达6.5亿元,两者相差已经很悬殊了”。② 外国纸币最终在一系列币制改革中退出货币竞争的历史舞台。

表4—12　　中外银行纸币发行额比较

年份	外资银行		华资银行	
	发行额(元)	占比(%)	发行额(元)	占比(%)
1912	43 948 359.80	45.48	52 675 375.00	54.52
1916	65 344 657.20	49.10	67 735 125.00	50.90
1921	212 384 806.80	68.88	95 948 965.00	31.12
1925	323 251 228.46	61.19	205 006 026.00	38.81
1935	322 016 195.20	27.06	867 984 374.00	72.94
1936	360 819 442.00	20.41	1 407 200 000.00	79.59

数据来源:千家驹,郭彦岗.中国货币演变史[M].上海:上海人民出版社,2005:208.

(二)后期间接的货币竞争

“法币”改革后,货币发行权收归四大国家银行所有,国内外势力之间

① 例如,华德银行于1917年被清理;中法实业银行于1921年停业,发行的225万元纸币无法兑现,经北京、上海两地银行公会垫款收兑210万元;友华银行于1924年停业,并入花旗银行;华盛顿银行于1924年因挤兑而倒闭;华俄道胜银行于1926年倒闭,发行的39 666银元纸币、11 858银两纸币、107 000卢布纸币均成废纸。

② 洪葭管.中国金融通史(第四卷)[M].北京:中国金融出版社,2008:287.

的货币竞争转变为间接的形式，具体表现在两个层次。一是各方外国势力企图使法币与本国货币联系起来，从而间接控制中国经济金融的主导权。从这一层面来讲，中国的法币与外国货币并不处于一个竞争水平，而是依附和被依附的关系。二是各方外国势力争夺在世界经济、政治和货币体系中的霸权地位，法币改革是英美日等世界主要大国之间国际货币竞争在中国的集中体现。

20 世纪 30 年代，英美两国就国际货币和政治经济主导权之争愈演愈烈，日本急于在远东不断扩张其势力范围，法币由于采取汇兑本位制，因此外国势力争相使法币与本国货币挂钩，企图控制中国的货币和经济大权。当时国人对此也有深刻的认识，“在各国竞谋发展国外市场之潮流中，吾国市场，遂成为英、日、美三国积极争霸之地域”。① 其中，美国实行白银政策在先，日本又以经济提携为由企图控制中国，在日美的积极推进下，英国在华势力已有日趋衰落之势，可见“故近年英国对华贸易衰落之成因，不在中国经济之不振，而由于新兴势力之竞争”。② 为此，英国政府在法币改革前特派首席经济顾问李滋·罗斯来华调查商谈，在这之前美籍顾问杨格等已会同孔祥熙、宋子文二人拟定币制改革方案，此时国民政府仍欢迎各国专家来华商谈的目的在于，“中国向英、美双方表示，谁能为改革货币提供所需贷款，这新货币即将和这个国家的货币联系起来。”③ 这在“法币”改革前后各方的表态和往来电报中有所表现。1935 年 11 月 1 日，时任财政部长孔祥熙致电驻美大使施肇基，命其秘密通知美国财长，中国将实行法币政策，并表示“英国代表团表示赞成在上海发行债券，……，目的是为了币制改革和加强中央银行。如举债成功，就包含着

---

① 中国人民银行总行参事室．中华民国货币史资料(1924—1949)(第二辑)[M]．上海：上海人民出版社，1991：172.

② 中国人民银行总行参事室．中华民国货币史资料(1924—1949)(第二辑)[M]．上海：上海人民出版社，1991：173.

③ [美]阿瑟·恩·杨格．一九二七至一九三七年中国财政经济情况[M]．陈泽宪，陈霞飞译．北京：中国社会科学出版社，1981：229－233.

与英镑发生关系。”[①]11 月 9 日,日本陆军部公报针对法币改革后中央银行牌价与英镑挂钩的做法表态,“日本,作为远东的一种稳定势力,不能忽视大不列颠企图把一个半殖民地的中国置于英国资本统治之下的任何尝试”;日本《朝日新闻》表示,“日本抱着不在同等地位上和英、美在华进行合作的观点。日本只有在其领导地位被承认时才考虑合作。”[②]与此同时,中美双方关于美国购买中国白银的谈判在币制改革前后一直在进行,谈判几经曲折,于 1936 年 5 月才正式签署了《中美白银协定》,由此法币又进一步加入美元集团,此后国民政府在财政金融上对美国的依赖程度逐渐加深。由此可见,在当时美元、英镑、日元争夺国际货币体系霸权地位的背景下,法币改革不仅体现了国内势力之间的货币竞争,也是英美日三国国际货币之争在中国的集中体现,亦可进一步引申为各国政府强权者信用之间的竞争。

第三节 法币改革

一、白银风潮及其影响

(一)白银风潮发生的国际背景

1929—1933 年,资本主义国家发生了严重的经济危机和大萧条,并引起了广泛而深刻的货币信用危机,欧美国家相继发生了严重的银行挤兑风潮,大批银行破产倒闭,工业生产大幅缩水,资本市场暴跌,大量工人失业,经济一片萧条。1931 年,英国首先放弃金本位制。至 1933 年,日本、加拿大、美国、法国等资本主义国家先后放弃了金本位制,开始实行不兑换的“纸币本位制”。

---

① 中国人民银行总行参事室. 中华民国货币史资料(1924—1949)(第二辑)[M]. 上海:上海人民出版社,1991:168.

② 中国人民银行总行参事室. 中华民国货币史资料(1924—1949)(第二辑)[M]. 上海:上海人民出版社,1991:160,171.

1933 年以前,国际金银比价波动造成金贵银贱,中国关税收入受到较大影响,国人开始意识到,维持银本位制势必受到世界黄金白银市场波动的冲击。大萧条爆发后的最初几年,欧美国家普遍出现了通货紧缩、物价下跌,国际金银比价创前所未有之新低。① 与此同时,上海的白银价格始终高于伦敦和纽约市场,白银大量流入上海,市场流动性十分充裕。由此,中国在大萧条早期、国际银价下跌的背景下,出现了短暂的贸易繁荣和金融兴盛,上海更是一跃成为远东金融中心。

1933 年,罗斯福就任美国总统后开始实施"新政",加强政府干预,实施扩张性的财政政策和货币政策,以刺激美国内需和经济复苏。同年 4 月,美国宣布放弃金本位制。6 月,伦敦召开的世界货币经济会议达成八国《白银协定》,协定的目的是限制白银生产和出售、缓和银价波动。中美则早在预备会议期间,就达成共识,认为"东方交易巨大媒介物之白银,应当提高而稳定之价格"。②

1934 年 6 月 19 日,罗斯福总统签署《白银法案》规定,美国政府在国内外市场购买白银,使白银价格提高到 1.29 美元/盎司,或者使白银在美国外汇储备中的比重提高到 25%。按照该方案的规定,美国将收购 13 亿盎司的白银,比美国过去 20 年生产的白银总量还多。8 月 9 日,美国又进一步颁布《白银国有令》,将美国国内的全部存银以每盎司 0.501 美元的价格收归国有。1934 年下半年至 1935 年上半年,美国多次提高购银价格,共向国外收购白银 2.9 亿盎司,加上国内生产和收购的 1.47 亿盎司,总计 4.37 亿盎司,其中国外收购占比 67%。③

(二)白银风潮对上海经济的影响

受美国短期肆意购银的影响,中国国内的巨额白银从内地涌向上海,再从上海流向海外市场。表 4－13 为 1932—1935 年上海中外银行现银

---

① 国际金银比价,1900 年为 1∶33.33,1930 年降至 1∶53.38,1933 年更降至 1∶78.60。

② 仇华飞. 中美经济关系研究(1927—1937)[M]. 北京:人民出版社,2002:371.

③ [美]阿瑟·恩·杨格. 一九二七至一九三七年中国财政经济情况[M]. 陈泽宪,陈霞飞译. 北京:中国社会科学出版社,1981:227.

存底,从表中可发现,上海的白银存底从 1933 年底的 5.47 亿元降低到 1934 年底的 3.35 亿元,1935 年底进一步降低至 2.76 亿元。上海成为全国白银外流的集中转运站,而其中起主导作用的是外资银行。1933 年底上海外资银行存银 2.76 亿元,到 1934 年底仅为 0.55 亿元,减少了 80%。

表 4—13　　1932—1935 年上海中外银行现银存底统计表　　单位:万元

年份	华商银行	外资银行	存银总数	汇丰银行	花旗银行	正金银行
1932	25 328	18 505	438 33			
1933	27 181	27 566	54 747	8 392	2 569	2 020
1934	28 032	5 467	33 499	747	1 487	452
1935	23 944	3 615	27 559	839	455	185

数据来源:《全国银行年鉴》1933 年(F142—143 页)、1934 年(F153—154 页)、1935 年(S160—161 页),转引自杜询诚. 上海金融的制度、功能与变迁(1897—1997)[M]. 上海:上海人民出版社,2002:251。

面对日益严重的白银外流,国民政府于 1934 年 10 月宣布开征白银出口税和平衡税,以抵消国内外白银价差,力图使白银出口无利可图。1935 年 4 月,宋子文又代表国民政府,与上海外商银行公会签订“君子协定”,要求外商银行“自动暂停装银出口”,并对“往来银行欲实行装银出口”者“当劝阻之”。[①] 通过上述措施,合法的白银出口有所减少,但在巨额利润的驱使下,白银走私出口十分猖獗。据估计,1935—1936 年的白银走私额高达 3.31 亿盎司。[②]

1934—1935 年,大量白银持续外流造成国内通货紧缩,经济萧条,中国陷入白银危机,金融恐慌蔓延。汇市方面,美国自放弃金本位到 1934 年 2 月,美元贬值了 39.2%,纽约市场银价上涨了 64.5%,中国元对美元汇率上升了 66%。[③] 贸易方面,汇率上升使进口货物价格趋低,上海进口

---

① 中国人民银行总行参事室. 中华民国货币史资料(1924—1949)(第二辑)[M]. 上海:上海人民出版社,1991:153.

② 中国人民银行总行参事室. 中华民国货币史资料(1924—1949)(第二辑)[M]. 上海:上海人民出版社,1991:158.

③ 国家关税税则委员会. 上海商品年度报告[R],1934:117.

货物指数(1926年=100)从1932年的140.1下降到1934年的132.1，廉价洋货挤压了国货，贸易入超严重。[①] 物价方面，上海的批发物价指数(1926年=100)在1935年夏达到90.5的最低点，工商业生产陷入停顿，大量公司破产倒闭。[②] 信贷方面，通货收缩使银行信贷骤减，银根紧张达到极点，"1934年间中国钱庄收取的利息从每年6%上升到16%"，"1935年1月间出售一个月交款的外汇期货，贴水高达年息27%"。[③] 可见，上海市场的流动性已经到了几乎匮绝的地步。

1929—1935年的七年间，在世界主要国家纷纷脱离金本位的背景下，中国作为当时仅有的银本位国家之一，经历了国际银价暴跌和暴涨的两次冲击，上海经济金融市场在经历了转瞬即逝的繁荣之后，迅速陷入一片萧条。美国的白银政策使中国面临白银通货枯竭的危险境地。此时，中国政府放弃银本位，切断与国际贵金属市场的联系，实行通货管理和信用货币制度，就成为1935年币制改革的核心内容，迅速被提上日程。

二、法币改革的酝酿和实施

(一)法币改革前的酝酿和国际局势

1934年底，中国开始积极争取英美支援。9月，中国驻美大使施肇基在致美国政府的照会中表明，美国《白银法案》使我国经济受到极大损害，"必须设法避免银价变动之损害"，"故已考虑逐渐采用金本位货币"，并表达了希望与美国进行金银互换的想法。[④] 12月，在美国拒绝金银互换和稳定银价的提议之后，国民政府又表示，将拟定具体计划，"以最高价出售

① [美]阿瑟·恩·杨格．一九二七至一九三七年中国财政经济情况[M]．陈泽宪，陈霞飞译．北京：中国社会科学出版社，1981：554.

② 中国人民银行总行参事室．中华民国货币史资料(1924—1949)(第二辑)[M]．上海：上海人民出版社，1991：156.

③ [美]阿瑟·恩·杨格．一九二七至一九三七年中国财政经济情况[M]．陈泽宪，陈霞飞译．北京：中国社会科学出版社，1981：244.

④ 中国人民银行总行参事室．中华民国货币史资料(1924—1949)(第二辑)[M]．上海：上海人民出版社，1991：121.

白银而换进黄金准备,并逐渐地把通货转移到外币汇兑本位上”。[①] 1935年2月,国民政府又向美国提出通过售银和贷款以便实行不兑现纸币制度的提议,并“企图将这种新币与美元发生联系”。[②] 然而,美国方面拒绝了上述提议。时任国民政府美籍顾问杨格分析认为,美国早期拒绝支持中国实行法币改革的原因在于,“如果给予中国一笔信贷,将使美国深深卷入中国的事务,并会导致美国与日本之间的纠葛,日本声称它在对华经济关系中是享有优先的”。[③]

与美国的观望和消极应对不同,英国在1935年3月,向美国、日本和法国建议共同商定方案对中国进行国际援助,并由四个国家指派代表赴上海研讨细节。对此,法国最初表示愿意合作,美国决定暂不派代表赴华,日本则对国际援助计划公然反对。6月,英国宣布将派首席经济顾问李滋·罗斯爵士出访中国。9月,李滋·罗斯取道加拿大、日本来华,并试图与美国、日本方面进行协商,但最终均未取得成功。在美、日、法方面均未派出专家的情况下,李滋·罗斯于9月21日抵达上海,并与国民政府当局和中国银行业开始接洽。

事实上,早在美国白银政策出台后,国民政府就已经开始秘密筹划币制改革方案,“这些方案都是关于在通货的价值不过高的水平上推行一种汇兑本位币制”。李滋·罗斯抵沪之前,法币改革方案已经拟定,美籍顾问杨格参与了具体方案的设计。杨格认为,中国币制改革的困难“部分是属于技术性的,部分属于如何使公众接受的心理领域,另一部分则是国际性的”,且其中“技术上的困难,假使能够找到解决公众信心和国际牵扯的

① 中国人民银行总行参事室.中华民国货币史资料(1924—1949)(第二辑)[M].上海:上海人民出版社,1991:126.

② 中国人民银行总行参事室.中华民国货币史资料(1924—1949)(第二辑)[M].上海:上海人民出版社,1991:133.

③ [美]阿瑟·恩·杨格.一九二七至一九三七年中国财政经济情况[M].陈泽宪,陈霞飞译.北京:中国社会科学出版社,1981:248.

办法，是可以克服的”。[①] 鉴于此，正是李滋·罗斯的来华，以及英国政府所给予的国际支持，为法币改革得以成功实施提供了必要的市场信心。

（二）法币改革的实施和各方行动

1935年底，白银走私愈发猖獗，关于纸币停止兑现的流言更盛，黄金飞涨，汇率下跌，国民政府在局势极端严峻的情况下，于11月3日晚连夜发布布告，决定实施法币改革。《财政部布告》[②]（以下简称“布告”）列出了六项改革措施：

（1）自本年十一月四日起，以中央、中国、交通三银行所发行之钞票订为法币。所有完粮纳税一切公私款项之收付，概以法币为限，不得行使现金，违者全数没收，以防白银之偷漏。如有故存隐匿，意图偷漏者，应准照危害民国紧急治罪法处治。

（2）中央、中国、交通三银行以外，曾经财政部核准发行之银行钞票，现在流通者，准其照常行使；其发行数额，即以截至十一月三日止流通之总额为限，不得增发；由财政部酌定限期，逐渐以中央钞票换回。并将流通总额之法定准备金，连同已印未发行之新钞，及已发收回之旧钞，悉数交由发行准备管理委员会保管；其核准印刷中之新钞，并俟印就时，一并照交保管。

（3）法币准备金之保管，及其发行收换事宜，设发行准备管理委员会办理，以昭确实，而固信用。其委员会章程另案公布。

（4）凡银钱行号商店及其他公私机关或个人，持有银本位币或其他银币、生银等类者，应自十一月四日起，交由发行准备管理委员会或其指定之银行，兑换法币。除银本位币按照面额兑换法币外，其余银类，各依其实含纯银数量兑换。

（5）旧有以银币单位订立之契约，应各照原定数额，于到期日，概以法

---

① ［美］阿瑟·恩·杨格．一九二七至一九三七年中国财政经济情况［M］．陈泽宪，陈霞飞译．北京：中国社会科学出版社，1981：255.

② 中国人民银行总行参事室．中华民国货币史资料（1924—1949）（第二辑）［M］．上海：上海人民出版社，1991：181.

币结算收付之。

(6)为使法币对外汇价按照目前价格稳定起见,应由中央、中国、交通三银行,无限制买卖外汇。

除此之外,国民政府还公布了《发行准备管理委员会章程》《兑换法币办法》《银制品用银管理规则》等一系列补充法令,确保法币改革顺利进行。其中,《发行管理委员会章程》规定了法币的发行机构与准备金管理办法,由中央、中国、交通三行奉命保管法币准备金。《兑换法币办法》指定了兑换法币机关,要求持有银币、厂条、生银、银锭、银块以及其他银类者,应于三个月以内,就近交各地兑换机关换取法币。《银制品用银管理规则》旨在防止银制品私运出口,对银器银饰的制造和出售做出了严格的规定。1936 年 2 月,在蒋介石的施压下,财政部又核定中国农民银行的纸币与法币同样行使。

由于法币实行的是汇兑本位制,法币与哪种外国货币挂钩就成为敏感问题。《布告》第六条闪烁其词,以避免得罪美、日等相关利益国。但中中交三行在法币改革后,根据近五年市场汇率的平均数,公布了法币对英镑的汇率,即 1 法币折合英镑 1 先令 2 便士半,实际上昭示了法币与英镑的联系。

法币改革一经宣布,国内外反应十分强烈。国内方面,由于国人用银习惯由来已久,且对法币信用存在疑虑,兑换工作起初进展十分缓慢,三个月兑换期一再展限。1937 年春,为积极推动白银收兑工作,财政部规定凡以现银兑换者和以金银及其制成品购买国债者,给付 6%的手续费。在各种政策推动下,至 1937 年 9 月,“中中交农四行收兑之银币,共达三万万余元”。[①] 华商银行准备金的移交方面,除个别地方银行,进展较为顺利。

国际方面,英国对法币改革持一贯的支持态度,要求在华英商和银行遵守法令,移交现银。美国在华银行以国内外白银存在差价为由,要求在

---

① 中国人民银行总行参事室. 中华民国货币史资料(1924—1949)(第二辑)[M]. 上海:上海人民出版社,1991:188.

移交现银时获得相应补偿。日本方面则对法币政策竭力抨击,并拒绝交兑白银,同时秘密封运白银回国,直到1937年初春,上海的6家日资银行才勉强同意移交现银。

国民政府在国内收兑白银的同时,还通过向国际市场出售白银,以获得维持法币汇率稳定的外汇基金。虽然法币最早与英镑建立联系,但由于英国方面的借款始终无法兑现,且英国国内并不存在大量的白银需求,国民政府转而寻求美国的援助。美国方面出于自身利益考虑,要求以中国货币钉住美元为条件,才同意从中国收购白银。国民政府考虑币制政策频繁变动将动摇市场信心,表示不便公开宣布法币与任何外币存在联系。

1935年12月,美国政府停止在伦敦市场收购白银,国际银价下跌,"银价下落的直接结果,已到了白银输入有利可图的关头,从而可能破坏新币制"。[①] 1936年2月,国民政府为了维持得来不易的币制改革成果,不得不向美国妥协,并派陈光甫继续就出售白银事宜赴美商谈。1936年5月,中美签署《中美白银协定》,美国同意向中国购买巨额白银,并供给美元外汇以稳定中国货币币值,但中国出售白银所得的外汇、黄金则必须存放在美国,并约定法币发行的白银准备至少占纸币流通量的25%,中国还应扩大国内白银用途,并铸造一元、半元银辅币。由此,法币又与美元建立了内在的联系。

三、法币改革的影响和意义

1935年法币改革是中国近代金融史、货币史上一次影响深远、意义重大的币制改革,促进了国民经济的复苏、纸币发行权的统一和货币制度的变革。

(一)提振信心,国民经济出现复苏回暖

法币改革切断了货币与贵金属的联系,结束了中国币制紊乱、分裂的

---

① 中国人民银行总行参事室.中华民国货币史资料(1924—1949)(第二辑)[M].上海:上海人民出版社,1991:250.

状况,对稳定国家金融、发展国民经济、走出经济危机起到了积极作用。同时,法币的发行弥补了市场通货不足的危机,通货紧缩的情况得以扭转,而法币对外币值压低,有利于出口增长和国际收支的改善,进一步刺激物价回升,有利于工商业和农业的复苏和回暖,使国内经济金融紧张的形势迅速得到缓和。

法币政策出台时,中央银行的外汇牌价是1法币合英镑1先令2便士半,官方表示这是以近五年对英镑的平均汇率为基础计算出来的。但实际上按国际市场的银价折合计算,1法币应合1先令10便士,即人为压低了34%。货币贬值策略扭转了国内的通货紧缩和经济危机,物价开始回升。到1937年,上海一般价格指数和生活费用指数已经恢复到1931年的水平。从月度数据来看,上海物价水平从1935年7月的90.5上升到1937年6月的126.1,涨幅达到39.34%。①

表4—14为1931—1937年上海批发价格与生活费用指数。

表4—14　　1931—1937年上海批发价格与生活费用指数　　(1926年=100)

年　份	一般价格指数	出口价格指数	进口价格指数	生活费用指数
1931	121.8	101.2	138.9	121.2
1932	107.5	86.1	141.1	108.0
1933	98.4	73.0	128.4	102.6
1934	99.0	75.3	135.0	110.4
1935	103.3	90.0	141.5	109.3
1936	118.8	102.9	147.6	117.5
1937	126.1	—	—	119.0

注:1931—1936年均为年底数据,1937年为6月数据,此后抗日战争爆发。

数据来源:[美]阿瑟·恩·杨格.一九二七至一九三七年中国财政经济情况[M].陈泽宪,陈霞飞译.北京:中国社会科学出版社,1981:527—531.

① [美]阿瑟·恩·杨格.一九二七至一九三七年中国财政经济情况[M].陈泽宪,陈霞飞译.北京:中国社会科学出版社,1981:527—531.

物价上涨刺激了工农业生产的发展和商业的繁荣，工业品总产值从1935年的11.04亿元增加到1936年的12.27亿元，增长了11.15%。[1]物价的温和上涨使工商业生产变得有利可图，工商企业盈利能力好转，财务状况改善，偿债能力提高，有利于金融业收回呆滞贷款。同时，资金流转激活，市场流动性充足，利率也出现下降趋势，上海钱业月度拆息从1935年10月的0.427下降到1936年10月的0.258。[2]

此外，汇率压低有利于国内商品出口。1935年中国进出口贸易总额为14.95亿元(进口9.19亿元、出口5.76亿元)，1936年增加到16.47亿元(进口9.41亿元、出口7.06亿元)，增长了10.17%，其中进口增长了2.40%，出口增长了22.57%，出口增长幅度大大超过了进口增长幅度，见表4—15。

表4—15　1931—1937年中国对外贸易额　单位：百万元

年份	进口贸易额	出口贸易额	共计	国币对美元汇率
1931	2 002	915	2 917	0.224
1932	1 524	569	2 093	0.217
1933	1 345	612	1 957	0.286
1934	1 030	535	1 565	0.341
1935	919	576	1 495	0.366
1936	941	706	1 647	0.298
1937年上半年	606	483	1 089	0.297

注：不包括伪满洲对外贸易额。

数据来源：[美]阿瑟·恩·杨格．一九二七至一九三七年中国财政经济情况[M]．陈泽宪，陈霞飞译．北京：中国社会科学出版社，1981：544—545.

总体而言，“法币”改革初期，国内经济金融形势出现好转，使中国从白银危机的泥潭中走出来，在一定程度上起到了安定人心的作用。然而，

① [美]阿瑟·恩·杨格．一九二七至一九三七年中国财政经济情况[M]．陈泽宪，陈霞飞译．北京：中国社会科学出版社，1981：347.

② 洪葭管．中国金融通史(第四卷)[M]．北京：中国金融出版社，2008：302.

随后爆发的抗日战争和国共内战,使法币政策受到严重破坏,法币逐渐沦为战争货币,最终走向崩溃瓦解。

(二)统一币权,纸币最终取代金属货币

对内,“法币”改革具有两个层面的重要意义。第一,“法币”改革标志着纸币发行权从分散走向统一。伴随着国民政府垄断金融系统的建立,“法币”改革使纸币发行权收归四大国家银行所有,为1942年最终由中央银行垄断发行奠定了基础。第二,“法币”改革还标志着纸币最终取代金属货币,符合货币形态演变的历史规律,同时现代信用货币制度也在上海近代货币竞争过程中得以初步建立。

1. 金属货币与纸币兑换券的竞争

“法币”改革之前的纸币并不是现代意义上的信用货币,而是代表金属铸币所有权的兑换券,其本质是一种所有权凭证,以金属货币单位(银两或银元)标明面额,这一时期的货币制度本质上仍是银本位制。但当时发行的纸币兑换券并不是十足白银准备,而是采取“六成现金准备、四成保证准备”的发行制度,因此纸币兑换券仍然具有一定的信用衍生和货币扩张的作用。与金属货币相比,纸币兑换券具有易于携带和保管,便于支付和交易,纸币本身价值低,即使磨损也不会造成社会财富浪费等优点,但在发行准备不足、信息不公开或被随意挪用的情况下,也存在容易遭受挤兑、引发信任危机和金融风险的缺点。

纸币兑换券本身没有价值,只有使用价值,在相关发行制度和约束机制不健全的情况下,一旦发行机构破产,兑换券与金属货币之间的等价关系破裂,将形同废纸;而金属货币是在商品交换中分离出来固定充当一般等价物的商品,即使面值作废,其金属本身仍然具有相对稳定的市场价值,即金属货币同时具有价值和使用价值。民国前期长年战乱、政局不稳、挤兑风潮频发,公众对纸币兑换券与金属货币之间无法保持稳定兑换关系的担忧,是造成以银两、银元为代表的金属货币长期占据货币流通领域主导地位的重要原因,也是决定两种货币形态竞争趋势的主要因素。市场在伴随着货币形态演变的交易成本递减与伴随着银行中间人发展的

信用风险递增之间寻求平衡点，但货币发展的客观趋势呼唤一种更为强大的信用保障机制，“法币”改革由此应运而生。

2. 金属货币与信用货币的竞争

“法币”改革标志着中国货币史上信用货币制度的开端。法币属于不兑现的信用货币，不与任何金属保持等价关系，由国家信誉背书，法律赋予其无限清偿能力，本质上采取的是汇兑本位制。信用货币一般以纸币为表现形式，与金属货币相比，其优势除易于携带、便于支付之外，还在于：一是信用货币发行不受金银数量的限制，解决了贵金属产量的有限性与商品生产交易规模不断扩大之间的矛盾，即信用货币机制下，可以根据经济发展的实际需要相应调整货币供应量；二是国家对信用货币的管理调控保证了经济的稳健发展，中央银行运用货币政策实施宏观审慎监管和逆周期操作，平滑经济波动，有利于维护经济金融稳定。

“法币”改革有一定缺陷，货币通过信用机制发行并进入流通领域，这与金属货币通过自由铸造进入市场流通不同，货币发行量失去了自发调节机制，当国家通过信用程序所投放的货币过多而贬值，就会引发通货膨胀。具体而言，法币发行缺乏体制性的约束，发行银行沦为战争财政的取款机。从货币理论上看，法币作为政府信用货币，其基础应该是国债，以国家未来税收收入作为偿还保证。然而，国民政府在抗日战争和内战期间无力发行国债，便以超发货币弥补战争需求，完全不受约束，致使法币最终走向崩溃。

总体而言，“法币”改革中信用货币取代金属货币，是货币发展的较高阶段，客观上是符合货币演变的基本趋势和经济社会发展的需求。但在国内经济、政治条件尚不成熟的情况下强行推行不兑换纸币，其结果必然是滥发纸币，侵夺民脂民膏，也为日后国民政府的恶性通货膨胀埋下了隐患。从法币发行数据来看，1935 年“法币”改革前夕，中中交三行“发行的钞票只有 4.3 亿元，而到抗日战争前夕的 1937 年 6 月已增发至 14.1 亿元，其中虽有抵补原来流通的银元等因素，但用于弥补财政赤字的发行亦已经悄悄地开始膨胀了”。[①]

(三)币制革新,汇兑本位取代银本位

对外,我们不能孤立地看待“法币”改革,而是要将大萧条、白银风潮的国际背景以及废两改元、“法币”改革作为整体来统筹分析。

20 世纪 30 年代的资本主义大萧条,引发了近代国际货币体系的重大变革,瓦解了国际“金本位制”,并开启了通货管理和外汇管制的时代。对中国而言,大萧条和白银风潮的巨大外部冲击,破坏了渐进式的“银本位”币制改革路径,使中国未经历“金本位”的过渡,而跨越性地进入信用货币时代,这对此后中国政治经济的发展走向产生了深远的影响。

自 1816 年英国通过《金本位制度法案》最早实行金本位制,到 19 世纪后期资本主义国家已经普遍采用金本位制,世界货币体系就此发生了分化,形成黄金和白银两大集团。从大萧条前的国际货币制度来看,资本主义国家通过实行金本位制,形成彼此间的“固定汇率”机制,在国际金银比价波动的背景下,中国实行的银本位制实际上与世界主要国家之间形成了“浮动汇率”的关系,这使中国经济极易受到外部波动的冲击。正是在这一国际背景下,大萧条和白银风潮成为中国近代实施废两改元和“法币”改革的重要推动因素。

中国作为最大的用银国家之一,其币制改革贯穿清末民初,对内寻求币制统一,对外竭力抵御国际银价波动带来的冲击。按照南京国民政府的最初计划,中国近代的币制改革首先以实现“银本位”为目标(即废两改元),先行统一币制,再过渡到与国际接轨的“金本位制”或“金汇兑本位制”,力图切入国际金本位之下的固定汇率制度,从而确保汇率稳定,避免外部冲击干扰。然而,这样一条渐进式的币制改革路线,被大萧条和白银风潮打断,使中国在废两改元确立银本位的短短两年后,跨越金本位制,直接进入信用货币制度。

美联储前主席伯南克(Bernanke,1995)将大萧条对资本主义国家的

---

① 洪葭管．中国金融通史(第四卷)[M]．北京:中国金融出版社,2008:285.

货币冲击分为两个阶段:第一阶段冲击是通货紧缩(1929—1933年),第二阶段冲击是通货再膨胀(1933—1935年)。[①] 对中国而言,两个阶段的影响正好相反。中国白银货币的"浮动汇率"性质使得中国幸免于大萧条第一阶段的冲击,国际银价走低,白银输入踊跃,反而使中国出现了危机前的短暂繁荣,并为国民政府实行"废两改元"提供了有利的内外部条件。[②] 由此,在西方国家先后抛弃"金本位"的同时,中国却正式确立了"银本位"制。第二阶段冲击随着国际金本位制的瓦解接踵而至,美国白银政策促使国际银价暴涨,中国银本位的"浮动汇率"性质和缺乏有效外汇(金银)管制的状况,又使中国陷入了严重的通货紧缩,迫使国民政府切断货币与白银的联系,终结了中国近五百年的"白银核心型"的货币体系。

从汇率制度安排来看,中国虽然脱离了银本位制下的"浮动汇率",但"法币"改革并未使中国完全免于外部干扰,法币对英镑、美元的依附,反而使中国货币经济进一步丧失独立性。同时,法币也并不是完全意义上的钉住美元,其发行在随后的战争条件下几乎不受限制,中国又一次被排除在即将形成的布雷顿森林体系的固定汇率制度之外,法币最终走向了恶性通货膨胀的深渊。

然而,要对"法币"改革做出客观的评价,不能完全局限于货币金融的范畴。20世纪30年代,中国政权处于形式上的统一和事实上的分裂状态,面对日本侵华压力的不断加大,中国需要寻求强大的国际支援,并将自身的货币经济与英美等西方发达国家捆绑在一起。然而,此时的西方国家正处在两次世界大战期间的权力再分配阶段,中国在大国博弈中寻求平衡,法币改革使中国先后加入英美货币集团,这也为第二次世界大战中东方反法西斯阵营的建立奠定了牢固的利益基础,因此必须充分考量中国近代币制改革所面临的地缘政治冲突和全球经济利益再分配压力。

---

① Bernanke B. The Macroeconomics of the Great Depression: A Comparative Approach [J]. Journal of Money, Credit and Banking, 1995, (27): 1—28.

② 国内流动性充足,上海洋厘跌至"两元并用"以来洋厘行市的最低水平。

本章小结

上海近代纸币流通概况。在纸币种类方面,各类纸币不仅内在性质不同、兑换标的物不同,还存在着区域差异和发行机构之别。在纸币种类和结构方面,20 世纪 30 年代货币总量的快速增长很大程度上是由纸币的兴起和普及所推动的,国家银行的纸币流通占比增长较快,上海的货币竞争成为全国货币竞争的缩影,代表了近代中国货币竞争的发展方向。在纸币的流通和使用方面,银元券随着银元的广泛应用而成为上海主流的纸币形式,在上海对外贸易、埠内贸易、埠间贸易以及与内地的贸易中普遍使用。

上海近代纸币竞争概况。在外国势力的纸币发行和竞争方面,英、美、日、法等背景的外资银行早期发钞额整体快速增长,后期随着华商银行的崛起和反帝爱国斗争的深入,外资银行纸币逐渐退出竞争舞台。在本国势力的纸币发行和竞争方面,详细分析了代表中国传统金融势力的钱庄、代表新式金融势力的商业银行和代表政府意志的国家银行三者之间的货币竞争情况,其中钱庄通过操控"洋厘""银拆"等货币市场基础定价权支持庄票发行,华商银行(包括商业银行和国家银行在内)通过建立联营制度、领券制度、发行准备公开制度等逐步树立纸币信誉,钱庄、华商银行与外资银行逐渐形成"三足鼎立"的金融格局,废两改元后钱庄和庄票受到打击,法币改革使商业银行丧失发行权,国家银行成为纸币竞争的最终赢家。在国内外势力的纸币竞争方面,分析了早期的直接竞争和后期的间接竞争情况。

以法币改革为切入点,分析了纸币之间以及纸币与金属货币之间的竞争情况。在白银风潮及其影响方面,中国近代以白银为核心的货币体系使中国极易受到国际金银市场波动的冲击,白银风潮造成通货紧缩、物价下跌、经济萧条,迫使中国放弃银本位,切断与国际贵金属市场的联系,实行通货管理和信用货币制度。在"法币"改革的酝酿和实施方面,早在美国白银政策出台后，国民政府就已经开始秘密筹划币制改革方案，而英国首席经济顾问李滋·罗斯的来华以及英国政府所给予的国际支持，为“法币”改革得以成功实施提供了必要的市场信心。在“法币”改革的影响和意义方面，“法币”改革使国民经济出现复苏回暖，纸币最终取代金属货币，汇兑本位取代银本位，这对此后中国政治经济的发展走向产生了深远的影响。

第五章　中央银行的初创与货币发行权的归一

第一节　近代中国中央银行的萌芽

银行作为经营货币商品的特定组织机构，迄今为止已有六百多年的历史，但中央银行的出现距今却只有三百多年。在很长时间内，人们对中央银行的职能及经济社会的作用知之甚少，直到 19 世纪末，人们才逐步从实践中认识到中央银行在稳定国家货币及金融市场中发挥的重要作用，并使其成为各国政府金融体系的核心。从此，中央银行作为特殊性金融机构，承担制定货币政策、履行宏观调控、维护金融稳定等职能。

中央银行在不同国家的萌发演进过程不尽相同，它是由各国的社会制度、政治体制、经济管理模式、商品经济发展水平、金融业发展程度、文化风俗习惯，以及国家所处政治军事环境等具体国情所决定的。众所周知，鸦片战争后，中国的国门被船坚炮利的西方列强强行打开，许多新奇事物和思想理念从各通商口岸涌入，有关中央银行思想和学说也随之传入我国，这对当时清政府的一些官员政要和民间的有识之士产生了影响，进而促发了近代中国中央银行思想的萌芽。

一、近代世界中央银行的产生

（一）经济社会发展必然产物

18 世纪后半期到 19 世纪前半期，在工业革命的直接推动下，资本主义在西方世界蓬勃发展，极大地促进了社会生产力的发展和商品流通的扩大，同时也带来了货币信用行业的迅速兴起，资本主义银行业随着工业革命所带来的巨大动力也得到了迅猛的发展。英国作为资本主义发展最早的国家，1776 年仅有银行 150 家，1814 年就发展到 940 家。与任何一个行业产生和发展的规律一样，银行业展业初期乱象丛生，给金融市场带来了一系列问题。

1. 银行券的发行问题

最初每个银行都有发行银行券的权利，只要能够保证随时兑现自己发行的银行券，银行就可以稳妥地经营下去。然而，随着银行数量增加，市场上流通的银行券日益增多，很快出现了两个问题：一是各银行在激烈的竞争环境中，有的因自身经营管理不慎，有的受经济危机影响，有的受同业恶意挤兑，使得一些银行发行的银行券无法兑现，引起社会混乱；二是大部分银行受资本实力、自身信用和分支机构等因素限制，所发行的银行券只能在当地和一定区域范围内流通使用，较远地区则无法进行兑现，这既影响了银行券的发行和流通，也对经济贸易的发展造成许多困难。以上问题的存在，客观上要求有一个资本充足、实力雄厚并且有权威的银行，发行一种能在全国流通的统一货币。

2. 票据交换问题

随着银行业务发展，银行每天收受票据的数量日益增多，银行与银行之间的债权债务关系日趋复杂，各行自行轧差结算难的问题日益突出。同城结算十分困难，异地结算的矛盾更加明显，因而在客观上要求建立一个统一、权威、公正的票据交换和债权债务的清算机构，主持并解决票据交换问题。

3.“最后贷款人”问题

随着社会经济发展，客户对银行贷款要求不仅是金额增加，而且要求还款期限延长，各商业银行如果仅仅以自己吸收的存款进行放款，难以满足社会经济发展的需要。与此同时，各银行发行的银行券受到地区和信用的限制，且存款用于贷款过多，还会发生偿付力不足的问题，补充新的资金来源就显得很有必要。虽然可以通过同业透支、拆借来应对,但这些方法、措施仅能解决数量小、期限短的临时困难。当时的银行业界,常常由于支付能力不足发生挤兑和破产等事件,于是有人提出要适当集中各家银行的一部分现金准备,在某家银行发生支付困难时,予以必要的支持。这在客观上要求有一个后盾,能够在普通商业银行发生困难时,作为"最后贷款人"给予贷款支持,以免在信用危机中遭遇破产的厄运。

4. 金融市场管理问题

随着银行业和金融市场的发展,客观上需要政府对全国的货币金融等相关活动进行必要的管理和监督,但由于监管银行业务和金融市场对专业性和技术性要求非常高,政府需要成立一个专门机构来负责这方面的工作。

(二)普通银行自然演进的结果

经济社会不断发展,银行业务日益扩大,金融市场越发繁荣,但存在的问题越来越突出,矛盾越来越尖锐,各国政府想方设法克服这些矛盾困难。在这个过程中,实力最强、与政府联系密切、信用卓著的银行,从商业银行中脱胎出来成为中央银行。这一过程最完整的体现,便是被视为世界中央银行始祖的英格兰银行。英格兰银行在中央银行制度的发展史上是重要的里程碑。1833 年,英国国会规定只有英格兰银行钞票为无限法偿币,这是英格兰银行成为英国中央银行决定性的第一步。1825 年和 1837 年,英国爆发了历史上两次最早的周期性经济危机。危机爆发点是从货币信用领域开始的,因而人们认为货币信用问题是危机的根源。从货币信用方面寻求防止危机的办法,引发了一场关于银行券发行保证的大讨论。讨论的结果是主张政府应对货币准备加以规定的通货学派获胜,在此基础上,1844 年 7 月 29 日,英国国会通过《特许银行条例》(因该条例由英国首相比尔主持通过,亦称《比尔条例》)。《比尔条例》的关键内容有:英格兰银行分发行与业务两部;发行制度采用最高发行额制,即规定发行钞票有一定数额,超过定额,则须十足准备;限制其他银行发钞,特别严密规定,已停者不得再发,已发者加以限制,政府有对于其他发钞银行停止发钞的权利。《比尔条例》的颁布，对英格兰银行的发展具有划时代的意义，“该法令实开中央银行之基”。[①] 此后，英格兰银行一步步垄断了全国货币发行权，并于1928年成为英国唯一的发行银行。

（三）中央银行产生的其他因素

1. 战争因素

第一次世界大战的发生，引起了中央银行的剧烈变革和迅速推广。第一次世界大战期间，参战各国为应付战时财政需要，都停止了金本位制。各国中央银行纷纷停止或限制兑现，并向政府大量借垫以供战费支出，因此引起通货膨胀，物价上升，并因战争费用不断上升，钞票不断增加发行，形成通货与物价的相互影响。战后，各国普遍发生了严重或恶性的通货膨胀。鉴于此，各国认为想要挽救战争创伤，必须稳定币值，而稳定币值、重建币制，则不得不强化、改组或新设中央银行。

2. 政治因素

1920年，在比利时首都布鲁塞尔举行的国际金融会议，建议尚未设立中央银行的国家，应从速成立中央银行，并提出中央银行“应脱离政治压迫而自由，更应恪遵金融谨慎之原则”[②]。这是战后中央银行制度建立的最重要的理论基础。1922年，在瑞士的日内瓦会议上，对于中央银行政策，除强调应脱离政治控制而独立外，再次建议各国，包括新成立的国家，设立中央银行。布鲁塞尔会议及日内瓦会议，推动了中央银行制度的推广，设立中央银行已成为世界潮流，未设立中央银行的国家，纷纷仿效先进国家中央银行演化成规，相继组建中央银行。

二、近代中国中央银行萌芽

近代中国建立中央银行制度的思想来源于西方国家，萌发于19世纪晚期，初步发展于20世纪早期，成熟于20世纪二三十年代，经历了清末、北洋和国民政府三个历史时期的发展，对于推动中央银行制度在近代中

① 崔晓岑. 中央银行论[M]. 上海：商务印书馆，1935：14.
② 崔晓岑. 中央银行论[M]. 上海：商务印书馆，1935：41.

国的建立起了积极的作用。

(一)清政府的中央银行

1. 清末建立中央银行思想

从 19 世纪 80 年代开始,报章上已有文章开始建议清政府设立“官银行”或“国家银行”。这些建议中,包含一些让“官银行”或“国家银行”代理国库、收存公款税款、支持政府财政等与中央银行职能相关的内容。但这一时期,无论是民间还是官方建立“官银行”或“国家银行”的建议和思想,都与当时西方国家已经开始初步形成的中央银行制度相去甚远。其设立银行的主要目的是为政府服务,尤其是为财政服务,其实质不过是政府自己设立银行,以谋取经济利益,而业务内容也是以商业银行业务为主,并兼具一部分中央银行职能而已。

1897 年,中国通商银行的开办,推动了中国自办银行的实践活动,也促使更多的学者和政府官员提出设立中央银行的建议和主张。

1901 年,留日学生监督(清末管理留学生的驻外机构内的官职名称)钱恂在日本编写《财政四纲》一书,随后在国内出版。该书在银行分类中,将中央银行置于第一位,初步介绍国外中央银行制度,论述了中央银行的性质,指出中央银行作为银行之银行,不与其他银行竞争,并享有发行纸币特权,承担代理国库、稳定金融市场、调整利率等职能。[①]《财政四纲》第一次将“中央银行”这一术语引进中国,自此以后有关中央银行的理论学说陆续引入中国。[②]

1909 年,留日回国学者谢霖、李微以日本学者的多种银行学著作作为参考书,结合中国的银行资料(主要是大清银行资料)写成《银行制度论》一书,并于 1911 年出版。该书更详细地介绍了中央银行制度,明确界定了中央银行的概念和特征,分析了中央银行产生的理论依据,对早期中国中央银行思想的确立起了舆论上的发动和理论上的奠基作用。

总之,清末时期中央银行思想开始在中国出现和传播,并为国人所接

---

① 姚遂. 中国金融思想史[M]. 北京:中国金融出版社,1994:347.

② 李昌宝. 中国近代中央银行思想研究[D]. 上海:复旦大学,2007:2.

受，从而开始了设立中央银行的实践活动。这一方面反映出中国社会经济的发展已经提出建立中央银行的要求；另一方面也说明当时国人对于中央银行职能已有一定的认识。但这一时期的中央银行思想整体上还处于初级阶段。首先，世界范围内的中央银行理论学说尚未完全成熟和定型，因而传入中国的理论也不可能非常成熟和健全。其次，中央银行是一国商品经济和金融业，尤其是银行业发展到较高阶段的产物。而当时中国资本主义商品经济尚未得到充分发展，银行业更是刚刚起步，因而不可能出现健全、成熟的中央银行思想和实践。

2. 清末建立的"中央银行"

(1)户部银行

甲午战争后，随着清政府财政危机的加剧，政府和民间要求设立"官银行"或"国家银行"的呼声越来越大。1904 年初，军机大臣、主持财政处的奕劻提出《试办户部银行推行银币》一折，提议由户部设法筹集股本，效仿已设立中央银行的国家，建立相关制度，尽快开办清政府的国家银行，作为国家财政钱币流转通兑的场所。同年 3 月，户部尚书鹿传霖参考各国银行当时成形的规章，并结合中国国情，草拟《试办银行章程》32 条，其主要内容有：

银行资本库平银 400 万两，分为 4 万股，户部认购一半，其余 2 万股，无论官民人等，均准购买。银行业务包括收存出放款项，买卖荒金荒银，汇兑划拨公私款项，折收未满限期票及代人收存紧要物件。银行负有调节金融市场的任务，以及代理发行银铜货币的责任。此外，银行享有发行纸币、代理户库、统一币值等特权。①

从这些内容可以看出，户部当时制定的章程，已经属于中央银行的规定，后经清廷批准后，1905 年 9 月 27 日，清政府的户部银行总行在北京正式成立。户部银行的成立，被视为是我国中央银行的开端和起源。

(2)大清银行

① 中国人民银行总行参事室金融史料组．中国近代货币史资料(第一辑下册)[M]．北京：中华书局，1964：1038－1041．

1906 年,清政府将户部改为度支部。1908 年,度支部尚书载泽上呈奏折,将户部银行改名为大清银行,并拟定了《大清银行则例》24 条,进一步明确大清银行的国家银行性质。首先,明确规定了大清银行的 8 项营业内容,并对业务范围作了限定;其次,赋予大清银行代国家发行纸币、发行新币的特权,以及经理国库事务及公家款项,并代公家经理公债票及各种证券的职权。①

户部银行的成立,由于规模较小,当时还类似于国家设立的钱庄,因而只能称为中央银行的雏形。户部银行改组为大清银行后,规模迅速扩大,自北京总行成立后,各大城市、商业重地相继设立分行分号,至 1910 年共成立大清银行总分行 21 处、分号 35 处。因此,大清银行成立后,已经具有了中央银行规模。从其职能看,继承了户部银行基本内容,即享有政府赋予的发行货币、经理国库等特权,并承担"最后贷款人"的义务,中央银行的特质已经比较明显,《大清银行则例》同时也规定,大清银行可以从事很多普通商业银行业务。

从清政府成立户部和大清银行起至 1911 年辛亥革命,共存在 6 年,其经营业务可分为特种业务与普通业务两类。特种业务,或称特权业务,是户部、大清银行处于中央银行的特殊地位承担的业务,主要包括发行钞票、经理国库及地方公款、救济市面三项。普通业务主要是对普通客户的存放款和汇兑业务,从 1908 年 5 月起,根据度支部颁布的《储蓄银行则例》,大清银行还附设储蓄银行,开始经营储蓄业务。

由户部银行到大清银行,不仅仅是银行名称发生了改变,更体现了清政府有意识地将该银行由政府部门设立的银行提升到管理国家银行的高度,使其承担起中央银行的职责。大清银行成立之后,银行管理层也曾试图将其办成名副其实的中央银行,但由于辛亥革命爆发,最终未能实现。

户部银行和大清银行的设立,开创了中国中央银行制度的先河。但是,从实际情况来看,其中央银行职能没有得到充分发挥,而其所经营的

---

① 中国人民银行总行参事室金融史料组. 中国近代货币史资料(第一辑下册)[M]. 北京:中华书局,1964:1045—1046.

商业银行业务却大大扩张。因此，大部分研究者认为户部银行、大清银行实际上都未能真正起到中央银行的作用，不能称为真正的中央银行。

(二)北洋政府时期的中央银行

1. 北洋政府时期建立中央银行的思想

进入民国以后，中国社会经济发展迅速，银行业也取得了前所未有的长足进步。与此同时，中央银行学说在中国也得到进一步推广和发展，介绍中央银行理论和制度的书籍增多。敦巴的《银行学原理》和掘江归一的《银行论》两部著作，对中国中央银行思想所做的贡献最大。《银行学原理》对中央银行集中存款准备金做了阐述，并较详细地介绍了中央银行调控市场的职能与手段。

这一时期，在中央银行建设的实践过程和理论的传播过程中，出现了许多具有代表性的中央银行思想，主要集中在阐述建立中央银行的必要性，探讨其应采用的组织形式，以及强调中央银行的独立性等方面。对于设立中央银行必要性的认识，是这一时期中央银行思想最突出的部分，也是争议最少的部分，学界与政府部门形成了比较一致的看法，即认为中央银行是整理财政、统一币制、维持金融的重要举措。对于设立中央银行的迫切性，学界和政府部门基本上无异议，但双方考虑问题的出发点却不完全相同，政府更侧重于中央银行在支持财政方面的功能，而银行界和学界则更多地关注中央银行在统一币制、调剂金融方面的功能。

北洋时期，学者和官员对于中央银行建设的思想和观点，不仅丰富和深化了国人对中央银行的认识，而且推动和影响了当时及其后中央银行的发展。

2. 北洋政府时期建立的中央银行

(1)中国银行

辛亥革命后，大清银行停业。大清银行商股联合会于 1912 年 1 月初正式上书临时大总统孙中山，建议将原有的大清银行改为中国银行，重新组织，作为新政府的中央银行。经孙中山批准，1912 年 2 月 5 日，以原大清银行商股为主体，在上海汉口路大清银行旧址，宣布成立中国银行；

1912年8月1日,在北京重新成立总行。1913年4月15日,北京政府公布实施《中国银行则例》。《则例》公布后,财政部咨请外交部转知各国银行,中国银行"实系国家之中央银行"。[①]

从《中国银行则例》内容来看,中国银行享有发行货币、经理国库等中央银行特权,负有整理财政的重大使命。但是,中国银行同时也有经收各种存款并代人保存证券、票据及其他一切贵重物件,以及抵押放款等商业银行业务,因此该条例所规定的中国银行并不是严格意义上的中央银行,而是集中央银行与商业银行业务职能于一体的混合中央银行。中国银行成立后所发挥的中央银行职能,主要体现在代理国库和发行货币两个方面。

代理国库是政府委托中国银行的首要任务。中国银行代理国库业务主要体现在以下方面:一是收兑军用票券。辛亥革命胜利前和南京临时政府建立初期,革命军和临时政府为解决军费曾发行过多种军用票券,中国银行成立后即在南京、上海、镇江及长江以北等地设立军票兑换处或兑换所,进行兑换。二是代收税款。1913年4月,财政部设立国税厅筹备处,统一全国国税,颁布金库章程,委托中国银行掌握总金库及全国分支金库,希望能逐步统一全国金库,于是,中国银行积极筹备接收各省金库,或设分行,或托官银钱号代理。三是发行公债,经理内外债还本付息。北洋政府时期,除承认清政府所借外债外,又继续向外国大量举债,在这一过程中,中国银行,尤其是其上海分行,承担了多笔需还本付息的外债。经理国内公债方面,中国银行作为北洋政府发行债券的主要经募人和销售人,利用销售中的折扣与手续费等方式获取利益,并以买卖公债作为投资。此外,中国银行还多次协助北洋政府整理公债。[②]

发行货币是政府授予中国银行特权之一。中国银行的发行业务,主

---

① 中国银行总行,中国第二历史档案馆.中国银行行史资料汇编(1912—1949)(上编一)[M].北京:档案出版社,1991:61+115.

② 中国银行行史编辑委员会.中国银行行史(1912—1949年)[M].北京:中国金融出版社,1995:38-44.

要表现在两个方面：一是发行兑换券。1912 年中国银行在上海成立时，将大清银行向美国订印而未签字的 1 元、5 元、10 元三种钞券，加印“中国银行兑换券”和“中华民国元年”字样，加盖图章与地名后发行。之后向美国钞票公司订购印有“中国银行”字样的纸币，陆续正式发行。在兑换券发行过程中，中国银行创设了领用兑换券的暗记券制度，建立了分区发行制度，重视发行准备并实行公开检查准备制度。在中国银行努力下，其发行的兑换券信誉不断提高，发行数量猛增，流通范围越来越广。二是发行国币。北洋政府时期，币制依旧十分混乱。1914 年 2 月，北京政府颁布《国币条例》及其实施细则，试图统一国币银元。中国银行在帮助政府推行新币的过程中，发挥了中央银行统一币制的职能。大量新国币银元——“袁大头”在造币厂生产后集中于中国银行，有利于稳定洋厘行市，有利于灵活调剂金融市场，也有利于中国银行纸币的发行。①

北洋政府时期的中国银行，虽然行使了发行纸币、代理国库、调剂市场、安定金融的职责，但是，中国银行所发挥的中央银行职能是极不完整的。首先，在代理国库职能方面，由于国家主权的丧失，真正掌握金库存款，尤其是关、盐两税存款的是外商银行，中国银行代理国库的业务只是徒有虚名，而且代理国库的银行不仅中国银行一家，还有交通银行等其他华商银行。其次，在发行货币职能方面，除了中国银行外，还有外国在华银行发行，而且北洋政府将发行权授予了数十家华商银行，各省官银号和全国二十多家私营银行都有发行“特权”，发行权支离破碎，中国银行根本无法独享。②

因此，中国银行从其成立就不是纯粹意义上的中央银行，《中国银行则例》规定其可以从事商业银行业务，并且中国银行一直十分重视发展普通银行业务，包括全面开展存款、放款和汇兑业务，大力拓展外汇业务等

---

① 中国银行行史编辑委员会．中国银行行史(1912—1949 年)[M]．北京：中国金融出版社，1995：51.

② 上海市档案馆，中央银行上海分行编．我国中央银行之沿革．上海：上海市档案馆．档号：Q5—2—4.

等。

(2)交通银行

1907年,清政府邮传部尚书陈璧奏请创办交通银行,当年12月8日获得清政府准许,随即开始筹办。1908年3月4日,交通银行正式在北京成立。清政府设立交通银行主要有四个原因:一是募债赎回京汉铁路;二是经营铁路、电报、邮政、航运四政收支;三是办理国外汇兑;四是辅助统一币制。

辛亥革命后,交通银行官股大股东的身份被北洋政府交通部继承,交通银行实权落入以梁士诒为首的交通系手中。梁士诒一方面通过交通银行向袁世凯政府大量提供借款,支持袁世凯的统治;另一方面通过袁世凯不断扩大交行的特权。1913年1月10日,袁世凯下达命令,规定交行发行钞票为临时国币。不久,政府又扩大了交通银行"分理国库"的特权,明确规定,国库由中行代理七成,交行代理三成。1915年10月31日,袁世凯发出大总统申令,宣布"中国、交通两银行具有国家银行性质,信用夙著,历年经理国库,流通钞券,成效昭彰"。这一申令正式把交通银行定位为与中国银行同样的具有中央银行性质的国家银行。从此以后,"交通银行者,中央银行之一"。[①]

在地位提高的同时,交通银行也沦为北洋政府予取予求的财政工具,成为袁世凯的"内库"。在袁世凯"洪宪帝制"复辟中,梁士诒控制下的交通银行全力支持,积极为袁政府大量垫款。结果造成该行库存空虚,发行基金枯竭,不得不大量滥发兑换券,终至不可收拾。1916年5月,交行发生历史上第一次停兑风潮;1921年再次发生挤兑风潮,经过两次风潮打击,交行元气大伤。

1922年6月,交行召开股东总会,推选张謇为总理,原沪行经理钱新之为协理并掌握实际业务。此后,南方江浙股东的势力开始进入交行的领导层。钱新之主持交通银行后,制订了摆脱军阀政治、趋重工商实业的

---

① 交通银行总行,中国第二历史档案馆. 交通银行史料(1907—1949)(第一卷上册)[M]. 北京:中国金融出版社,1995:276.

营业方针，遵行“发行独立，准备公开”的准则，逐渐疏远了与北洋政府的关系，对其采取一种更为独立的姿态。到了北洋政府后期，政府在交行所占股份越来越少，以至于交行名义上为政府银行，实际上已完全为私人资本控制。

总之，北洋时期，随着交通银行地位的上升，出现了二元制中央银行制度。中交两行虽然没有被北洋政府冠以中央银行之名，但它们分理国库，同时发行钞票，严格来说不同程度地行使了中央银行的职责，但是两行的央行职能又都是不完整的，而且特权业务给中交两行带来的也并非都是利益。因此，也有很多人认为中交两行都不配称为“中央银行”。此外，为争夺中央银行的特权，中交两行摩擦不断，也反映了二元制中央银行制度并不适合中国国情的需要。

从晚清北洋时期中央银行制度建设可以发现，中国的中央银行制度自近代创始以来，具有以下三大特点：一是既经营中央银行应有的特殊业务，又兼营普通商业银行业务，具有“双肩挑”的“传统”；二是与政府财政有着密切关系，缓解政府财政压力是设立中央银行的一个重要动机，而财政危机的加剧也会给银行发展带来风险；三是自晚清开始，中国中央银行组织形式即采取股份有限公司制，但是政府从股份和人事任命方面掌握银行的实际控制权，中央银行严重缺乏独立性，尤其是在强政府的情况下，中央银行更无独立性可言。

第二节　近代中国中央银行的建立

第一次世界大战后，中央银行制度在世界各国开始得到广泛推广。在西方国家中央银行理论和实践的影响下，近代国人也加深了对中央银行的认识与实践。无论是晚清政府开始创办户部银行、大清银行，还是北洋政府设立的中国银行、交通银行，都是符合世界中央银行发展潮流的举措，国人对中央银行的认识也日渐深入全面，中央银行的相关职能在不断完善，制度也在不断健全。

但是,由于近代中国银行业产生较晚、发展滞后,使得中央银行的发展缺乏坚实基础;在华外商银行则凭借各种特权和雄厚实力掌握了许多本应由中国中央银行掌握的特权,成为近代中国中央银行制度建设的巨大障碍。更重要的是,中国中央银行制度的产生并非是银行业发展自然演进的结果,它的产生是政府为满足财政需要而创立的,甚至是政府的财政工具。同时,由于中央银行制度长期不健全不完善,使得金融业缺乏中枢力量的支持和调控,长期处于一盘散沙的混乱局面。在这样一个复杂的背景下,国民政府开始了对成立中央银行的探索和实践。

一、国民政府对中央银行的认识

孙中山是国民党的创始人和中华民国的缔造者,他关于货币银行方面的思想对于国民政府在货币制度和银行建设等方面有着重要影响。在长期革命活动中,筹措军费、政费所遇到的重重困难,使孙中山对于建立中央银行、保证货币发行和财政收入的重要性有着极为深刻的体会。一是实行"钱币革命"。孙中山认为,中国币制长期处于混乱之中,应尽快实行"钱币革命"。[①] 他主张通过国家政权的强制力,用国家发行的纸币来代替金属货币,执行流通手段的职能。二是建立国家银行。在反清革命时期,孙中山就十分重视银行业在民族民主革命事业中的地位。在孙中山关于银行制度建设的论述中,建立国家银行的主张与实践占有特别重要的地位。

建立和拥有货币发行权的国家银行,不仅在孙中山的言论和思想中体现明显,而且成为此后国民党创办中央银行的思想指导。南京临时政府成立之初,财政极为窘迫,急需建立国家银行支持财政。于是,孙中山批准大清银行商股股东联合会的请求,将大清银行进行改组,成立中国银行,并明确承认中国银行为"新政府的中央银行"。当时许多有识之士和政府要员都随之提出了银行国有的建议和想法,这对国民政府建立中央

---

① 中国社会科学院近代史研究所中华民国史研究室,中山大学历史系孙中山研究室,广东省社会科学院历史研究室. 孙中山全集(第2卷)[M]. 北京:中华书局,2006:501.

银行制度产生了十分深远的影响。这些建议和想法最终都成为国民政府统一货币发行权和建设中央银行的理论根源和依据。

二、国民政府对中央银行的早期实践

（一）广州中央银行

1923年，孙中山在广州建立陆海军大元帅大本营，并积极筹划北伐统一全国。然而，广东金融市场极为紊乱，内忧外患。一方面，英商汇丰、渣打、有利等银行势力渗透全省，控制着广东金融市场；另一方面，华商嘉华、东亚等十来家中小银行，以及四五百家银铺，买空卖空，投机倒把，利用政局变动，制造金融风潮，伺机获利。与此同时，官办的广东省银行，在政治风潮波动的直接冲击下，信用低下。加之当时频繁的战争和内部派系的割据，大本营各部及各行政机关无法行使职权，同时还面临着严峻的财政困难，1923年、1924年每年亏空达二三百万元。迫于财政压力，从1923年初至1924年9月，先后有6任财政厅厅长辞职。为摆脱财政困境，也为了建立自己的银行以调剂金融、支持财政，并配合北伐，孙中山决定在广州筹建中央银行。

1922年5月，孙中山计划在广州成立中央银行，但广东军阀陈炯明忽然背叛革命，孙中山被迫离开广州，此计划只得推迟。1923年3月6日，孙中山委派时任财政厅厅长程天斗为中央银行筹备员，但程天斗私吞公款，拒不就职。随后，孙中山又委派宋子文为中央银行筹备员，开始着手中央银行的筹建工作。

1924年7月，宋子文主持拟定了中央银行条例、章程和组织规程等规章制度，并公布施行。《中央银行条例》指出，政府设立中央银行的目的是为了“发展国内实业、调剂国内金融、补助国民经济、促进国际贸易”；中央银行由政府筹集资金经营，资本额先定为国币一千万元，分期拨足，并指定担保品，由中央银行代募内外债拨充之。关于营业内容，条例既规定由政府授予中央银行代政府募集内外实业债款、发行货币、代理金库现金的出纳及代收各项公款、代政府创办或经营各项国有实业四项特权业务，又规定中央银行可以经营买卖国库证券、商务确实期票及汇票或贴现;办理汇兑及发行期票、支票、汇票;买卖生金、生银及各种货币;经收各种存款以及其他关于银行应经营的业务等。[①] 从《中央银行条例》中可以看出,广州中央银行已被政府赋予了发行货币、代理国库、经理公债等权力,在财政金融上处于核心地位,具有国家银行职能,但同时明确广州中央银行又可以经营普通银行业务,兼有商业银行的主要职能。

1924 年 8 月 15 日,中央银行在广州正式成立,行址设在广州市南堤(前中国银行旧址,今中国人民银行广州分行的行址),宋子文任行长,廖仲恺任董事长。中央银行直属广州国民政府财政部领导,下属分支机构先后设立在广州市内的 3 个兑换发行处和省内的 11 个分行。

广州中央银行成立后,在国民政府的大力支持下,业务得到快速发展。为了巩固和提高所发钞券的信用,中央银行规定"凡有持本行货币到处兑换毫银或持毫银向处兑换货币者,均可随时交易,十足兑换"。同时,通过运用政府行政手段来确立所发行钞券在流通、支付中的特殊地位。通过多种措施,广州中央银行所发行钞券的信誉逐渐树立起来,流通范围和发行量亦随着革命政权辖区的扩大而扩大。到 1926 年时,中央银行钞券发行量已达到 2 000 余万元。[②]

随着广州中央银行实力的增强和国民革命事业的快速发展,需要中央银行不断提供借款,以支持革命事业的发展,尤其是支持北伐战争。1926 年 7 月,国民革命军开始北伐,向广州中央银行筹措军费,中央银行为保证纸币的信用,特别发行了盖有湘、赣、桂与湘、鄂、桂"三省通用券"字样戳记的钞券,先后发给各军不下 700 余万元。随着军事行动的推进,广州中央银行共发行各类钞券达 4 000 万元,除了三省流通券,还有中央银行临时兑换券、中央银行辅币券、小洋改作大洋券等。

---

① 中国第二历史档案馆,中国人民银行江苏省分行,江苏省金融志编委会. 中华民国金融法规档案资料选编[M]. 北京:档案出版社,1989:48—49.

② 中国人民银行总行参事室. 中华民国货币史资料(1924—1949)(第二辑)[M]. 上海:上海人民出版社,1991:20—22.

由于以广东一省的财政收入，供给转战于湘、鄂、豫、闽、浙、皖、赣、苏八省的军队，财政无法支撑，政府开始挪用中央银行发行基金，因此中央银行发行的各类钞券信用受到动摇。1927 年后，广州中央银行滥发钞券情况更加严重，导致通货膨胀，钞券信用丧失，再加上受军事和政治上动荡不安影响，广州中央银行发生了数次挤兑事件。1927 年 11 月，张发奎、黄琪翔发动广州事变，银行准备金被哄抢，广州中央银行名存实亡。

广州中央银行成立时，政府在其职能设计上，确实体现了现代中央银行的特征和思想，特别是在货币发行方面，高度重视货币发行权和货币信用，保证发行货币流通，应对各种原因形成的挤兑风潮，维持金融市场稳定，做出了突出的贡献。但国民政府成立广州中央银行的主要目的是筹措北伐军费，并不是真正让其履行中央银行职能。因此，在当时军阀混战、政局动荡的环境下，广州中央银行要想履行央行的职能，是缺乏政治、经济、社会基础和条件的。

（二）汉口中央银行

随着北伐军在两湖战场上的节节胜利，国民革命事业的重心开始从广州转移到了武汉。为整理湖北财政，调剂金融，武汉国民政府决定在汉口设立中央银行分行。1927 年 1 月 20 日，中央银行汉口分行成立，宋子文兼分行行长，财政部次长陈行任副行长。

同广东时期相比，武汉国民政府名义上可管辖南方十省，但真正能够完全控制监督的，仅湖北一个省而已。因此，汉口中央银行虽然被称为广州中央银行的分行，但实际上广州、汉口两个中央银行各自独立经营。汉口中央银行成立后，开始发行印有“汉口”字样的兑换券，并规定政府各机关带头使用流通。同时，政府还赋予了汉口中央银行代理国库和湖北省库的特权。1927 年 3 月 18 日，经宋子文提议，中央政治委员会决定，国民政府下属各军政机关应将收支款项一并存入汉口中央银行，以强化该行国家银行的重要地位。

然而，汉口中央银行成立不久，政治局势发生重大变化。1927 年 4 月，蒋介石在南京另立国民政府，形成宁汉对峙，政治局势突变，武汉金融市场陷入混乱,军费开支大大增加,汉口中央银行又成为政府筹款的外库。“四一二”政变后,以蒋介石为首的南京政府加紧对武汉的经济封锁,广东每月上交给武汉政府的 1 000 万元以及东南各省上缴武汉的收入都停付了,武汉政府财政状况进一步恶化。

为维持政治军事开支,缓解财政危机,武汉政府成立战时经济委员会,并于 4 月 17 日召开会议,通过《集中现金条例》,宣布汉口中央、中国、交通三行钞票停止兑现,并封存汉口各银行现金库存,绝对禁止现金出口。同时,政府还强行提出中央、中国、交通三行库存钞票投入市场,滥发不兑现纸币。汉口中央银行所发钞票,共计约 800 万元,而实际准备金仅有一成。武汉政府的集中现金政策,引起武汉金融市场极大震动,一时间现金绝迹,钞票贬值,物价飞涨。到 9 月 23 日以后,市面已拒收三行所发行的钞票。[①] 武汉政府颁布集中现金令后,南京政府通令印有汉口字样的中国银行和交通银行钞票,不得在其他省份的中、交两行分支机构任意兑现,上海银行公会也宣布暂停与汉口各银行往来。武汉金融与外界隔绝,武汉经济活动陷入停滞。

此时,宋子文已赴上海,由陈行代理行长;但陈行不久后也离职,武汉政府又改派张肇元接任行长。1927 年 11 月 11 日,汉口中央银行被部队抢劫,库存现洋、申钞、毫洋和天津、江西等钞票被洗劫一空。至此,汉口中央银行失去了营业能力,宣告破产。[②]

国民党政权建立初期,在孙中山的直接和间接影响下,国民政府对于建立中央银行的想法是坚决和迫切的,成立广州中央银行以及汉口分行,对于维持财政、调剂金融和支持北伐军事行动产生的作用十分明显,中央银行影响的范围也随国民党政权军事控制区域的变化而变化。从实际看,虽然国民政府采用了“中央银行”的名称,而且在条例章程中都有关于中央银行职能的规定,但无论其制度设定,还是实践活动,都不能完全符合中央银行规范。再加上时局动荡、金融混乱,无论是广州中央银行还是

① 静如. 武汉金融恐慌记[N]. 银行周报,1927-10-04,11(38):3—9.

② 汉口中央银行被劫[N]. 银行周报,1927-11-29,64(11):6.

汉口分行，实际上也不完全具备行使中央银行职能的条件和环境，并最终成为政府筹款支持其军事行动的外库。但可以肯定的是，通过这一时期创办中央银行的经验和教训，让国民政府更加认识到成立中央银行，特别是掌握货币发行权的重要作用，为后来南京国民政府创办真正意义上的中央银行，实现垄断金融和统一货币发行权提供了有益借鉴。

三、上海中央银行的成立

虽然国民政府在广州、汉口已经建立中央银行，但其规模小，影响有限，加之经过多次军阀混战的冲击和挤兑风潮，所发行货币信用严重丧失。新成立的南京国民政府急需建立自己的金融机构。对于建立新的中央银行的重要性，从陈行给财政部长宋子文《关于创办中央银行计划》的呈文中，做了明确分析。[①] 一是维持政府财政。南京国民政府成立后，财政非常困难，既要建立和巩固政权，又要支撑军事行动，必须建立由政府完全控制的中央银行，避免政府被金融界所控制。二是维护金融主权。西方多国在华设立银行，发行货币，代理国库，控制财政，操纵金融，严重破坏了中国的金融主权。取缔外商银行发行权，收回其对关税、盐税的保管权，挽回被外商银行所攫取的金融权利，需要强有力的中央银行。三是支撑军事战备。日本侵华野心昭显，为做好防止入侵各项准备，国民政府必须成立中央银行，以备战时调剂金融之急需。四是发展金融行业。晚清北洋以来，中国金融业发展处于一种无序的混乱状态，缺乏中央银行的组织和监管。无论是建立完善的银行制度，还是废两改元，统一货币，都离不开健全的中央银行。

从辛亥革命到北伐，再到建立南京国民政府，以蒋介石为首的国民党政权从实践中深刻地认识到了控制金融的重要性。要掌握军队、维持政权必须控制大银行，尤其是既能发行钞票，又能控制其他银行的银行，因此成立真正的中央银行势在必行。

---

① 中国第二历史档案馆．中华民国史档案资料汇编(第5辑)[M]．南京：江苏古籍出版社，1994：468.

(一)上海中央银行的筹建准备

南京国民政府成立后,于1927年5月任命周佩箴为中央银行行长兼筹备处主任,财政部钱币司司长王文伯为副主任,开始在上海开展中央银行筹备工作。

在筹备初期,一方面因国民政府财政非常拮据,无法拨出充足资金筹办中央银行;另一方面因国民政府内部派系斗争激烈,宁汉、宁粤矛盾重重,政局不安,严重影响了中央银行的筹备进程。在周佩箴和王文伯的努力下,虽然上海中央银行未能开业,但取得两项重要成果。一是确定行址。周佩箴奉命筹备中央银行后,先租爱文义路(现上海市北京西路)房屋设立办事处。随后,与华俄道胜银行清理处商议租用该银行旧址,作为上海中央银行总行行址(现上海市黄浦区中山东一路15号)。① 二是制定规章。周佩箴、王文伯筹备时期最大的成就就是拟定了《中央银行条例》和《中央银行监理委员会组织条例》等主要规章制度,并于1927年10月22日由国民政府正式颁布。

1928年1月,宋子文重任财长后,任命陈行为中央银行行长,负责具体筹备工作。1928年6月20日,财政部长宋子文组织召集全国经济学家、银行家和实业界知名人士,在上海召开了第一届全国经济会议,讨论中央银行制度和货币制度。最终,全国经济会议通过了《国家银行案》,并充分结合中国的现状,拟定了国家银行制度大纲如下:

(1)国家银行之资本应属于公众,依照股份有限公司办理。

(2)国家银行总行设在上海,纸币发行权应属于国家银行,并实行分区发行。

(3)组织机构仿照英格兰银行制度,董事部为最高执行机关,董事由股东总会选举,以总裁副总裁为正副主席,由政府在董事中任命。另外,仿照欧战前德国国家银行制度,在董事部之上设一监理委员会,委员和主席由中央任命。

---

① 中国第二历史档案馆编. 中央银行筹备经过及筹设调整各地分支行州附西北军提走甘省行现金引起纸币贬值,南京:中国第二历史档案馆藏,国民政府档案.

(4)国家银行的业务应专注于代理金库,统一发行,接收各银行存款,贴现票据,发行国币,集中全国现金,调剂全国金融,平定全国利率,辅佐国际汇兑等事,对于商业银行业务绝对不能经营。

从上述内容来看,金融界提出的要求和建议,基本上都得到了体现。

1928 年 7 月,财政部又在南京召开了全国财政会议,财政会议再次讨论和强调了设立国家银行的必要性和重要性。在财政会议通过的《整理财政大纲案(审查修正报告)》中,明确提出要组织国家银行。会后制定的《财政部十七年度财政施行大纲》再次规定:“组织国家银行,以代理国库、发行钞币、整理金融为唯一任务。”①

两次会议的召开,推动了新的中央银行的筹备进程。尤其是全国经济会议的召开,形成成立中央银行的相关决议,再加上对中国银行和交通银行的改组失败,上海中央银行的成立势在必行。

(二)上海中央银行的正式成立

1928 年 10 月 5 日,国民政府公布了《中央银行条例》和《民国十七年金融短期公债条例》,决定发行短期公债大概 3 000 万元,并指定从该项公债中拨出 2 000 万元,交付中央银行作为股本。② 10 月 8 日,国民政府任命中央银行理事、监事人选,并于当日下午举行理监事联席会议第一次会议,各理事、监事就职,并共同商议中央银行章程及兑换券章程;10 月 20 日,国民政府任命宋子文为中央银行总裁。经过数月准备,中央银行条例章程完成修订,理事、监事人选均已确定,资本筹集到位,行址也已选定,中央银行正式开业条件都已基本具备。

1928 年 11 月 1 日,中央银行举行开幕典礼及总裁、副总裁、理事、监事就职典礼,中央银行正式宣告成立。宋子文在开幕典礼致答词时特别指出,新的中央银行直辖于国民政府,执行全国最高金融大权;经营上采取国营制,不以银行自身营利为目标,而以全民利益为经营方针,并宣称

---

① 全国财政会议秘书处．全国财政会议汇编(第二类《财政部十七年度财政施行大纲》)[M]．上海:大东书局,1928:4.

② 中央银行条例与 17 年金融公债条例[N]．银行周报,1928-10-09,20(39):1—4.

创设中央银行主要有统一国家币制、统一全国金库、调剂国内金融三个目的,还强调要使中央银行"确为银行之银行,决不与一般银行钱庄,争目前自身之利益"。①

上海中央银行作为南京国民政府创办的国家银行,它在上海金融界的出现,具有极大的象征意义,标志着国民政府在上海金融业中有了自己能够完全控制的金融机构。而且,中央银行不仅是一家金融机构,还是"中央"的银行,是中央权力的象征,也是中央逐步统一货币发行权,控制整个金融界的工具。

(三)上海中央银行的基本规章制度

历时近一年半时间的筹备,南京国民政府的中央银行终于成立。在筹备期间,政府部门对英、美、德、日等当时世界主要国家中央银行制度进行了分析、比较和取舍,结合中国国情,尤其是国民党政权的需要,最终研究确定了南京国民政府的中央银行制度。所颁布的《中央银行条例》主要内容有:

(1)中央银行为国家银行,由国民政府设置经营。

(2)中央银行资本总额定为国币 2 000 万元,由国库一次拨足。中央银行因业务需要,必要时可以增加资本,并招集商股,但商股额不得超过资本总额的 49%。

(3)中央银行总行设于上海。

(4)国民政府授予中央银行四项特权:遵照兑换券条例发行兑换券;铸造及发行国币;经理国库;募集或经理国内外公债事务。

(5)中央银行业务内容包括:国库证券及商业确实票据之买卖、贴现及重贴现;办理汇兑及发行期票;买卖生金银及各国货币;收受各项存款并代人保管证券、票据、契约及其他贵重物品;以金银货及生金银作为担保品办理借款;代理收解各种款项;以国民政府财政部发行或担保的证券作担保品提供活期或定期借款。

① 中央银行开幕记[N]. 银行周报,1928-11-06,20(34):1—6.

(6)中央银行不得从事有投机性质的营业，及下列各项业务：购入不动产或承受不动产为借款之抵押品；购入或承受各项公司之股票及债票；承受货物为借款之担保品；直接或间接经营各项工商事业；无担保品及市价担保品之借款及透支。

(7)中央银行设理事会、监事会、总裁副总裁，均由国民政府指定或任命。

(8)中央银行每年在净收益项下提取50%以上作为公积金。①

中央银行的制度设计有以下特点：一是明确了性质。中央银行是实行国营制度的最高金融机关。二是确立组织制度。中央银行最高权力机构由理事会、监事会和总裁组成，采取立法、监察、行政三权分立制度。三是确定独立地位。规定中央银行直辖于国民政府，不受财政部的干涉，与财政部处于平等地位，使中央银行业务完全独立。四是明确职能设置。中央银行具有国家银行与商业银行的双重职能：一方面，作为中央银行行使统一国家币制、统一全国金库、调剂国内金融的职责，这分别体现了当时先进国家中央银行所承担的“发行的银行”“政府的银行”和“银行的银行”三大职能；另一方面，中央银行还经营普通商业银行业务，包括收受各种存款、汇兑及承做各种放款等。

(四)上海中央银行采取的初步措施

新成立的上海中央银行和新成立的南京国民政府一样，面临着重重困难。由于上海中央银行成立较晚，很多中央银行的应有职权和业务被中外商业银行所掌握和经营，已形成了一个既得利益格局，制约着中央银行的发展。因此，成立后的中央银行面临的最大问题就是如何从外商银行、华商银行等手中收回应由中央银行掌握的特权，统一金融、垄断货币发行等。因此，上海中央银行成立之后，便立即采取了一些初步措施。

第一，处理广州、汉口中央银行。上海中央银行成立后，当时在中国的上海、广州和汉口同时存在三个“中央银行”。这三个央行各自为政的

---

① 中国第二历史档案馆，中国人民银行江苏省分行，江苏省金融志编委会．中华民国金融法规档案资料选编[M]．北京：档案出版社，1989：529－532．

局面,实质上是军阀割据和政治不统一的产物,无疑使上海中央银行的信誉和权威都受到制约。宁汉合流后,名存实亡的汉口中央银行被取消,1929年4月,在汉口中央银行行址上,成立了上海中央银行汉口分行。但是,广东地区由桂系军阀盘踞,广州中央银行一时无法取消。1930年,桂系在蒋桂战争、中原大战中相继失利。上海中央银行业务局提出,中央银行作为国家唯一的金融机关,应乘全国统一的机会,适当处置广州中央银行。随后,上海中央银行提出在广州设立分行,但这一计划当时仍未能实现。1932年,广东地方政府同意将广东中央银行改名为广东省银行,从而将其与上海中央银行明确区别开来。至此,上海中央银行从名义上实现了统一。

第二,改组中国、交通两行。1928年10月26日,国民政府公布了《中国银行条例》24条,明确中国银行经国民政府特许为国际汇兑银行。条例内容在一些与国家银行职能有关的内容方面做了一些明确。例如,中国银行此前最高领导称为总裁、副总裁,新条例将其改称为总经理,使全国银行中仅中央银行一家称总裁,以别于一般银行。另外,条例取消了中国银行以前作为国家银行所拥有的一些特权,如代理国家发行国币等。还对一些此前享有的特权做了部分修改,如经理国库特权改为受政府委托代理一部分之国库事宜;发行纸币特权也改为由财政部特准。这无疑与中央银行特权由国民政府授予相比下降了一个等级,从而也体现出了抬高中央银行地位的用意。通过改组之后,"中国银行已失去其固有中央银行之地位"。[①] 中交两行的改组,明确了两行的专业银行性质,隶属于财政部,同时也否定了两行的国家银行性质。虽然两行的特权并未完全取消,但都做出了一些限定,或者降低了级别,或者缩小了范围。所有这些,至少从制度层面有助于抬高上海中央银行的地位。国民政府通过建立中央银行和改组中交两行,使三行形成以中央银行为主体,以中交两行为两翼的银行体系。

---

① 杨荫溥.上海金融组织概要[M].上海:商务印书馆,1930:120.

第三，收回小洋券、整理汉钞。广州、汉口中央银行成立后，曾在所掌控的地区滥发钞票，对上海中央银行发行钞票造成了极大的负面影响。因此，上海中央银行要想树立信用，想得到民众的支持，就必须处理此前广州、汉口中央银行的钞票。小洋券即中央辅币券，是国民革命军为了满足北伐军事需要，于1927年春在作战区内以广州中央银行名义发行的一角和二角两种钞券，总发行额为870万元。小洋券主要在南京、徐州一带发行，上海和江苏其他地方也有流通。但小洋券发行不久，就因信誉不佳，在流通各地造成了挤兑风潮和市面恐慌。上海中央银行成立后，于1928年11月29日发出布告，规定从12月7日起，持有小洋券者随时可向中央、中国和交通三行无限制兑现。小洋券实行无限制兑现后，信用得到恢复，在市面又可照常流通使用。中央银行"汉钞"问题产生于武汉国民政府停兑事件之后。1927年4月，武汉政府宣布现金集中命令，规定中央、中国、交通三家银行钞票一律不准兑现。同时，由于汉口中央银行在美订印的大批纸币被扣留在上海，于是只得使用中交两行未发行的钞票，中交两行钞票告罄后，又发行国库券代替纸币。至宁汉合流，武汉政府撤销时，汉口中央银行所发钞票数额已不下1 700万元，且市价跌至面额的十分之一。对于中央银行汉钞问题，国民政府通过发行长期公债，"采用化散为整办法"进行整理。1928年10月，国民政府发行金融长期公债4 500万元，整理汉口中央银行所发印有汉口字样兑换券、五角辅币券，该行发行的湘鄂赣三省通用大洋券，以及向中国、交通银行所借的钞票。通过这种办法，挽回了持有"汉钞"者的部分利益。

国民政府对中央银行的作用，特别是货币发行权的重要作用有着充分认识，并从孙中山开始就树立了银行国有的思想。在实践中，国民政府先后成立了广州中央银行和汉口中央银行，但这两个银行的主要任务都是服务于财政与军事，大肆发行钞票，最终导致信用丧失。南京国民政府建立后，高度重视中央银行制度建设，召集财经金融界人士广泛讨论，克服重重困难，在上海成立了新的中央银行，这无疑顺应了第一次世界大战后世界中央银行的发展潮流。然而，在中央银行制度的核心问题上，国民政府并未接受当时的主流思想和制度，而是继承了孙中山的银行国有思想，建立了国营的中央银行制度，使该行从一开始就被政府所完全控制，缺乏应有的独立性。但无论如何，国民政府在上海金融界有了自己的银行，而且是一家在法理上具有最高地位的国家银行，从而成为其控制金融市场的第一步。上海中央银行的成立，标志着国民政府建立了垄断全国金融的立足点，中国金融和货币发行权开始逐步走向垄断和统一。

第三节　中央银行对货币竞争的影响

一、中央银行建立及其改善国内货币竞争混乱状况面临的困难

中央银行之所以能由商业银行演进为现代中央银行，最主要原因是通过政府立法垄断货币发行权。上海中央银行成立后，即被授予了遵照兑换券条例发行兑换券和铸造及发行国币的特权，这是中央银行作为"发行的银行"的基本职权。至此，拥有货币发行权的上海中央银行拉开了整理和改革币制的序幕，并最终结束了近代中国货币制度长期紊乱不堪的状态。

（一）垄断货币发行权是中央银行的基本特征

中央银行发挥"发行的银行""政府的银行"和"银行的银行"职能有一个发展变化的过程，三者相互联系，但发行具有最高信用等级、得到最广泛使用的金融货币，是央行最基本、最核心特征。

一部中央银行史，首先是一部垄断货币发行权的历史。现代银行产生以来，各个国家的货币发行可分为分散发行和集中发行两种制度。分散发行制，即部分商业银行按照政府法律授权，均可以发行货币；集中发行制，即政府规定仅中央银行独自享有货币发行特权，其他商业银行一律不得发行货币。在中央银行产生之前，世界各国均实行分散发行制度，国内各银行根据自身信用自由发行银行券。各类银行券在流通中激烈竞争，同业间恶意挤兑现象时常发生，银行一旦经营不慎，或受经济危机影

响,其发行的银行券就无法兑现,引起社会混乱。中央银行的出现,让各国发现集中发行制度更利于经济发展和金融稳定,货币发行权逐步集中到中央银行,市场上各类银行券纷纷退出流通,各国金融市场多种银行券竞相流通局面才开始渐渐消失。

垄断货币发行权是中央银行发挥其职能作用的基础。中央银行独享货币发行权具有以下优点:一是终止市场上货币种类杂乱的局面,使社会上流通的钞券钱币能够统一,便于商品交易,防止发钞银行倒闭而引起银行券挤兑、贬值所造成的金融动荡和经济混乱。二是国家通过对货币流通的管理,可以控制货币发行量,保持货币存量与社会经济发展的适当比例,进而维持通货的稳定。三是中央银行单独发钞,则发行准备集中,有利于维护货币和金融稳定。四是中央银行垄断货币发行,通过增强自己的实力和威信,以及控制社会资金量供应的手段等,掌握和调节商业银行的信贷活动。五是确保国家货币金融政策的推行和落实,政府可利用货币工具,管理和调节国民经济,实现国家的宏观经济目标。六是政府可以通过中央银行集中发行,得到一定的收益用于财政开支。

(二)统一货币发行权面临的困难

国民政府当局对于独享发行权的原则和意义有着深刻的认识,但自晚清时期开始,中国的发钞制度就一直处于严重混乱中,中外多个银行共同发钞,各类钞券鱼龙混杂、良莠不齐,政府难以监管,导致市场上的货币供应和流通数额与社会经济发展需要严重不符,影响经济发展。为此,上海中央银行成立后,对发行制度进行了精妙设计,在货币发行相关问题上也做了充分准备和细致安排,但在当时形势下,发行工作的初期仍然遇到不少困难和挫折。

首先,军阀连年混战,时局动荡不安。军阀之间混战接连不断,政权分裂,国民政府推行的中央钞券的法令难以贯彻,货币发行深受影响。其次,中央银行成立不久,货币信用低下。前广州中央银行及汉口中央银行不良印象深入人心,上海中央银行发行的各种钞票难以获得广大民众信任,常有拒收情况发生。再者,中交两行影响力大,货币竞争激烈。中国银行和交通银行所发钞票在广大民众中享有良好信誉，中央银行发行的钞票被流通久远、信誉卓著的发钞银行压制。最后，利益集团矛盾深重，货币发行权分散。国家主权长期丧失，中央银行的应有职权和业务已被中外商业银行所掌握和经营，形成了一个既得利益格局，制约着中央银行的发展。就货币发行权而言，除了中央银行外，在金融市场上仍有数十家银行发行兑换券。

此外，商人利用各地洋厘差价搬运中央银行钞券来牟利，政府机关人员营私舞弊以及传统金融习惯等因素也在影响中央银行钞券的推行。虽然造成这种困难局面的原因多样，但发行权不统一无疑是最根本、最本质的原因。为此，中央银行更加深刻地认识到，必须加快统一货币发行权，结束金融秩序和市场交易混乱的状况是刻不容缓的。

二、中央银行统一货币发行权采取的措施及其影响

从晚清到北洋时期，再到民国成立，历届政府都认识到货币制度的极度混乱和发行权分散所带来的弊端，但均由于政治、军事、外交、经济以及自身局限等种种原因，数次币制改革都以失败而告终。上海中央银行成立后，在政府强有力的支持下，经过认真充分筹备，于 1933 年和 1935 年先后两次实施币制改革，在垄断了货币发行权、统一币制上获得了极大成功，同时对推进经济社会发展起到了积极作用。

（一）实施废两改元，统一国币发行权

对于废两改元实施过程，本书第三章进行了详细的阐述。在此，需要强调的是，中央银行作为政府的财政金融工具，发挥了其协助政府统一币制的职能。同时，废两改元的成功，也对中央银行的业务发展有着重要意义。第一，废两改元后，中央银行发行国币特权开始得到真正落实，金属货币发行权逐步统一，同时政府通过中央银行也开始了对货币市场的调控和管理。第二，废两改元的实施，有助于中央银行钞票的发行。银两废除，洋厘取消，搬运钞票无利可图，于是中央钞券可以推行无阻。因此，废两改元被中央银行视为“推广本钞之良机，亦即树立统一发行基础之时

期”。第三，废两改元的实施，有助于中央银行收回被外商银行掌握的金融主权。废除银两后，长期以来由外商银行掌握的生银大条便成为一种货物，若要使其成为货币，必须经过造币厂铸造银元的手续，并经中央银行兑换发行，这不仅剥夺了外国银行对银货币的直接控制权，而且对外国银行挂牌的外汇行市的估价权有巨大的影响。

上海中央银行成立后，两元并存带来的问题对中央银行业务的发展和特权的发挥都产生了不利影响，尤其是钞票运输，给中央银行钞票发行带来很大限制，废两改元势在必行。

1928 年制定的《国币条例草案》规定国币银元的铸造权和发行权只属于国民政府。[①] 但这两项权利的真正实行和操作，还需要有专门的机构。财政部认为中央银行和中央造币厂是政府实施币制改革必不可少的两个工具。因此，一方面组织上海造币厂迅速开工，另一方面要求中央银行迅速营业。1933 年 2 月 8 日，财政部要求中央、中国、交通三行，以中央银行为主体，合组上海银元银两兑换管理委员会，于 3 月 10 日后管理银元、银两兑换事宜。三家银行是上海金融的重要支柱，它们在废两改元中动作一致，互相支援，共同抵消这一政策出台而带来的金融波动的风险，给予国民政府以很大的支持。

废两改元在全国实行之后，银两被禁止使用，作为唯一法定的流通单位新式银本位币的尽早开铸就显得尤为重要。3 月 8 日国民政府公布的《银本位币铸造条例》中就对新式银币的规格做出了规定；6 月 10 日，财政部向国民政府行政院递交了新式银币的模型，及由中央造币厂试铸的样币。该银币正面刻有孙中山的肖像及“中华民国二十二年”字样，背面刻有帆船一艘及“壹元”字样。经审批后，中央造币厂正式开铸新式银币。据统计，开铸以来中央造币厂每日新铸银元已达 20 万元以上，截至 1933 年底共铸新

---

① 中国第二历史档案馆，中国人民银行江苏省分行，江苏省金融志编委会．中华民国金融法规档案资料选编[M]．北京：档案出版社，1989：361.

式银元 28 060 918 元,截至 1934 年底共铸新式银元 70 956 464 元。[①]

1933 年 3 月 10 日,废两改元首先在上海开始实行。4 月 5 日,在全国范围内推行。废两改元实施过程中,中央银行承担了主要的兑换任务,而工作重点仍在白银储藏量最多的上海地区,尤其是以白银作为准备金的上海银钱业。拥有大量库存白银的中外银钱业,并没有马上将白银交出兑换银元。为改变这一局面,推动废两改元进程,财政部致函中央银行,并请其转函上海中外银钱业行庄,将银两数目在一个月内报告中央银行,用以兑换。随后,上海中外银钱业行庄陆续将库存银两上报并缴纳中央银行。中央银行则一边发行新币,一边收回杂币劣币。

废两改元使中央银行真正掌握了国币发行权。废两改元实施前,中央银行的国币发行权有名无实,中央银行扮演着造币厂和金融界的中介人的角色。废两改元顺利实施后,银元主币地位日益确立,为接下来辅币改革奠定了基础。财政部随即着手调查市面上流通辅币的种类、数量及兑换情形,开始通盘筹划,拟具办法,为辅币改革做准备。为使辅币铸造精美,国民政府还派中央造币厂人员前往美国费城造币厂,实地考察并督催镌制新辅币模。原计划辅币改革与法币改革同时公布,但因币模镌铸需要时间,未能与法币案同时公布实施。

总之,废两改元是中国近代货币史上一件大事,是中国货币制度走向现代化的重要一步。通过废两改元,本位币的铸造及发行完成统一,有利于商品经济的发展,也为货币制度的进一步改革奠定了基础。中央银行在废两改元过程中发挥了重要的作用,是执行改革政策的主要机构,通过这次改革,中央银行真正获得了独家发行国币银元的特权,其在上海乃至全国金融界的领袖银行地位有了较前更大的认同,同时也为日后中央银行进一步集中和统一货币发行做了准备。

(二)发行兑换券,统一纸币发行权

近代中国的发钞制度严重混乱,特别在北洋政府时期,政府迫于财政

---

① 中国人民银行总行参事室. 中华民国货币史资料(1924—1949)(第二辑)[M]. 上海:上海人民出版社,1991:96.

压力，不惜以货币发行权换取多家商业银行的垫借款，导致出现了发行权分散的局面。上海中央银行成立后，采取一系列措施，推动中央银行兑换券的发行和流通，以取代其他银行的钞票。

制定兑换券发行制度。《中央银行条例》规定，遵照兑换券条例发行兑换券，是国民政府授予中央银行的特权之一。并专门颁布了《中央银行兑换券章程》，对相关问题做了详细而慎重的规定：中央银行特设发行局发行兑换券，以国币兑换之；中央银行兑换券之发行，须按照发行数额十足准备，以 60％为现金准备，40％为保证准备；中央银行兑换券分为一元、五元、十元、五十元、一百元五种；中央银行兑换券用于缴纳赋税、公款，清偿债务及其他一切交易；中央银行发行准备完全公开，每旬应将兑换券发行额数表及准备金额数表公布之。[①] 中央银行发行兑换券，一方面采用英格兰银行成规，分为发行、业务两局，以保持发行独立的精神；另一方面又采用战后世界最流行的比例准备制，使通货具有充分的伸缩力量。同时，还公开准备，以加强兑换券的信用，三者相互为用，就制度方面而言，颇为完善，这对于从内部规范中央银行钞票发行制度，提高钞票信用，起到了积极作用。

在加大推广发行力度方面：一是委托外埠同业代兑制度。中央银行借鉴其他银行的做法，在一些没有分支机构的地方，委托外埠同业代为兑现。二是实行领券制度。所谓领券制度，即在分权发行制的前提下，银行、钱庄或其他金融机构向发行纸币的银行领用定额的钞券，并在券面加有暗记代为发行的制度。三是存放同业。中央银行自成立时起，即有存放同业一项业务。拥有发行权的银行，存放同业目的之一，即是委托同业代兑钞券，或联络同业为之发钞。四是利用政府法令政策和政府机关推动流通。作为政府创办的银行，中央银行兑换券的使用、流通得到了国民政府，尤其是财政部的大力支持和推动。此外，为便利中央银行钞票推广，铁路、海关、邮局等政府部门也提供了各种便利，使其具有许多其他银

---

① 中国第二历史档案馆，中国人民银行江苏省分行，江苏省金融志编委会．中华民国金融法规档案资料选编[M]. 北京：档案出版社，1989：363.

行所没有的优惠。五是通过财政部加强对其他发钞银行的监督与限制。在对中央银行进行大力扶持和特殊照顾的同时,国民政府加强了对其他发钞行庄的监督与限制,并对新设银行不再特许发钞。

通过一系列措施的实施,国民政府大大加强了对一般发钞银行的管理和控制,在一步步限制其他银行的发行权的同时,朝着扩大中央银行发行权、以中央钞券代替其他银行钞票的目标不断迈进。中央银行钞券的发行数量快速增加,流通区域日渐扩大。

兑换券发行量迅速增加。据 1928 年 11 月 16 日中央银行第一次检查报告,共发钞票 186 万元;12 月 1 日第二次检查报告,发行额为 260 余万元;12 月 15 日第三次检查报告,发行额已增至 1 000 余万元;至 1929 年 2 月底,仅 4 个月增加约 10 倍,见表 5—1。随着国民政府统治的逐渐稳固和统治区域的扩大,中央银行也日渐树立了公众对其纸币的信心,发钞额快速增长。从第一次发行检查所报告的 186 万元,到 1935 年 10 月 26 日"法币"改革前不久的 131 246 364 元,中央银行兑换券发行总额在 7 年时间增加了 70 多倍。尤其是 1933 年时局稳定并实施废两改元之后,增速更为明显。这在当时上海的发钞银行中,中央银行的增长速度绝大部分时间一直位列第一。

表 5—1　　中央银行第一至十次发行准备检查情况

检查序次	时　间	发行额(元)
第一次	1928 年 11 月 16 日	1 860 000
第二次	1928 年 12 月 01 日	2 604 995
第三次	1928 年 12 月 15 日	10 563 964(辅币券折合大洋在内,下同)
第四次	1928 年 12 月 29 日	11 667 903
第五次	1929 年 01 月 10 日	12 115 816
第六次	1929 年 01 月 19 日	12 739 621
第七次	1929 年 01 月 31 日	14 613 955
第八次	1929 年 02 月 09 日	16 777 530

续表

检查序次	时　间	发行额(元)
第九次	1929年02月20日	16 306 422
第十次	1929年02月28日	16 175 772

资料来源：中央银行兑现风潮纪略[N]. 银行周报，1929-03-20，13(9)：1.

流通区域日益扩大。经过一年多发展，中央银行钞券在上海及周边省区已取得了较为良好的信誉；在其他地区，中央银行兑换券基本上能够与历史悠久的中交两行钞票并驾齐驱，甚至在部分地区中央兑换券信誉开始超过中交两行。

(三)推行辅币改革，巩固货币发行权

辅币改革是中央银行币制改革内容的另一重要方面。南京国民政府建立后，辅币仍然延续着此前的混乱局面。为此，国民政府积极整顿币制，并确立了先统一主币，再统一辅币的计划。最初主要是通过取缔劣币、严禁私铸、严查私运等措施对辅币进行局部整理。

1933年，国民政府实行废两改元。因主辅币同时改革，难度太大，辅币问题被暂时搁置。废两改元成功实施后，银元主币地位确立，为辅币改革奠定了基础。中央银行随即着手调查市面上流通辅币之种类、数量及兑换情形，开始为辅币改革做准备。

法币政策实施后，货币本位制度得以完全确立。辅币改革再次成为各方关注的焦点。1933年12月，国民政府制定了《辅币条例》，并于1936年1月11日正式公布。《辅币条例》规定，"辅币之铸造，专属于中央造币厂。其发行，由中央银行专司之"。[①] 将辅币发行权明确授予中央银行，从而结束了长期以来辅币发行权的分散，有利于避免滥发滥铸。条例颁布后，财政部即督促中央造币厂加紧铸造。1936年2月10日，新辅币正式发行，并由中央银行陆续运往各地流通。中央银行深入各省内地，积极推广新辅币；铁道部为协助中央银行推行辅币，还予以中央银行运输辅币

① 中国第二历史档案馆．中华民国史档案资料汇编(第5辑)[M]. 南京：江苏古籍出版社，1994：283.

自 1936 年 12 月 1 日起免收运费的特殊优惠。

在中央银行的努力推动和各部门的协助下,新辅币发行后,各地均极畅行,供不应求。随着新辅币的发行和推广,各地旧铜元、银角等辅币被大量收回,长期以来,风潮迭起,动荡不安的辅币市场开始趋于稳定,辅币改革取得初步成功。

(四)实施法币改革,垄断金融和货币发行权

对于南京国民政府而言,根据原定计划,1933 年的废两改元是币制改革的初步,最终目的是实行金本位或金汇兑本位制。然而,1929 年世界经济危机爆发,引发各国货币制度发生重大变化,西方各国在危机后的较短时间内陆续放弃金本位制,取而代之的是纸币本位制度和通货管理政策。各国货币政策的变化和通货贬值政策的实施,严重冲击了中国工商业发展,加上美国白银政策的推行,使中国的银本位货币制度濒临崩溃。这不仅冲击了国民政府币制改革的原始设想,而且迫使新的币制改革不得不提前进行,1935 年"法币"改革迅速启动。

1. 建立以中央银行为首的金融垄断体系

为了建立国家垄断金融体系,南京国民政府在中央银行成立时就对中交两行进行了第一次增资改组,迈出了建立国家垄断金融体系的第一步。进入 20 世纪 30 年代以后,国内外政治、军事、经济形势日益恶化,政府财政不堪重负,南京政府意识到必须加快金融垄断步伐。1934 年白银风潮爆发,国民政府利用时机,又对当时的银行业进行了大规模的增资和改组,力求改变银行业的力量格局,增强政府控制金融机构的力量。

(1)增资改组中央、中国、交通三行

1934 年末,随着白银风潮形势的日趋加剧,南京国民政府感到必须加强中央银行的力量,加大金融市场的控制,才能平息白银风潮。因此,在着手对中央银行增资的同时,计划对中国、交通两行进行增资改组,以达到实施控制的目的。

尽管国民政府于 1928 年对中交两行进行了第一次改组,增持了股份,但是官股所占比例仅为 20%,两行实际仍然掌握在江浙金融资本家

手中。这无疑与国民政府建立以中央银行为中心的国家金融统制的目标是不相符的，致使中央银行无法充分发挥国家银行的职能作用，国家的财政金融政策也无法顺利推行和实施。白银风潮引起的严重经济危机和通货紧缩，为国民政府进一步改组中交两行提供了契机。国民政府将来自工商界的压力转嫁到银行界，尤其是中交两行的头上，并开始积极谋划对银行体系进行大改动，以控制中交两行。

1935 年 3 月中旬，孔祥熙与宋子文同赴汉口，与蒋介石商定发行公债 1 亿元，用以增加中央银行、中国银行和交通银行的资本。其中以 3 000 万元交中央银行充实资本，再以 2 500 万元交中国银行、1 000 万元交交通银行充作增加官股，并决定将中行总经理张嘉傲和董事长李馥荪调离中行，改由宋子文任中国银行董事长。中交两行"操纵全国金融之势力，全部予以解除，且其本身之业务亦归由政府管制，使全国金融在国家政策之下，归于统一"。①

中央、中国和交通三行的增资，极大地增强了银行业的整体力量，从根本上改变了中国银行业的资力分布格局。三行的资本总额大大超过了当时全国较大的 73 家商业银行的实收资本总额，中央银行更是一跃成为全国银行业中资本额最大的一家。国民政府利用增资措施，把中交两行完全置于政府控制之下。这意味着国民政府已经垄断了上海乃至全国金融业，初步构建起以中央银行为核心，以中央、中国和交通三行为主体的国有银行体系框架。同时，三行所发行的钞票数量占所有发钞银行发行总数的 64.86%，意味着国民政府已能控制绝大部分的钞票发行，从而为推行币制改革、统一发行创造了条件。

(2)中央银行与"小三行"增资改组

中国通商银行、四明银行、中国实业银行被称为"小三行"。这三家银行在中国银行业中具有较为悠久的历史和较大的影响，而且都拥有纸币发行权，发行数额在全国亦占有较大比重。但这三家银行长期以来，经营

---

① 蔡志新．孔祥熙经济思想研究[M]．太原：山西人民出版社，2007：177．

不善,管理存在严重缺陷,滥发钞票并从事投机交易,放款中呆账严重。在1934年开始的白银风潮中,"小三行"首当其冲,或者资金周转失灵,或者发生挤兑风潮,均陷入困境之中,不得不向政府求救。政府在对"小三行"实施救济的过程中,趁机实现了对三家银行的控制。

一是利用人事变更实现政府控制的目的。因"白银风潮"而引起的挤兑危机,促使中国实业银行总经理刘晦之因病辞职,中央银行国库局局长胡孟嘉代理总经理职务,并于1935年5月30日上任。① 随后,四明银行总经理孙衡甫以年纪大为由辞职,由中央银行理事暨中国银行董事叶琢堂担任总经理,并于6月1日接任。② 中国通商银行董事长兼总经理傅筱庵也辞去职务,6月7日该行董事会议决定聘任曾任中央银行业务局经理、时任钱业监理会委员的顾贻毅为总经理,杜月笙为董事长。③ 二是通过增加政府资本实现政府控制的目的。法币政策实施后,"小三行"因准备金不足,欠缴发行准备金而再次陷入困境,国民政府趁机对"小三行"进行增资改组,使政府资本占有绝对优势,实现彻底控制。

国民政府控制"小三行",既是为避免因一些小银行的倒闭而发生连锁反应,牵连大银行,乃至动摇整个金融体系;同时,也是为了进一步加强政府银行的力量,被政府控制后的"小三行",加上中国国货银行,以及中央、中国和交通三大银行,共同形成了一个以中央银行为核心的"官方银行集团",政府的银行在整个银行业中所占比重大幅上升,国民政府控制金融的力量也进一步加强,并通过对金融的垄断,进一步控制货币发行权。

2. 统一货币发行权

1935年11月3日晚,国民政府以财政部布告的形式,正式宣布实行"法币"政策。按照这些内容的规定,中国正式废除银本位制,停止行使银币,使用法币,集中现银,实行汇兑本位制。统一发行,对于中央银行具有

---

① 胡孟嘉兼任中国实业银行总经理[N]. 银行周报,1935-06-04,19(21):4.
② 叶琢堂兼任四明银行总理[N]. 银行周报,1935-06-04,19(21):4.
③ 杜月笙任通商银行董事长[N]. 银行周报,1935-06-22,19(22):3.

重要意义。“要想把漫无组织的金融市场改革为有组织的金融市场，第一件事要做的当然是建立一个金融的中心，一个银行的银行。换句话说，就是把现在徒有其名的中央银行改为实实在在的中央银行。但是要做到这点，必须先从统一发行着手。”①统一发行是中央银行发挥管理通货、调剂金融、调控经济等中央银行应有职能的基础。

“法币”改革前，经财政部核准具有发行权的银行多达数十家。“法币”政策实施后，这些银行的纸币开始被中央银行法币所取代。1935 年 11 月 25 日，财政部颁布《中中交三行接收中南等九银行发行钞券及准备金办法》，开始由中央、中国、交通三行接收各发行银行钞券及发行准备金。② 三行奉令后，会同发行准备管理委员会决定接收办法，并分配接收方法，由中央银行接收中国农工、中南、农商三行，中国银行接收四明、中国农民、中国实业三行，交通银行接收中国垦业、中国通商、浙江兴业三行。同时规定其他发行银行之纸币，于两年内分期以中央银行纸币换回。③

上海以外，各省市银行所发钞票，经发行准备管理委员会议决由中中交三行接收。“所有接收事宜，当地有中央、中国、交通三行者，即由中央会同中交两行办理，其当地仅有中国、交通两行者，即由中交两行洽办，如三行中当地只有一行者，即由该行办理。”④1936 年，财政部又规定除河南农工银行、湖北省银行、浙江地方银行、陕西省银行四行发行部分，由中央、中国、交通三行接收外，其余各省省银行发行部分由中国农民银行接收。然而，此后中央银行实际上仍负责接收了湖南省银行和广东省银行，四川省银行钞票则在“法币”改革前即已由中央银行接收。

在法币政策的制定过程中，中央银行是重要的参与者。财长兼央行

---

① 姚庆三．中国金融问题之回顾与前瞻[J]．东方杂志，1933，30(4)：34.

② 中国第二历史档案馆，中国人民银行江苏省分行，江苏省金融志编委会．中华民国金融法规档案资料选编[M]．北京：档案出版社，1989：411.

③ 新货币政策实行以后[N]．银行周报，1935-10-19，19(45)：1—8.

④ 洪葭管．中央银行史料(1928.11—1949.5)上卷[M]．北京：中国金融出版社，2005：331.

总裁孔祥熙是主要的决策者,副总裁陈行、经济研究处处长傅汝霖等是核心参与者,很多币制改革建议具体由中央银行经济研究处汇总后转报给决策层。在法币政策的实行过程中,中央银行是主要的执行者;而且,从开始酝酿币制改革,到“法币”政策正式实施,中央银行同时也是改革的对象和内容之一。因此,“法币”政策的实施对于中央银行的发展具有极为重要的意义。

“法币”政策实施后,按照“法币”政策的规定和孔祥熙的宣言,发行权的统一将分为两步完成,第一步是取消中中交三行之外其他银行的发行权,以中中交三行的钞票为法币,由三行暂时共享发行权;第二步是两年之后,中央银行改组为中央储备银行并取消中国、交通两行发行权,由中央储备银行独享发行权。

3. 控制外汇市场维护币值稳定

(1)控制稳定外汇

在中交两行的协助下,中央银行开始承担起稳定汇价、稳定币值乃至稳定整个金融市场的重任。由于对外汇价确定在一个较为恰当的标准,同时又有中中交三行无限制买卖外汇的方式维持,因此,法币政策实施后的一年多时间里,中国的外汇市场不仅经受住了投机者的考验,而且开始摆脱国际因素的干扰。无论是欧洲战争,还是西安事变,都未对上海外汇市场造成太大影响。在中央银行的调控下,在中中交三行的共同努力维持下,外汇市场异常稳定,中央银行完全取得了国家银行应有的外汇行情挂牌的地位,并在控制外汇方面取得了显著成效。

(2)白银国有与出售

1935 年 11 月法币政策规定,停止使用银币,白银收归国有。随后,中中交三行开始收缴现银。在币制改革之际,政府各银行收受其他银行所持有的白银共计约 2 亿盎司,政府银行原已拥有 1.3 亿盎司。此外,1937 年中期以前的 20 个月内,又从公众方面收集到 1.7 亿盎司。因此,到抗战前夕，国民政府在白银国有化方案之下，共动员了 5 亿盎司白银。[①] 经过中美双方曲折谈判，《中美白银协定》于 1936 年 5 月 15 日正式签署，国民政府外汇储备实现了快速增长，截至 1937 年 6 月 30 日，中国持有的外汇、黄金和白银，价值总计达 37 900 万元。通过出售白银，中央银行手中掌握了大量的外汇储备，不仅为法币准备了充足的外汇基金，也使自己真正成为外汇市场的主体。

法币政策是在南京国民政府内外交困的形势下，借鉴和效仿西方国家现代货币制度，并结合中国当时社会实际情况而推行的，在中国金融史上具有划时代的意义。对于中央银行而言，法币政策的实施，进一步提升了中央银行的权威和力量。以中央银行总裁为主席的发行准备管理委员会负责办理法币的发行事宜，中央银行钞票成为法币并确立了两年后独享发行权的原则；中央银行真正取得了外汇挂牌权，成为中国外汇市场上真正的管理者。同时，由于中央银行力量尚不足以单独承担币制改革及改革后维持币值和外汇稳定的重任，币制改革从一开始就由中央、中国、交通三行共同执行，但是三家银行的合作远未达到需要的效果，三行的外汇储备和钞票发行没有得到真正意义上的集中控制。

“法币”改革的实施，大大促进了社会经济的发展，中央银行也加快了资本积累。至 1937 年 6 月底，中央银行的资本总额增加 5 倍，资产总额增加 31 倍，各项存款增加近 60 倍，掌握现金数量增加近 29 倍，发行总额增加 32 倍，纯益至 1936 年底时增加了 71 倍，见表 5－2。中央银行已成为当时首屈一指的大银行。

---

① ［美］阿瑟·恩·杨格．一九二七至一九三七年中国财政经济情况［M］．陈泽宪，陈霞飞译．北京：中国社会科学出版社，1981：269．

表 5—2 1928 年 12 月—1937 年 6 月中央银行财富积累统计表

项　目		1928 年 12 月	1937 年 6 月
资本	实数	20 000 000	100 000 000
	指数	100	500
资产总额	实数	47 470 796	1 477 147 078
	指数	100	3 112
各项存款	实数	15 410 468	923 885 255
	指数	100	5 995
现金	实数	18 358 010	532 298 205
	指数	100	2 899
发行兑换券	实数	11 712 923	377 961 513
	指数	100	3 227
纯益	实数	239 360	7 859 532
	指数	100	3 284

资料来源:《中央银行营业报告》1928 年、1937 年上期,中国第二历史档案馆藏,中央银行档案,档号(三九六—0672).

这一时期,中国的货币金融经过整顿和改革,取得了一定效果并渐趋统一。中央银行在这一过程中,也相应增强了实力和地位,取得了长足的进步。虽然南京国民政府中央银行因为历史和环境的关系,不能和别国的中央银行有同一的地位,然而中央银行是不断向其他国家中央银行学习的。中央银行在统一币制、经理国库、管理外汇等方面取得的成就表明,中国的中央银行制度已向前发展了。就一般业务而言,国民政府中央银行是这一时期发展最快、进步最速的银行。但是从职能上看,它还没有发展到理想的程度。

特别是作为"发行的银行",南京国民政府中央银行取得了很大发展和成就,兑换券发行额急剧增加并名列前茅,辅币和辅币券的发行改善了长期紊乱的辅币市场,在废两改元和"法币"政策两次重大币制改革中,中央银行发挥了重要作用。通过改革,其在发行方面的特权得到了进一步巩固和提高,在统一发行方面取得了显著进展。但是,中央银行独享发行权的目标,至抗战爆发时尚未实现。中国、交通、农民三行与中央银行共享法币发行权,且不受中央银行控制。中央银行的发行额还在中国银行之下,尚无完全控制货币发行和信贷的能力。此外,各省银行仍有发行辅币券之权,破坏了发行权的完整,减弱了通货伸缩的能力。近代各国中央银行发展史表明,独享货币发行权,是中央银行之所以成为中央银行的重要条件,尤其是中央银行成为"发行的银行"的首要条件。就此而言,南京国民政府中央银行在发行方面可谓成就斐然,但职权尚待完善。

本章小结

通过分析资本主义经济和银行业的发展,阐述了近代世界中央银行制度产生的原因、发展趋势、特点,及其主要职责与经营原则。梳理了从清末到民国前,社会经济、货币制度和金融业发展存在的问题和弊端,并对中国中央银行思想的萌发和对中央银行制度初步实践进行了回顾和总结。

通过阐述国民党对中央银行的认识及早期创办广州、汉口中央银行的实践活动,分析了南京国民政府建立后重建中央银行的必要性及其筹备经过,以及成立上海中央银行后为重树信誉而采取的措施。

重点论述了上海中央银行如何采取有效措施,在废两改元、发行纸币、辅币改革以及法币改革等方面,发挥的统一币制、垄断金融的职能作用,并对抗战前的中央银行的发展进行了概括性评价。

总的来看,建立中央银行制度,是近代国人在金融领域长期追求的重要目标之一。清末以来,诸多学者和政治家提出了建立中央银行制度的主张,并开始了实践活动。从创设户部银行、大清银行、中国银行,到1928年成立上海中央银行,历届政府都试图设立一个强有力的中央银行。近代国人关于建立中央银行制度的吁请和历届政府关于建立中央银行制度的实践,既是出于解决政府财政困难和巩固国家政权的需要,也是

顺应构建现代金融体系,发展社会经济的需要。通过总结近代中国对中央银行制度的实践,可以得出以下结论:

第一,央行各项职能是逐步形成的,其中货币发行最为基础。央行发行的是具有最高信用等级、得到最广泛使用的金融货币,这种货币广泛用于支付结算,可降低社会交易成本,促进经济稳定发展和社会福利的提升。银行发行最高信用等级的金融货币,也是其向政府融资,发挥最后贷款人等职能的基础,该银行从"发行的银行"进一步发展为"政府的银行""银行的银行",自然而然地在金融体系中居核心地位。因此,最高信用等级货币的发行,应作为央行最基础、最主要的特征。

第二,央行职能的统一、集中行使,关键看实际作用的发挥。无论在清末还是南京政府成立以后,当时政府都希望设立中央银行来统一行使职能,但央行职能要么难以发挥,要么由几家银行共同行使。从发钞(其他央行职能类似)情况看,20 世纪上半叶,以大清银行、户部银行、中国银行、"中央银行"的建立以及"央行"发钞额赶超中行为重要节点,中国央行职能的行使大体可分为四个阶段。特许发行的货币长期由几家银行共同发行,中行居主导,而"央行"地位在币制改革后迅速上升,最后实现独家发行。其间,外商银行和地方势力影响逐渐减小。近现代中国中央银行体制从诞生到成形,从分散到统一,经历了近 40 年,通过垄断金融体系,把无组织的金融市场改革为有组织的金融市场,把一直徒有其名的中央银行逐步改造成实实在在的中央银行,并基本实现了货币的统一发行。

第三,早期央行作用的发挥是社会政治经济各种因素博弈的结果。集中统一、有效发挥作用的央行体制很难一蹴而就。从我国情况看,央行职能分散行使的主要原因:政治上,清末民初列强入侵和地方割据,社会政治动荡,中央政府掌控力较弱,无力使其支持的银行很快在全国取得优势地位;经济上,民营金融实力仍较强,立足未稳的中央政府对其仍有依靠。尽管国民政府早就想通过"央行"将货币金融控制权抓在手中,但只能步步为营,民间商股占多数的中行、交行从而得以强力抵制政府将其收编改制的企图,继续发挥发钞、经理国库等央行职能。

第六章　货币竞争中的人物与行业协会

第一节　近代货币竞争中的人物及其货币思想

一、货币本位竞争中的人物思想讨论

货币本位制度起源于西方，在西方国家的货币制度发展史上曾经历过四种不同的货币本位制度，分别为银本位制、金银复本位制、金本位制以及纸币制度。中国货币流通虽历史悠久，但历来只有货币制度而无现代意义上的货币本位制度。经济文化上，近代中国在西方货币制度理论的影响下，渐渐开始有了探索建立本国货币本位制度的考虑。起初，国内大多数人对货币本位制度不了解，许多人主张自铸银元；随后，因战争赔款，中国须偿还大额白银外债，而当时中国货币使用的银两制度与一些资本主义国家实行的金本位制不同，在对外付款时常以英镑汇价为标准，镑亏日益严重，因而国人开始主张自铸金币，并开启本位制度的讨论。政治局势上，近代中国伴随着西方列强的入侵和各自在中国划分势力范围，清政府面对内忧外患的危局，对币制统一一度感到无能为力，这致使中国货币日后逐渐走向币种繁多、计价杂乱、各自流通、混乱无序的糟糕场面。

民国建立后，南京临时政府试图建立新的货币本位制以稳定经济局势。1912 年 12 月 3 日，孙中山在讲演中率先提出了“钱币革命”的主张，

“即以国家法令所制定纸票为钱币,而悉贬金银为货物。国家收支,市廛交易,悉用纸币,严禁金银,其现作钱币之兑金银,只准向纸币发行局兑换纸币,不准在市面流行”。孙中山的纸币政策虽先进,但在当时国内的政治经济条件下却根本无法实施,所以币制改革的重任传递到了后继者北洋政府的身上。北洋政府统治时期,货币流通秩序依旧混乱,各省滥发纸币、银票和铜元以应付入不敷出的财政开支,导致物价上涨,货币贬值较为严重。币制作为财政的总枢,统一币制无疑成当时中国化解财政危机和通货膨胀的主要抓手,而想要推行币制统一,必先确定适合国情的货币本位制度。在此期间,一批经受过西方教育熏陶,具有现代化意识、开拓进取精神的现代经济学者,将先进的西方经济学理论带回了中国。国内政要、经济专家和学者们针对当时货币流通现状及货币政策,对现阶段中国该实行什么样的货币本位,各抒己见,百家争鸣,归纳下来主要包含金本位制、金汇兑本位制、金银并行本位制和银本位制四大派别。

(一)金本位制

金本位制即以黄金为本位币的货币制度。在金本位制下,每单位货币价值等同于若干重量的黄金(即货币含金量)。当不同国家使用金本位时,国家之间的汇率由它们各自货币的含金量之比——铸币平价来决定。主张实行金本位制的代表人物有黄遵楷、俞寰澄等人。

黄遵楷,字牖达,1858 年(咸丰八年)出生,幼年随长兄黄遵宪东渡日本,学习日语和日本文化,1886 年(光绪十二年)中举人,代表作有《币制原论》《金币制考》和《调查币制意见书》等论著。他不但精通国际金融贸易,还是出色的外交家。1907 年(光绪三十三年),黄遵楷经出使日本大臣李家驹举荐,出任驻日本国使馆商务委员。驻日使馆六年间,黄遵楷对日本的财政金融、商务经济,尤其是币制改革情况进行了详细的调查研究。北洋军阀时期,日本恰逢经历明治维新,经济发展迅速。黄遵楷认为,一国经济发展到什么程度归根于本国实行的货币制度,而日本经济的腾飞与其实行金本位制密不可分,中国应当予以借鉴。在《调查币制意见书》中,黄遵楷明确提出中国应实行金本位制的主张,并强调法制在币制改革中的重要作用，即只要政府有决心进行币制改革，并出台相应法制，币制改革一定能成功。针对币制改革具体问题，黄遵楷在《金币制考》中以国家财政危机为改革要素，以贸易为论述根据，对商业与币制关系进行了深刻剖析，在国内及日本均引起了强烈的反响。日本当政的大隈侯爵、盐泽博士和添田、池田大财阀等均认为该文称得上是金融界的上乘论著。

俞寰澄，名风韶，号任庐，德清县新市镇人。1916 年，在北京任中国银行副总裁。1917 年，由于段祺瑞政府召开新国会，废除《中华民国临时约法》，俞寰澄听到这个消息后，愤然辞去了中国银行副总裁的职务，南下广州参加孙中山发起的护法运动。运动失败后，俞寰澄弃政从商，首先创办了上海证券交易所，并担任理事、证券商业同业公会理事长等职务。1920 年，俞寰澄在《利用时机整理币制计划书》中提及，现阶段中国金贱银贵，贸易赤字减少，是实行金本位制“千载一时之机会”，政府可先发行金券，每元含纯金 0.8 克，金券和银币不定比价，兑换时用换币费进行调节。俞寰澄指出金本位制对物价和货币供应量具有自发调节机制，实行金本位制后市场物价会趋于平稳。

无论是黄遵楷还是俞寰澄，他们都希望通过成功的国际案例，引导我国的货币本位制度融入以金本位制为主的世界货币体系。然而 1914 年 2 月 8 日，《国币条例》和《国币条例施行细则》的颁布，正式宣告了中国将实行银本位制。这意味着金本位制设想暂时不会被采纳，但 1918 年 8 月《金券条例》的公布，一定程度上证明了在货币竞争变革过程中，金本位制货币本位思想是有实际借鉴意义的。北洋政府“弃金保银”究其原因，归根结底还是中国当下半殖民地的国家性质，政府在财政危机下被迫改革，除去金银储备现状等客观因素外，也说明当时的政府从根本上没有勇气和信心顺应世界潮流，而这也使得中国在当时国际金融舞台上一直处于不利地位。

（二）金汇兑本位制

金汇兑本位制，又称“虚金本位制”，是指一国在国际清算上通过兑换实施金本位国家的货币间接与黄金建立联系的本位制。主张实行金汇兑本位制的代表人物有前爪哇银行总裁卫斯林(G. Vissering)等人。

1912 年,财政部下设的币制委员会召开筹建币制机关的会议,在讨论采用何种币制本位问题时,产生了激烈的争论,大家各执一词,相持不下。徐荣光主张银本位制,陶德琨主张金汇兑本位制,刘冕执主张金银并行本位制。1912 年 7 月,曾被清政府度支部聘为顾问的荷兰货币金融学博士卫斯林向币制委员会提出《中国币制改革刍议》,极力主张中国应实行金汇兑本位制。在实行金汇兑本位制之前,暂时采用金汇兑本位和银本位两种制度并行的方法,即全国各个省铸造的银币、外国银元以及生银仍可使用,铜币照市价使用,直到中国的经济水平、综合国力发展并达到一定高度,有禁止伪造货币的能力,再定金银比价为 1 ∶ 21,铸造代表金单位的银币,实行纯粹的金汇兑本位制。

经币制委员会多次讨论后,最终大家一致同意实行金汇兑本位制。然而,1912 年底币制委员会被解散。解散前该委员会再次反复斟酌,提出了《关于讨论本位和金汇兑本位问题报告书》,详细分析了多种本位的利弊,并将金汇兑本位与银本位、金本位做了对比分析,提出了八利两难。实行金汇兑本位的利益:(1)国际汇兑稳固;(2)国际贸易发达;(3)以多货易少货之损失可以消灭;(4)外资输入踊跃;(5)随时可改为金本位之便利;(6)国内仍用银币;(7)国内银价不至骤跌;(8)金款不必多借至失利息。实行金汇兑本位的困难:(1)维持金银比价之困难;(2)起首维持之困难。①

南京临时政府成立后,时任财政总长的陈锦涛再次向孙中山提出主张采用金汇兑本位制。

但无论是金本位制还是金汇兑本位制,即使这些货币本位制是世界大势所趋,我国也无法走进货币历史舞台,因为当时中国的黄金储备量太少,不具备实行金本位制和金汇兑本位制的基础。

---

① 中国第二历史档案馆. 中华民国史档案资料汇编(第 3 辑)[M]. 南京:江苏古籍出版社,1991:105.

(三)金银并行本位制

金银并行本位制,又称"平行本位制",是金银两种本位币均按其所含金属的实际价值流通,国家对两种货币的交换比率不加规定,而由市场上金和银的实际比价自由确定金币和银币比价的货币制度。主张实行金银并行本位制的代表人物有刘冕执、诸青来等人。

刘冕执,字闻长,湖南湘潭人。1904年(光绪三十年)留学日本,1909年(宣统元年)毕业于日本帝国大学,回国后任度支部币制调查局编译帮办。1913年任北洋政府财政部币制委员会专门委员。1906年(光绪三十二年),刘冕执于《新民丛报》发表《币制改革略谈》,主张实行跛行本位制或并行本位制,随后1913年继续提出实行金银并行(合行)本位制。他认为实行金银并行本位制有十五条利益:外资输入便利;金货逐渐增加;银货逐渐减少,改行金本位制时可避免经济急剧变动;金、银币都无熔化、流出、伪造之弊;可逐渐培养人民用金习惯;推行便利;等等。而缺点则是金银无法定价,商人的盈亏不确定。但与其他本位制相比,利多弊少。[①]

诸青来,名翔,1881年生于上海。清末留学日本,学习工商经济等学科。1910年回国后在清政府商部、度支部等任职。民国成立后,创办上海神州大学,任总务长,先后主编过《时政新报》《银行周报》。1917年,诸青来发表了《币制本位问题之商榷》,认为世界大战期间金价下跌,金银比价最低时为1∶17,赞成刘冕执的金银并行本位制,但对于金元、银元的金属含量提出了不同意见。他主张金元含纯金1.498克,银元含纯银23.977 504 8克(即现行银元的含银量),两者之比为1∶16,也用兑换费办法调节。金元可暂时不铸,先行金券,等到生金吸收较多,逐渐铸发十倍以上单位的金币。金币用足后,宣布实行金本位制。[②]

虽然两位学者主张推行金银并行本位制,但他们都是以实行金本位制为最终结果导向,尽可能地缓冲银本位制退出历史舞台而可能带来的不利经济动荡。由于金银并行本位制的条件下,市场上每种商品都必然

---

① 孟建华. 中国现代货币流通理论与实践[M]. 北京:中国金融出版社,2010:25.

② 孟建华. 中国现代货币流通理论与实践[M]. 北京:中国金融出版社,2010:25.

会有金币价格和银币价格两种价格表现形式。金银市价的不断波动,会导致金银币的兑换比率、商品的两种价格对比关系时刻会发生变化。商品价值的衡量缺乏统一的标准,加上当时中国难堪的政治地位和薄弱的经济实力,金银并行本位制加剧了社会经济的不稳定性。因此,与单一本位制的货币思想类似,在整个国家政治、经济形势举步维艰的条件下,金银并行本位制仍是不符合当时国情的。

(四)银本位制

银本位制是以白银为本位货币的货币制度,分银两本位和银币本位两种类型。银两本位是以白银重量"两"为价格标准实行银块流通。银币本位则是国家规定白银为货币金属,并要求铸成一定形状、重量和成色的银币;银币可以自由铸造和自由熔化;银行券可以自由兑换银币或白银;银币和白银可自由输出或输入,以保证外汇市场的稳定。主张实行银本位制的代表人物有熊希龄、李芳、厉鼎模等人。

1913 年秋,币制委员会撤销,币制改革问题被移交至国务院会议继续讨论。时任国务总理兼财政总长的熊希龄对币制改革十分上心,他认为"以今日世界大势论,银本位固非可持久无弊,但中国之大患在无本位,如其梦想最好本位,不如行银本位以为过渡,作改进金本位的预备。"即虽然银本位制有诸多弊端,但实行银本位制是推行金本位的必然前提,我们应该先用银本位来统一货币,等将来商业发达之后再改行金本位制。

北京大学法学讲师李芳在 1918 年出版的《中国币制统一论》中,分析了币制不统一对国民经济、国家预算、国家税收、公私簿记等方面的害处,指出货币不统一直接危及国家经济,影响社会治安。她在分析了各种币制的利益得失并进行评价以后,提出"恶币制究愈于无币制,必先于此义,而后可定我国币制改革之方针矣",主张中国暂时实行银本位制,将来可过渡到金本位制。

厉鼎模于 1925 年发表《中国币制问题之研究》,建议实行金银分行制。所谓金银分行制,仍以银为本位。"国内交易,及对于用银国,均用银授受。惟对于用金国,则设法吸收金货,以应其收付之准备。有余则存置，有缺则以所缺之额而售银以偿，并不铸造金币，亦不强定金银之法价。”这样可以避免纯用银本位对金折算的损失，并为将来改行金本位做准备。

1914 年，北洋政府正式颁布《国币条例》和《国币条例施行细则》，宣布实行银本位制，主张实行金银并行本位制的刘冕执表示反对，愤而写下《银本位制亡国论》，列举银本位在国际间所必受之损失。1915 年，币制委员会再次成立，于 8 月拟定了《修正国币条例草案》。《草案》将国币单位定名为“圆”，“圆”以下取消“角”的单位，取消镍币，减少铜币，其中最重要的一条是听取了刘冕执的建议，增加了金币。这再次表明，政府宣布实行的银本位制只是为过渡金本位制而做准备，并非长久之计，这也是银本位制虽战胜其余货币本位制度得以施行，却未能在币制改革中占据较大分量的根本原因。

二、货币竞争变革中的重要思想理论

（一）关于废两改元的重要思想

继 1910 年《币制则例》颁布以后，《国币条例》作为第二个关于银本位制的条例，明确规定：国币之铸发权专属于政府。决定实行银本位制度，以库平纯银六钱四分八厘为价格之单位，定名曰元。《国币条例》为北洋政府币制指明了改革目标，即尽快在全国发行统一的银元。但是在银元地位得到官方确立的同时，银两和银元并行的混乱情况给货币的流通带来了极大的影响。因此，不少有识之士，如苏筠尚、徐永祚、马寅初等纷纷呼吁政府废除银两，改用银元。

1917 年 8 月，上海总商会董事苏筠尚、张知笙率先分别提出了废两改元的意见书。苏筠尚在意见书中提出，“华人与外人交易，定价以金计，买金以银计，金与银价有起落，而元价又时有上下，商界此经两层之不定价格，无形受损”。他强调“改用银元，殊为当务之急”，并建议上海于 1918 年 1 月 1 日起一律改用银元。

1918—1921 年，徐永祚曾发表多篇文章讨论废两改元问题。他列出两元并用之害,主张废两改元从上海开始。他分析了中国历年的银元铸造与销毁数,指出当时中国已经有各类银元4.8亿元以上,人均达到1.2元多。说明我国今日虽名为两元并用,但实际上所谓银两者,不过虚有其名,而授受仍折合银元。故所谓废两者,不过废银两之名而已。[①]

马寅初在1927年以前币制改革的主张就是实行自由铸造和废两用元。他在《改革吾国币制之第一步》一文中首先指出:"我国欲改行金本位,须先巩固银本位;巩固银本位,当先统一银本位;统一银本位,当先推翻银两;银两推翻矣,尚未谓银本位已巩固也;必先统一各色之银圆,使尽为国币,而后银本位可谓统一。银本位基础既固,而后可渐进于改用金本位问题。"后来在1927年一次演讲中,马寅初首次提出:"欲统一银币,必须在上海建设一大规模之造币厂,不但可以适上海一埠之商情,亦可以应全国市面之需要。盖全国需用之银,多仰给于上海也。"[②]

"废两改元"的社会呼声及相关措施建议,为国民政府提供了极大的参考价值。1928年,全国经济会议通过了马寅初统一国币、废两改元的提议。1933年3月3日,国民政府财政部发布《废两改元令》,规定从3月10日起先在上海实行,4月6日开始在全国正式实行。

废两改元标志着中国实现了银本位制度在统一币制上走出了重要的一步,但此举对钱庄的优势地位不可否认产生了强烈冲击。

(二)关于统一币制的重要思想

废两改元的初步实行,似乎为币制统一带来了希望,但实行效果却不尽如人意。外商银行对废两改元令持观望态度,使得市场上并未出现大量银两兑换银元现象。以天津、上海为例,外商银行库存银两占库存总额的比重较大,约达80%,而银元仅占库存总额的30%左右。据调查,上海造币厂的铸币能力每日不过十万元,因而银两能否在需要时及时兑换成银元,外商银行对此持怀疑态度。一旦银行继续以银两进行业务结算,废两改元又成一纸空文。适合我国国情的银本位制,推进受到了重重阻碍,

① 陈度.中国近代币制问题汇编(第2册)[M].台北:学海出版社,1930:94.
② 马寅初.马寅初全集(第二卷)[M].杭州:浙江人民出版社,1999:26.

币制统一急需开辟新的发展道路。

1."法币"改革:纸币代替金银币成主币

孙中山、朱执信、廖仲恺等人大胆提出了用纸币代替金银币成主币的创新思路,为币制统一打下了坚实的理论基础。

(1)孙中山的钱币革命论

孙中山(1866—1925),名文,幼名帝象,字载之,号日新,又号逸仙,中国近代民族民主主义革命开拓者、中国民主革命伟大先行者、中华民国和中国国民党的缔造者、三民主义倡导者。1912 年,孙中山在《倡议钱币革命》中,对币制改革提出了以下几点意见:一是以国家法令所制定纸票为钱币,而悉贬金银为货币,国家收支,市场交易,悉用纸币,严禁金银;二是纸币发行之时,必得代表之货物或人民之担负,而纸币乃生效力;三是筹备设立铸币局,制出一元、十元、百元、千元四种之纸币,五毫、一毫之银币,五仙、一仙之铜币以辅助,其本位可仿日本,以金为定制。建议国家统一发行纸币,禁止金银在市面流通,彻底放弃金本位制,实行信用货币制度。

孙中山对于纸币应由国家强制流通及以国家信用作为发行纸币的基础的观点,与马克思关于货币符号本身需要得到客观的社会公认及强制流通的理论不谋而合。孙中山辩证地看待了纸币和金属货币因本质不同,而导致货币与商品间的依附关系发生改变,因而在中国纸币制度的设计上,其主要观点是以货物和赋税作为纸币的信用保证,将纸币的发行量控制在货物流通所需要的范围内,即可避免可能因纸币发行过多而造成通货膨胀的现象。孙中山的钱币革命论,为今后的币制统一及货币发行权的归一奠定了扎实有效的理论基础,在此基础上,朱执信、廖仲恺等人继承发展了孙中山的纸币代替金银币理论,进一步提出了更为科学合理的货币本位思想。

(2)朱执信的货币价值论

朱执信(1885—1920),原名大符,字执信,中国近代资产阶级革命家、思想家。1904 年官费留学日本,结识孙中山、廖仲恺等革命党人。先后担任过《民报》《建设》等刊物的编辑,从事资产阶级革命理论宣传工作。朱执信作为孙中山钱币革命的忠实追随者,对孙中山的钱币革命论表示支持,但在纸币的制度设计等方面也提出了自己的独特见解。孙中山一方面主张实行纸币制度,一方面又担心纸币因价廉而易制,不比金银价昂而难得,代表百货的性质一旦丧失,则会成为空投票,若仍流行于市,将会产生弊端。对此,朱执信认为金属货币虽有自体价值,但这决定于金属的"最后效用",即当金属恢复到普通商品地位时的效用。因而当金属作为货币时,它的自身价值就不起作用了。所以朱执信认为,纸币可以直接代表货物,因为货币也是有价值的。货币的价值与货币流通数量成反比关系。他设想货币流通必须有商品保证制度,明确指出政府发行纸币要从经济发展的实际需求出发,以货物作保证,才能保持商品量与纸币流通的平衡,从而保证币值稳定。

(3)廖仲恺的货物本位论

廖仲恺(1877—1925),原名恩煦,又名夷白,字仲恺,中国国民党左派领袖、中国近代著名的民主革命活动家、伟大的爱国主义者、中国民主主义革命的先驱。1919—1920年,廖仲恺先后发表了《钱币革命与建设》《再论钱币革命》两篇文章,主张废弃金银,实行纸币制度。他明确提出了"货物本位"的货币流通思想与办法,分析了金银作为货币存在的许多缺点,主张建立以货物为本位的钱币制度,以多种货物作为钱币的本位,而以纸币作为代表流通。货物本位论结合了孙中山和朱执信的货币理论,并提出了一些建议。一是假定以金、银、铜、铁、煤、米、麦、豆、糠、盐、丝、棉十二种货物为"钱币之本位",但实际上不把它们作为交易媒介,只作为货币准备,而让同价额的钱币流通于市场。[①] 二是纸币的发行数量须与市场需要适应,即"同额之准备货物减,同额之流通纸币消"。三是纸币价值就是纸币的购买力。四是设立专门管理钱币的机构。廖仲恺率先提出了建立中央银行管理流通货币的框架,这一思想与现代中央银行的制度

① 廖仲恺.廖仲恺集[M].北京:中华书局,1963:102.

及管理模式实际相吻合。①

2. 货币发行权归一

宋子文，广东文昌人，民国时期的政治家、外交家、金融家。1925年任国民政府财政部长，1928—1930年通过与美国谈判签订《中美关税条约》，规定中美以前税率"应即撤销作废，而应适用国家关税完全自主之原则"；1930年宋子文分别与英、德、日等国签订新关税条约，自此中国基本实现了关税自主，使中国有权确定关税税率和监督税收。

1924年，宋子文在广州主持创办了中央银行，并任中央银行总裁。国民政府定都南京后，先后任国民政府中央银行总裁、财政部长等要职。在主管国民政府财政金融期间，他极力主张统一货币和管理通货。他所主张的废两改元，使统一的银铸币大量进入流通领域，从而为法币改革奠定了坚实的基础。然而清政府时期起对白银铸造采取放任政策，中央和地方均可发行货币，使得币制统一较难执行，市场上流通货币种类很多，并且成色和重量不一样。宋子文没有"一刀切"地取消相关银行的纸币发行权，而是以增量改革带动存量压缩，同时禁止非法的货币发行。增量方面，公布实行《中央银行条例》，确立中央银行的纸币发行权；对于新开设的银行，规定一律不得发行纸币。存量方面，对于已有发行权的商业银行，设立发行货币的种种限制，达不到条件者则收回发行权。对于数量众多的各省县属地方钱庄、商号等，一律禁止发行纸币及各种类似纸币的票券。② 这种渐进式的货币发行权回收方式，有力地促进了币制改革在货币竞争中逐步朝着好的方向演变。

宋子文的国家垄断银行的思想，为中央银行的设立、货币发行权的归一指明了方向。宋子文认为，中央银行作为国家银行，代为国家做事，非以营利为目的，与普通银行性质固异，与他种国营机关性质亦不相同。中央银行应当以全民的利益为目标，不应当以银行的利益为目标。宋子文

---

① 孟建华．中国现代货币流通理论与实践[M]. 北京：中国金融出版社，2010：75－76.

② 孟建华．中国现代货币流通理论与实践[M]. 北京：中国金融出版社，2010：81.

关于国家垄断银行的思想,在当时半殖民地半封建的社会显得有点让人难以接受,不少人认为一旦中央银行与政府关系过密,不免受政治影响,难以发挥其应有之职能。

三、货币管理发展中的创新思想理论

(一)中央银行货币经营管理思想

1. 孔祥熙的货币流通及战时通货膨胀政策

孔祥熙,字庸之,号子渊,出生于山西省太谷县一个亦商亦儒的家庭,曾任中华民国南京国民政府行政院长,兼财政部长。孔祥熙长期主理国民政府财政,主要政绩有改革中国币制、建设中国银行体系、加大国家对资本市场的控制等。

孔祥熙十分重视货币流通管理,在其主管国民政府金融期间,实行了一系列重要举措。抗日战争时期,孔祥熙主张增加货币发行、加强金融管制、实施外汇管理、建立大后方金融网、由中央银行独占法币发行权等。此外,在宣布实行法币政策时,孔祥熙发表了一篇简短的《宣言》,对之后的中央银行制度做出了如下承诺:中央银行要改组为中央准备银行,主要资本由各银行及公众供给,使它成为超然机关,能以全力保持全国货币的稳定。

战时通货膨胀政策虽然在抗战前期有效地弥补了财政赤字,缓解了政府经济压力,但大量发行法币,使得法币贬值日益加剧,物价飞涨,经济衰退,遭到了社会舆论的强烈谴责。对此,孔祥熙非但没有总结反省战时通货膨胀政策的种种弊端,反而多次公开否认通货膨胀言论,将通货归责于人们的心理作用,认为因为大家对物价看涨,出卖者加价出售,收购者囤货收藏,因而导致通货膨胀更加严重。孔祥熙对自己货币流通管理政策的盲目自信与极端自负,使得本是先进的货币流通管理手段如昙花一现,未能取得理想的管理效果。

2. 刘航琛的发行债券筹集资金思想

刘航琛,著名实业家,在刘湘统一四川的过程中,发挥了重要作用。

1927 年，刘湘的财政负债已高达八九百万元，军队严重入不敷出。刘航琛在刘湘 21 军财政处任职期间，成立总金库，发粮契税券，代替现金在市面上流通。为满足日益增大的军费开支，刘航琛联合聚兴诚银行董事长杨粲三、美丰银行总经理康宝恕、川盐银行董事长吴受彤大量发行库券、公债，并仿照上海在重庆设立证券交易所，以化远期款变现款。据统计，从 1932 年 3 月至 1933 年 10 月战争结束，21 军共发行各种库券公债计有十项，总金额高达 4 130 万元。1935 年 2 月，四川省政府成立，刘航琛担任财政厅长期间，还先后发行了“二十四年四川善后公债”“二十五年整理四川金融库券”“二十五年四川善后公债”“二十五年四川建设及换偿公债”，金额共达 1.45 亿元。所发债券以各家银行、钱庄作为主要对象，分别给予不同利息，按票面额的六折或七折推销。

刘航琛的发行债券筹集资金的探索，在国家财政紧缺的状况下，可通过发行债券取代发行货币的形式来缓解财政赤字危机，这样快速、有效避免了过度增加货币发行导致的物价疯涨、经济衰退等恶相。历史实践证明，这种方法是平衡国家财政收支的有效手段，并一直沿用了下来。

（二）银行经营发展思潮

辛亥革命结束了统治中国两千多年的封建君主专制制度，也促使社会经济思想习惯和社会风俗等方面发生了积极的变化，西方文化深入传播的壁垒就此打破。北洋政府时期虽经济动荡、币制紊乱、货币发行管理权力分散，但受辛亥革命正面影响，货币管理思想文化领域呈多元化发展。不少优秀的银行家、企业家将先进的西方理论结合到中国具体实践中去，为当时中国银行业的经营发展提供了先进且正确的指导意见。

1. 张嘉璈的银行信誉至上思想

张嘉璈，1889 年出生于上海宝山，毕业于东京庆应大学，著名的企业家、银行家，被誉为“中国一部金融史的创造人”。1916 年，张嘉璈任中国银行副总裁。同年，交通银行总办梁士诒向袁世凯提议合并中交两行，以集中现金供政府使用，消息传开后，立刻引起市民恐慌，北京、天津两地迎来前所未有的挤兑风潮。此次金融危机给刚上任中国银行副总裁的张嘉璈带来不小挑战。

事实上,北洋政府时期,袁世凯为了对付南方的革命军,拼命扩大军备,增加军费。为满足袁世凯的财政支出,中交两行不得不印发巨额钞票,几乎成了袁世凯的私有金库,信誉严重受损。挤兑风潮来临后,银行库存告急,为稳定经济秩序,1916 年 5 月,北洋政府下令两行存款止付,停止兑现。张嘉璈和时任中国银行上海分行经理的宋汉章认为,一个银行若没有良好的信誉,钞券不能按需兑现,今后就无法开门营业,银行相当于自取灭亡。为此,张、宋两人顶住压力,断然拒绝停兑令,并立即采取以下措施:一是联系律师,做好相关法律依据的了解整理工作,做到有理有节;二是联络利益相关的南三行及其他同行商量对策,请求其危机时为中行作后援保障;三是争取外滩外国银行声援,与其订立 200 万元透支契约以备不时之需;四是访问张謇,决定成立中国银行商股股东联合会,并登报声明中国银行上海分行的钞票可随时兑现。

中国银行积极兑付的行为,树立起了银行遵守信用的正面形象,渐渐稳定了民心,挤兑风暴逐渐平息。风暴过后,中行上海分行的声誉骤然提高,吸引了大批有钱人和生意人,吸收的存款较挤兑之前反显著增长。张嘉璈的银行信誉至上思想,为今后银行的经营理念指明了正确的方向。

2. 陈光甫的商业银行经营理念

陈光甫,1881 年生于江苏镇江,1909 年毕业于美国宾夕法尼亚大学,他创造了中国金融史上的多个“第一”,被誉为“中国最优秀的银行家”“中国的摩根”。1911 年辛亥革命后,他任江苏省银行监督,1914 年转任中国银行顾问。1915 年 6 月他创办的上海商业储蓄银行,资本从最初的 10 万元发展到后来的 500 万元,分支机构遍布全国。

上海商业储蓄银行,始终以“顾客至上,服务社会”为宗旨,致力于银行近代化。陈光甫认为“银行业之所以具有创造精神,乃由主持其业务者多具有责任心,认识银行为一社会性机关,对于社会人士之资金托付者,具有相当责任,故谨慎行事,力求其服务之有用于社会,与旧式金融机构之仅有牟利观念不同。”他大胆地将在国外学习的近代银行经营管理经验运用到实践中去，对上海商业储蓄银行管理体制和经营方式进行创新变革：以“信用巩固，声誉卓著，提倡俭德，服务周到”为目标，要求行员和蔼友善地服务客户；重视存款，积极吸取社会闲散资金，提出一元即可开户的宣传口号；简化业务手续，提高工作效率，对经常往来的存户不验印鉴、不看结存，即可付款；主张发放贷款必须以商品作为抵押，并设立货仓保管抵押物品，聘请西方会计师定期核查银行账册；坚持商业银行不受政治左右，抵制政府向银行索取不合理资金。

陈光甫的理念和实践为现代商业银行的经营提供了新思路，他准确地把握住了商业银行的自我市场角色定位，认识到了客户对银行的依赖来自自身的金融服务需求，而银行的一切收益来自客户对银行金融服务的消费。因而，以市场为导向，不断地进行产品和服务创新，可以满足客户日益增长的金融服务需求，从而增强客户黏性，提升商业银行品牌形象。

四、从人物思想看货币竞争变革必然趋势

（一）银本位脱颖而出实受国际金融环境影响

19 世纪美洲新银矿的开发导致西方掀起金本位制浪潮，世界经济由此产生两大后果。一是银价持续大幅下跌；二是黄金成国际支付主要手段。中国经济也因此受到两方面的巨大影响。一是银价的下跌致使以银钱还金债的中国的外债负担大大加重。二是为避免外债危机进一步深化，中国须以越来越贬值的白银到世界市场上购买越来越贵的黄金，以为币制改革筹集资本。前者可谓银跌引发的债务危机，后者可谓银跌引发的币制危机，两个危机引发了朝野上下的币制改革大讨论。然讨论无果而终，清朝彻底走向覆灭。后至北洋政府时期，政局动荡、政府财务状况依旧极为糟糕。在世界多数国家先后采用金本位制的国际环境下，北洋政府顶住压力，在一众议论声中采纳了符合当下国情的银本位制。根据经济学原理，一国货币对外国货币的兑换率越低，越可以刺激本国出口，减少外国进口。世界多数国家以黄金为本位，使得银价在国际市场上自

然下降。对于采用银本位的中国来说,金贵银贱的经济形态,相当于本国货币的汇率随着国际市场银价的下跌而不断下降,造成本国财富的大量流失。在政局不稳的当下,我国工业发展较为缓慢,能出口的工业产品数量有限,这意味着金贵银贱的国际优势基本成为摆设,财富流失的劣势更为凸显。国际银价的跌落,一方面,刺激了西方列强在中国进行投资,便于用更少的工业品来换取更多的中国财富,这无形中增加了西方国家对中国的债权,致使本国财政蒙受巨额损失,经济陷入更加困难的窘境;另一方面,尤其在段祺瑞执政前期,北洋政府除在外债上依靠日本外,逐渐实行滥发内债的政策,而内债多以关余、盐余等作担保,镑亏增加,导致关余减少,内债的稳定基础受到动摇。

19 世纪 20 年代末,世界经济危机爆发,实行金本位制的西方资本主义国家遭受沉重打击,经济陷入严重萧条,资本主义生产力遭到巨大破坏。随着国际白银价格的上升,中国白银的购买力、币值、汇价也随之上涨,这不仅阻碍了中国贸易的出口、便利了外国商品的进口,影响了我国工商贸易的正常发展,而且减少了外资和侨汇流入,从而加剧了由于国际银价升值和贸易赤字对我国经济的打击,国际白银升值直接造成我国金融紧缩和经济衰退。受银价升值和经济大危机的双重打击,中国脆弱的民族经济在国内混乱的货币制度和金融体制的阻滞下,如履薄冰。

因此中国银本位的货币本位制度虽在当下是符合国情且有现实基础的,但受国际金融环境的深刻影响,更多的是弊大于利,这也是即使政府为稳定银本位制地位实行了一系列积极措施,如废两改元、兴办上海造币厂等,也未能改变银本位制退出历史舞台的必然趋势。从这一时期,针对货币竞争问题的人物思想讨论中,我们不难看出,那些赞成银本位制的历史人物,均认为银本位制只是较优选择,而非最优选择,银本位制是为金本位制打下基础的过渡本位制度,不会长久实行。

(二)纸币代替金银币成法定货币实则是生产力发展的必然产物

货币随着生产力水平的提高,交换范围的扩大,其形式也在不断发生变化。从实物货币,到代用货币,到信用货币,到不兑现纸币,这种趋势是经济发展的需要，也是交换扩大的需要。自明清以来，白银以“两”为单位，成我国主要流通货币。清代时，白银为主币，制钱为辅币，老百姓大数用银、小数用钱。自元代以后，中国的白银铸成重五十两的马蹄形银锭，名曰“元宝”。明清两代相沿未改，白银在种类、名称上虽大体全国统一，但是由于各地所铸白银的成色、重量和形状各不相同，流通起来较为不便。鸦片战争以后，各地流通白银的种类更为繁多。据历史记载，直至清末，各省通用的白银种类已不下百余种。受清代以来白银流通历史环境的深刻影响，政局动荡的北洋政府时期，币制混乱的糟糕状况显得尤为突出。1910 年，《国币条例》正式确认了银本位制的法定地位，明确国币之铸发权专属于政府。因此，白银作为主要货币流通，在客观上就需要一个统一标准，即具有一致的名称、重量和成色，所以无论是废两改元还是统一币制，皆为改善我国经济形势，帮助政府经营管理的必要途径。

但是随着经济贸易的发展，世界各国流通中货币需求急剧增加。由于各国黄金、白银矿藏产量分布不均，工业发展中贵金属消耗量逐渐增大，黄金、白银等贵金属作为币材在产量上受到极大限制。金本位制、金汇兑本位制等以黄金为主要货币原材料的国家，贵金属供应根本无法满足货币需求量的日益上涨，中国欲向世界金融体系靠拢的美好愿望也不得不落空。金银的自由铸造、自由兑换和自由输入输出无法得到保证，是纸币替代金银币成主流货币的必然历史选择。再纵观我国货币史的整体演变进程，货币随着国家的统一而统一，随着政权的分离而散乱，由此可见货币发行权的归一是顺应国家生产力发展的客观要求，也是稳定正常商品交换秩序的重要手段。

第二节　近代货币竞争中的行业协会及其作用

一、上海市银行业同业公会

作为近代上海华商银行自发组建的民间性金融业组织，上海银行公会成立于1918年7月8日，至1949年结束，共历时三十余年。随后，上海银行公会与上海钱业公会、上海信托业公会合并为上海市金融业同业公会。在货币管理职责未完全归集于中央银行之时，上海市银行业同业公会一定程度地扮演了央行的监督管理角色，在货币竞争变革及近代中国金融业发展中也起到了一定的推动作用。

（一）成立背景

1897年中国第一家银行——中国通商银行于上海成立。作为上海最早开设的华资银行，中国通商银行引领着上海银行业快速发展。但由于长期以来上海金融市场一直受外商银行及上海钱业公会控制，新兴的华资银行业势力难以与本国钱庄业相抗衡，银行业飞速发展过程中实则阻力重重。因此，为摆脱外国金融势力及本国钱庄业的束缚，保持华商银行业的相对独立性，欲振兴民族银行业的银行家们纷纷认识到加强本国银行业的联合协作、推进金融制度改革的至关重要性。

1915年春，张嘉璈、李馥荪、陈光甫等一批具有现代金融知识的上海银行家每日午间相约上海商业储蓄银行的小餐厅聚餐，时称“银行业午餐会”，大家高谈阔论、挥斥方遒，彼此交换有关金融消息，共议银行发展前程。“银行业午餐会”为银行家们提供了一个沟通交流的平台，进一步增进了银行间的结合，也为上海银行公会的成立夯实了基础。1916年5月12日，北京政府发布“停兑令”，为维护金融信用，中国银行上海分行经理宋汉章、副经理张嘉璈在叶景葵、李馥荪、陈光甫等沪上银行界同仁的鼎力援助下，拒绝实施“停兑令”。他们一面组织中国银行股东联合会，阻止北京政府掠夺上海中行资财；一面以地产为抵押，向汇丰等外商银行商借流动资金，以防现款不敷；同时登报声明，中国银行上海分行的钞票随时可兑现。最终，合力抗拒“停兑令”取得成功。经历这一挤兑风潮事件后，以宋汉章、张嘉璈、李馥荪、陈光甫等为代表的上海银行家群体合组上海银行公会，作为各家银行相互联系的机构，联手面对更多的机遇与挑战。1918年7月8日，上海银行公会正式成立，并创办《银行周报》作为公会刊物。《银行周报》不仅在传播西方当代经济学、银行学的理论知识和成功经验方面做出卓越贡献，还对国内实行废两改元、筹建造币厂、创设征信所、组建票据交换所等提出改革建议，在推动国内银行业、金融基础设施逐步发展成熟方面起到了积极作用。1920 年，上海银行公会制定了《上海银行营业规程》，刊发了旨在规范业务用语的“银行会计科目名词研究”，改变了银行业自由散漫发展和无序竞争的状况，对维护上海银行同业利益和金融秩序稳定、建立行业制度规范和上海金融中心形成，均起到了积极的推动作用。1924 年夏，中外合资的中法实业银行停业，引起市面恐慌，上海银行公会挺身而出，代为兑现其纸币，不仅展现了大局意识，更打破了国人对外国银行纸币的迷信。总的来说，上海银行公会对内，在服务实业、参与社会公益事务等方面发挥了重要的作用；对外，在与外国银行势力的竞争中，在赎回胶济铁路、收回关税存放权和筹建上海造币厂等事件中，表现出强烈的爱国主义情怀和社会责任感，成为国家银行乃至华商银行参与货币竞争的重要据力点。1931 年 6 月，上海银行公会根据南京政府颁布的《工商同业公会法》，改组为上海市银行业同业公会。

（二）行业作用

上海银行公会自建立以来，在增进同业公共利益，纠正营业敝害，促进同业发展上起到了重要推动作用。在政治、经济多方环境变化下，上海银行公会也不断寻求新的行业定位，根据其发展可将其分成两个历史阶段。

1. 1918—1927 年

上海银行公会实行董事制，前后共五届。第一届会长为中国银行上海市分行经理宋汉章，副会长为上海商业储蓄银行总经理陈光甫，浙江地方实业银行经理李馥荪任书记董事。由于上海银行公会在这段时间内，与政府联系较少，对外往来也较为狭隘，因此内部办事机构也较为简单。除制定、修订银行工会章程、银行业营业规程或业规、银行业各种业务规则，并对国内外各次重大事件或活动做出反应外，还订立公共准备金制度，组织驱逐劣质银币，筹建上海造币厂，组织银团承购公债（车债银团购车公债），赎回胶济铁路运动，发行通泰盐垦五公司债票，捐款救灾等。此段时间也是上海银行公会在货币竞争的历史进程中发挥积极作用的十年。

2. 1927—1937 年

1927 年 3 月,上海银行公会根据临时章程废除董事制,改行临时委员制,在时局动荡中进入第二个十年。同年,南京国民政府财政部设立金融监理局,以望加强对金融业的管理。权利的此消彼长使得上海银行公会渐渐丧失话语权,后在金融监理局要求银行注册等问题上,上海银行公会也采取了一致抵制态度。1929 年 8 月,南京国民政府先后颁布《商会法》《工商业同业公会法》,要求各工商同业组织必须依法重新改组。1931 年,上海银行公会改组为上海市银行业同业公会。

上海银行公会与政府围绕银行法制建设展开的交涉,一方面折射出国家拟以"法"的形式,规范金融市场的运作和业务的开展;另一方面也显露出政府谋求对银行业的控制。由于近代中国金融风潮不断,常常因一两家银行的倒闭而影响整个金融业的安全,为维护金融稳定,上海银行公会赞成政府对银行业实施立法管理。但颁布某些法令规章以加强对金融业的监控,不可避免地会收回原本属于政府却掌控在银行业手中的权益,加之国民政府有时缺乏与金融界沟通的诚意,未能充分采纳上海银行公会的意见和建议,造成二者之间的冲突与矛盾愈发明显。上海银行公会虽成功结束了银行单独或分散与政府进行磋商的历史,拓开了近代中国银行业与政府相互之间通过银行业同业组织进行联络、协作的先河,但随着政治局势的不断变化,上海银行公会在金融监督管理上的话语权逐渐降低。这种权力此消彼长的变化过程造就了上海银行公会最终的衰亡没落。

(三)主要职责

1. 制定行业业规,规范银行经营

自创立伊始,上海银行公会就以增进同业利益,维护金融稳定为己任。1918 年 7 月 8 日,多家银行发起召开上海银行公会成立大会,制定章程、选举董事会,大会首先议定了《上海银行公会章程》,并呈报财政部备案。成立初期,上海银行公会联合各会员银行,主要研究业务及经济事项,如促进同业发展、矫正营业弊端、筹设票据交换所等。1920 年 7 月 31

日，《上海银行营业规程》(以下简称“规程”)经会员大会表决通过，公会自此有了“在会各银行营业上共同遵守之规则”，银行规范经营自此有章可循。

规程具体就以下几个方面进行了明确。一是明确规定上海银行营业的时间和种类，彻底从营业性质上将银行与钱业划分开来。上海银行公会有权依据市场需求调整“行市”和“利率”，并通过《银行周报》将行市的变动情况整理公布，便于银行营业和谋利。二是规定银洋的进出，“凡收解款项有划头银及汇划银之别，如票据上加盖汇划字样图章者，即以汇划银收付，否则即以划头银收付”，银元进出与银两相同。此举有效化解了20世纪初中国金融市场银洋混用给银行和客户带来的不便，减少了实际使用纠纷。三是明确银行部分业务操作规程，对银行重要单据的种类、手续、挂失止付办法做了相应的规定，如定期存单、汇票、本票和各种收据上必须以业务主管签字盖章为凭，由客户留存印鉴为将来到期取款时核对致用。如若客户未留印鉴，到期凭单付款，银行将不负危险之责。此项规定规范了银行和客户间的关系，既维护了银行的利益，又为上海银行公会纠纷调解提供了合理依据。

此后，公会又屡次修订业规，对行业自律起到了积极的规范作用。1927年，上海银行公会与金业公会就两业汇兑交易拟定了《金业与银行互守规约》。1933年，上海银行公会还议定了十条收兑破损兑换券办法，对残损券的兑换比例及不兑换的种类做了明确的规定，不仅统一了银行经营行为，也为社会公众提供了指导作用。同年，上海银行公会还发布了《上海市银行业同业公会作成票据拒绝证书规则》。营业规则的成文化为近代社会经济运行和银行经营管理提供了有效保障，因为随着银行数量的不断增长，若无统一规范管理的市场，势必会引发银行间的无序竞争，从而严重阻碍银行业的健康发展。上海银行公会此时承担了部分中央银行监督管理银行业金融机构的法定职责，通过制定行业规范，有效弥补了已有法规的不足和缺陷，为防范风险、化解行业纠纷、维护社会金融稳定做出了重要贡献。

2. 驱逐劣质银币,推进币制改革

国民政府中央银行还未建立的时候,由于缺乏统一有效的金融管理,中国存在币制紊乱、种类繁多、发行权分散等一系列问题,这严重阻碍了工商业的发展。为改变这种乱象,上海银行公会自成立初始,就将维护货币市场秩序,推进币制改革为己任。一方面公会反复告诫会员银行,严禁使用劣质货币;另一方面积极联络会外银行和其他组织团体呈文政府,提请政府统一币制,确定发行权。

(1)驱逐劣质货币

20世纪30年代初,主要流通的银元中,除了本国自己铸造的"龙洋""袁大头"和"孙小头"外,还有国外流入的墨西哥"鹰洋"和西班牙"本洋",银币成色各不相同,导致币值不稳定。为维护货币信誉,上海银行公会积极协同其他组织团体一起开展驱逐劣币活动。在《国币条例》颁布后,天津造币厂开始铸造新币,货币市场渐渐趋于统一。但好景不长,政府和造币厂为追求利益,开始不断缩减成本,银币成色大为下降,新币信用也逐渐跌落。1924年,安庆造币厂铸造的"民国八年模型袁像银币"成色不一,造成市场混乱。起初上海银行公会认为安庆造币厂作为国家造币厂不太会违反国家规定,为证明其清白,上海银行公会对该厂所铸银币进行检验,发现银币成色确实未在标准公差范围内,便立即采取行动:一方面,上海银行公会发函给该厂告知此事;另一方面致函财政部,要求停止铸造该币,以稳定金融市场秩序。类似事件还发生过多起。早在1921年,姚仲拔指出"现在币制状况实与吾业有切肤之害,当由本公会(上海银行公会)设立化验室,将各厂所出银元、银角、铜元随时抽验报告同业,岂徒为银行界谋利益,亦所以为社会造幸福也。"针对姚仲拔的建议,上海银行公会立即召开大会进行研讨,最终商议"设立化验室于本公会内,为义务性质,经费须与币厂预为商定"。为落实定期对造币厂新币进行抽样检查之事,上海银行公会积极联系当下影响力远超银行的钱业公会,希望钱业公会予以大力支持。虽钱业公会最终由于种种原因,未能与银行公会达成一致意见,但同意劣币化验由两会轮流负责,并定期将化验结果登报公示。由此可见,在驱逐劣质货币的道路上,上海银行公会一直积极来往于会员银行、钱业公会、造币厂和政府等组织机构之间,以公正的第三方立场,及时遏止了一次次劣币危机,保证了币制及物价的稳定。在政局不稳定,政府无力规范金融市场的情况下,上海银行公会主动肩负起了重任,为维持货币秩序做出了突出贡献。

(2)推进上海造币厂成立

1919年10月,银行公会从维护金融主权、满足金融市场对银元的需求及统一币制的多重目的出发,向北京政府呈文,要求在上海设立造币厂。公会认为此举既可以统一币制,又可以改洋本位。然而,北京政府财政当时已严重入不敷出,根本无法肩负起新建上海造币厂的重担,资金短缺成为新建造币厂最大困难。政府若勉强凑钱出资,势必造成财政恶化,甚至导致外资流入,加深外国对中国的控制。上海银行公会提议,政府可向以华商银行为主组织的银行团贷款,银行团以投资人的身份监督上海造币厂的筹建和开办,以此推动废两改元和币制改革进程。1920年5月北京政府接受公会建议,由公会出面组织"上海造币厂借款银团",通过发行特种国库券,募资购地建厂。1921年3月2日,"上海造币厂借款银团"与北京政府签订借款合同,由官方发行、银团承销250万元特种国库券。经上海银行公会努力协调,最终认购365.5万元。1922年,上海造币厂厂房基本落成,后又因资金短缺等种种原因,上海造币厂筹建工作一度停顿。1928年,南京政府接办上海造币厂,改厂名为"中央造币厂"。1930年,中央造币厂基本建成。

为了保证上海造币厂免受政治风波影响,避免政府将上海造币厂贷款用于其他用途,上海银行公会提议成立特别委员会负责监督上海造币厂的厂务。特别委员会由总商会、钱业公会、银行公会、海关和外国银行公会组成,并与财政部约定,上海造币厂厂长的任免必须经过上海银行公会的同意。由此可见,从筹备款项到业务监管,上海银行公会在上海造币厂的落成上功不可没。上海银行公会及借款银团始终拥有较大的话语权,这也说明了随着资本的积累,上海银行业显著发展,与外商银行、政府等开展竞争和合作的能力和信心在逐渐增强。

3. 倡议废两改元

1919 年 6 月 11 日,在上海银行公会的支持下,钱业公会决议“自今日为始,无论鹰洋、龙洋及各新币,一律并用……此后鹰洋行情,已归取消”,就此洋厘行市得以统一。但由于银元的价格是由银两来标示,早在筹建上海造币厂时上海银行公会就深刻认识到了废两改元的必要性,时任上海银行公会副会长的陈光甫先生就呈请政府,要求设立特别委员会,专门讨论废两改元的重要性。但此举遭到了钱业公会的一致反对,钱业公会认为银行无权议论汇划银废止事宜。马寅初也曾指出:如若实行废两改元,“钱庄之唯一利器银两,顿被打倒,市上一律均用银元,银元为银行所富有,于是一切交易,银行均可独自任之,固不必受制于钱庄”。究其原因,上海当时沿用的归元银,分汇划银和划头银,1920 年前后,使用划头银的只有通商银行、中国银行和交通银行三家银行,其他银行要么两者兼用,要么专用汇划银。把持“洋厘”和“银拆”有利于钱业囤积、抛售银元,从而赚取差价,因此废两改元之举实则剥夺了钱业的传统优势和特权,伤害到了钱庄的根本利益。

即便如此,上海银行公会并未就此放弃倡议废两改元之事。1921 年,第二届银行公会联合会议上,天津银行公会提请以全国银行公会的名义呈报政府,推进废两改元进程,上海银行公会代表陈光甫还提议将此案定名为“陈请政府整理币制案”。由此可见,在废两改元一事上,全国银行公会态度保持一致,但由于政局不稳,政府无法提供有力的支持,银元难以快速取代银两的市场信用,废两改元一直等待有利时机。南京国民政府成立后,为巩固自身政治地位,开始致力于统一币制,整顿财政,废两改元直至 1933 年 3 月 10 日在上海首先施行,并随即在全国推广。

4. 深化币制改革

废两改元的实施,虽促进了中国工商业的发展,但国际白银价格受西方列强控制,国际白银市场稍有波动便直接影响我国铸币所用白银的成本和供应,从而危及中国工商业的发展和政局稳定。1934 年,“白银风潮”彻底撼动了中国货币基础，摒弃银本位制度，深化币制改革迫在眉睫。南京国民政府成立之前，国民党政权虽推行过集中货币发行举措，但由于当时仅要求取消地方政府所控制的省银行的发行权，而保留了商业银行的发行权，该举措并未取得实质性进展。南京国民政府成立之后，政府深刻认识到银行是掌控金融的命脉，1928 年先后召开了全国经济会议、财政会议，拟从制度上对银行业进行宏观规划部署。在全国经济会议上，上海银行公会委员李馥荪和贝淞荪等人就币制改革问题发表了深刻见解，他们着重提出：发行权和准备金非统一不可，现金必集中于中央银行，发行权归属于国家银行，应该明令禁止省银行发行，其中纸币之发行可分沪、汉、津、粤四区，另设总库于上海。

后政府在拟定币制改革方案之初，由于无法把握民众及银行业金融机构意向，方案内容一直高度保密。但由于财政部核准发钞的 12 家商业银行，其发钞总额占比较大，约占总发行额的 34%，且均为上海银行公会会员银行，财政部意识到若无法得到上海银行公会的大力支持，币制改革难以取得显著成效。因此，1934 年 11 月 3 日，财政部部长孔祥熙召开上海银行界会议，除政府官员和中央银行代表外，上海主要商业银行的代表和上海银行公会主席陈光甫也出席此次会议。会上孔祥熙就法币政策的相关规定进行了解释，并着重强调自 11 月 4 日起，以中央、中国、交通三行所发行钞票为法币，所有完粮、纳税及一切公私款项收付，概以法币为限，不得行使现金，违者全部没收等。此次会议明确传递了法币政策不仅取消了商业银行的发行权，且要求各行交发行准备金，限期以存银兑换法币，商业银行的权力正逐渐被削弱。由于法币政策关系到银行的发展和命运，会后陈光甫紧急召开委员会议，经过商议上海银行公会一致决定以大局为重，认为实施法币政策是巩固币制与改革金融的唯一办法，应当遵照执行。次日，上海银行公会就函告各会员银行，应积极配合法币政策的实施，并于 11 月 9 日致函财政部，表明银行公会坚决维护并支持法币政策的决心。

新政执行之初，市面难免疑虑重重，部分银行甚至采取办法加以抵制。上海银行公会每星期开会商讨,以解决突发事件,并在其主办的《银行周报》上刊登阐述新法币好处和意义的文章以示支持。尽管上海银行公会内部一些会员银行对中国银行、交通银行两行既拥有发行权,又进行商业银行经营表示不满,但上海银行公会仍力排众议,坚决拥护法币政策,给予竭力支持。在上海银行公会与各界的积极配合下,法币改革得以顺利实行,这结束了白银作为通货的长久历史,促进了国民经济的快速发展,同时也助推了政府对银行业的控制能力。

5. 平定金融风暴

在银行公会成立之前,上海市商会①基本承担平定金融危机之责。但随着中国金融业国际化程度逐渐增强,南京国民政府成立后商会社会功能逐渐萎缩,平定金融危机、稳定市局的重任渐渐移交给兴起的银行公会。上海银行公会自成立之日起,每每遇到金融风潮和社会动荡,都力图采取各种措施,维护银行业利益,促进社会经济发展,较有成效地维护了社会金融稳定。

(1)垫款代兑中法实业银行上海地名券

中法实业银行于 1913 年 7 月成立,总行设于法国巴黎,分行设于北京,额定资本为 4 500 万法郎,其中法国占股三分之二,中方官股占股三分之一。中法实业银行成立最初几年内经营颇为顺利,后陆续在上海、天津、汉口、济南等地设立十余处分行。1921 年 7 月初,受第一次世界大战的影响,一向以投机为业的中法实业银行巴黎总行最终因白银投机失败及放款倒账等原因损失严重而宣布停业,该行在中国所发行的纸币也停止兑现。消息传来,持有该行纸币的市民无不恐慌,挤兑在所难免。

1921 年 7 月 3 日,上海银行公会因中法实业银行停兑召集会员紧急会议,讨论维持办法,会议决定,由公会发起中法实业债券团,派宋汉章、钱新之为代表,会晤中法实业银行经理。是日,北京银行公会与北京政

① 上海市商会,全称“上海商业会议公所”,于 1902 年成立。中国商会起于清末新政时期,发轫于上海。上海市商会率先成立后,不久拟就《章程六条》,明确了创立商会的宗旨为集思广益、讲求商务,并提出了“重商、振商、保商”的任务。

府、法国公使署及中法实业银行交涉后商定办法。(1)钞票总数约为200万元,其中北京约45万元,天津约45万元,上海约65万元,汉口约10余万元,济南约4万～5万元,奉天约30万元。各处钞票及号码应由各地该行分行公司公会代表检查,未发及收回钞票由该行及法领事会同公会代表检封交领事保管。未设公会之地方,由中国、交通两行代表办理。(2)以上手续完成,由公会布告,择日即在公会代兑。(3)代兑之款应由中国、交通两行担任一半,其余由北京19行暂行分任。各埠公会会员如不在21家以内而担任代兑之款,应由己数内平均分出。(4)代兑认款已由财政部公函担保,由应还法款内尽先扣还或另筹款拨还。[①] 次日,上海法领事邀请副会长钱新之及宋汉章前往中法实业银行检点钞票数目作为见证,计流通钞票757 928元,库存钞票568 000元。

在北京银行公会的统一部署下,上海银行公会迅速着手代兑手续,于1921年7月16日发出通告,请持有中法实业银行沪行钞券者于7月16日及18日速到上海公会兑现。此外,上海公会参照北京银行公会议定的银行代兑中法钞券办法,积极应对中法实业银行代兑风潮:(1)各银行于每日下午4点以前将代兑钞券分送中国、交通两行拨兑现款;(2)中国、交通两行收到各银行交来中法实业银行钞券,汇总处按钞券总数开一寄存证送交临时干事,由临时干事凭钞券汇总数按成开出各行纸票送交两行冲账;(3)各行每日将所代兑之券送交当地中国、交通行,由中国、交通行电知中国、交通总行函知临时干事;(4)各行每日代兑钞券时间上午10～12点,下午2～5点,休假日及星期六下午不兑。[②] 最终,在多方的共同努力下,上海银行公会以"维持金融安宁,且于小本营业亦寓扶助之意",最终共出面垫款代兑中法实业银行发行的上海地名券,合计75万余元,从而平定了一场金融风暴。

---

① 上海市银行同业公会,复旦大学中国金融史研究中心．百年追梦:上海市银行同业公会史事编年(1918—2018)[M]．上海:上海辞书出版社,2018:30－31.

② 上海市银行同业公会,复旦大学中国金融史研究中心．百年追梦:上海市银行同业公会史事编年(1918—2018)[M]．上海:上海辞书出版社,2018:33.

(2)设立联合准备委员会

每当风潮发生之时,金融界唯有银行业受到的影响最为强烈。上海银行公会指出,上海作为全国金融中心,维护上海市面即可以维持全国金融,因此筹集公共准备金成为同业的当务之急。1918 年 11 月 30 日,上海银行公会决议暂定公共准备金为归元 30 万两,由中国银行代为保管。为确保准备金切实用于救济市面、稳定金融,上海银行公会特制定《公共准备金规则》,对准备金的宗旨、原则、保管办法、使用程序等做了详细规定。依据该规则,凡在会银行或其他大庄号,因为市面发生意外风潮而需要借资周转时,均可以用抵押品向公会抵押借用款项。该制度的建立,不仅为银行的正常营业做出了保障,也一定程度地增强了其对外信用,十分有利于银行业的发展。

然而因受世界经济危机的波及,中国经济形势在 20 世纪 30 年代再次恶化,出现原料紧缺、市场缩小等种种现象,上海市场所受影响最为严重。1932 年 1 月 28 日,日军突袭上海,上海金融形势愈加严峻;1 月 29 日上午,上海市商会议决即日起所有行业一律停市 3 天。为稳定局面,上海银行公会立即召开紧急会议,宣布停业 3 天,如有需要提取少额存款或汇款,不加限制,以免复业时引起金融恐慌。后随战事不断扩大,上海市商会通告各业停业无限展期,但上海银行公会认为,银行业停业时间越长,不仅损失愈大,而且复业时愈容易引发群起提存挤兑事件,乃至破产。鉴于此种恶劣环境,为安定金融,在张嘉璈等人的倡议下,上海银行公会决议组建银行业联合准备委员会,各会员行以地产、贵金属、债券或货物作为缴存准备,再以所缴存财产按市价七折作为担保,发行公单、公库证和抵押证等信用工具,由联合准备委员会统一管理,以在经济骤变、金融紧迫时,发挥防止风潮扩大、携手共渡难关的关键作用。

金融市场的有效运作,离不开良好的市场秩序和灵活的监管调控。银行创办初期,各资本主义国家银行组织也漫无体系,纸币发行不统一,现金准备复杂分散,一遇事变,应付起来颇为吃力。南京国民政府于 1928 年建立了中央银行,但权力分散、实力薄弱,并不能很好地履行监管调控之责。上海银行同业公会在国家局势动荡之时设立联合准备委员会，较好地肩负起了中央银行调控市场、有效监管的职责，在应对经济骤变、金融紧迫、稳定市面上发挥了关键作用。

二、上海钱业公会

钱庄作为我国旧式信用机构之一，由于其业务发达、历史悠久，一直享有较高地位。1917 年，上海钱业工会由钱业董事朱五楼、秦润卿等人组织成立，多次参加政府的财政经济会议和经济、金融政策的制定、立法工作。上海钱业公会作为近代工商界最具典型性的同业公会，是由传统的会馆、公所向近代同业公会演变而来，并一直存续到解放初期，自成立起就以维护钱业利益、推动钱庄业发展为基本宗旨。从社会地位来看，作为“百业之首”，上海钱业公会始终与上海乃至全国工商业界各个不同的社会经济团体阶层保持着紧密的联系，且在政治、经济和社会领域扮演着极其重要的角色；从金融业来看，上海钱业公会与上海银行公会均为上海金融业最具影响力的两大同业组织，同处金融中枢地位，业务相似，矛盾和利益共存。相比于上海银行公会，上海钱业公会更具有行业的内聚性，凝聚力更强。

（一）成立背景

上海钱庄业在乾隆年间便有同业组织，当时上海钱业同仁集资购下城隍庙内园作为钱业总公所，以便集会商讨。近代上海开埠之后，由于外贸的发展及外国银行资金的支撑，钱庄及其庄票在国内商品交易和对外贸易中都起到了重要的资金融通作用，并逐渐与华商银行、外商银行形成了“三足鼎立”的金融格局。在此期间，上海钱业发展尤为迅速，在很长一段时间一直位居各业之首。上海早期钱庄分南、北两市，并各自成立南、北市钱业总公所，形成南北分立的局面；后随着钱业的不断发展，传统公馆、公所的分散性及保守性较难满足行业发展需求。南市钱业公所提出：“地处一隅，向分南北，遇事隔阂，诸多不便”之困难现状，遂与沪北钱业公会协商，南北合组公会，将北市钱业公会改为上海钱业公会。

上海钱业公会以加强管理、谋求金融之流通及交易之安全为目的,截至1917年广纳87家钱庄入会,其中资力雄厚的“汇划庄”也包含在内。1917—1927年是上海钱业公会历史上稳步发展的十年,经过这十几年的成长,钱业公会的组织管理及对外协调能力日渐成熟,对外影响力持续增长,获得社会各方重视,成为上海社会最重要的工商团体组织之一。1949年5月,上海解放之际,钱业公会注册会员仍有80家,仍然保持着相当的规模,当时钱业公会的日常运作机构为第十四届理事会和监事会,其中理事(包括理事长)20人,监事7人,理监事中3人籍贯为江苏,1人为上海,其余均为浙江。1949年8月,根据上海市政府关于《整理工商业同业公会初步方案》的有关规定,新设立的上海市工商联筹备会认为银行、钱庄、信托三业公会,性质相同、经营业务相同,仅名称不同而已,基于精简原则应该归并,因此决定由三公会合并组成上海金融业同业公会筹备会。对于上述整理方案,上海钱业公会在相当长的时间里拒绝接受,最终于1949年12月撤销。

(二)行业作用

自1917年成立伊始,上海钱业公会在保障同业利益、促进同业发展、维护金融市场稳定和行业利益方面发挥着重要作用。1927年前,上海金融市场呈多元竞争态势,政局的紊乱导致政府缺乏金融干预管理的权威和应变能力,因此未能建立统一规范的银行制度、货币发行制度、央行监管制度等。在货币发行权分属各大中外银行,导致币种繁杂、流通不便的情况下,各金融机构各持利器,互相竞争,上海钱庄由于大多地处租界,北洋政府力不能及,故受政府干预较少,有很大的自主权。在缺乏政府和中央银行作用的情况下,上海钱业公会行业财务规则与信用制度的制订与履行令行禁止,十分有效。同时由于钱业的交易活动许多是与银行业、工商业相关的,一种好的业内制度,必然同时又是一种好的能与外部协调共存的制度,上海钱业公会经常与中外银行公会及上海总商会等协调或沟通跨行业的规则与制度,因而“随时立制,遇弊变通”,成上海钱业应对内外各种环境变化的最大特点。就同业内部来讲,上海钱业为适应市场的需要不断改良营业方法，调整营业方针，力求保持市场的稳定和协调，营业中一旦遇到或发现交易手续上的弊端，随时召集会议共同商讨对策，力求达到各方之间的稳定和平衡，如票现收解办法的不断改良就是最好的例证。在市场规模不断扩大的情况下，当资本短缺给上海钱庄造成信用危机时，上海钱业公会不断要求同业增加资本；钱庄倒闭后，上海钱业公会自动进行清理，协调债权方与债务方之间的关系，尽力维护信用，保持市场秩序的正常有序进行。同业之间存款有多有缺，为防止同业拆票中缺家不能保证信用，上海钱业公会实行准备金制度，成立了钱业联合准备库，以帮助大家互相调剂，此项制度不仅推动了同业合作，而且更好地适应了近代金融制度的变化发展。

但是随着钱业与银行的不断竞争，钱庄经营方式的落后性不断凸显。一方面，较新式银行，钱庄缺乏优秀人才、严格的纪律和科学的管理；另一方面，较资本雄厚、利息优厚的现代银行，钱庄资本过少，以致难以应付日渐增长的资金需求。因此上海钱业公会虽一直极力维护钱业既有的传统优势地位，掌控洋厘、银拆，完善汇划制度，领导钱业尽力改革，拓展业务，但最终由于货币竞争的不断发展演变，钱业不可避免地失去其传统的业务优势，渐渐丧失了行业影响力。

（三）主要职能

1. 制定钱业同业章程和营业规范，矫正营业弊端

清末民初的几次金融风潮，让钱业遭受重大打击，一些钱庄因此倒闭。除受外部因素影响外，钱业自身的行业习俗和经营弊端也是钱业遭受重大打击的原因之一。为适应金融业发展环境变化，促进同业发展，制定营业规范，限制不正当竞争行为，矫正营业弊端势在必行。

1917 年上海钱业公会成立后，订立了《1917 年钱业营业章程》，并于 1917—1927 年进行三度修订。例如，1917 年上海钱业公会在修改规则中，为维护金融安全，将“仅限不认识之人持票兑现须在当天晚上给付”修改为“凡遇不认识之人持票收取现银现洋者，须询明住址，待至上灯时方可照付，如欲提前收取者，须觅相当之保证人。”这一修改体现了上海钱业

公会通过修订业规来规避风险,从而保障钱业利益。此外,为防止票据被更改或作弊,钱业公会还规范了票据内容样式,要求应用回单格式,并盖“某庄收票计数不凭”字样的图章,其填币数的字须端正大写,以照郑重。1920 年,上海钱业公会又制定《1920 年上海钱业营业规则》,对业规分门别类,使之更加系统规范。1923 年,针对营业规则的不周全之处又一次进行了修订,将原有内容归并为 25 条:第一条带有总纲性质,第二条以下,分别对营业时间、例假日期、营业范围、市场设立、行市、利息、票贴、收解、放款办法、各埠往来办法、票据种类、票折挂失止付办法等可能发生的情况及处理方法做了明确规定。

在政府对金融市场监管能力不足的情况下,上海钱业营业规程的制定和推行,建设、管理和规范了共同交易市场,完善了组织机构和组织体系,为防止金融风险,维护行业利益,保障行业信用,增强钱庄界协调合作,发挥了重要作用。

2. 取消鹰洋行市,优化本国货币制度

北洋政府时期,上海金融市场主要由外商银行、华商银行和钱庄组成。因此,与银行业相比,彼时钱庄业资力相对来说比较弱小,但由于钱业公会始终操控着上海的“银拆”和“洋厘”,一直占有一定的话语权。“银拆”即同业之间拆借银两的利率,一般比市面存款利率低。钱业公会每天上午根据市场资金的供求情况议定“银拆”,挂牌公布。银拆是上海金融市场规银供需情况的唯一标准,中外银行都是根据钱业公会公布的“银拆”率决定自已各项金融产品的利率,其他银款交易及拆息涨落都以银拆波动为转移,可见银拆在上海金融市场的影响。此外,银两与银元的比价,即“洋厘”,也是由钱业公会每天上午议决公布,钱业大小同行及中外金融界都将其作为当日交易的标准。因而,钱业对银拆、洋厘行市的决定权,使得其在上海金融业中始终占据一席之地。

1919 年五四运动爆发后,上海开始罢工、罢课、罢市,以支持北京方面。为此,钱业公会南北大会通过了几项决议:同意与上海银行公会共同公电政府,要求顺应民意;定于 6 月 6 日起,钱行暂定交易,但本票及银行划条税饷一概交出，到期收解。朱五楼以上海钱业公会会长身份签发了钱业罢市决议，有力地支持了五四运动。直至上海市总商会通告，劝令各业6月13日开市，上海钱业公会才于12日下午举行紧急复市表决会议，赞成于次日一律开市，并将签名据存储于公会备查。

五四运动高潮之后，正值市面银元甚荒，洋底枯竭，鹰洋尤甚，外国银行发行鹰洋纸币，颇有不能兑换银洋之势。上海钱业公会借此千载难逢的机会，开会集议，决定只开一种行市，取消鹰洋行市，清除鹰洋在中国市场的势力。1919年7月5日，钱业公会与上海银行公会联合发出通告："沪市现因鹰洋逐年减少，已属供不应求，吾国旧有龙洋及续铸新币，流通行用，商界称便，对于鹰洋、龙洋、新币业已一律通用，鹰洋行市已经取消。本公会在会银行议决应即一致办理。惟吾国旧有龙洋，省界不一，所有一律通用之洋元，分别种类通告如下：一、新币；二、大清银币；三、江南龙洋；四、湖北龙洋；五、广东龙洋；六、鹰洋。以上六种洋元一律通用，无分轩轾。特此登报通告，惟希公鉴。"①此举无疑损害了外商银行的利益，遭到外商银行一致反对。尽管在外商银行的阻挠之下，钱业公会还是顶住压力实现了对银元行市的统一，从此虽然流通中仍准鹰洋、龙洋和新币等六种银元一律使用，但上海钱业公会每日所开洋厘行市，仅有国币一种，大大优化了本国的货币体系。直至20世纪30年代，南京国民政府废两改元政策和法币政策的实施，使得钱庄彻底失去了控制"洋厘"以争雄整个金融市场的法宝，导致上海钱庄业最终逐渐走向衰落。

3. 应对行业危机，维护金融市场稳定

因1920年7月创办的上海证券物品交易所仅半年内即获利50万元，1921年7月后上海便掀起兴办交易所和信托公司的热潮。据统计，截至1921年底，登记在册的交易所竟达140家之多，与交易所股票交易关联的信托公司也随之勃兴，数月间已达12家，交易所和信托公司的额定资本竟达20亿元，远超当时上海各银行的库存银最大总额7 000万

① 邹晓昇．银元主币流通与上海洋厘行市的更替[J]．史学月刊，2006，(8)：36－42.

元。“当时人心若狂，听说办交易所，就千方百计，辗转想法，来预购股票”，掀起哄抬股价、狂热投机的金融浪潮。1921年底，银钱业收缩信用，交易所、信托公司纷纷倒闭，形成“信交风潮”。

钱业公会对此次风潮一开始就取谨慎态度，采取诸多措施以防范风险，稳定市面。1921年5月9日钱业公会召开第五次会议，公会决议：“对内办法，力劝同业一勿贪图近利，二勿做股票押款；对外办法，电部纠正各交易所股票投机。”由于此次“信交风潮”对上海金融界影响过大，甚至严重影响了社会经济的发展，上海钱业公会联合上海银行公会共同发函致北洋政府农商部和江苏省政府，恳请政府出面纠正市面不良之风；并通过上海总商会出面电请北京币制局停止铸造银元，以避免市面流通急需的白银自上海流出。同时，钱业公会为防止同业中人卷入投机事业，祸及行业安全，于1921年9月、10月、11月连续3次召集会员钱庄经理会议，做出了3项决议：一是慎签银票，“进出银票，须由正副经理签字，以免移挪亏空之弊，或由经理选派亲信监察常驻账房监视，以期随时防范”；二是严禁钱庄经理人和职工参与交易所投机，“如有查出私做情事，经公众开会筹议处分”；三是通告各钱庄银拆最大不能超过七钱以外，维持市面正常的拆息。不难发现，钱业公会在此次风潮中虽然处于被动应对的局面，但因及时采取了有效措施，上海钱业在这次风潮中受影响不大。事后有人评价：“幸当时钱业主持者，老成持重，鉴于橡皮风潮殷鉴不远，避之若浼，得免牵累，是又不幸中之大幸。”①

1923年11月中旬，上海金融市场“银根非常紧急”，上海钱业公会又与中国、交通等华资银行以及汇丰等外资银行合作，寻求在上海市场增加资金投入的渠道。1924年秋，为争夺江浙地区的控制权，“江浙战争”爆发。受此影响，上海金融呈现混乱之势。洋厘暴涨，银拆随而逼涨，缺银钱庄周转非常困难，中外贸易趋于停顿。由于银根紧张，资金周转困难，钱业公会会员庄裕丰钱庄于1924年9月20日宣布倒闭，钱业出现兑现

---

① 陶水木，邹荣华．上海钱业公会在稳定金融中的作用(1917—1927年)[J]．历史教学，2004,(1):24－27.

提款风潮。钱业公会立即采取措施,经过公会和债权委员会决议,在《钱业月报》上登载了《上海钱业公会清理庄裕丰简章》,促进了该庄的破产清理事项的顺利进行,避免了大的债务纠纷。钱业公会还召集同业紧急会议,控制各钱庄的银款进出额度,以减少当时钱业的紧急情况。钱业公会的快速反应让上海钱庄业安然渡过了提款风潮,体现了强有力的公会领导和集体力量。1931 年 10 月底,“市上银根紧急,发生恐慌”,为维持市面,中央、中国、交通三银行与上海钱业公会“共集银 500 万两,联合组织借银团,专备同业及华商银行押款之需,籍资救济”,上海钱业公会名下认银 100 万两助力。

以上类似的情况不胜枚举,上海钱业公会一直以来以维护钱业利益、保障金融稳定为目的,在充当部分央行管理职责上起到了示范性作用。一是提倡稳重经营,屡次呼吁钱业会员增加资本,以巩固信用;取消钱庄职工平时急用时可向钱庄透支的制度,禁止经理从事投机事业。二是加强同业之间合作,每遇金融风潮及时与上海银行公会等同业沟通交流,采取一致的集体行动。法币改革后,官办金融体系的垄断使钱业信用风光不再,完全基于市场的上海钱业公会信用制度建设与行业监管地位及作用失去了存在的依据,其市场调控职能最终因政府的集权而削弱。

本章小结

介绍近代历史上关于货币竞争的主要人物思想,以及上海市银行业同业公会、上海市钱业公会两大行业组织在此期间对货币竞争变革的推动作用。

梳理近代不同时期人物货币思想的激烈碰撞。北洋政府时期,在币种繁多、计价杂乱、各自流通的糟糕环境下,为化解财政危机、推行币制统一,现代经济学者们致力于明确适合本国国情的货币本位制度,最终从本国黄金储备量、国际贸易及金融市场稳定形势的综合考量下,选定了适合当下国情的银本位制度,为我国币制统一打开了新局面。后苏筠尚、徐永祚、马寅初等有识之士进一步提出了废两改元的重要思想,银本制度在币制统一上由此迈出重要一步。然废两改元的实行效果却不尽如人意,以孙中山为首的革命家们大胆提出了用纸币代替金银币成主币的创新思想,为日后法币改革奠定了夯实的理论基础,同时也与宋子文的国家垄断银行思想在收拢货币发行、管理权上不谋而合。1924 年,宋子文在广州主持创办了中央银行,后商业银行发展也逐渐步入正轨,张嘉璈、陈光甫等银行家们主张的银行信誉至上等创新银行经营理念又为现代商业银行的经营提供了宝贵的经验。由此可见,整个近代货币思想变革史,一定程度地反映了货币竞争变革的必然历史趋势:纸币取代金银币成主流货币及货币发行权的归一均是顺应社会发展及自然规律的。而随着生产力水平的提高,交换范围的扩大,货币形式也在不断发生变化,这种趋势既是经济发展的需要,也是交换扩大的需要。

对上海市银行业同业公会及上海市钱业公会,均从成立背景、行业作用、主要职责三个方面进行了归纳整理,并阐述了其在近代货币竞争中发挥的重要作用。上海银行公会自建立以来,通过制定行业业规、驱逐劣质银币、推进上海造币厂成立、倡议废两改元、垫款代兑中法实业银行上海地名券、设立联合准备委员会等行动,在增进同业公共利益,纠正营业弊害,促进同业沟通发展,应对经济骤变、金融紧迫、稳定市面起到了重要的推动作用。上海钱业公会由传统的公馆、公所演变而来,通过制定钱业同业章程和营业规范,取消鹰洋行市,应对金融风暴等行为,始终为钱业利益、社会金融稳定保驾护航,在充当部分央行管理职责上起到了示范性作用。因此,我们不难发现,在中央银行未建立完全之时,上海银行公会和上海钱业公会承担起了部分中央银行监督管理银行业金融机构的法定职责,通过制定行业规范,有效弥补了已有法规的不足和缺陷,为防范风险、化解行业纠纷、维护社会金融稳定做出了重要贡献。

第七章　货币竞争国际经验比较

第一节　美联储成立与美国货币统一的进程

一、美国中央银行制度的建立和特点

美国中央银行制度的建立不是一蹴而就的，在历经北美银行、美国第一合众国银行和美国第二合众国银行的失败尝试后，形成了州立银行和国民银行并存的双轨制银行体系，直到《联邦储备法》出台，分权制衡、高度独立的美国中央银行制度才正式形成。

（一）美国银行制度的历史变革

1. 国家银行

1781 年，美国第一家专业性商业银行——北美银行诞生，开启了美国建立中央银行制度的首轮尝试。随后在汉密尔顿等人的推动下，美国第一合众国银行和美国第二合众国银行先后于 1791 年和 1816 年成立。与其他私营银行相比，这三家国家银行具有明显不同：在注册资本额方面，三者均得到了联邦政府的资金支持，其中北美银行政府持股份额为八分之五，第一合众国银行和第二合众国银行政府持股份额均为五分之一；在经营范围方面，它们都是其成立期间唯一获得全国范围经营资格的银行。

2. 州立银行

在实行联邦制的美国,有些银行是在各个州注册成立的,这些银行通常被称为州立银行。19 世纪 30 年代后期,各州兴起的自由银行制度改革,使州立银行的法律环境变得宽松:在成立方式上,由以前的专门立法授予经营权而转变为只要满足最低申请条件即可注册成立;在注册资本金上,只要拥有 5 000 美元的资金,即可申请成立;在组织架构上,州立银行可依据本行需要自行决定是否成立分支机构;在经营范围上,州立银行业务范围更为广泛,特别是在贷款的发放上几乎不受限制。

3. 国民银行

1863 年,《国民银行法》及其修正案颁布,联邦政府创建了一套完全不同于州立银行的国民银行体系:在成立方式上,国民银行由联邦政府登记并颁发营业执照;在成立条件上,国民银行的法定要求更为严格,即使是规模最小的国民银行也需要至少 5 万美元的注册资本金;在组织架构上,国民银行实行单一银行制度,即不得设立分支机构;在经营范围上,国民银行不得将资金借给商人进行股票投资,也不得从事信托投资业务等;在银行体系上,国民银行根据地理位置分为三个层次:一是位于纽约市的中央城市储备银行,二是设在人口超过 50 万的其他大城市的城市储备银行,三是在中小城市设立的地方银行。

4. 联邦储备系统

1913 年,《联邦储备法》以绝对优势在国会上通过,美国中央银行制度由此确立。联邦储备系统主要由联邦储备银行、联邦储备委员会和联邦公开市场委员会组成。联邦储备银行共有 12 家,依次对应着全美 12 个联邦储备区,每家储备银行自行制定本地区的贴现率,并对本地区的金融活动进行管理。联邦储备委员会设在华盛顿,由 7 名执行委员组成,负责协调联邦储备政策、监管储备银行等。联邦公开市场委员会由 12 名委员组成,包括 7 名联邦储备执行委员和 5 名储备银行主席,负责制定短期货币政策、控制货币储量等。

（二）美国联邦储备系统的特点

美国联邦储备系统（以下简称“美联储”）具有两个独特鲜明的特点：高度独立性和权利分散性。一方面，由于美联储将储备银行设立成非营利机构而非政府机构，减少其对政府的依赖，使其在制定和执行货币政策时无须政府和国会的批准，保证了美联储对外的高度独立性；另一方面，与其他国家相对集中的中央银行制度相比，美国中央银行的职能由 12 个平行的联邦储备银行共同承担，这些储备银行不仅掌握着本储备区金融决策和管理的权利，而且同联邦储备委员会一起共同参与货币政策的制定，保证了美联储内部的权利分散性。

二、美国货币竞争与货币统一的螺旋发展

伴随着银行制度的历史变革，美国各方势力围绕货币发行权展开了激烈的竞争。在联邦主义者和反联邦党人的推动下，国家银行、州立银行与国民银行纷纷登上权利的舞台。经过一个世纪的角逐，这场有关货币发行权的斗争最终因美联储的成立而落下帷幕。

（一）分散发行与集中发行的斗争

1. 国家银行与州立银行

早期，国家银行和州立银行均可根据本行持有的铸币发行银行券。由于国家银行的特殊性，政府赋予其准法定货币的权利，即其以铸币为基础发行的银行券可用于支付税费，无形中增加了国家银行券在货币市场上的竞争力。为了与州立银行进行竞争，国家银行一方面利用代理国库获得的州立银行发行的纸币，要求州立银行进行兑付，从而对州立银行的信用扩张实现了控制；另一方面通过增加银行券供应，提高本行钞票在货币市场上的比例，意图形成统一的国家货币流通的局面。在国家银行的打压下，州立银行破产清算事件时有发生。

然而，合众国银行无视铸币兑付限制肆意滥发钞票的行为，引起了严重的通货膨胀。1832 年美国总统安德鲁·杰克逊拒绝了第二合众国银行的续签请求，国家银行走下历史舞台，在此后大约 30 年的时间内（史称

“自由银行”时期)，纸币的发行权分散在州立银行的手中。

2. 州立银行与国民银行

由于各州对于州立银行的管制过于宽松，使得许多州立银行在准备金不足的情况下竞相发行钞票，整个国家的钞票供应处于一种混乱无序之中。为了重拾联邦政府对美国金融领域的控制，1863 年《国民银行法》应运而生。根据《国民银行法》，中央城市储备银行需要保留票据和存款总额的 25%作为现金储备，这些现金必须是财政部发行的法定货币，包括金币、银币和绿币；城市储备银行需要保留票据和存款总额的 15%作为法定准备金，这些准备金中的 50%必须以库存现金的形式留存，其余部分可以活期存款的形式存放在中央城市储备银行；地方银行的法定准备金率也是 15%，其中 40%必须是现金储备，其余部分可作为活期存款存放在中央城市储备银行和城市储备银行。如此，一个呈倒金字塔型的货币发行体系开始形成。

在成立国民银行的同时，联邦政府还规定 1866 年 7 月 1 日(后改成 1866 年 8 月 1 日)之后发行的州立银行券需按面额缴纳 10%的税，州立银行的纸币发行权事实上被剥夺。自此开始，到美联储成立前，美国纸币的发行权都牢牢掌握在国民银行手中。通过独揽钞票的发行权，国民银行在美国货币市场上发挥着核心金融力量的作用。

(二)货币发行权的统一

当时的国民银行制度主要有两个缺陷。一是货币供应缺乏弹性。由于国民银行在银行券发行时是以联邦政府的负债为基础，意味着国民银行在发行钞票时受联邦政府含有流通特权的政府债券发行量的影响。二是缺乏一个协调整个国民银行系统的中央机构。在金融恐慌频发、挤兑风潮蔓延的现实下，社会各界人士都意识到建立一个协调整个货币银行系统的中央银行迫在眉睫。

《联邦储备法》出台后，纸币的发行权被单独地赋予了美联储，体系中的成员银行则不再印制纸币，只能通过提取存款的方式从美联储获得钞票。至此，历时一个多世纪的有关货币发行主体的竞争最终以美联储的成立而落下帷幕。

三、借鉴与启示

(一)货币发行应符合经济流通规律

从国家银行和州立银行的发行经验告诉我们,纸币发行应符合社会流通规律,肆意滥发只会加速自身倒台。两任合众国银行存续期间,未能履行好作为国家银行应承担的责任,无视铸币兑付的约束大量发行纸币,使国家陷入严重的通货膨胀中,给经济发展和金融稳定带来了极大的威胁,不得不走下历史的舞台。“自由银行”时期,许多州立银行在准备金不足的情况下竞相发行钞票,甚至出现了一些故意设置在偏远地区、在没有存款准备金情况下任意接受存款或发行纸币、一旦顾客要求兑付则逃之夭夭的“野猫银行”,最终导致寓禁税的出台,州立银行的纸钞发行权事实上被剥夺。

(二)建立中央银行制度是历史潮流所趋

自由银行时期,由于监管环境过于宽松,“野猫银行”盛行,给公众的财产安全带来了严重的威胁。国民银行成立后,由于缺乏一个协调整个国民银行系统的中央机构,难以根据经济发展趋势统筹安排货币发行。在经济相对繁荣时期,国民银行通过倒金字塔式的货币派生体系过度放贷,导致后续资金枯竭,影响了实体经济的正常增长。而在经济恐慌和低迷时期,各家银行因为资金缺乏而不得不停止各项贷款,使经济危机进一步蔓延。这些均反映出建立中央银行、协调整个货币银行系统是大势所趋。

(三)相对独立的中央银行制度有利于货币政策的制定和执行

中央银行保持独立性有利于其科学合理地制定货币政策。国家银行存续期间,由于其注册资本金中均有政府资金的支持,在钞票发行数量上难免受联邦政府的影响。为了解决铸币稀缺性和财政流动性问题,联邦政府鼓励合众国银行发行大量纸币,使其投资国债或对生产制造商进行低息贷款补贴。在联邦政府的鼓动支持下,纸币的泛滥程度进一步加剧。

美联储成立后,由于其实行的是联邦政府加非营利机构的双重组织结构,因而在制定和执行货币政策时能综合考虑政府和私营部门的诉求,提高了货币政策的科学、合理性。

第二节　主要货币的国际化道路

伴随着国际贸易的兴起与繁荣,一些主权国家的货币开始在世界商品流通中发挥一般等价物的作用,国际货币开始出现。国际金本位制度下,英镑代替黄金成为国际价值储藏和商品交易的主要媒介;布雷顿森林体系下,美元通过"双挂钩"原则对国际货币体系实施控制;牙买加体系下,日元依靠暂时的成功神话一度对美元形成挑战;欧元诞生后,固有缺陷的存在使其发展历程充满荆棘。国际货币的兴衰背后反映的是各国之间激烈的货币竞争,回顾这些货币的发展历程,可以为研究上海近代货币竞争和当前人民币国际化提供许多有益的经验和教训。

一、英镑的兴起与衰落

(一)英镑的兴起

19 世纪中期到 20 世纪初,在国际金本位的货币体系下,英镑的核心地位从未受到过质疑。在货币职能上,英镑代替黄金在国际价值储藏和交易与计价媒介等职能上发挥了重要的作用,其不仅作为最广泛使用的计值和结算工具,在 1860—1914 年间国际贸易中使用占比约为 40%[①],而且成为最主要的国际储备货币,在 1913 年官方机构的外汇储备总额中占比高达 48%。[②] 在使用空间范围上,英镑的势力远布欧洲、美洲、亚洲、非洲和大洋洲。一方面,不仅英联邦国家,希腊、日本、阿根廷、葡萄牙等国也将英镑作为其最主要的政策干预货币,采取了紧盯英镑的货币政策。

---

① 巴里·艾肯格林. 英镑的过去,美元的将来——历史视角下的国际储备货币竞争[J]. 财经智库,2017,2(5):68－89＋143.

② 张振家. 东亚地区货币竞争与人民币国际化研究[D]. 沈阳:辽宁大学,2013:54.

另一方面，德国、法国等当时主要的 11 个国家，在信用货币扩张的趋势下，也需利用英镑作为扩大本国货币供应的基础。可以说在 1914 年之前，世界货币与支付体系是以英镑为中心，国际金本位制实则是以黄金为基础的英镑本位制。英镑国际地位的建立是英国经济与军事实力等多种因素综合叠加的结果。

1.“日不落帝国”的建立及其强大的军事实力，拓展了英镑的使用范围

19 世纪，英国拥有着世界上规模最大的海军——英国皇家海军。在英国皇家海军的军事支持下，1815—1865 年间英属殖民地以年均 10 万平方公里的速度向世界扩张，并在 1913 年达到英国本土面积的 100 多倍。对外殖民扩张的同时，英国也加强了对殖民地经济与金融的控制，不仅在殖民地范围内鼓励英镑的使用，而且利用本国金融机构在殖民地设立的分支机构以及殖民地的银行在英国设立的办事处，加强殖民地银行券与英镑之间的联系，提高英镑在当地的可兑换性。因此，英镑的职能在英国统治的殖民地范围内得到了强化。

2. 工业革命的兴起与经济实力的增强，为英镑的国际公信力提供背书

英国是最早进行工业化的国家。工业革命的发展促进了英国产业结构和生产方式的调整：1801—1841 年，英国国民收入中农业收入所占比重由 32％下降到 22％，工业收入所占比重由 23％上升到 34％；[①]在生产方式上，传统的家庭作坊和分散的手工工厂被机械化、集中化的工厂所取代。工业革命的发展也促进了英国生产效率的提高和工业产出的增加：1850 年，英国工业生产总值占世界工业生产总值的 39％[②]，其中煤产量占世界总产量的三分之二，棉布产量和铁产量超过全球的一半以上。[③]英国经济实力的增强为英镑的国际化奠定了坚实的物质基础。

---

① 余秀荣．国际金融中心历史变迁与功能演进研究[D]．沈阳：辽宁大学，2009：48.

② 孙宏伟．国际货币竞争力研究[D]．北京：外交学院，2010：19.

③ 马峥．从英镑到美元：国际货币霸权转移研究[D]．沈阳：东北大学，2011：46.

3. 国际贸易中的领导地位及由此带来的资金流动,为英镑的广泛使用创造了条件

作为当时世界上首屈一指的贸易强国,英国在国际贸易和资本流动体系中主要扮演三种角色:一是制成品和服务的主要出口国;二是原材料和初级产品的主要进口国;三是海外长期投资的主要来源国。在此背景下,英国通过投资和购买原材料向世界提供英镑,并通过制成品的出口完成对英镑的回收;而英属殖民地与广大发展中国家则利用英国的投资提高本国的生产和出口能力,并利用赚得的外汇购买制成品和偿还贷款,由此实现了英镑在全球范围内的流动。

4. 稳定的金融秩序为英镑的使用环境营造了良好的氛围

一是成立世界上第一个真正意义上的中央银行——英格兰银行,结束本国货币发行主体混乱竞争的局面,维护国内经济与金融稳定,确保英镑地位坚挺。二是率先启用金本位制度,并得到其他国家的追随,由此推动了19世纪70年代国际金本位制度的形成。国际金本位制度有效增强了各国之间的合作力度,巩固了英镑在国际货币体系中的统治地位。三是通过金融创新和制度完善,促进了英国海外银行业的发展,在相较于黄金的利息优势下,当地私人机构和居民提高了持有英镑的意愿。

(二)英镑的衰落

第一次世界大战结束后,英镑公信力持续走低,其作为顶级货币的地位逐渐衰落。首先,英镑面临着贬值的困扰,不仅相对于黄金的价值持续走低,其相对美元、马克的汇率也难以维持。其次,英镑在国际交易和外汇储备中所占的份额也逐年下降,并先后被美元、马克和日元等超越。最后,英镑的货币版图区域也日渐萎缩,仅在英国本土、爱尔兰、开曼群岛和海峡群岛还保留些许影响力。回顾英镑的衰落过程,可以发现造成其统治地位丧失的主要因素。

1. 战争导致国力衰退

第一次世界大战期间,英国作为主要参战国之一,经济和军事实力严重倒退。这次战争促使英国从债权国身份向债务国身份转变。由于战争

带来的巨额开支，英国政府不仅被迫卖掉价值30亿美元的美国股票[①]，还需向美国借贷高达42亿美元的负债[②]，从世界最大的债权国转变为净债务国。这次战争对英国工业生产造成破坏。战争期间，英国的煤炭、钢铁、冶金、纺织等行业进一步衰退，生铁产量由1913年的1 030万吨骤降至1925年的30万吨[③]，工业产量于1929年勉强达到战前水平。这次战争还导致英国对外贸易的萎缩和产品出口总量的下降。1929年，英国在世界贸易总额中所占的份额由1913年的15%下降到10.75%，其中煤炭出口量由战前的6 250万吨左右降至20年代的5 000万吨左右[④]，布匹的出口量也由1913年的70.75亿码缩减为1920—1923年间的年均40亿码[⑤]，英国世界第一贸易大国的地位彻底丧失了。

2. 金本位制度难以为继

随着世界经济的发展以及各国综合实力的上升，破坏国际货币体系稳定性的因素日益增长。一方面，黄金生产的增长幅度远远低于商品生产的增长幅度，不能满足日益扩大的商品流通需要；另一方面，黄金存量分配不平衡，主要掌握在少数几个强国手中，由此削弱了金币自由铸造和自由流通的基础。

第一次世界大战爆发后，金本位制度根基的脆弱性日益凸显，国际金本位制度最终被迫结束。首先，黄金的自由兑换被迫停止。由于战争增加了各国政府的财政支出，银行券发行量也水涨船高，出现了黄金兑付困难。战争开始不到一周，德国就已宣布停止马克与黄金之间的自由兑换。

---

① 尤瑟夫·凯西斯．资本之都——国际金融中心变迁史（1780—2009年）[M]．陈晗译．北京：中国人民大学出版社，2011：133.

② 尤瑟夫·凯西斯．资本之都——国际金融中心变迁史（1780—2009年）[M]．陈晗译．北京：中国人民大学出版社，2011：129.

③ 陈永祥，林宝燕．论第一次世界大战对英国经济实力的打击[J]．湖南省社会主义学院学报，2012，(5)：73－75.

④ 陈永祥，林宝燕．论第一次世界大战对英国经济实力的打击[J]．湖南省社会主义学院学报，2012，(5)：73－75.

⑤ 陈永祥，林宝燕．论第一次世界大战对英国经济实力的打击[J]．湖南省社会主义学院学报，2012，(5)：73－75.

其次,黄金的自由出入受到限制。战争爆发后各国资金外逃严重,黄金储备大量流失。为了维持黄金储备,1917 年英国宣布限制黄金熔炼和出口。最后,国际货币汇率体系的稳定性也受到冲击。战争期间,汇率制度由金本位制下的固定汇率制度变为自由浮动的汇率制度,汇价频繁波动,对国际货币体系的稳定性造成影响,金本位制形同虚设。这些都动摇了金本位制赖以生存的根基。

3. 英镑区走向分裂

1931 年 9 月,英国主导的英镑集团成立,并于 1937 年 9 月将英镑集团正式改为英镑区。随着时间的推移,英镑区内部离心力渐增,区域内部开始分崩离析。到 1972 年英国实行英镑浮动并对海外英镑区实行外汇管制后,其势力范围缩小到英国本土、爱尔兰和直布罗陀等区域,英镑区被迫解体。英镑区的解体是各方矛盾冲突激化的必然结果。

首先,英镑汇率的频繁波动破坏了成员国家的金融稳定,招致其他成员国的不满。1931 年 9 月,当英国放弃与黄金之间的平价、英镑大幅贬值时,英国和其他一些资本主义国家将本国汇率固定在英镑上,也相应降低了各自货币的汇率。但随之而来的英镑汇率持续下跌,使成员区各国资产受到损失,动摇了其他国家对英镑的信心。1949 年 9 月,英国政府在事先未与各自治领地政府磋商的前提下做出英镑贬值的决定,引起了印度、澳大利亚和其他英镑区国家的不满,部分国家放弃以新的汇率维持本国货币与英镑之间的固定比价。1967 年,英镑再次贬值,双方矛盾进一步激化,由此推动了 1968 年《巴塞尔资金融通便利安排》的诞生。

其次,英国对其他国家的贸易控制,干扰了他国的发展进程。英镑区成立后,英国对区域内外之间的资金流动实行了严格的外汇管制。为了经济地使用稀少的外汇储备,英镑区内部实行外汇共同储备制度。区内各国和地区在收入黄金和美元后须将其出售给英国或其指定的银行,由英国分配给需要的国家。由于英国规定了供往来交易使用的外汇数额,并努力限制英镑和美元的开支,整个英镑区的贸易政策是以限制英镑区进口,特别是来自美元区基本设备的进口为根据的,成员国的对外贸易受到诸多限制，其战后恢复计划也受到了影响。

最后，英镑区内部政治力量对比变化使得英国对其他国家的影响愈益下降。英镑区成立初期，英国利用战时享有的原始资料分配权和海运船只调拨权，加强了对其他成员国家的控制。在英国的统治下，英格兰银行成为负责拟定英镑区大多数政策的政府机构，而本应负责制定和实行本国独立政策的各国央行，则沦为执行以伦敦为中心的统一外汇管理政策的工具，各成员国事实上丧失了平等参与政策制订的基本权利。随着印度、巴基斯坦和缅甸等作为独立政治单位的出现，英镑区内部力量对比发生变化，在各国政府开始加强对本国央行的直接控制后，英镑区制订和执行一个协议的政策显得愈加困难。

二、不可阻挡的美元国际化

（一）美元的国际地位

美元的国际地位在不同的历史时期有不同特点。第一次世界大战爆发后至布雷顿森林体系确立前，美元在国际货币体系中崭露头角，并在国际支付、资本流动和国际储备中发挥日益重要的作用，但由于在位货币的历史惯性，此时的国际货币体系中英镑仍处于主导地位。布雷顿森林体系确立后至牙买加体系建立前，美元取代英镑成为国际货币体系的核心，其在世界各国官方外汇储备以及国际贸易的计价和结算使用中所占比例更甚于当年的英国。牙买加体系建立后，美元在国际货币体系中的主导地位出现下降，在汇率制度和国际货币储备多元化的趋势下，美元不再是各国唯一的锚货币，其在国际货币储备中的份额也被日元、马克乃至后期出现的欧元等侵蚀。目前，在世界经济危机频发、汇率制度日趋复杂的背景下，美元仍在官方外汇储备、进出口贸易使用和私人全球外汇市场交易中保持领先地位。

（二）美元霸权的形成条件

美元霸权地位的获得，是其经济和军事实力发展的产物，也是国际货币制度安排下的结果。

1. 对外出口贸易的增加,促进了美国的财富积累,为美元国际地位的上升提供了物质前提

两次世界大战为美国扩大商品出口提供了机遇。一方面,美国抓住欧洲交战国在世界市场上竞争力减弱的机遇,积极扩大本国工农业生产,提高工农产品出口份额。另一方面,美国利用交战双方对军需物资的大量需求,迅速扩大本国军工和重工生产,扩大军工产品的出口规模。对外出口的增加促进了美国的财富积累,第二次世界大战结束时,美国聚敛了当时世界财富的 70%①,黄金储备占世界总量的三分之二以上。② 庞大的财富和巨额的黄金储备增强了各国持有美元的信心,并由此推动了美元国际地位的上升。

2. 世界债权国地位的确立为美元的强权地位提供了坚实的保障

第一次世界大战结束后,美国一跃成为世界债权国,并由此形成了对世界金融和国际经济的控制。由于美国限制对债务国提供产业增长所需的信贷,使英、德、法等国的商品生产和出口潜力大为削弱,提高了美国商品在国际市场上的竞争力。与此同时,美国还扩大在加拿大、澳大利亚、新西兰和印度等国家的资本投资,在对英属殖民地和半殖民地的原料资源进行掠夺的同时,扩大美元在英联邦地区的使用范围。利用手中的垄断资本,美国加强了对全球信贷权、国际贸易和世界经济命脉的控制,世界金融秩序日益依赖于美国政府的主导。在这一金融秩序的映射下,美元在国际货币体系中的地位日益增强。

3. 布雷顿森林体系建立为美元成为国际货币体系核心地位提供了制度保障

为在制度上确定美元在国际货币体系中的地位,提高美元的合法性,美国促成了布雷顿森林体系的诞生。作为一种国际金汇兑本位制度,布雷顿森林体系的核心是美元霸权,通过美元与黄金挂钩、各国货币与美元挂钩这一双挂钩原则,将美元同黄金画上了等号。与战前的英镑相比,美

---

① 李智．货币金融版图的国际区域扩张研究[D]．长春:东北师范大学,2011:36.

② 张振家．东亚地区货币竞争与人民币国际化研究[D]．沈阳:辽宁大学,2013:56.

元对国际货币体系的统治更为牢固：一方面，战前英国允许居民自由兑换黄金，而布雷顿森林体系下美国只同意外国政府在一定条件下向美国兑换黄金，外国居民兑换黄金的权利则被剥夺；另一方面，战前英镑虽在国际货币体系中占主导地位，但英国并未组建任何国际性机构维持这种秩序，而布雷顿森林体系建立后，美国推动成立了国际货币基金组织，并使其成为维持国际货币体系正常运转的中心机构。所以，布雷顿森林体系是一个美元得到强化、黄金受到弱化的国际金汇兑本位制度。

4. 长期海外经济援助提高了美元的使用频率，巩固了美元的货币霸权

第二次世界大战结束后，美国与苏联开始了长达40多年的有关世界霸权的斗争。为了增强资本主义阵营的力量，同时扩大美国产品出口市场、提高美元的使用比例，美国扩大了对欧洲的经济援助。战后两年内，美国向欧洲提供大约80亿美元的人道主义援助[①]；1948—1952年间，美国利用马歇尔计划给予了大约130亿美元的贷款和援助。[②] 由于欧洲将大部分援助资金用于购买美国生产的商品，使欧洲再次成为美国出口不断扩大的市场。同时，通过对欧洲的贷款、捐赠和资助，美元实现了大量输出，其在国际贸易和金融领域的使用频率大大上升，并从存量上逐渐完成了对英镑的替代。

三、并不成功的日元国际化

（一）第二次世界大战后的日本经济和日元地位

第二次世界大战结束初期，日本经济被美国控制，日本贸易厅在进行物资进口业务时必须得到盟军总司令部批准，其独立对外交易的权利事实上遭到禁止。随着东西方冷战格局的形成，美国修改了对日占领政策，使得日本民间贸易得到解禁，工业化发展获得认可。在美国军管背景下，日本通过一系列民主化改革实现经济的逐步复苏，并通过在朝鲜战争中

---

① 方明．全球货币战略：霸权博弈[M]．北京：中国法制出版社，2013：199.

② 李智．货币金融版图的国际区域扩张研究[D]．长春：东北师范大学，2011：47.

向美国提供军需品而得以再次翻身,经济增长进入到快速发展阶段。

20世纪七八十年代,随着造船、汽车和机电行业的发展,日本对外贸易呈逐年上升之势。1946—1970年,日本有形贸易余额累计顺差131.32亿美元,经常账户余额累计盈余62.27亿美元;1970—1993年,上述两项金额已分别增长到10 532.8亿美元和6 567.5亿美元。① 对外贸易的增加促进了日本经济的增长,1995年日本GDP占世界GDP的比重达到17.73%②,是仅次于美国的世界上第二大经济体。

经济实力的增强和贸易规模的增加将日元推上了国际舞台。在美元危机频发、国际货币体系进入牙买加体系的背景下,表现强劲的日元引起了各国的关注。1970年,日本进、出口贸易中按日元结算的比例仅分别为0.3%和0.9%,1990年这一比例已分别上升至14.5%和37.5%;1976年,世界各国的外汇储备中日元所占的比重为2%,1992年这一比重上升至8.7%。③ 国际货币体系一度出现美元、马克和日元"三足鼎立"的格局。

(二)日元国际化的困境与阻碍因素

尽管曾取得一定成功,但日元的国际地位与日本的经济实力始终难以匹配。一是与其他主要发达国家相比,日元在本国进出口贸易中计价和结算的比重始终较低,不仅远低于美元、马克在美国、德国各自相应的比重,甚至低于英镑、法郎等各自相应的比重。二是以日元计值的国际金融工具在全球金融市场中的比重偏低:从国际债券的规模来看,以日元计值的国际债券存量在1995年达到将近20%的峰值后即开始下降;从国际货币市场的份额来看,以日元计值的商业票据占国际票据总量的比例始终不超过10%;④从世界私人外汇市场交易币种的构成上来看,1988—

① 方明.全球货币战略:霸权博弈[M].北京:中国法制出版社,2013:313.

② 孙宏伟.国际货币竞争力研究[D].北京:外交学院,2010:20.

③ 李继民.日元国际化历程及受阻原因分析[J].技术经济与管理研究,2014,(1):80—85.

④ 李继民.日元国际化历程及受阻原因分析[J].技术经济与管理研究,2014,(1):80—85.

1996年日元所占比重始终停留在20%～30%，而同期美元所占比重基本不低于80%。[①] 三是日元从未单独成为“锚货币”：在实行钉住单一货币汇率制度的国际货币基金组织成员国家中，迄今为止仍未有国家选择将日元作为本国的“锚货币”；对于选择钉住一篮子货币的国家和地区而言，日元在“篮子”中的比重往往可低到忽略不计。

造成日元国际化进程受阻的原因主要是以下几方面：

1. 谨慎保守的政府态度限制了日元的开放程度

在亚洲金融危机爆发前，日本政府在日元国际化问题上始终持谨慎态度。由于担心日元国际化会搅乱国内金融政策，日本政府长期以管制或行政指导手段对外汇市场进行干预。特别是在1971年8月，当尼克松政府宣布实行新经济政策导致布雷顿森林体系崩溃、欧洲各国相继关闭外汇市场并调整对美汇率时，日本仍按照旧汇率进行汇兑，并冻结了非居民的日元账户余额，使日元形象大跌，付出了信誉丧失的惨重代价。

2. 出口导向型的经济结构带来的日元使用困境

由于日本实行“出口导向型”发展模式，日本经济增长更多依赖于外部市场的刺激。日本企业对外部市场的长期依赖导致其出口谈判能力不强，在贸易结算的货币选择上难以采取强势的态度。一方面，日本出口的高科技产品对美国市场的依存度较高，而美元又在国际货币体系中处于霸权地位，因而日本与美国之间的进出口贸易大多以美元进行结算；另一方面，日本从亚洲新兴国家和发展中国家中进口的产品主要是能源、矿产等大宗初级产品，根据国际惯例，这部分产品也采用美元进行结算。至于日本向新兴国家出口的产品，除少部分医药品和金属加工机械等具有压倒性竞争优势的产品采用日元结算之外，其他产品因激烈的市场竞争仍主要使用美元结算。

3. 日元汇率波动频繁，降低了各方持有日元的意愿

在同期主要发达国家中，日元的汇率波动幅度是最大的。自1973年

---

① 李智．货币金融版图的国际区域扩张研究[D]．长春：东北师范大学，2011：59.

日本正式实行浮动汇率制以来,日元年均汇率波动幅度大于10%的年份超过30年。日元汇率的频繁波动增加了非居民持有日元的成本,使其持有日元的积极性受到打击。即使是日本企业,在对外贸易时使用日元的意愿也并不高涨,许多日本企业在海外经营时建立了以美元为核心的集中式外汇风险管理体制,以此规避汇率风险。

四、前途未卜的欧元国际化

自1999年1月1日起,欧元问世已达20年。在这20年中,欧元始终面临各方争议:一方面,受益于欧盟巨大的市场容量和强大的经贸实力,欧元被视为美元的强有力竞争者;另一方面,作为一种人为设计的区域性货币,欧元存在诸多缺陷,特别是欧洲债务危机的出现更是将欧元的脆弱性暴露无遗。目前来看,如果不解决好自身问题,那么在可预见的未来,欧元将始终无法在与美元的竞争过程中取得优势。

(一)欧元成立的背景

1. 美、苏争霸下的欧洲货币一体化进程

第二次世界大战结束后,欧洲经济全面倒退,西欧国家列强地位难以为继,世界形成了分别以美、苏为首的两大阵营。为了同美、苏霸权相抗衡,重拾欧洲在国际社会上的话语权,欧洲各国开始寻求政治和经济的一体化。随着欧盟一体化进程的不断加深,欧盟经济的货币区域日渐形成。1999年1月1日,欧元准时启动,欧洲中央银行投入运作并实施统一的货币政策。2002年7月1日,各成员国货币完全退出流通,欧盟货币一体化计划如期完成。

2. 马克的优异表现为欧共体统一货币积累了经验、树立了信心

20世纪70年代以后,联邦德国经济处于快速发展之中,马克的国际地位也随之增强,并成为继美元之后的第二国际官方储备货币。在美国和日本先后陷入通货膨胀导致汇率频繁波动时,德国央行成功稳定物价并有效维持了马克币值稳定。马克的优异表现取得了市场的信任,在欧共体成员国使用的干预货币中美元的被使用率逐渐下降,马克的被使用

率则由70年代末的不到30%上升至80年代中后期的近60%，[①]美元在欧洲市场上的势力范围逐渐被马克侵蚀。马克的币值稳定与欧洲国家一体化进程中提出的“稳定汇率关系”的目标相一致，从而被欧洲各国共同选择为欧元的“锚货币”。德国马克为欧元的成功推出塑造了稳定的货币环境。

(二)欧元的成效与未来发展前景

1. 欧元的表现

在欧元正式推出的前两年，基于历史惯性，国际货币格局并未发生较大变化。随着时间的推移，欧元所带来的整体优势大于个体优势之处显现，欧元进入稳定发展时期。2003年12月，欧元债券的发行量首次超过美元债券，成为世界上发行量最大的国际债券；2007年，外汇市场上有欧元参与的货币兑换占比将近40%；2008年，以欧元为货币单位的外汇储备份额已达26.4%；2009年9月尚未支付的货币市场工具中，以欧元为货币单位的商业票据占比53.98%，以欧元为货币单位的其他货币市场工具占比45.37%。尽管与美元相比仍相去甚远，但欧元的表现已远高于同期的日元和英镑，货币实力不容小觑。

欧洲债务危机爆发后，欧元的国际地位迅速下滑，许多机构纷纷表示看空欧元，欧元区资产陷入被抛售的浪潮，欧元在世界外汇储备中的比重开始下降，整个欧元区面临着成立以来所遭遇的最严峻的考验。目前，欧元自身的稳定性仍不牢固，其表现仍依赖于美元的走势，并受美元的汇率政策影响，欧元并未成为可与美元相抗衡的关键货币。

2. 欧元存在的主要问题

作为一种跨主权国家创造的信用本位货币，人们对欧元的信心来自欧洲货币联盟内高效率的协调能力、欧元区经济实力以及经济增长潜力。然而，欧元区内部存在着固有的内在矛盾：一是统一的货币政策与各国经济发展的巨大差异。作为一种人为设计的区域货币，它忽略了成员国之

---

① 李智．货币金融版图的国际区域扩张研究[D]．长春：东北师范大学，2011：60.

间经济发展水平的差距。通过有限的一体化将区域内的成员国强制绑定在一起,使得任何一国出现违约,都会对整个欧元区的形象造成打击。二是货币政策的统一与财政政策的分离。由于欧元区国家央行的统一,取消了各国以货币政策支持其财政政策的可能性。当成员国财政出现危机时,无法再使用量化宽松货币政策对本国财政提供支持。欧债危机爆发和英国脱欧等事件都是这些矛盾集中释放的结果。

3. 欧元未来发展前景

未来一段时期内,欧元仍将处于以美元为中心的国际货币体系的控制之下。尽管欧元区各成员国正积极利用处理债务危机这一时机修补欧元区结构性缺陷,增强欧元的国际竞争力。然而,一方面欧元仍依赖于美元信用创造的庞大需求,另一方面美国三大评级机构通过对欧元区国家的主权评级间接对欧元实施控制,再加上欧洲仍受到来自美国军事力量的制约,因而在未来一段时间内欧元并不可能真正形成对美元的制约,其与美元间只能是一种协同关系。

与此同时,以中国为首的新兴经济体的崛起将对欧元的国际地位也形成一定冲击。全球金融危机爆发后,在发达国家陷入经济增长低迷、债务高筑的泥沼时,以中国为首的新兴经济体凭借经贸实力的增强和外汇储备的增加在国际资本市场上发挥着日益重要的作用。与发达国家相比,新兴经济体的财政状况良好,债务水平较低,国际货币地位处于上升态势。随着新兴经济体经济规模进一步扩大所带来的网络外部性,未来国际货币体系中以人民币为首的新的主权货币势必会与欧元产生激烈的竞争。

英镑、美元、日元和欧元的国际化进程告诉我们,不同的历史发展阶段各因素的影响程度是不尽相同的。为此,我们应借鉴各自成功经验、反思存在的问题与不足,防范、应对和控制可能出现的问题和风险,循序渐进、积极稳妥地推进人民币国际化。

第三节　主要国际中心的形成经验

一、国际金融中心的形成历程

伴随着世界市场的形成与扩大，各国的经济活动被紧密联系在一起，金融资金开始在全球范围内流动。为更好地服务于商品经济，荷兰阿姆斯特丹、英国伦敦、美国纽约与日本东京等先后进行了金融创新与金融改革，不断提高金融服务能力，扩大金融市场的规模水平，并由此成为国际金融中心。研究历史上国际金融中心的形成背景、过程及特点，对于我们回顾民国时期上海远东金融中心发展、展望未来上海国际金融中心建设具有较强的现实意义。

（一）荷兰阿姆斯特丹

地理大发现后，世界范围内的经济活动首次被联系到一起，而荷兰海上霸主的地位使阿姆斯特丹成为国际贸易中心。为与新的贸易形式相适应，荷兰实施了一系列金融创新，并由此推动阿姆斯特丹成为世界上第一个真正意义上的国际金融中心。

1. 成立世界首家股票交易所，催生职业经纪人的出现、带动股市操纵技术的创新

17 世纪初，具有有限责任制度的股份制公司——联合东印度公司在荷兰诞生。为规范股票的转让，1602 年世界首家股票交易所——阿姆斯特丹证券交易所正式成立。股票交易所的创立，一方面促进了职业经纪人的诞生，在发达的证券交易市场的带动下，大量商人开始脱离实体交易，专门从事代理业务，固定的交易席位开始在所内出现，上千名股票经纪人活跃其中；另一方面带来了股市操纵技术的创新，期权、期货、对敲、卖空、保证金交易和指数交易等交易手段在此期间得以发明、运用，提高证券交易的不确定性，增强社会投机心理。在“投机”文化带来的流动性下，阿姆斯特丹证券交易所保持了高度的活跃性。

2. 建立世界首家现代意义上的银行,并统一金属货币、发行信用纸币

16 世纪,欧洲货币由私人银行自由铸造,种类繁多、价值不等。远洋贸易的扩大增加了商人的支付需求,混乱无序的货币流通给荷兰的对外贸易和经济发展造成了阻碍,1609 年荷兰议会决议成立阿姆斯特丹银行。作为一家公有银行,阿姆斯特丹银行承担发行和汇兑职能,不仅规定了荷兰全国通用标准硬币的贵金属含量,而且发行了具有价值保证的银行票据——银行券。除此之外,荷兰政府规定凡 600 荷兰盾以上的汇票,必须以银行券的形式进行支付。金属货币的统一结束了货币流通混乱无序的局面,信用货币的发行便利了贸易款项的支付和结算,随着国际储蓄和票据清算业务的进一步发展,阿姆斯特丹银行迅速成为地区的首要清算银行,并开始发挥国际银行作用。

3. 相对宽松的金融环境促进了荷兰资本市场的发展

第一,较低的交易门槛吸引了境外企业至此挂牌交易。由于证券交易所的准入门槛较低(历史上一度出现只需要记录挂牌证券的名字、无须提供任何企业资本信息即可挂牌交易的情形),大量境外企业在此挂牌交易,在 19 世纪上半叶阿姆斯特丹挂牌的证券中,国外证券数量大概是国内证券数量的 4 倍。第二,低利率的货币政策吸引了外国银行的入驻。由于阿姆斯特丹的短期利率通常较低,从而吸引了法兰克福、科隆和柏林等德国犹太银行的入驻。这些外国银行或是利用阿姆斯特丹的货币市场对其整个交易网络进行融资,或是利用阿姆斯特丹与欧洲其他市场的利差进行套利交易,直到 20 世纪上半叶阿姆斯特丹依然是证券套利的理想之地。

随着世界贸易重心向伦敦转移,阿姆斯特丹的贸易港口作用日渐削弱,其国际金融中心地位也逐渐下降。特别是进入 19 世纪以后,阿姆斯特丹市场上流动的债务量远小于伦敦,在国际资本市场上扮演的角色不再独一无二,俨然由过去“发行的市场”转变为“交易的市场”了。

（二）英国伦敦

工业化早期，伦敦国际金融中心逐渐形成，并在1850—1913年间保持国际金融领域中的独霸地位。伦敦国际金融中心的形成是金融革命，以及由此带来的经济繁荣相互促进的结果。而作为这场金融革命的里程碑事件，英格兰银行的成立、公债制度的确立及其他金融业的变革对伦敦国际金融中心的形成发挥了举足轻重的作用。

1. 建立世界首家现代意义上的中央银行——英格兰银行，开启国家金融管理的新职能

1844年《皮尔条例》颁布后，英格兰银行正式成为英国的国家机关，承担起国家金融管理的新职能。首先，英格兰银行作为“国家的银行”，承担着管理国家公共债务的责任。在英格兰银行的主持推动下，英国政府短期债务成功转换为长期债务，解决了英国国债的流动性问题。其次，英格兰银行作为“发行的银行”，承担为国家和社会提供钞票的职责。货币发行权的统一终结了英国国内货币竞争的混乱局面，使英镑的币值长期维持稳定，此后英镑在本国乃至世界范围扮演着愈加重要的角色。最后，英格兰银行作为“银行的银行”，负责本国的金融市场监管。在经济危机爆发时，英格兰银行通过对商业银行提供贷款实施援助，使其度过流动性危机，增强风险承受能力，提高本国银行系统的稳定性。

2. 公债制度的创新促进了以国债市场为代表的证券交易市场的发展

公债发行后，为了促进其交易和流通，英国政府采取多种措施建立了有效的资本运行体系：为了解决国债的流动性问题，英国政府以授予某些企业（如南海公司）贸易垄断权利的方式，鼓励这些企业购买政府债券；为了解决债券收益率低的问题，英国政府允许公众利用手中的国债购买南海公司的股票，使国债持有者也可享受到南海公司股价上扬所带来的红利。英国政府对公债制度的一系列创新推动了国债市场的繁荣，在18世纪的证券交易过程中，政府公债始终占据主导地位。高效的国债交易市场使社会各阶层的金融资源都能为国家所用，为伦敦资本市场的发展壮

大提供了先决条件。

3. 发达的海洋运输业带来了伦敦保险业的繁荣

伦敦重要的海运地位使得商人对船只和船货的保险需求大幅增加,英国的海上保险行业得到快速发展。1601 年,英国制定了第一部海上保险法律,规定在保险商会内设立仲裁庭以解决海上保险的案件纠纷。1720 年,皇家保险公司和伦敦保险公司批准成立,正式办理海上保险业务。1745 年,英国制定了海上保险单的标准格式,并在世界范围内迅速普及。1906 年,英国颁布了《海上保险法》,并制定了既适用于船舶也适用于货物保险的标准保险合同格式,成为资本主义世界最有影响的一部海上保险法。

海上保险的发展带来了个人保险业务的普及。1670 年,英国成立了第一家火灾保险公司——太阳保险公司。1693 年,英国人哈莱制成第一张死亡表后,科学计算人身保险费的现代人寿保险开始出现。此后,各类保险公司竞相成立,由此带来了 19 世纪英国保险行业的兴隆。

4.“票据中介人”的出现,推动了伦敦票据交易市场的发展

18 世纪末期,“票据中介人”的专业团体开始出现,他们通过介绍商业票据持有人和资金持有者接洽,将农业地区的富余资金经过伦敦调转到了资金短缺的工业区。随着业务规模进一步扩大,19 世纪 20 年代中期“票据中介人”已发展成为贴现所。伦敦票据贴现体系的形成大大提高了票据这一信贷方式的吸引力,英国票据融资业务日渐繁荣,伦敦也由此逐渐发展成为世界票据融资中心。

5. 开放竞争的环境和良好的监管促进了伦敦的再繁荣

英镑霸权衰弱以后,伦敦的国际金融中心地位一度也随之下降,为了重拾昔日辉煌,英国开启了一系列金融改革。

一方面,通过放松监管和改善税收环境,推动伦敦离岸金融中心形成。1958 年,英格兰银行允许英国银行吸收美元存款以及发放美元贷款,伦敦美元货币市场开始发展。20 世纪 70 年代以后,在美国国际收支持续逆差、欧洲货币市场规模急剧扩大的背景下,伦敦金融机构由于宽松

的监管和友善的税收环境，经营成本大幅降低，从而能够以较高的利率吸收大量美元存款，推动伦敦美元市场的繁荣。在伦敦美元市场的带动下，伦敦货币市场的交易币种日益多样，由此成为全球最重要的离岸金融中心。

另一方面，通过两次“金融大爆炸”改革，推动伦敦金融机构的发展。1986年，英国实施以“金融综合经营”为特征的金融自由化改革，打破了英国金融机构分业经营的限制，促进了商业银行和投资银行的相互结合，在随后的并购浪潮中，英国涌现出一批业务领域涵盖银行、证券、保险、信托的超级金融机构，英国本土金融机构重新焕发生机。20世纪90年代末，英国实施了以“统一金融监管”为核心的监管体制改革，将金融监管的职能从英格兰银行与其他监管机构中分离出来，并统一集中到英国金融服务监管局(以下简称“金管局”)，促进了伦敦高效统一的监管体系的形成。除此之外，英国政府允许外国金融机构到伦敦自由设立分支机构，并保证他们在同等条件下与英国的金融机构自由竞争，吸引了外国金融机构的入驻。伦敦的金融机构数量大幅增加，并由此成为外资银行数量最多的城市。

(三)美国纽约

纽约国际金融中心的形成与伦敦相比有许多相似之处。在金融发展的前期阶段，纽约也曾借鉴英国的经验，大力发展本国银行业、保险业和债券市场等。然而随着资本市场的进一步发展，纽约形成了一套完全不同于伦敦的、以股权为核心的资本市场结构。通过以股票为中心的金融体系，纽约将世界经济的流动资金集中到美国资本市场上来，并逐渐取代伦敦成为世界金融的首都。而在纽约的股票市场发展进程中，公司制的普及和证券市场监管体系的建立等均发挥了至关重要的作用。

1. 公司制的壮大和投资银行的兴起，促进了纽约以股票为核心的证券市场结构的形成

一是公司制的壮大增加了股票市场上的融资需求。19世纪末期，股份有限公司已先后为工业企业、铁路、公用事业、保险业等领域广泛采用，

并成为美国经济组织中最典型的形式。股份公司的增加带来的股票市场上融资需求的扩大,从根本上改变了纽约证券交易市场的结构。在纽约证券交易所流通的证券中,规模巨大的股票已成为交易的主体,纽约以股票市场为核心的证券市场结构初步形成。

二是投资银行的兴起为纽约证券市场的交易提供了充足的流动性。一方面,通过对股票、债券等金融产品的承销业务,使企业的股票、债券得到推广,加速了资本的聚集;另一方面,利用后来兴起的投资信托业务,直接向证券市场注入资金,而在这些投资信托的组成中,股票投资所占的比例远高于债券投资的比例。金融公司的参与使得大量资金流入股票市场,股票市场蓬勃兴旺,市场流动性空前扩大。

2. 因势利导的政府监管政策保持了纽约证券市场的良性发展

在证券市场发展之初,采用自由放任政策,鼓励市场发展。18 世纪末到 20 世纪初,美国证券市场规模小、影响力弱,并未引起联邦政府的注意。由于秉承古典和新古典经济学的思想,联邦政府依靠“看不见的手”来调节这一新兴市场的活动,鲜有行政命令直接作用于证券市场。政府的自由放任政策带来了高度的自由化,至简的交易规则降低了普通投资者的入市门槛,整个证券市场充满活力,美国股票市场蓬勃发展。

在股票市场发展过热时,建立证券市场监管体系,规范纽约的股票市场行为。随着股票市场的发展扩大,市场操纵、内幕交易等现象屡见不鲜,自由放任的监管政策显然已不再适用,国会和各州政府开始加强对证券市场的监管。1911—1912 年,总计 23 个州的政府颁布了反欺诈、反投机的证券管理法律,欺诈现象初步得到遏制。1933 年和 1934 年,美国国会先后通过了《1933 年证券法》和《1934 年证券交易法》,设立“证券交易委员会(SEC)”为联邦证券的最高管理机构,建立了美国证券市场监管体系。证券市场监管体系的构建有力打击了股票市场上的违法违规行为,美国的证券市场获得规范化发展。

3. 现代证券理论兴起促使纽约股票市场投资主体的理性回归,并启动纽约资本市场的再繁荣

1929—1933年资本主义世界经济危机带来的股市动荡，给股票市场的投资主体带来了沉重打击。即使到20世纪40年代中期，纽约的股票市场仍一片低迷。股市的动荡促使西方学者对股票定价标准进行探索，在J.B.威廉斯、戈登和夏皮罗等学者的先后努力下，关于股票定价的股利贴现模型、固定增长模型和三阶段增长模型开始出现，现代资产组合理论也被应用到实际操作中，“投资”取代“投机”成为华尔街的主流。在股票定价和现代证券分析理论的加持下，社会各界重新燃起股票投资的热情，并启动了纽约资本市场的再次繁荣。

(四)日本东京

与其他国际金融中心相比，东京国际金融中心的形成主要是政府主导推动的结果，它是在金融市场尚不完善、私人资本累积不足的情况下，通过国家干预、国家引导和托底等方式规模化建设的产物。特别是20世纪七八十年代，日本政府开启的金融自由化改革，使东京在国际上的地位直线上升，并成为与纽约、伦敦并列的三大国际金融市场之一。

1. 财政金融政策和企业发债标准下调，促进了日本债券市场的发展

一是财政赤字政策扩大国债的发行规模。20世纪70年代后，日本对财政金融政策开始进行调整，财政政策由过去的平衡预算调整为财政赤字，国债获得巨额增长，并促进了“长期付息公债”和“中期公债基金”等新型金融商品的诞生。由于“中期公债基金”规定任何法人企业在购入一个月之后即可自由提取现金，从而获得了几乎等同于银行存款的流动性，但与后者相比，“中期公债基金”的利率水平相对更高(甚至高于三个月或半年的定期存款利率)，因而广受市场青睐，获得迅速发展。

二是放宽企业发债标准，促进公司债市场的扩大。20世纪90年代之前，日本对企业债券实行的“强制受托”制度，无形中增加了企业的发债成本，限制了公司债券市场的发展。随着金融自由化改革的持续推进，日本先是逐步下调公司债的发行标准，后又取消“强制受托”制度和对发行人发行资格的审查制度，使企业发债成本大幅降低，推动了公司债券市场的发展壮大。

2. 银行机构业务自由化改革促进了日本银行业的发展

在金融自由化改革的宏观政策下,日本政府打破传统金融业务严格分工的格局,放开了对金融机构业务领域的限制。1981 年,旧的《日本银行法》和《证券交易法》得到修订,允许银行进行公共债券买卖、募集和贴现等证券业务的经营;1992 年,《金融制度改革相关法》颁布,允许金融机构以设立子公司的形式实现金融业务渗透。业务自由化改革促进了银行和证券公司之间的竞争、交叉与相互渗透,使金融机构出现了"业务共同化"和"百货公司化"的倾向。在金融证券化的历史潮流下,银行的经营范围得到扩大、综合业务能力获得提高、公司规模实现扩张,为接下来的走出国门、迈向国际奠定了基础。

3. 放松外汇管制力度,促进东京外汇市场的发展

1973 年,日本实行浮动汇率制度后,对外汇的管制开始放松,并鼓励金融资本的海外流动。1980 年,新的《外汇和外贸管理法》出台,外汇的对外交易方针由过去的"原则禁止,例外解除"转变为"原则自由,例外限制";1984 年,日本公布了《金融自由化与日元国际化的状况与展望》,在对欧洲日元交易放宽限制的同时,推动了日本银行的欧洲短期日元贷款的自由化改革;同年,通过长期外汇存款筹措日元资金也获得准许。外汇管制的放松扩大了本国机构与外国机构间的资金交流活动,使东京外汇市场的业务经营更丰富多样,并逐渐提高在国际外汇市场上的影响力。

4. 减少外国机构的经营限制,吸引国外金融机构的入驻,提高东京的国际化程度

一是给予在日本外国银行以国民待遇,允许在日本的外国银行可以同日本本土银行经营同样的业务,包括办理存款或定期基金、办理放款和票据贴现、办理汇兑、买卖有价证券、承销公债和地方债券等。

二是降低外国证券公司到日本经营的门槛,将外国投资者在日本开设证券公司的方式由过去的执照制变更为登记制,同时取消国外证券机构在日本进行证券业务的专业限制。通过这一系列的举措,外国金融机构在东京的数量逐年上升,加深了东京金融市场同国外的联系,加速了东

京的国际化进程。

(五)国际金融中心的多元化发展

20 世纪 80 年代以后,随着世界全球化程度的持续加深,以及各发达国家资本账户开放力度的进一步加大,新的国际金融中心开始崛起,国际金融中心呈多元化发展,并呈现出以下特点:

一是国际金融中心的层次结构愈加复杂。随着金融自由化程度的进一步加深,各国纷纷开展离岸金融业务,并由此成为离岸金融中心。这些金融中心根据覆盖范围分为国际型、区域型和岛国型三种类型。国际型金融中心主要包括纽约、伦敦和东京等,服务范围遍及全球。区域性金融中心主要包括香港、新加坡、卢森堡等,业务主要满足于当地融资和投资的需要。岛国型金融中心主要包括泽西、根西和开曼群岛等,主要承担其他国家或地区金融机构发起交易的登记地的作用。这些金融中心或服务于全球金融业务,或致力于区域性业务,共同构成了全球国际金融中心的功能业务体系。

二是底层金融中心之间的竞争将更加激烈。一方面,纽约、伦敦等传统金融中心因经营金融业务历史悠久、基础设施先进完备、金融人才素质优秀和管理制度科学规范等,占据了大部分市场份额;另一方面,新兴政治经济力量的出现,以及各国政府对建立国际金融中心的积极态度,使得底层金融中心数量持续增加。在市场容量有限的情况下,底层金融中心的数量增加必然导致彼此间竞争更为激烈的局面。

三是亚洲地区金融中心的竞争力逐步提高。随着亚洲国家经济力量的崛起和金融实力的增强,越来越多的亚洲城市加入国际金融中心的竞争中,亚洲成为新兴金融中心最集中的区域。在未来的发展潮流中,亚洲地区各金融中心通过彼此之间的竞争与合作,提高本地区的金融业务能力,增强亚洲金融中心在全球范围内的核心竞争力。

二、货币竞争对国际金融中心形成的作用和影响

各国国际金融中心的形成过程中,本国货币的国际化水平也对其发

挥了至关重要的作用。

荷兰阿姆斯特丹时期，由于荷兰标准硬币可靠的成色和质量，取得了交易双方的信赖。在标准硬币的背书下，阿姆斯特丹发行的银行券逐渐获得世界各国的认可。所以，当荷兰颁布“凡 600 荷兰盾以上的汇票，都必须用银行券进行支付”的规定时，能够为各国所接受，荷兰汇票业务和票据清算业务快速发展。在票据清算业务的带动下，阿姆斯特丹银行迅速成为国际清算中心，由此推动阿姆斯特丹国际金融中心的形成。

英国伦敦时期，英镑作为随时可与黄金兑换的硬通货，在国际储备和国际贸易结算中发挥重要作用。为了方便英镑的兑换和结算，各国货币金融系统主动与伦敦金融市场连接起来，伦敦货币市场得以形成。凭借高效畅通的货币市场，伦敦成为金融资金的转运埠，在吸引世界各地资金流入的同时，源源不断地向其他各国提供长短期资金，伦敦国际型货币市场最终形成。

美国纽约时期，美元与黄金画等号，成为布雷顿森林体系下唯一完全可兑换货币。美元在国际货币体系中的特殊地位，使得美国必须向非居民提供美元存放和交易的场所。一方面，由于世界各国将其外汇储备中的美元资产存放于纽约储备银行，纽约储备银行成为外国中央银行在美国的代理行；另一方面，由于国际贸易中以美元计价和结算的交易，都必须在美国特别是纽约的银行账户上进行清算和划账，纽约成为世界美元交易的清算中心。

日本东京时期，东京的国际地位因日元地位的涨落而随之升降。日元表现强劲时，国际社会对日本政府施加压力，要求其放开外汇管制和资本流动的限制，促成了日本的金融自由化改革，提高了东京的对外开放程度。可以说，日元的国际地位是东京国际金融中心形成的重要动力。日元贬值后，日本资本市场缩水惨重，许多外国机构纷纷撤离东京，东京的国际地位也随之跌落。

本章小结

美联储成立和美国货币发行权统一的进程。通过梳理银行制度的历史变革，引入美国各方势力围绕货币发行权展开的一系列斗争，探寻中央银行制度建立和货币发行权归一的历史规律。

主要货币的国际化道路。通过归纳总结英镑、美元获得霸权地位的先决条件，以及日元、欧元国际化道路中面临的阻碍，为当前人民币国际化提供有益的经验和教训。

主要国际金融中心的形成经验。在梳理国际金融中心的形成历程后，指明当前国际金融中心呈多元化发展的特点。

通过分析货币竞争对国际金融中心形成的作用和影响，以期对上海国际金融中心建设提供可供借鉴的思路。

第八章　启示与建议

第一节　上海近代货币竞争的启示

在我国近代金融史中，上海货币史显得尤为光辉璀璨。上海作为近代远东金融中心，集聚了巨额的资金，五彩缤纷的中外货币相互交融、百家争鸣，各类货币之间的竞争关系也错综复杂，这一时期的上海货币竞争问题具有较高的研究价值。本章在前文分析的基础上，提炼出货币形态演变、币值改革、发行制度变革、中央银行制度、金融风潮、金融中心、金融人才、同业组织等方面的一般性规律，或许能对当前快速发展的经济金融中出现的热点和难点提供若干启示。

一、经济发展对货币形态演变的客观要求

货币起源于商品，是商品交换过程发展的必然产物，其形态在商品经济的矛盾运动中不断发展演变。按货币价值与币材价值的关系，上海近代经历了从商品货币[①]、代用货币到信用货币的货币形态演变，实际上是货币购买力信用的保证由贵金属商品普适性信用向银行中间人信用、国家强权者信用的转化，这种货币演变和竞争的过程不仅体现了经济发展

① 商品货币又分为实物货币和金属货币，上海近代主要是金属货币。

的客观要求，而且每一次币制改革的实现又进一步促进了经济社会的发展，两者互为促进，互为依托。就货币形态本身而言，是否便利流通和交易是决定其竞争力的重要因素。以银两、银元等金属货币为代表的商品货币，兼有货币与商品双重属性，与银两相比，银元在形态上的标准化、同质性、等值性，能够更好地发挥价值尺度、流通媒介和支付手段的职能，从而在竞争中脱颖而出。以兑换券为代表的代用货币，以银行信用为保障，成本低、易携带，其流通和支付的便利性进一步提高，同时有利于克服金属货币“劣币驱逐良币的”弊端，是货币形态的重要突破。以现代纸币为代表的信用货币，摆脱了贵金属贮藏量和产量对经济总量不断扩张的约束，国家信用保障和货币发行立法保障是信用货币得以流通的重要前提，同时政府通过中央银行管理和调节货币流通，进一步促进了经济平稳健康发展。最终，货币形态的统一是历史发展的必然。可以预见的是，随着世界经济、结算渠道和支付手段的多元化发展，货币形态将进一步向数字货币等更高层次发展演变。

二、政府积极参与货币竞争并引导竞争的发展方向

中国近代货币史上，政府主要是通过两次重要的币制改革积极主动参与货币竞争之中，即废两改元和“法币”改革，并最终成功地引导了货币竞争的发展方向，取得显著的改革成效。废两改元主要体现金属货币内部的竞争，即银两和银元之间的竞争，以金属货币中的标准货币取代称量货币为竞争结果；“法币”改革则同时体现纸币内部的竞争以及金属货币与纸币之间的竞争，以货币发行统一以及信用货币取代金属货币为竞争结果。由此可见，币制改革体现了政府垄断货币发行权对货币竞争的强势介入，北洋政府时期混乱的货币制度及其带来的诸多弊端，已经证明货币层面的市场自由竞争并不利于经济贸易的发展和金融秩序的稳定，统一货币发行本身是货币制度发展的大势所趋，对提高全社会交易效率、降低交易成本具有重要意义。有学者把 1927 年前后的中国金融制度划分

为两种类型,即1927年以前的“自由市场型”和1927年以后的“政府垄断型”。[①] 1927年以前的自由市场,在内生力量的引导下自主发展,其货币竞争到货币统一的过程相当缓慢而曲折,此外军阀割据又人为地削弱了区域货币市场的辐射能力,从而产生了紊乱的货币制度和奇特而繁荣的国内汇兑市场;1927年后的政府垄断市场,币制改革推进速度快、力度大、辐射广,制度演进相当明显,但这种缺乏市场货币竞争遴选出来的统一货币,显然还需要经历市场和时间的考验,才能证明其合理性、可靠性和公信力。

三、发行制度变革对纸币信誉的提升

健全完善的发行制度对于提高纸币信誉和竞争力具有重要意义,上海近代主要货币发行银行大多是发行制度变革的先驱力量。一是执行发行准备制度。民国早期的银行发行制度尚不健全,通常将发行纸币账目列入营业账目之中,兑换券和准备金也不另设金库存储,准备金的实情难以考证,极易被挪作他用。[②] 此后,发行银行逐步改革会计制度和发行制度,并逐步按照《修正纸币取缔条例》规定的“六成现金准备、四成有价证券保证准备”的制度执行。二是采取集中准备和分区发行的制度。为保障发行准备安全、树立兑换信用,发行银行适当集中发行,建立分区发行制度。集中准备的目的在于各分行遭遇挤兑时,由总行随时调拨接济,并杜绝了准备金被各地军阀强征挪用的情况;分区发行的优点在于发行独立,避免了某一分行挤兑风潮引起的金融恐慌波及其他分行。三是实行准备金公开和检查制度。1924年5月,中国银行“由沪行与领券各行庄签订检查准备办法,实行公开检查,登报公告,以昭信实起见”。[③] 交通银

---

① 杜恂诚.中国近代两种金融制度比较研究[J].中国社会科学,2000,(2):178－190＋209.

② 交通银行总行,中国第二历史档案馆.交通银行史料(1907—1949)(第一卷下册)[M].北京:中国金融出版社,1995:847.

③ 中国银行总行,中国第二历史档案馆.中国银行行史资料汇编(1912—1949)(上编二)[M].北京:档案出版社,1991:950.

行、四行准备库[①]也相继实行了准备公开和检查办法，并获得市场普遍好评，相应纸币的信誉也日益巩固，竞争力愈发增强。四是创立领券制度。1915 年 5 月，中国银行与浙江实业银行订立领券合同，“由该行限期将自发之钞券收回，领用本行发行之暗记券，此为领券制度之滥觞”。[②] 此后，领券制度从银行同业进一步扩大到钱庄。领券制度和货币竞争是互为促进的，大大增加了国家银行纸币的发行量和流通范围，使其在货币竞争中逐渐成为纸币流通的中坚力量。

四、中央银行制度从萌芽到基本确立

中央银行制度的确立是政府主动参与货币竞争的重要成果之一。清末民初，面对外国银行及外国纸币在华势力的日益庞大，我国中央银行制度开始萌芽，中交两行（包括中国银行的前身大清银行和户部银行）在成立之初，就享有发行纸币、经理公债和国库的特权，具备“发行的银行”和“国家的银行”两项基本职能。然而，北洋政府时期的发行制度异常紊乱，获得发行权的银行多达二十余家，蕴含金融风险的挤兑风潮和银行破产时有发生。1915 年以后，国家银行领券制度的实行和发展，有利于将其相对完善的发行准备制度、准备金公开和检查制度等约束机制传导至领券银行，使后者开始注重自身经营和发行信用。领券制度是货币竞争在不断深入和演进过程中，市场自发形成的统一和结盟机制，不仅有利于发行权向少数国家银行集中，还在一定程度上起到了稳定金融秩序的作用，使中交两行进一步承担起中央银行“银行的银行”的职能。与北洋政府的软弱和放任不同，国民政府十分重视对全国金融的管控，初期便成立中央银行并不断加强其职能。同时，官僚资本不断加强对发行银行的渗透和控制，1935 年通过法币改革，形成了“四行二局”的垄断金融体系；1942 年

---

① 中南银行、盐业银行、金城银行、大陆银行被称为“北四行”，1922 年成立四行准备库，联合办理兑换券发行，是近代中国第一个也是唯一的银行业联营组织。

② 中国银行总行，中国第二历史档案馆．中国银行行史资料汇编（1912—1949）（上编二）[M]．北京：档案出版社，1991：947.

7月,中央银行最终垄断货币发行权。至此,我国近代的中央银行制度基本确立,并从此成为货币竞争中最关键的参与方。

五、金融风潮对货币竞争的集中考验

维持货币信用是提高货币竞争力的核心,近代银行纸币信用主要建立在应对金融风潮和坚持兑现的基础之上。纵观上海近代时局,因国内政潮迭起、战事频繁,国际局势动荡、投机盛行,挤兑风波时有发生。中国银行为应对金融风潮,"准备充足,应付得宜,旋起旋平,而疾风劲草,每经风潮一次,钞券信用随即增高一次……社会人士对国家银行钞券之信仰日坚"。[①] 这说明金融风潮具有大浪淘沙始见金的作用,只有坚持兑现、管理得宜的货币才能经受住金融风潮的考验,在货币竞争中屹立不倒。1916年,中国银行上海分行抵抗停兑令是中国金融史上的一次重大事件,也对上海货币竞争产生深远影响。"往昔上海通用钞票,皆系洋商所发行","后以中交两行钞票,深得社会信仰,逐渐取代外商银行钞票之地位而代之。推及至此之由,与民国五年上海中国银行继续维持兑现,有莫大之关系"。[②] 中国银行经此风波声誉鹊起,其纸币发行与流通在货币竞争中逐渐占据优势,外资银行所发纸币无形中被排挤,且其所控制上海金融市场的局面也逐渐改变。除此之外,同业组织和中央银行在应对金融风潮和维护货币信用中也发挥了重要作用,成为遏制挤兑危机蔓延、防范系统性金融风险发生、稳定市场情绪的中流砥柱,对受到金融风潮影响的货币竞争走向起到了积极引导作用。

六、上海远东金融中心崛起的催化作用

在近代西方工业革命和海外殖民不断扩张的背景下,上海的贸易和金融领先全国最早融入全球化浪潮。上海具有天然优势的地理位置,以

---

① 中国银行总行,中国第二历史档案馆. 中国银行行史资料汇编(1912—1949)(上编二)[M]. 北京:档案出版社,1991:949.

② 潘连贵. 上海货币史[M]. 上海:上海人民出版社,2004:149.

及由此形成的航运中心、贸易中心、工业中心地位，为其远东金融中心的形成提供了基础条件，并对上海近代货币竞争起到了重要的催化作用。民国早期，政治中心在北京，上海虽然一直是重要的金融中心之一，但还未占有绝对优势，不论从金融机构数量或从金融市场以及对外金融联系的发达程度等来衡量，均还不足以构成完全的金融中心。洪葭管（2008）认为，到20世纪20年代末30年代初上海才成为完全的金融中心。[①] 当时的上海具有活跃的货币市场、证券市场、汇兑市场、标金和条银市场，金融市场功能完备，全国利率和多种金融资产行市依上海而变动，经营近代金融业的人才、信息和设备已臻齐全。上海近代远东金融中心的形成，使上海成为全国货币发行和竞争的中枢。从发行机构来看，以中央银行为代表的金融首脑机关集中于上海，各大金融机构也陆续把总行迁到上海；从上海发行纸币的信誉来看，"沪钞"信用最佳，为全国各项纸币之冠，流通地域亦为最广；从上海的货币发行来看，在总量上执全国之牛耳，在结构上已经成为全国货币竞争的缩影，代表了近代中国货币竞争的发展方向。

七、银行家等金融人才的推动作用

民国初建，上海及其周边出现了一批具有现代化意识、开拓进取精神和民族主义热情的银行家群体，他们大多拥有海外留学经历，具有较高的文化素养和丰富的现代经济知识，在金融业务中注重扶持有益于国计民生、服务社会、扶助工商业等事业。北洋政府时期，张嘉璈、宋汉章等银行家在抵抗停兑令中表现出独立自主的民族气节，为中国银行上海分行发行纸币的信誉奠定了基础、收获了人心，宋、张二人也被誉为"有胆识、有谋略的银行家"；国民政府时期，张嘉璈坚持商业银行独立经营的原则，拒绝国民政府把中国银行改组为中央银行的建议，并颇具大局观地提出"如政府能将过去中国银行所垫政府用款归还，中行自愿放弃发行权，俾发行

---

① 洪葭管．中国金融通史(第四卷)[M]．北京：中国金融出版社，2008：150.

早日完全集中于中央银行”。[①] 此外,作为江浙银行家的主要代表人物之一,陈光甫于1915年创办上海商业储蓄银行,始终以“顾客至上,服务社会”为宗旨,并创造了中国金融史上多个“第一”,被誉为“中国的摩根”,他认为“银行业之所以具有创造精神,乃由主持其业务者多具有责任心,认识银行为一社会性机关,对于社会人士之资金付托者,具有相当责任,故谨慎将事,力求其服务之有用于社会,与旧式金融机构之仅有牟利观念不同”。[②] 其他如交通银行张謇、钱新之,浙江兴业银行徐寄庼,浙江实业银行李铭等银行家,均在推动废两改元、建立上海造币厂、致力于银行现代化、实行币制改革当中发挥了重要的作用,并直接或间接地推动了上海近代货币竞争进程。

八、银行公会等同业组织的积极作用

1915年,以中交两行为首的7家华商银行发起筹建银行公会,时称“银行业午餐会”。1918年,上海银行公会正式成立,并创办《银行周报》。《银行周报》不仅在传播西方经济学、银行学的理论知识和成功经验方面做出卓越贡献,还对国内实行废两改元、筹建造币厂、创设征信所、组建票据交换所等提出改革建议,在推动国内银行业、金融基础设施逐步发展成熟方面起到了积极作用。1920年,上海银行公会制定了《上海银行营业规程》,刊发了旨在规范业务用语并与国际金融业务接轨的“银行会计科目名词研究”,改变了银行业自由散漫发展和无序竞争的状况,对维护上海银行同业利益和金融秩序稳定、建立行业制度规范和上海金融中心形成,均起到了积极的推动作用,在一定程度上扮演了中央银行的角色。1924年夏,中外合资的中法实业银行停业,引起市面恐慌,上海银行公会挺身而出,代为兑现其纸币,不仅展现了大局意识,更打破了国人对外国

① 中国银行总行,中国第二历史档案馆. 中国银行行史资料汇编(1912—1949)(上编一)[M]. 北京:档案出版社,1991:104.

② 中国人民银行上海市分行金融研究所. 上海商业储蓄银行史料[M]. 上海:上海人民出版社,1990:110.

银行纸币的迷信。上海银行公会对内，在服务实业、参与社会公益事务等方面发挥了重要的作用；对外，在与外国银行势力的竞争中，在赎回胶济铁路、收回关税存放权和筹建上海造币厂等事件中，表现出强烈的爱国主义情怀和社会责任感，成为国家银行乃至华商银行参与货币竞争的重要据力点。

第二节　基于上海近代货币竞争研究的政策建议

一、增强人民币国际竞争力，提升人民币国际化程度

纵观世界货币史，随着政府对货币发行权的垄断和经济全球化的发展，货币竞争开始从一国境内转向国际货币市场，主权货币超越国界展开激烈竞争，并由此出现了货币国际化的现象。人民币作为我国的主权货币，随着我国经济与跨国贸易投资的飞速发展，在当今世界经济中起到的作用已不局限于在国境内使用，而是趋于跨越国别，在世界范围内流通，成为国际通用的交易、计价、结算媒介，乃至于成为具有储备货币等功能的世界性货币，这样的趋势称为人民币的国际化进程。

（一）人民币国际化发展现状及影响因素

1. 人民币国际化程度衡量标准

货币国际化程度其实也体现了一国货币在世界货币竞争体系中的优势程度。不同学者对人民币国际化发展程度有不同的判定标准。周泽昊(2019)在最优货币区理论视角下认为，人民币国际化的衡定标准主要包括世界范围内的人民币流通度、相关金融产品的延伸、国际贸易中用人民币结算的比例等。徐珊等(2019)认为目前度量货币国际化程度最常用的方法是利用国际货币的三大职能(价值储藏、支付手段、记账单位)，其中“价值储藏”由国际货币基金组织公布的官方外汇储备货币构成中某国货币所占份额来衡量，“支付手段”由国际清算银行每三年发布一次的外汇交易数据来衡量，“记账单位”由国际清算银行中国际债券中的货币份额

来衡量。另外,也有学者选择指标构建指数。李瑶(2003)选择货币国际流通范围和数量以及官方外汇储备占比三个指标用相同的权重构建了货币国际度指数。中国人民大学国际货币研究所从2012年开始每年定期发布《人民币国际化报告》记录人民币国际化历程,并开创性地提出人民币国际化指数(RII)用来概括和反映人民币实际行使国际货币职能的程度,成为具有一定影响力的人民币国际化程度指标之一。

2. 人民币国际化发展现状

2019年7月6日,《人民币国际化报告(2019)》发布,报告显示,2018年末,人民币国际化指数(RII)为2.95%,相较于2010年,实现强势反弹;2019年以来,主要受中美贸易摩擦影响,人民币国际化指数略有回落,但仍没有改变其上升通道,见图8—1。

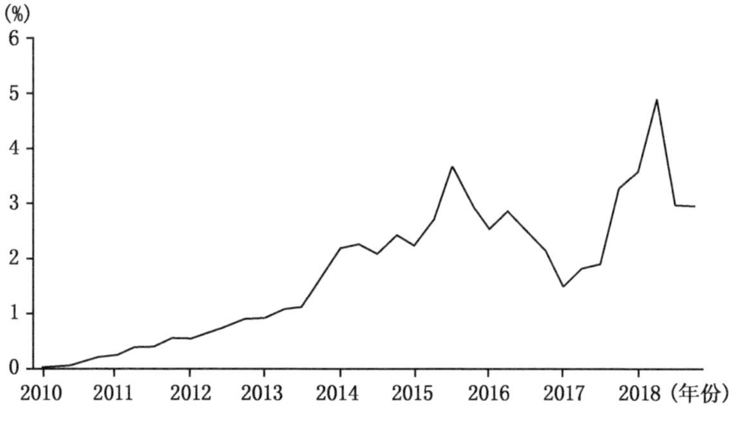

数据来源:中国人民银行官网公布的2019年度人民币国际化报告。

图8—1 人民币国际化指数

过去十年,人民币国际化实现从无到有的重大变化,已跻身主要国际货币行列。同时期美元国际化指数从49.52%升至51.95%,欧元从29.83%降至25.75%,英镑基本保持在4.0%左右,日元从3.34%升到4.38%,人民币在国际货币体系中位列第五。人民币国际化进程走得既快又稳,依靠的是中国强大的实体经济基础、贸易地位、稳定的币值以及持续推进的金融改革开放政策等。

3. 人民币国际化进程中的现有政策及发展概况

(1)开展跨境贸易人民币结算试点

2009 年 4 月 8 日，跨境贸易人民币结算在上海、广东等四个省市开展试点，意在减少周边国家对美元结算的依赖，为将来人民币在区域内履行贸易投资和储备货币职能打下基础。

2018 年跨境贸易人民币结算累计 5.11 万亿元，同比增长 17.2%；跨境贸易人民币结算占贸易总额的 14.9%，较 2017 年增加 1 个百分点，见图 8—2。

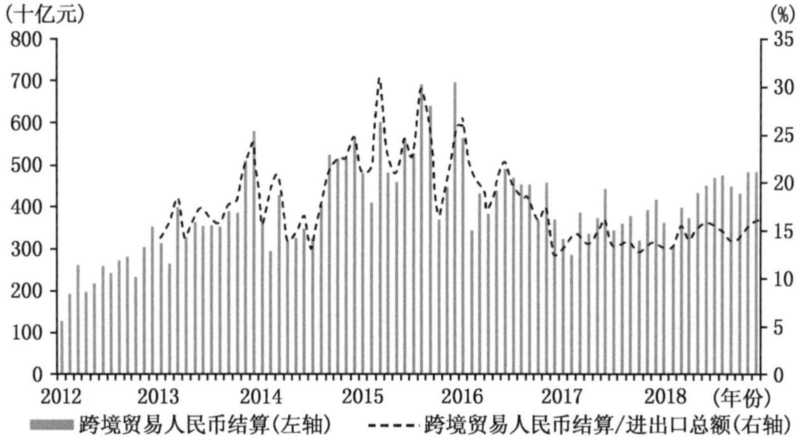

数据来源：中国人民银行官网公布的 2019 年度人民币国际化报告。

图 8—2　跨境贸易人民币结算规模

(2)扩大人民币合格境外机构投资者

2011 年底，国家推出人民币合格境外机构投资者(RQFII)试点，允许符合条件的境外机构在批准的额度内，运用来自境外的人民币资金投资境内证券市场。

截至 2018 年 10 月，人民币合格境外机构投资者试点已扩大至 231

个国家和地区[①];2018 年,以人民币结算的外商直接投资规模为 1.86 万亿元,同比增长 57.6%,见图 8—3。

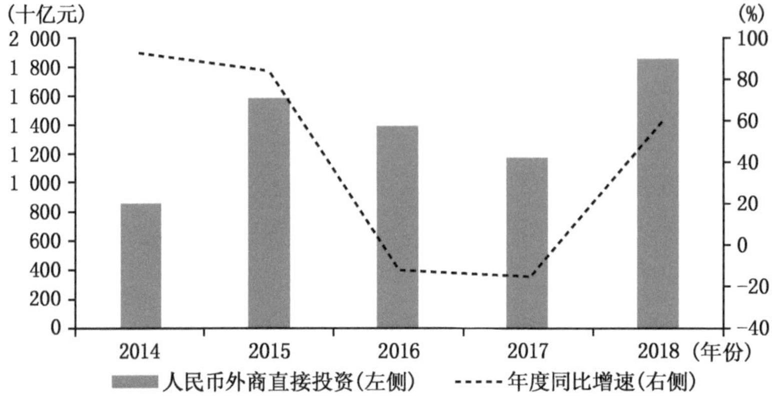

数据来源:中国人民银行官网公布的 2019 年度人民币国际化报告。

图 8—3　人民币外商直接投资

(3)探索双边货币互换协议

自 2009 年开始,中国人民银行开始探索签订双边货币互换协议,目的在于通过持有不同币种的交易主体按照协议约定交换等值货币的市场交易行为,来保持贸易正常开展。截至 2018 年底,我国已与 38 个国家和地区签订双边本币互换协议,协议总规模高达 36 787 亿元人民币。

双边货币互换协议的探索也提高了全球外汇储备中的人民币占比,截至 2018 年末,人民币外汇储备规模增至 2 027.9 亿美元,在全球外汇储备中的占比为 1.89%,同比增长 53.66%,见图 8—4。

(4)人民币纳入特别提款权

2015 年 11 月 30 日,国际货币基金组织执董会决定将人民币纳入特别提款权(SDR)货币篮子,权重为 10.92%,2016 年 10 月 1 日生效。人民币纳入 SDR 货币篮子,给人民币铺设了通往储备货币地位的道路。

---

① 孟建华.改革开放 40 年中的人民币[J].中国金融家,2019,(4):129—130.

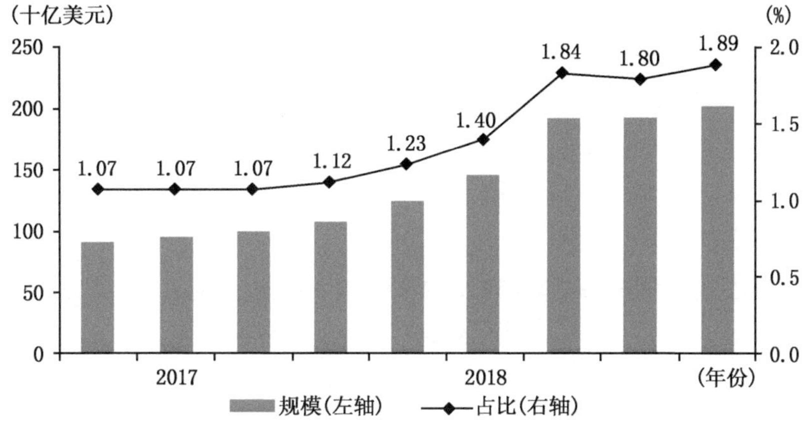

数据来源:中国人民银行官网公布的2019年度人民币国际化报告。

图8—4　外汇储备中人民币的规模及占比

将人民币纳入SDR货币篮子,是国际货币体系改革的成果,是对人民币国际化进程与中国经济开放的认可,也是对中国一系列具有重大意义的改革的认可。加入SDR后,人民币国际储备货币地位显著提高,目前,已有60多个境外央行或货币当局将人民币纳入外汇储备,是全球第五大储备货币。

4. 人民币国际化的影响因素

在没有全球统一货币的情况下,选择某一国的主权货币作为国际货币就成为次优选择,而哪一国的主权货币成为国际货币则取决于其宏观和微观条件。

一是经济基本状况。经济是一国货币国际化的重要基础,其规模、质量和发展速度等均是影响一国货币能否成为国际货币的重要因素。

二是国际贸易地位。国际贸易既为货币国际化提供环境,又需要国际货币的支撑,因此占有世界贸易主要份额国家的货币,在承担国际货币职能方面具有显著优势。

三是金融市场发达程度。规模大、流动性强的发达金融市场是一国货币发挥功能的基础保障和制度支持,有助于贸易商在国际贸易活动中通过外汇市场规避汇率风险。

四是货币的公信力。国际货币的影响因素还取决于人们对该国货币保持币值稳定的信心。

（二）货币竞争视角下促进人民币国际化进程的政策建议

1. 目标：依托人民币入篮，提升人民币外汇储备比例、扩大人民币国际结算占比

中国近代的货币制度是在学习西方先进币制的基础上不断完善与发展而成，随着国力的不断发展，币制从无到有，币制的影响从弱到强。币制影响力与国家综合国力有着直接关系，国家主权货币的影响力也是如此。现今，人民币作为我国的法定货币，随着我国综合国力的不断提升与国际影响力的不断加强，成为SDR五种篮子货币之一。这不仅为人民币国际化进程奠定了良好的基础，而且也是人民币扩大国际影响力的里程碑。在此机遇下，参照人民币国际化程度衡量指标，现阶段我国人民币国际化的总体目标如下：

（1）作为储备货币，提升人民币外汇储备比例

现阶段已有60多个境外央行或货币当局将人民币纳入外汇储备，随着人民币入篮，人民币在国际上的接受程度将不断提高，其他国家将人民币纳入本国外汇体系或者提升外汇占比的意愿也会逐渐增强。人民币作为国际储备货币，一方面可以部分化解外汇汇率波动带来的不良影响，维护我国金融稳定；另一方面有利于人民币与国际接轨，维护币值稳定，缓解通货膨胀的压力。

（2）作为贸易货币，扩大人民币国际结算占比

自中国加入WTO以来，跨国贸易一直呈现高速发展态势，跨国贸易中大多以美元作为结算货币，中资公司进行跨国贸易需汇兑成美元结算，这种情况类似于民国时期我国作为银本位国家需将银折算成金在国际范围内交易计价，极为不便。扩大人民币国际结算占比，从浅层次来说可以提高跨国贸易便利性，方便个人或公司对外贸易结算和定价，减少汇兑成本、避免汇率风险；从深层次角度来说可以增强中国在国际贸易中的影响

力,加强与境外可使用人民币结算国家的贸易往来,推动货币国际化的同时也促进了企业的国际化。

2. 路径:以“一带一路”倡议为契机,推动人民币国际化

近代上海经济开放,贸易发达,民族资本工商业和对外贸易迅速发展,跨境结算也对币制提出较高的要求,当时的货币竞争早期与殖民地贸易以及外国银元、纸币的流入密切相关,后期特别是法币改革时期则见证了英美日等大国货币国际化过程中的利益争夺。当前,在我国共建“一带一路”的新形势下,有利于我国与沿线各国发展战略的对接与耦合,发掘区域内市场的潜力,促进投资和消费,创造需求和就业。我国要抓住战略契机,加快人民币国际化进程,推进人民币在“一带一路”国际贸易和投资中计价结算。

一是在亚投行、丝路基金内积极倡议优先使用人民币,扩大人民币投资需求,在“一带一路”范围内形成人民币货币使用惯性,拓宽人民币跨境流出和回流渠道,推动人民币在国际货币竞争中逐步走向周边化、区域化、全球化。二是拓展与“一带一路”沿线国家签署多边货币互换协议,增强我国与“一带一路”沿线国家流动性互助能力,以共同防范金融危机风险,并以此拓展人民币的影响力和与国际货币的合作关系。三是通过基础设施投资推动人民币区域国际化。在“一带一路”基础设施建设中,中国提供的资金可以直接以人民币作为计量单位,这将人民币的使用直接或间接的扩大到沿线地区。

3. 措施:推进金融政策改革、发展跨境人民币现钞业务、推进自贸区金融改革试点

(1)推进金融政策改革

科学合理的金融政策是服务推动人民币国际化的基础和保障。上海远东金融中心的形成过程中,相关配套政策发挥了重要作用;英镑、美元的国际化,一系列的配套政策同样不可或缺。当前的国内外形势今非昔比,在推动人民币国际化进程中,也需要因势利导,适时出台相关政策措施。

一是以人民币加入SDR为契机推动汇率市场化改革，提升我国汇率政策的规则性、透明度和市场化水平，使人民币汇率在今后的国际市场上更加灵活和更具有弹性，从而进一步加快汇率市场化进程。二是要探索降低汇兑成本。在保证汇率稳定的前提下，寻求降低汇兑中间成本的方法，如降低时间成本，包括扩大跨境人民币结算服务点、简化审批手续等；或是降低人工成本，包括研发自主汇兑机器、扩大网络预约汇兑模式等。三是拓宽人民币“在岸”和“离岸”两个金融市场的资金循环渠道。在业务发展中加强对人民币离岸、在岸市场资金流动的监管，严格审查人民币贸易和投资业务的真实性，筑牢系统性金融风险的防范体系。四是探索账户管理改革。建立本外币一体化账户体系，打破本外币分隔管理的格局，对于企业账户来说，可以先将涉外企业用于涉外活动的本外币资金与其他资金进行分割，建立一个相对封闭管理的包含人民币备付金账户与外币备付金账户的本外币一体化账户体系，并逐步将涉外企业试点扩展到所有企业；对于居民个人账户来说，在企业账户试点的基础上，在今后法律体系、监管机制、结算清算系统完善的条件下，探索账户内本外币资金可自由兑换，以实现居民自由贸易账户与境外账户、境内区外的非居民账户、非居民自由贸易账户以及其他居民自由账户之间的资金可自由划转。

(2)发展跨境人民币现钞业务

上海近代是以白银为核心的货币体系，而白银是当时世界各国普遍认可的货币或准货币，货币跨境流通的阻力较小，这与信用货币制度下的现金跨境流通机制存在显著区别。当前，在人民币国际化进程下，大力发展跨境人民币现钞业务是提升人民币国际认可度和国际竞争力的基础。

一是要优化布局境外人民币托管库建设。目前中国人民银行设立的代理人民币发行库均由中国人民银行分支机构在当地设立(中银香港代理库是唯一一个设在境外的代理库)，可考虑在人民币现钞需求较大的与我国经贸往来增长迅速的国家布局境外人民币托管库，专门负责区域境外人民币现钞管理，同时完善人民币现钞跨境调运业务管理。二是要加强人民币现钞跨境流动监测。通过数据统计进行境外现钞运行的实时监控，为国内人民币生产任务、跨境人民币调运任务、境外人民币回笼任务的决策提供数据支持。三是建立跨境反假货币交流机制，不断提高人民币防伪技术水平，为人民币参与国际货币竞争和人民币国际化奠定良好的技术管理基础，维护人民币国际形象。

（3）推进自贸区金融改革试点

自贸区作为中国金融改革的桥头堡，既是国际交易中的物流中心、集散中心、投资中心，也是各种金融政策的试行中心。要充分发挥自贸区优势，探索人民币国际化道路上的自贸区红利。

一是依托自贸区金融市场，建设人民币国际化进程中的风险缓冲区。实现境外人民币资金在自贸区的完全可自由兑换，将上海自贸区设为地理位置在境内的离岸市场，通过在岸和离岸市场调节境内外人民币资本流动，实现自贸区"资本水坝"的作用，从而既可以顶住资本回流境内的压力，让人民币在自贸区市场沉淀，又可以拦截国际资本可能引发的对人民币的流动性冲击。二是探索资本项目可兑换，促进跨境投融资汇兑便利化。将限额内资本项目可兑换逐步扩展，试点自主开展跨境投融资活动，并且试点自由结售汇。在自贸区内，创新基金公司、租赁公司等人民币管理新模式，开展跨境人民币双向投资业务，并视情况向国内推广。

二、建设在岸人民币市场，助推上海国际金融中心形成

国际金融中心是一国参与国际货币竞争的聚力点和参与全球金融规则制定、资源分配的控制中心。国际金融中心的形成，与一国经济实力、政治实力和国际货币地位等宏观因素，以及金融资金的聚集、金融制度的开放性、金融法制的健全、金融机构的数量、金融专业人才的汇聚、金融市场的规模和层次、金融工具的创新和流动性、金融科技的发展和活力、金融服务和基础设施的便利性等微观因素密切相关。纵观国际金融中心的历史变迁，回顾近代上海远东金融中心的发展历程，其形成还与国内和国际层面不断深入的货币竞争具有较强的关联性和同步性。

（一）国际金融中心的发展现状和前景

国际金融中心的形成和发展涉及宏观、微观诸多因素，本节以国际上较为知名的衡量金融中心竞争力的评价指数——“全球金融中心指数”(GFCI)和“新华·国际金融中心发展指数”(IFCD)为依据展开分析。国际金融中心评价指数既能够全面地反映出国际、区域金融领域发展的全景及发展历程，又十分注重指标体系的科学性和时间上的连续性。深入分析这两个指数，便于我们从横向和纵向两个维度，掌握各大金融中心的发展现状和前景，并客观分析上海在其中的定位和竞争优势，为上海国际金融中心建设提供数据支撑与实践依据。

1. 全球金融中心指数

全球金融中心指数(Global Financial Centers Index，GFCI)是全球最具权威和影响力的国际金融中心指数之一，目前由英国智库 Z/Yen 集团和中国(深圳)综合开发研究院共同编制。自 2007 年 3 月开始，该指数对全球范围内的金融中心进行综合评价，并于每年 3 月和 9 月定期更新，以显示各金融中心竞争力的变化。GFCI 指数从营商环境、人力资源、基础设施、发展水平、国际声誉等方面对全球重要金融中心进行评分和排名，着重关注各金融中心的市场灵活度、适应性以及发展潜力等方面的特性，见表 8—1。

表 8—1　　GFCI 指数评价体系

营商环境	人力资源	基础设施	发展水平	国际声誉
政治稳定和法制	丰富的专业人才	建筑基础设施	产业聚集的深度和广度	城市品牌和魅力
制度和监管环境	富有弹性的劳动力市场	信息通信技术基础设施	资金的可获得性	创新水平
宏观经济情况	教育和发展	交通基础设施	市场流动性	吸引力和文化多样性
税收和成本优势	生活质量	可持续发展能力	经济产出	与其他金融中心的比较定位

资料来源：The Global Financial Centres Index 25 Report.

2019 年 3 月，第 25 期全球金融中心指数（GFCI 25）在迪拜发布，该期指数共采纳 133 个特征指标，数据来自包括世界银行、联合国、经济合作与发展组织和经济学人智库等第三方机构，同时结合了在线问卷的调查结果。GFCI 25 全球前十大金融中心排名依次为纽约、伦敦、香港、新加坡、上海、东京、多伦多、苏黎世、北京、法兰克福。前五名金融中心排名与上期相同，相互之间评分差距甚微。纽约依旧占据领先位置，伦敦和香港的评分与上期基本持平，新加坡、上海的评分略有上升。多伦多排名有较大幅度上涨，从第十一上升至第七。

图 8—5 为前五名国际金融中心历次 GFCI 指数评分，从其变化趋势来看，各金融中心之间的评分差距持续缩小，其中上海的评分上升趋势最为强劲，并有超越第四位的新加坡之势。相比之下，两大老牌金融中心伦敦和纽约的评分在近十年的时间内基本保持平稳，近年来甚至略有下降。

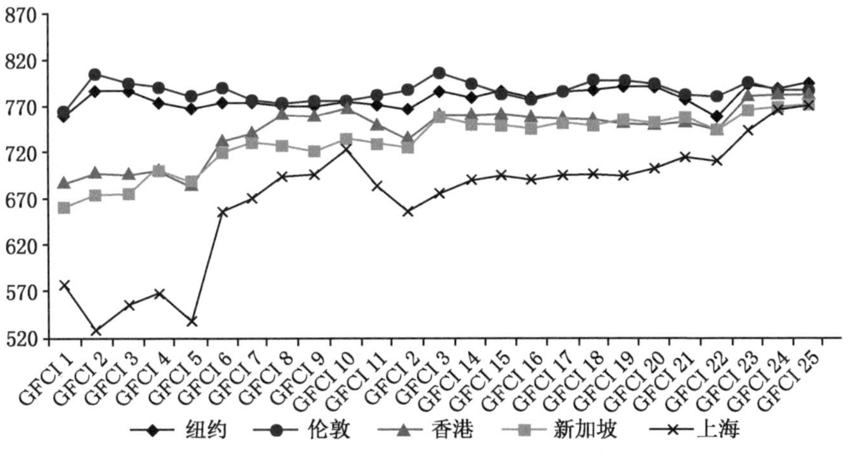

数据来源：The Global Financial Centres Index 25 Report.

图 8—5　主要国际金融中心历次 GFCI 指数评分

值得注意的是，GFCI 25 报告列出的前 15 个未来最具发展前景的金融中心排名中，上海位列榜首，说明上海在竞争愈趋激烈、复杂的国际环境中具有强劲的综合优势。此外，该报告中还首次披露了针对金融科技

(Fintech)的各大金融中心排名,上海位列第四,显示了上海不仅在传统五大竞争力领域表现出色,还在大数据分析、网络安全、支付系统、交易平台等方面具有相对优势。

2. 新华·国际金融中心发展指数

新华·国际金融中心发展指数由中国经济信息社和中国金融信息中心共同研发,指数从金融市场、成长发展、产业支撑、服务水平、国家环境五个维度,对全球范围内符合一定条件的国际金融中心城市进行综合评价,分析各自核心发展力、发展动力源、发展渠道、发展能力、环境影响等,从而反映不同金融中心的发展水平和特点。该指数的编制遵循系统性、客观性、科学性、操作性的原则,到 2018 年已连续 8 年发布。图 8—6 为新华·国际金融中心发展指数指标体系。

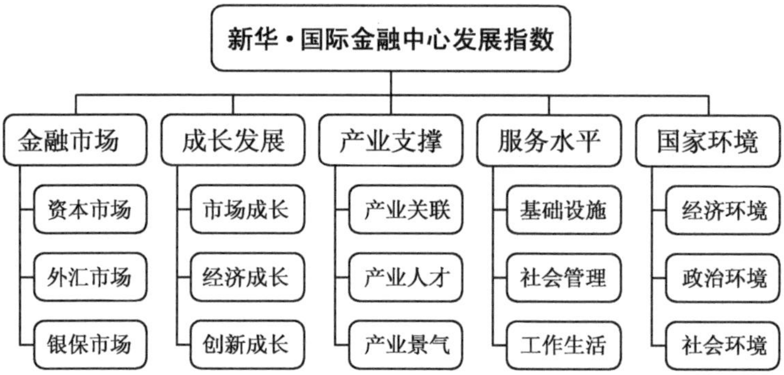

资料来源:《2018 国际金融中心发展指数报告》。

图 8—6 新华·国际金融中心发展指数指标体系

2018 年 7 月,新华·国际金融中心发展指数在沪发布,对 2017 年各国际金融中心的发展情况进行分析评价。指数显示,2017 年排名前十位的国际金融中心分别为伦敦、纽约、香港、东京、上海、新加坡、巴黎、法兰克福、苏黎世和北京。相比前一年,排名前十位的国际金融中心总体保持稳定,但位次出现微调。伦敦超越纽约问鼎榜首,香港取代东京位列第三,上海保持第五名。从区域分析来看,欧洲地区金融中心复苏态势明显，在前十名中占据四席；中国在前十强排名中占据三席，对亚洲乃至全球金融格局影响日益凸显；受日本经济增长缓慢影响，东京排名后退一位；美洲地区金融中心发展也出现轻微下滑态势，仅有纽约位居第二，芝加哥首次跌出前十。

图 8—7 是 2010—2017 年评价排名前十位的国际金融中心城市，从其变化来看，上海的排名逐年提升，并在近三年保持第五位。上海聚集了股票、债券、期货、货币、外汇、黄金、保险等各类金融要素市场，2017 年金融市场交易总额达 1 428 万亿元，直接融资总额 7.6 万亿元，占到中国直接融资总额的 85%以上。同时，上海金融改革创新步伐加快、金融对外开放尺度扩大、金融要素进一步聚集，金融市场竞争力和全球影响力不断增强。作为中国金融对外开放最前沿，自贸实验区金融改革深入推进，金融对外开放领域不断拓宽，沪港通、债券通、科创板、黄金国际板、跨境 ETF 等顺利推出。

名次	2017年	2016年	2015年	2014年	2013年	2012年	2011年	2010年
1	伦敦	纽约	纽约	纽约	纽约	纽约	纽约	纽约
2	纽约	伦敦	伦敦	伦敦	伦敦	伦敦	伦敦	伦敦
3	香港	东京	新加坡	东京	香港	东京	东京	东京
4	东京	香港	东京	新加坡	东京	香港	香港	香港
5	上海	上海	上海（5）	香港（5）	新加坡	新加坡	新加坡	巴黎
6	新加坡	新加坡	香港（5）	上海（5）	上海	上海	上海	新加坡
7	巴黎	巴黎	巴黎	巴黎	巴黎	法兰克福	巴黎	法兰克福
8	法兰克福	法兰克福	法兰克福	法兰克福	法兰克福	巴黎	法兰克福	上海
9	苏黎世	北京	北京	北京	芝加哥	苏黎世	悉尼	华盛顿
10	北京	芝加哥	芝加哥	芝加哥	悉尼	芝加哥	阿姆斯特丹	悉尼

资料来源：《2018 国际金融中心发展指数报告》。

图 8—7　2010—2017 年评价排名前十位的国际金融中心城市

报告还指出，上海不断加强与“一带一路”沿线国家和地区的金融纽带关系，致力于打造“一带一路”投融资中心和全球人民币金融服务中心，相关金融机构来沪设立分支机构意愿明显增强。截至 2017 年末，人民币跨境支付系统（CIPS）吸引了“一带一路”沿线国家和地区的 508 家间接参与者，覆盖 41 个国家和地区；通过自由贸易账户累计与“一带一路”沿线国家和地区发生跨境收支 2 886 亿元。

(二)货币竞争视角下加快上海国际金融中心建设的政策建议

建设上海国际金融中心是一项重大国家战略。早在2009年,国务院发布《关于推进上海加快发展现代服务业和先进制造业建设国际金融中心和国际航运中心的意见》,明确提出:到2020年,基本建成与我国经济实力以及人民币国际地位相适应的国际金融中心。近年来,特别是党的十八大以来,上海国际金融中心建设在服务国家经济社会发展和金融改革开放过程中取得了重要进展。然而,和国际成熟的金融中心城市相比,上海国际金融中心还存在差距,主要表现为大而不强,缺乏市场定价权和话语权,国际化程度和国际影响力不足。本文以上海近代货币竞争的历史视角,对当前上海国际金融中心建设提出政策建议。

1. 加快上海人民币在岸金融中心建设,掌握人民币国际定价权

近代上海无论是金属货币时期白银的国际定价权,还是信用货币时期法币的国际定价权,均在一定程度上受到外部势力的干扰,极易引发金融风潮和币值波动,对国内经济社会发展造成负面影响。当前,上海人民币在岸市场的发展,对掌握人民币国际定价权具有重要意义。

(1)扩大人民币跨境使用,完善人民币计价结算功能

加快人民币国际化进程将为上海国际金融中心建设奠定基础。

一是大力发展人民币跨境贸易结算业务。以上海自贸区为依托,发挥中国国际进口博览会平台优势,推动跨境贸易特别是大宗商品交易用人民币计价结算,完善"上海金""上海油"定价机制,打造具有全球影响力的人民币大宗商品定价中心。

二是抓住共建"一带一路"倡议的重要契机。促进人民币在"一带一路"沿线国家和地区使用,稳步推进投融资汇兑便利改革,提升上海金融市场的投融资服务功能。

三是创新面向国际的人民币金融产品。不断拓宽人民币产品市场的广度和深度,丰富人民币产品和工具,加快建设人民币全球支付清算体系和全球金融市场基础设施体系,促进人民币资金跨境双向流动,推动人民币成为国际贸易结算和融资的主流货币,提高我国经济金融国际竞争力、

影响力和话语权。

(2)坚持金融开放创新,深化上海人民币在岸市场发展

上海作为我国改革开放的桥头堡和自贸区发展的标兵,是重要的人民币在岸市场所在地。

一是提高上海金融市场和金融服务业对外开放程度。推进上海自贸区金融开放创新先行先试,在审慎基础上提高境外投资者在金融市场的参与度,取消外资持股比例限制,探索引入高水平国际专业金融服务机构。推进境内外主体开展跨境投融资,逐步提高境外机构参与境内货币市场、期货市场等各层次金融市场的深度和规模。

二是加快上海科技创新中心建设和金融科技发展。牢牢抓住新一轮科技和产业革命的历史时机,依法合规推动科技与金融的有效融合和健康发展,深化金融科技创新与应用,充分利用互联网、大数据、云计算等技术,发展数字普惠金融,加强上海国际金融中心和科技创新中心的联动。

三是加强境内外金融交流合作。深化与新兴经济体和发展中国家的互利合作及互联互通,积极服务共建“一带一路”倡议。加强上海与纽约、伦敦等全球主要国际金融中心城市的交流,加快与国际接轨,形成优良的金融生态环境,建设金融人才高地和制度创新高地。

(3)掌握人民币定价权,促进人民币在岸与离岸市场协同发展

人民币离岸市场的存在和发展可以为在岸市场资本账户的逐渐开放提供缓冲带,但同时也会增加国内货币调控的难度,并可能为国际资本冲击在岸市场提供便利,也可能给未来人民币定价权带来不确定性。

一是加强上海与人民币离岸市场的有效对接。以香港、新加坡、伦敦为代表的离岸市场,一方面连接上海在岸市场,一方面接轨国际市场,成为二者之间的桥梁,既能为境内机构提供试水国际市场的机会,又可为上海在岸市场的逐步扩大开放发挥缓冲作用。通过沪港通互联互通机制巩固和深化沪港金融合作、取消人民币合格境外投资者(RQFII)投资额度限制等措施,实现在岸与离岸市场的有效对接和协同发展,有利于提高上海金融中心的开放和国际化水平,并加速推动人民币国际化进程。

二是掌握人民币定价权,维护金融安全稳定。随着人民币离岸市场的快速发展和价格发现功能的充分发挥,人民币在岸远期市场受离岸无本金交割远期外汇交易(NDF)市场的影响不断增加,给未来人民币定价权带来不确定性,国际上也有类似先例。[①] 为此,上海国际金融中心应充分发挥货币主权优势,强化对跨境与境外人民币业务的监测、统计与分析,理清离岸人民币市场的资金流动框架、供求决定逻辑和货币创造体系,定期评估离岸人民币市场发展对货币调控指标及货币流通速度的影响,支持离岸市场人民币资金池建设,提升离岸人民币市场的流动性和稳定性,确保人民币跨境资金流动对货币政策调控的影响基本可控,从而有效建立与离岸市场的风险隔离机制,不断提升人民币在岸价格国际影响力和上海在岸市场竞争力,牢牢掌握主动权和定价权。

2. 鼓励金融创新和合规发展,建立健全多层次的金融市场

近代上海作为远东金融中心,不仅有满足短期资金需求的货币市场(钱业、银行业同业拆借市场和贴现市场),同时也有满足长期资金需求的证券市场(上海股票商业公会、上海证券物品交易所),还有满足外汇交易需要的外汇市场、标金市场和条银市场,初步形成了现代金融体系的雏形,对当前上海国际金融中心建设提供了有益启发。

(1)推进货币市场改革发展,实现人民币利率基本市场化

完善市场化的利率形成和传导机制,是上海金融市场发展成熟的重要条件。

一是推进货币市场基准利率体系建设。进一步发挥上海银行间同业拆放利率(Shibor)和上海关键收益率(SKY)作为货币市场基准利率的资源配置作用,稳妥推进利率"两轨合一轨",推动存贷款基准利率向货币市场利率靠拢,强化货币市场的利率生成机制和价格信号传递功能,充分发

① 例如,国际美元银团贷款的利率定价权不在纽约而在伦敦。伦敦美元市场最早起源于马歇尔计划所输出的大量美元和冷战时期苏联阵营所拥有的大量美元存款,以及宽松的监管环境,国际美元银团贷款的利率仍然参照伦敦同业拆借利率决定。与此类似,日元股指期货的交易中心在新加坡而非东京。

挥上海货币市场利率的国际影响力。

二是推动上海金融市场产品和工具创新。利率市场化将为远期利率协议、利率互换、利率期货期权等金融产品的完善提供重要基础，进而丰富和优化利率市场风险的分散和处置手段，增强上海作为全球性人民币产品创新、交易和定价中心的吸引力。

三是提高金融机构自主经营能力和竞争力。利率市场化进程将推动金融机构调整业务结构、有效管理风险和提高金融服务水平，并加大利率相关金融产品创新力度，有利于提升上海金融机构的跨境、跨业金融服务和创新能力，为上海国际金融中心建设奠定基础。

(2)推进资本市场改革发展，实现人民币资本项目下基本可兑换

推进资本项目管理的便利化和可兑换，是上海从国内金融中心向国际金融中心发展的突破口，将进一步提高上海金融市场的深度、广度和开放度。

一是推进上海自贸区金融改革先行先试。按照统筹规划、服务实体、风险可控、分步推进的原则，在上海自贸区进行人民币资本项目可兑换先行先试，逐步提高资本项下各项目可兑换程度，完善跨境资金流动监测分析机制，做好跨境资金异常流动应急预案，有效防范资本项目可兑换后的潜在系统性风险。

二是进一步拓展自由贸易账户功能。开展本外币合一银行账户体系试点，支持上海自贸区内经济主体通过自由贸易账户开展涉外贸易投资活动，研究探索通过自由贸易账户等支持资本市场开放新举措。

三是建设面向国际的金融市场平台。支持上海证券交易所、中国外汇交易中心、上海黄金交易所、中国金融期货交易所、上海保险交易所等机构在依法合规、风险可控的前提下，进一步深化国际金融业务，探索吸引国际投资者在沪发行人民币产品。

(3)推进外汇市场改革发展，实现人民币汇率形成机制基本完善

随着人民币加入特别提款权(SDR)篮子货币和金融市场对外开放程度的提高，必然要求增强人民币汇率弹性，逐步形成有管理的浮动汇率机制。

一是坚持汇率改革的自主性。始终从我国根本利益和现实情况出发,决定人民币汇率改革的步骤、方式和内容,把握合适的时间窗口推行改革措施,强化中国外汇交易中心作为全球人民币产品交易主平台和定价中心的作用。

二是坚持汇率改革的渐进性。灵活把握汇率形成机制改革的力度和节奏,充分考虑经济主体的适应能力。人民币对篮子货币的宽幅区间波动是走向浮动汇率的过渡方案,有利于避免汇率大幅波动对经济的冲击,兼顾了短期宏观经济稳定和浮动汇率的好处。

三是坚持汇率改革的可控性。通过在汇率中间价报价模型中引入"逆周期调节因子",适当对冲市场情绪的顺周期波动,缓解外汇市场可能存在的"羊群效应",努力在提高汇率灵活性和保持汇率稳定性之间寻求平衡。

三、维护币值稳定,打好防范化解系统性金融风险攻坚战

金融稳定作为影响政治经济安全及社会发展效率的重要因素,从近代至今均为政府管理的主要目标。中央银行作为政府的银行,代表政府管理国内外金融事务,监督金融机构和金融市场规范化活动,协调管理国家黄金外汇储备等,既享有政府的信誉和权威,又肩负政府授予的维护金融稳定的责任与义务,是提高金融业服务实体经济水平,促进金融体系健康发展,维护社会金融稳定的主要推动者。纵观近代货币历史变革,在防范化解金融风险上,无论是政府还是中央银行,在开放经济条件下,均以稳定币值,保持货币均衡,强化集中监管为着力点,通过宏观金融调控以求得物价和汇率的稳定,这对当前防范化解系统性金融风险有很强的借鉴意义。

(一)我国货币政策监管的发展脉络和现状

1. 利率市场化改革发展

(1)我国利率市场化改革的提出

1993 年,党的十四大《关于金融体制改革的决定》首次提出我国利率

改革的长远目标是建立以市场资金供求为基础，以中央银行基准利率为调控核心，由市场资金供求决定各种利率水平的市场利率体系的市场利率管理体系。2003年，党的第十六届三中全会《中共中央关于完善社会主义市场经济体制若干问题的决定》中进一步明确指出“稳步推进利率市场化，建立健全由市场供求决定的利率形成机制，中央银行通过运用货币政策工具引导市场利率”。

(2)利率市场化改革的基本思路

根据十六届三中全会精神，结合经济金融发展和加入世贸组织后开放金融市场的需要，中国人民银行按照先外币、后本币，先贷款、后存款，存款先大额长期、后小额短期的基本步骤，逐步建立由市场供求决定金融机构存、贷款利率水平的利率形成机制，中国人民银行调控和引导市场利率，使市场机制在金融资源配置中发挥主导作用。

(3)利率市场化改革进程

自1996年我国利率市场化进程正式启动以来，利率市场化改革稳步推进，并取得了阶段性进展。回顾1996年以来利率市场化改革进程，中国人民银行累计放开、归并或取消的本、外币利率管理种类为119种。今后，随着金融机构改革和利率市场化的稳步推进，中国人民银行将不断扩大金融机构的利率定价自主权，完善利率管理，并通过人民银行的间接调控，引导利率进一步发挥优化金融资源配置和调控宏观经济运行的作用。

2. 汇率机制改革发展

(1)汇率机制改革的目标

人民币汇率改革的总体目标是，建立健全以市场供求为基础的、有管理的浮动汇率体制，保持人民币汇率在合理、均衡水平上的基本稳定。完善人民币汇率形成机制改革，是为适应建立和完善社会主义市场经济体制、充分发挥市场在资源配置中的基础性作用的内在要求，也是深化经济金融体制改革、健全宏观调控体系的重要内容。

(2)汇率改革历史进程

自新中国成立以来，我国的汇率制度大致经历了五个阶段，见表8—2。

表 8—2　　　　我国汇率制度改革一览表

时　期	时　间	汇率制度	特　点
新中国成立时期	1949—1952 年	单一浮动汇率制	实行外汇集中管理,通过扶持出口、以收定支等方式积累外汇,支持本国经济恢复发展。
高度计划经济时期	1953—1972 年	单一固定汇率制	外汇业务由中国银行统一经营,人民币汇率长期固定不变,且币值高估,汇率不能作为进出口贸易的调节工具,也不反映国内外经济形势的变化。
	1973 年—1979 年 7 月	盯住一篮子货币的单一浮动汇率制	
经济转型时期	1979 年 8 月—1984 年	官方汇率与外汇调剂价并存	这一时期实行双轨汇率制,由企业双方根据外汇供求状况议定,中国人民银行适度进行市场干预,实行外汇留成制。
	1985—1993 年	官方汇率与贸易外汇内部结算价并存	
市场经济确立时期	1994 年—2005 年 6 月	单一的、有管理的浮动汇率制	主要盯住美元,以市场供求为基础,实行结售汇制,中央银行设定议定的汇率浮动范围,并通过调控市场保持人民币汇率稳定。
市场经济发展时期	2005 年 7 月至今	有管理的浮动汇率制	不再盯住美元,以市场供求为基础,参考一篮子货币实行人民币汇率双向浮动,中央银行对人民币汇率进行管理和调节,保障人民币在合理水平上均衡稳定。

以上五个汇率机制变化阶段中,1994 年和 2005 年的两次汇率机制改革是人民币汇率制度史上的重大变革。

1994 年的外汇体制改革。1993 年前我国的汇率水平由政府控制,在这种体制下,市场竞争受阻,经济效率低下,黑市猖獗。1994 年 1 月 1

日，我国开始实行新的外汇管理制度，人民币汇率主要盯住美元，并以市场供求为基础，在一定范围内浮动，人民币汇率形成机制逐渐走向市场化。1994 年汇改之后，当年进出口总额分别为 1 210.1 亿美元和 1 156.2 亿美元，进出口差额为 53.9 亿美元，差额由 1993 年的巨额逆差转为顺差，并自此开启了我国长期贸易顺差的局面。

2005 年的外汇体制改革。由于国内外经济政治环境的变化，2005 年中国实行了第二次重大的汇率体制改革。自 2005 年 7 月 21 日起至今，我国实行以市场供求为基础、参考一篮子货币进行调节、有管理的浮动汇率制度。此次改革含义深远，它表明中国的整体经济实力增强，汇率不再依附任何单一国家，独立性进一步增强。此次适当调整人民币汇率水平，改革汇率形成机制，有利于贯彻以内需为主的经济可持续发展战略，优化资源配置；有利于增强货币政策的独立性，提高金融调控的主动性和有效性；有利于保持进出口基本平衡，改善贸易条件；有利于保持物价稳定，降低企业成本；有利于促使企业转变经营机制，增强自主创新能力，加快转变外贸增长方式，提高国际竞争力和抗风险能力；有利于优化利用外资结构，提高利用外资质量；有利于充分利用“两种资源”和“两个市场”，提高对外开放的水平。

3. 中央银行监管权力的集中与分散

中国人民银行成立至今的七十多年，特别是改革开放以来，在体制、职能、地位、作用等方面，都发生了巨大而深刻的变革。监管权力的集中与分散，对金融市场管理、防范化解金融风险都有较大影响。

(1)中国人民银行的创建与国家银行体系的建立(1948—1952 年)

在国民经济恢复时期，中国人民银行在中央人民政府的统一领导下，着手建立统一的国家银行体系。在此期间，中国人民银行充分运用货币发行和货币政策，实行现金管理，开展“收存款、建金库、灵活调拨”，运用折实储蓄[①]和存放款利率等手段调控市场货币供求，扭转了新中国成立

---

① 折实储蓄亦称“折实存款”，是不按货币单位而是把货币折成折实单位进行存取的一种储蓄。一个折实单位等于一定种类、一定数量实物的价格总额。

初期金融市场混乱的状况,抑制了国民政府遗留下来的长达二十年之久的恶性通货膨胀。

(2)计划经济体制时期的国家银行(1953—1978年)

随着社会主义改造的加快,私营金融业纳入了公私合营银行轨道,形成了集中统一的金融体制,中国人民银行作为国家金融管理和货币发行的机构,既是管理金融的国家机关又是全面经营银行业务的国家银行。与高度集中的银行体制相适应,从1953年开始建立了集中统一的综合信贷计划管理体制,即全国的信贷资金,不论是资金来源还是资金运用,都由中国人民银行总行统一掌握。此外,中国人民银行担负着组织和调节货币流通的职能,统一经营各项信贷业务,在国家计划实施中具有综合管理和货币监督功能。

(3)从国家银行过渡到中央银行体制(1979—1992年)

日益发展的经济和金融机构的增加,迫切需要加强金融业的统一管理和综合协调。中国人民银行专门承担中央银行职责,并肩负起对包括银行、证券、保险、信托在内的整个中国金融业的监管职责,成为完善金融体制、更好发展金融业的紧迫议题。从1984年1月1日起,中国人民银行开始专门行使中央银行的职能,集中力量研究和实施金融宏观决策,加强信贷总量的控制和金融机构的资金调节,以保持货币稳定;同时新设中国工商银行,中国人民银行过去承担的工商信贷和储蓄业务由中国工商银行专业经营;中国人民银行分支行的业务实行垂直领导;设立中国人民银行理事会,作为协调决策机构;建立存款准备金制度和中央银行对专业银行的贷款制度,初步确定了中央银行制度的基本框架。

(4)逐步强化和完善现代中央银行制度(1993—2003年)

1993年,按照国务院《关于金融体制改革的决定》,中国人民银行进一步强化金融调控、金融监管和金融服务职责,划转政策性业务和商业银行业务。1995年3月18日,全国人民代表大会通过《中华人民共和国中国人民银行法》,首次以国家立法形式确立了中国人民银行作为中央银行的地位,标志着中央银行体制走向了法制化、规范化的轨道,是中央银行制度建设的重要里程碑。

(5)由混业到分业的“一行三会”监管格局(2003—2017年)

自20世纪90年代以来,经济体制改革的步伐加快,我国陆续成立中国证券监督管理委员会(以下简称“证监会”)、中国保险监督管理委员会(以下简称“保监会”)、中国银行业监督管理委员会(以下简称“银监会”),中国金融监管逐步走向分业监管。

1992年,国务院证券委员会和证监会相继成立。1995年,中国人民银行不再负责对证券公司的监管,交由证监会来行使。1998年,中国保险业的监管权由中国人民银行移交到新成立的保监会。2003年,银监会正式挂牌成立,中国人民银行不再肩负对银行业的具体金融监管职责。此后,中国人民银行最重要的使命转变为完善金融宏观调控体系,负责防范、化解系统性金融风险,维护国家金融稳定与安全。在此情况下,中国人民银行、证监会、保监会、银监会共同构成了中国金融业的监管格局——“一行三会”,中国金融业也从混业监管走向了分业监管。

(6)由分业走向目标的“一行两会”监管新局面(2018年至今)

2018年3月17日,十三届全国人大一次会议审议通过的国务院机构改革方案,银监会和保监会的职责整合后,组建成为中国银行保险监督管理委员会,作为国务院直属事业单位;银监会、保监会的重要立法权及审慎规制权划入中国人民银行。组建中国银行保险监督管理委员会,深化金融监管体制改革,主要目的是解决现行体制存在的监管职责不清晰、交叉监管和监管空白等问题,强化综合监管,优化监管资源配置,更好统筹系统重要性金融机构监管,逐步建立符合现代金融特点、统筹协调监管、有力有效的现代金融监管框架,守住不发生系统性金融风险的底线。

(二)货币竞争视角下防范化解金融风险的政策建议

1. 均衡货币供求,深化利率市场化改革

近代通货膨胀背景下,政府通过币制改革来对货币流通秩序采取一系列强硬的保障性措施,依靠数量型调控手段,以增加公众对本位币的信心,从而使银行信用得以恢复,货币供求逐渐均衡。当前,随着金融业态的多元化及金融工具的复杂化,货币供应量统计难度有所上升,为均衡货币供求,中国人民银行逐渐从以货币供应量为目标的数量型调控方式向价格型调控方式转变。

(1)推进利率"两轨合一轨",优化市场利率传导机制

2019 年第一季度《中国货币政策执行报告》指出,当前利率市场化改革的一个核心问题是稳妥推进利率"两轨合一轨",理顺资金价格决定机制。现阶段短期的货币和债券市场利率不能够有效地传导是症结所在,中国人民银行应继续深化利率市场化改革,完善市场化的利率形成、调控和传导机制,进一步疏通利率传导,尤其是疏通央行政策利率向信贷利率的传导。通过优化市场化利率的报价机制,让短期的市场利率可以较好地反映资金的供求关系,使商业银行及其他金融机构可以根据短期的市场利率自主地形成信贷市场利率,从而提升金融机构的自主定价能力,充分发挥上海银行间同业拆借利率(Shibor)、中期借贷便利(MLF)以及贷款报价利率(LPR)等利率的市场化定价参考作用,拓展定价空间,适度增强市场竞争,促使金融机构更准确地进行风险定价,更好地服务实体经济。

(2)完善市场利率形成机制,健全利率定价自律机制

目前我国存在贷款基准利率和市场利率并存的"利率双轨"问题。在此机制下,市场利率向实体经济传导形成了阻碍,使得市场利率下行明显但实体经济感受不足,这是当前利率市场化改革迫切需要解决的核心问题。因此,完善贷款市场报价利率(LPR)形成机制,提高 LPR 的市场化程度,发挥好 LPR 对贷款利率的引导作用,推动降低实体经济融资成本至关重要。

当前中国人民银行可从以下两个方面着手切入。一是提高贷款基准利率(LPR)对市场利率敏感度,使其逐步接近货币市场利率波动。如激活 LPR 集中报价和发布机制,扩大以 LPR 定价为基准的贷款范围、规模与期限,将同业拆借和普通贷款均纳入以 LPR 定价为基础的范围内,这样 LPR 将会根据市场化利率实现同步波动,最终影响商业银行的贷款利率和同业拆借利率,也会降低利率并轨对市场的冲击。二是健全利率定

价自律机制。充分发挥监管部门和市场利率定价自律机制对银行的监督作用，把银行的LPR应用情况及贷款利率竞争行为纳入宏观审慎评估(MPA)，督促各银行运用LPR定价，同时企业可以举报银行协同设定贷款利率隐性下限的行为。

(3)深化利率市场化改革，培育有效利率走廊

深化利率市场化改革，还要进一步完善利率走廊机制。有效的利率走廊可以促进货币政策调控框架的转型，增强利率的调控能力，不断疏导货币政策利率向实体经济的传导。目前，我国货币市场利率形式多样，存贷款利率向货币市场利率并轨，中国人民银行应提高常备借贷便利操作效率，培育有效的利率走廊，通过合理选择利率走廊的上下限，进一步打通我国货币市场、信贷市场和债券市场之间的联系，推动我国金融市场中各产品定价基准趋向一致。同时在推进利率市场化改革的过程中，要抓住资管新规实施的时机，彻底打破刚性兑付，使资管产品收益反映风险水平，降低不真实的无风险收益，修复扭曲的利率定价，为利率市场化创造良好环境。

2. 维护币值稳定，推进汇率形成机制改革

近代中国为有效规避汇率风险，维护币值稳定，国民政府首先将外汇管理权从外汇市场的实际操纵者外商银行手里逐步收回，通过国家银行买卖关金来间接控制货币的对外价值。随后，我国金融市场的创新更是层出不穷，不仅有发达的外汇现货交易市场，还有远期市场和期货市场，为当今防范化解汇率风险，制定合理的汇率政策提供了有益的借鉴经验。

(1)保持人民币汇率弹性，稳定外汇市场预期

人民币汇率基本稳定不仅有利于我国企业发展和经济转型，还有利于减少投机因素的干扰，促进我国经济平稳发展，同时避免金融市场的大起大落，为进一步深化汇率改革创造条件。但值得注意的是，保持人民币汇率基本稳定以防范化解金融风险，并不意味着降低人民币汇率弹性。合理的汇率弹性可有效缓解外部冲击、保持我国货币政策的独立性，使货币政策更具操作空间。自1994年以来，我国人民币汇率形成机制改革持续

推进,人民币汇率的形成机理和调整方式越来越市场化,人民币汇率弹性越来越强,人民币国际化程度不断提高。在前期改革基础上,中国人民银行应继续实行以市场供求为基础、有管理的浮动汇率制度,坚持推进汇率市场化改革,完善汇率形成机制,维护人民币汇率在合理均衡水平上的基本稳定。

(2)深化外汇管理体制改革,丰富境内外人民币产品

随着我国综合国力的增强及对外经济交往的扩展,在汇率形成中应考虑人民币与其他货币的兑换率在我国汇率形成机制中的关系,增加外汇交易品种,使汇率由盯住美元逐渐转向盯住一篮子货币。因此,我国应进一步丰富人民币产品和工具,使境内外企业和个人更加灵活使用人民币,以推进人民币全球支付清算体系和全球金融市场基础设施体系建设。而上海作为国际金融中心,更需要紧紧把握金融深化改革开放的重大机遇,充分发挥上海已有的人民币业务集中优势,持续完善市场竞争机制,深化培育创新各类金融产品,构建以人民币产品全球服务体系为核心的金融市场体系。

(3)放宽市场准入限制,健全完善外汇市场

目前银行间外汇市场存在的准入限制使许多机构难以进入,导致市场交易主体较少,难以满足多数交易者的供求。中国人民银行可适当增加市场主体,让更多的金融机构和企业直接参与外汇的买卖,并逐步推广银行代理企业在银行间外汇市场买卖外汇的大额代理交易。这样既有助于避免大机构集中性的交易对市场价格水平的操纵,防止汇率的大起大落,同时也有利于有效降低企业的交易成本,便于监管机构对交易的监控。

3. 强化金融监管,建立宏观审慎监管机制

近代历史上的中交挤兑风潮中,中国银行顶住压力,违抗国民政府停兑令,既平息了风潮,又保住了银行信誉,实则是化解金融危机之楷模,为现代金融监管提供了宝贵的历史经验。当前,中国人民银行作为我国的中央银行,要不断健全货币政策和宏观审慎政策"双支柱"调控框架,有效防范化解金融风险。

(1)建立健全金融监管体系,完善宏观审慎监管构架

一是积极发挥国务院金融稳定发展委员会作用。金融委作为国务院统筹协调金融稳定和改革发展重大问题的议事协调机构，在落实党中央、国务院关于金融工作的决策部署的基础上，要继续统筹金融改革发展与监管，协调金融政策与相关财政政策、产业政策等，分析研判国际国内金融形势，做好国际金融风险应对，研究系统性风险防范处置和维护金融稳定重大政策。

二是加强金融基础设施统筹监管与建设规划。中国人民银行要在垄断货币发行和集中保管存款准备金的基础上，为商业银行提供更高效的银行间支付清算服务，确保支付体系的顺畅运行。同时，强化对金融基础设施建设的规划引领，完善治理，加强协调，最终形成布局合理、治理完善、安全高效、监管有力的金融基础设施体系，推动形成统一包容开放的金融市场，充分发挥金融市场资源配置功能。

三是加强系统性风险监测与评估。完善宏观审慎评估体系（MPA），加强对宏观经济形势、区域金融风险及特定行业趋势的研判，优化商业银行金融稳定压力测试机制，不断扩大压力测试覆盖范围。持续加强对重点领域和突出问题的风险监测和排查，并对地方政府融资平台、金融控股公司、资产管理业务风险、实业企业投资金融业等问题进行重点研究。

（2）不断优化宏观审慎政策，有效防范化解金融风险

一是强化对系统重要性金融机构的监管。系统重要性金融机构在金融体系中居于重要地位，其经营和风险状况直接关系到我国金融体系整体稳健性以及服务实体经济的能力。为此，迫切需要明确政策导向，就系统重要性金融机构监管做出制度性安排，补齐监管短板，防范“大而不能倒”风险和系统性金融风险，有效维护金融体系稳健运行。

二是稳妥化解中小银行局部性、结构性的流动性风险。中小银行是发展普惠金融、服务民营和小微企业的重要力量，但同时也为金融市场带来了较多局部性、结构性和流动性风险。必要时，金融监管部门要为中小银行服务实体经济提供政策支持，通过再贴现、常备借贷便利和扩大抵押品范围以提高中小银行流动性可获得性，通过民营企业债券融资支持工

具为中小银行发行同业存单提供增信,促进中小银行健康发展。

三是充分发挥中央银行“最后贷款人”职责。在金融机构发生资金短缺、周转不灵时,尤其是在发生金融动荡并且其他银行无力或不愿向一些金融机构提供贷款融资时,中央银行应充分发挥好“最后贷款人”的职能,为金融市场或者单个金融机构注入流动性,为金融稳定提供必要条件,守好金融安全网的最后一道防线。

四、加强中央银行数字货币研发,牢牢掌握货币发行权

(一)法定数字货币的竞争优势和研发现状

1. 法定数字货币的定义及其竞争优势

近年来,数字货币发展迅速,逐渐成为大家关注的焦点。关于法定数字货币的研发,更是引起政策制定者、监管机构、产业界、学术界的广泛兴趣。各方对法定数字货币的定义也不尽相同,国际清算银行称法定数字货币为通用型或批发型的加密货币;苏格兰银行认为法定数字货币是一种可用于支付结算,或是具有价值储藏功能的、电子形式的、具有法偿性的中央银行负债;瑞典央行认为,央行发行、不计付利息、具有“交易可追踪性”的电子货币就是法定数字货币;中国人民银行前行长周小川提出数字货币可分为基于账户和不基于账户两种,中国人民银行副行长范一飞进一步指出法定数字货币属于现金范畴(M0)。

综合各方意见,法定数字货币是由国家货币主权机构发行,不限定技术细节,可以是基于分布式账本的加密字符串形式的数字化,也可以是传统的中心化账户所实现的数字化或电子化,是基础货币的数字化形态,本质上是一种具有价值特征、与银行账户松耦合①、注重用户隐私保护的数字现金(M0)。因此,法定数字货币最关键之处即是拥有政府信用背书,因而其价格波动相对稳定,也就能够发挥计价、交易、储藏等一般货币职能。

---

① 账户松耦合:数字货币不依赖传统银行账户体系,而依托于数字货币载体(如数字钱包),以完全脱离或部分脱离传统银行账户的方式实现价值转移,整个交易过程对账户依赖程度较低或完全无关。

私人数字货币没有政府信用背书，价格波动剧烈，并且其他一些诸如算法不易被理解、争端解决机制未能建立等问题难以解决，因而注定不能发挥货币职能，只能作为投资品被投资者买卖。图 8—8 为 2013 年 4 月—2019 年 5 月的比特币价格走势，从图中可以看出，私人数字货币近几年的价值波动，“一夜暴富隔天破产”的现象屡见不鲜。2010 年 5 月 21 日，美国程序员用一万枚比特币换取两款比萨饼，折合市场价 30 美元，即比特币的初始价值相当于 0.003 美元，折合人民币 1.88 分；2017 年 12 月 18 日，比特币价格上升到 18 674 美元的高点；2019 年 4 月，其价格回落到 7 000 美元左右。再如，曾于 2018 年 1 月上涨到 1 000 美元的以太币，目前面临随时价值清零的窘境。2019 年 6 月，Facebook 公司发布的 Libra，采用锚定一篮子货币（主要是美元）的方式，意图建立一个币值稳定的私人部门数字货币，但由于其较低的交易峰值（1 000 笔/秒）[①]、可能会引起货币超发，而普遍不被业界看好。图 8—9 为主要数字货币每日收益的 30 天平均值，图 8—10 为主要数字货币的每秒交易量。

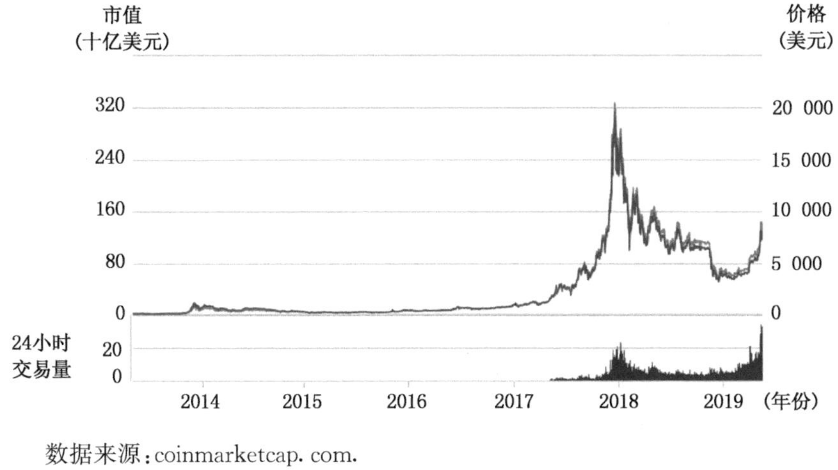

数据来源：coinmarketcap. com.

图 8—8　2013 年 4 月—2019 年 5 月的比特币价格走势图

① 根据 Facebook 披露的 Libra 白皮书《An Introduction to Libra》，Libra 最大只支持 1 000 笔/秒的交易峰值。

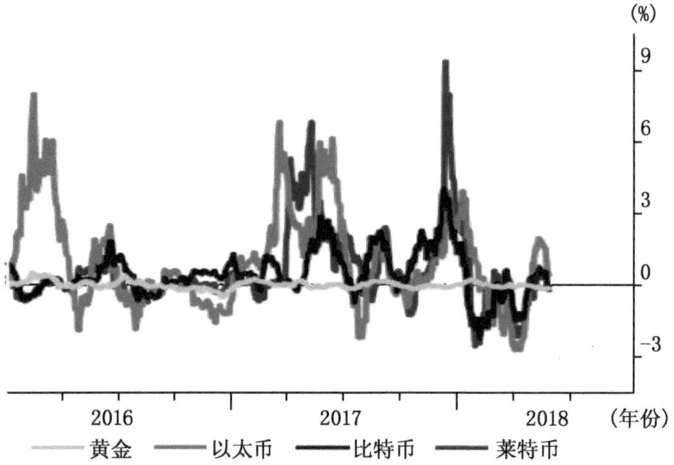

资料来源:bitinfocharts. com.

图 8—9　主要数字货币每日收益的 30 天平均值

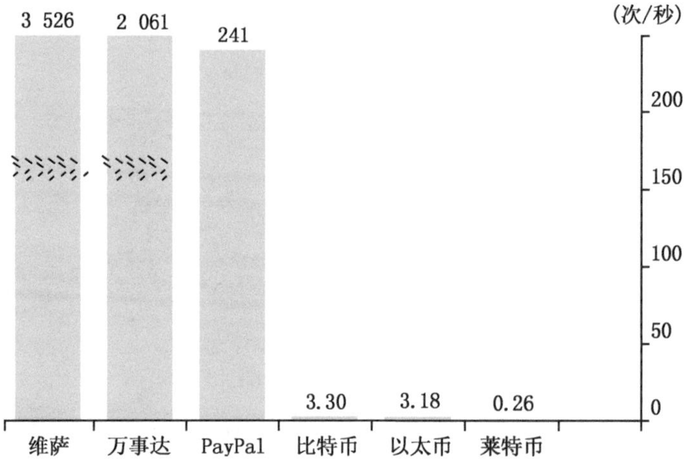

资料来源:bitinfocharts. com.

图 8—10　主要数字货币的每秒交易量

相比第三方支付,法定数字货币的主要优势在于:一是提高支付效率、便利性和安全性。法定数字货币可让用户进行点对点交易,提高金融交易效率，节约交易成本，实现低交易成本、匿名性、自由性与安全性等目标。加拿大银行的研究认为，零售支付体系和大额支付体系的效率和安全性都可以通过法定数字货币得以提升。[①] 国际标准化组织 2017 年初完成的《关于数字货币的安全特征》报告也指出，数字货币技术有利于提升交易活动的便利性、支付的安全性等。二是法定数字货币将打破电子支付市场的自然垄断，提高市场效率。IMF 的研究指出，支付业务具有较强的网络外部性，若缺少央行干预，单纯通过市场竞争，最终可能形成垄断。[②] 由于数字货币与电子支付有着强烈的竞争关系，发行法定数字货币有助于缓解甚至是打破支付市场的垄断，从而推动市场支付体系的重构，诸多支付业务面临着降低收费的压力，有利于降低消费者成本，提高市场效率。三是降低支付服务成本。国际清算银行 2018 年 3 月的一份研究认为，现金的需求量在萎缩到一定程度后将难以进一步下降，央行数字货币真正替代的，不是现金这最后的使用量，而是与其同质性高的电子货币，如银行存款、支付机构账户余额等。[③]

相比现金，法定数字货币具有以下优点：一是降低货币体系的维护运行成本。法定数字货币对现钞的部分替代，将进一步降低货币总体的发行费用，包括纸币和硬币的印制、调运、库存、运输、回笼、清分、销毁成本。同时新增货币发行的边际成本也将大幅下降，相对新增纸币、硬币，在已构筑好的数字货币体系内，新增数字货币的发行成本可以几乎忽略不计。二是使持币人免遭假币危害。假币作为现金的伴生品，与现金如影随形，难以根治。法定数字货币采用不可逆的加密算法，中心化的方式存储账簿，从根源上杜绝了制作假数字货币的可能性，从而保障了持币人的合法权益。三是节约社会综合成本。现有货币运行模式可能带来经济领域以外的社会成本，现金的匿名性，虽然保护了交易者隐私，但也为贿赂、洗

---

① Ben S C Fung, Hanna Halaburda. Central Bank Digital Currencies: A Framework for Assessing Why and How, 2016.

② Michael D Bordo, Andrew T Levin. Central Bank Digital Currency and the Future of Monetary Policy. NBER Working Paper No. 23711, 2017.

③ Central Bank Digital Currencies. Bank for International Settlements, 2018.

钱、偷漏税、毒品交易等非法用途提供了方便。相比现金,可控匿名的法定数字货币具有较好的可追踪性,通过技术手段,可以实现交易的全过程可追踪或可记录,这将在打击非法交易和地下经济等方面发挥重要作用,有利于营造公平有序的市场环境,促进经济活动良性发展。

总的来说,央行发行法定数字货币,可以降低总风险,维护金融稳定,避免私人数字货币的广泛使用可能引发的一些弊端,同时还能提高支付效率、增加支付市场的互通性,从而有利于节约交易成本、支撑负利率货币政策、便利反洗钱等,在未来的货币竞争中处于优势地位。

2. 国际上法定数字货币的研发现状

各国中央银行对法定数字货币的兴趣和态度不一。美国、瑞典主要研发通用法定数字货币以便社会公众日常交易;加拿大和新加坡则主要关注提高实时全额支付系统(RTGS)的效率;欧洲中央银行和日本中央银行联合开展的 Stella 项目已取得积极进展;英国也研究了法定数字货币对 RTGS 的影响。

委内瑞拉等美元化国家急于发行法定数字货币,建立独立、稳定的货币体系。为了去美元化、恢复本国货币体系以及减少铸币收益外流,部分遭遇恶性通货膨胀或美元化的国家通常急于研究和发行本国数字货币。例如,2018 年 2 月,委内瑞拉发布由石油资源支持的主权加密资产石油币(Petro),石油币是人类历史上的第一个国家发行的法定数字货币。

加拿大、新加坡积极参与法定数字货币研发、测试,确保法定数字货币研发处于世界领先水平。加拿大中央银行、新加坡金管局及泰国中央银行分别联合金融科技公司发起 Jasper、Ubin 项目,探索分布式账簿技术(DLT)应用于支付系统(包括 RTGS)以增加系统功能和弹性。

欧洲央行、美联储、俄罗斯央行积极研究和考虑推出法定数字货币,但尚未进入实验环节以评价或验证法定数字货币方案。美联储对 DLT 等基础技术进行了充分的研究,认为发行数字货币的好处和需求都有限,发行法定数字货币需要解决的问题还不明确。欧洲央行拟发行数字基础货币 ECB-Coin,但由于部分欧盟成员国正在研发本国的数字货币(如瑞典中央银行已考虑发行电子克朗 e-krona)，欧盟各成员国诉求不一致，增加了欧洲央行发行数字货币的难度。俄罗斯央行计划发行数字卢布(Crypto Ruble)，拟利用数字货币的去中心化、匿名性等特点参与国际贸易结算，以期绕过当前由欧美发达国家主导建立和控制的全球跨境支付体系，维护本国金融安全。

英国央行和日本央行研究法定数字货币及其影响，但明确表示没有发行法定数字货币的计划。英国央行暂未计划发行法定数字货币，但却是世界范围内最早研究法定数字货币的国家之一。早在 2015 年，英国央行就得出结论，认为发行基于 DLT 的法定数字货币可以让 GDP 稳步增长 3%。此外，英国央行还委托伦敦大学设计了类比特币但受央行控制的 RSCoin。日本央行认为日本依然由现金主宰，中央银行没有发行法定数字货币的必要。

(二)货币竞争视角下加强数字货币研发的政策建议

我国是世界上最早研究数字货币的国家之一，同时也是最早宣布要发行法定数字货币的国家之一。在 2018 年两会[①]上，中国人民银行行长周小川指出，中国人民银行正在研发的法定数字货币名称是“DC/EP”(Digital Currency/Electronic Payment，即具有数字货币特征的电子支付工具)，旨在为零售支付市场提供高效率、低成本以及安全和隐私保护。在中国这样一个大国发行数字货币，采用纯区块链架构无法实现零售所要求的高并发性能，所以中国人民银行应保持技术中性，不预设技术路线，也就是不一定依赖某一种技术路线。同时，为了分散风险、避免金融脱媒、促进技术创新，我国法定数字货币发行宜采用依靠金融机构的双层投放模式，即由央行向指定的数家金融机构投放法定数字货币，再由这些指定的金融机构分别面向其客户或社会公众兑换数字货币。

1. 我国央行数字货币宜采用双层运营体系

一是双层运营有利于充分利用商业机构现有资源、人才、技术等优

① “两会”为中华人民共和国全国人民代表大会和中国人民政治协商会议的简称。

势,通过市场驱动、促进创新、竞争选优。更为关键的是,社会公众已习惯通过银行等商业机构处理金融业务,双层运营也有助于提升公众对央行数字货币的接受度。

二是双层运营有助于分散化解风险。如果仅靠央行自身力量进行研发,既要满足安全、高效、稳定的目标,还要满足亿万用户体验需求,难度很大。同时,央行还受制于预算、资源、人员和技术等客观约束,通过双层运营的设计,可避免将风险过度集中。

三是双层运营可以避免“金融脱媒”。由央行背书的央行数字货币的信用等级高于商业银行存款货币,会对商业银行存款产生挤出效应,可能出现“存款搬家”,进而影响商业银行的贷款投放能力。此外,商业银行吸纳存款能力降低会增加其对同业市场的依赖,抬高资金价格,增加社会融资成本,损害实体经济,引发“金融脱媒”。

2. 我国央行数字货币应以账户松耦合的方式投放,并坚持中心化的管理模式

我国的央行数字货币双层运营体系不同于各种代币的去中心化发行模式,而是中心化运营模式。电子支付工具的资金转移必须通过账户完成,采用的是账户紧耦合方式;央行数字货币则应基于账户松耦合形式,使交易环节对账户的依赖程度大为降低。在基于账户松耦合的同时,央行数字货币还能实现可控匿名,只对央行披露交易数据的可控匿名可以有效抑制逃税、恐怖融资和洗钱等犯罪行为。此外,央行数字货币持有人可直接将其应用于各种场景,也有利于人民币流通和国际化的推进。

3. 我国现阶段的央行数字货币设计注重 M0 替代,避免影响 M1 和 M2

现阶段,中国人民银行数字货币注重 M0 替代,而不是 M1 和 M2 的替代。现有的商业银行账户体系已经实现了 M1 和 M2 的电子化、数字化,所以没有必要再用数字货币进行数字化。中国人民银行数字货币是对 M0 的替代,因此目前是不计付利息的,不会引发“金融脱媒”,也不会对现有的实体经济产生大的冲击。此外,替代 M0 的央行数字货币遵守

现行的所有关于现钞管理、反洗钱和反恐融资等规定，大额央行数字货币可疑交易仍应向中国人民银行报告。

4. 现阶段央行数字货币要对加载智能合约保持审慎态度

中国人民银行数字货币是对 M0 的替代，具有无限法偿性，即承担了价值尺度、流通手段、支付手段和价值贮藏等职能。当前，现钞并未承载任何其他的社会与行政职能，因此，任何加载除法定货币本身功能外的智能合约，都将影响到央行数字货币的法偿功能，甚至使其退化为有价票证，降低央行数字货币的可自由使用程度，也将对人民币国际化产生不利影响，同时还会降低货币流通速度、影响货币政策传导、侵犯公民隐私权，不利于个人权益保护。所以，为保持无限法偿性的法律地位，央行数字货币对加载智能合约应保持审慎态度，不承担除货币应有的职能之外的其他社会与行政职能。

5. 央行数字货币应高度重视保护用户隐私

央行数字货币与私人数字货币的本质区别在于前者不是以盈利为目的，而是以国家信用为担保发行的货币，因此其必须保护公众利益，捍卫持币人隐私。我国的法定数字货币采用双层运营模式，引入了金融机构作为法定数字货币投放的参与者和实施者，在法定数字货币的投放和交易过程中，央行要特别注重持币人的隐私保护，尽可能地杜绝金融机构恶意利用用户交易信息和身份信息开展商业活动，坚持用户信息可控匿名原则，确保只有央行才能访问全量交易数据。

参考文献

一、著作类

[1]张家骧. 中华币制史[M]. 北京：民国大学，1926.

[2]全国财政会议秘书处. 全国财政会议汇编(第二类《财政部十七年度财政施行大纲》)[M]. 上海：大东书局，1928.

[3][奥]耿爱德. 中国货币论[M]. 蔡受百译. 上海：商务印书馆，1929.

[4]张辑颜. 中国金融论[M]. 上海：商务印书馆，1930.

[5]杨荫溥. 上海金融组织概要[M]. 上海：商务印书馆，1930.

[6]陈度. 中国近代币制问题汇编[M]. 台北：学海出版社，1930—1932.

[7]张家骧. 中国之币制[M]. 上海：商务印书馆，1931.

[8]施伯珩. 上海金融市场论[M]. 上海：上海商业珠算学社，1934.

[9][日]吉田虎雄. 中国货币史纲[M]. 周伯棣译. 北京：中华书局，1934.

[10]崔晓岑. 中央银行论[M]. 上海：商务印书馆，1935.

[11]杨荫溥. 杨著中国金融论[M]. 上海：黎明书局，1936.

[12]中国保险年鉴社. 中国保险年鉴(1936)[M]. 北京：中国保险年鉴社，1936.

[13]实业部中国经济年鉴编纂委员会. 中国经济年鉴[M]. 北京：国家图书馆出版社，1936.

[14]实业部银价物价讨论委员会. 中国银价物价问题[M]. 上海：商务印书馆，1936.

[15]中国银行总管理处经济研究室. 全国银行年鉴(1934—1937)[M]. 上海：汉文正楷印书局，1937.

[16]周伯棣. 白银问题与中国货币政策[M]. 上海：中华书局，1938.

[17]中国通商银行. 五十年来之中国经济[M]. 台北：文海出版社，1947.

[18]巫宝三. 中国国民所得(上册)[M]. 上海：中华书局，1947.

[19]中央银行经济研究所.金融法规大全[M].上海:商务印书馆,1947.

[20]吴群敢.在华外商银行的概况[M].上海:现代经济通讯社,1949.

[21]孟宪章.中国近代经济史教程[M].上海:中华书局,1951.

[22]汪敬虞.中国近代工业史资料(第2辑)[M].北京:科学出版社,1957.

[23]献可.近百年来帝国主义在华银行发行纸币概况[M].上海:上海人民出版社,1958.

[24]中国人民银行上海市分行.上海钱庄史料[M].上海:上海人民出版社,1960.

[25]黄苇.上海开埠初期对外贸易(1843—1863)[M].上海:上海人民出版社,1961.

[26]杨端六.清代货币金融史稿[M].上海:三联书店,1962.

[27]廖仲恺.廖仲恺集[M].北京:中华书局,1963.

[28]中国人民银行总行参事室金融史料组.中国近代货币史资料(第一辑)[M].北京:中华书局,1964.

[29]彭信威.中国货币史[M].上海:上海人民出版社,1965.

[30]马克思,恩格斯.马克思恩格斯全集[M].北京:人民出版社,1974.

[31]马克思.资本论(第一卷)[M].北京:人民出版社,1975.

[32]中国第二历史档案馆.中华民国史档案资料汇编(第1辑)[M].南京:江苏人民出版社,1979.

[33]中国人民银行金融研究所.中国农民银行[M].北京:中国财政经济出版社,1980.

[34][美]阿瑟·恩·杨格.一九二七至一九三七年中国财政经济情况[M].陈泽宪,陈霞飞译.北京:中国社会科学出版社,1981.

[35]上海市政协文史资料工作委员会.辛亥革命七十周年——文史资料纪念专辑(上)[M].上海:上海人民出版社,1981.

[36]中国第二历史档案馆.中华民国史档案资料汇编(第2辑)[M].南京:江苏人民出版社,1981.

[37]千家驹,郭彦岗.中国货币发展简史和表解[M].北京:人民出版社,1982.

[38]中国人民银行上海市分行金融研究室.金城银行史料[M].上海:上海人民出版社,1983.

[39][英]卡特,巴丁顿. 实用银行财政学[M]. 姚念慈等译. 北京:中国金融出版社,1984.

[40]冯耿光,林汉甫. 旧中国银行二三事,近代银行业秘辛[M]. 香港:中原出版社,1985.

[41]刘惠吾. 上海近代史(下)[M],上海:华东师范大学出版社,1985.

[42]中国人民银行总行参事室. 中华民国货币史资料(1912—1927)(第一辑)[M]. 上海:上海人民出版社,1986.

[43]千家驹,郭彦岗. 中国货币史纲要[M]. 上海:上海人民出版社,1986.

[44]魏建猷. 中国近代货币史[M]. 合肥:黄山书社,1986.

[45]萧清. 中国近代货币金融史简编[M]. 太原:山西人民出版社,1987.

[46][美]帕克斯·M. 小科布尔. 1927—1937 年上海资本家与国民政府[M]. 蔡静仪译. 北京:中国社会科学出版社,1988.

[47]中国第二历史档案馆,中国人民银行江苏省分行,江苏省金融志编委会. 中华民国金融法规档案资料选编[M]. 北京:档案出版社,1989.

[48]上海社会科学院经济研究所,上海市国际贸易学会学术委员会. 上海对外贸易:1840—1949(上册)[M]. 上海:上海社会科学院出版社,1989.

[49]中国银行北京分行,北京市档案馆. 北京的中国银行(1914—1949)[M]. 北京:中国金融出版社,1989.

[50]姚公鹤. 上海闲话[M]. 上海:上海古籍出版社,1989.

[51]张仲礼. 近代上海城市研究[M]. 上海:上海人民出版社,1990.

[52]上海港史编纂委员会. 上海港史(古、近代部分)[M]. 北京:人民交通出版社,1990.

[53]中国人民银行上海市分行金融研究所. 上海商业储蓄银行史料[M]. 上海:上海人民出版社,1990.

[54]中国人民银行金融研究所. 美国花旗银行在华史料[M]. 北京:中国金融出版社,1990.

[55]中国银行. 中国银行上海分行史[M]. 北京:经济科学出版社,1991.

[56]中国第二历史档案馆. 中华民国史档案资料汇编(第 3 辑)[M]. 南京:江苏古籍出版社,1991.

[57]中国第二历史档案馆. 中华民国史档案资料汇编(第 4 辑)[M]. 南京:江苏

古籍出版社,1991.

[58]中国人民银行总行参事室.中华民国货币史资料(1924—1949)(第二辑)[M].上海:上海人民出版社,1991.

[59]中国银行总行,中国第二历史档案馆.中国银行行史资料汇编(1912—1949)(上编)[M].北京:档案出版社,1991.

[60]中国人民银行金融研究所.日本横滨正金银行在华活动史料[M].北京:中国金融出版社,1992.

[61]戴建兵.中国近代纸币[M].北京:中国金融出版社,1993.

[62]姚遂.中国金融思想史[M].北京:中国金融出版社,1994.

[63]中国第二历史档案馆.中华民国史档案资料汇编(第5辑)[M].南京:江苏古籍出版社,1994.

[64]交通银行总行,中国第二历史档案馆.交通银行史料(1907—1949)(第一卷)[M].北京:中国金融出版社,1995.

[65]中国银行行史编辑委员会.中国银行行史(1912—1949年)[M].北京:中国金融出版社,1995.

[66]于彤,戴建兵.中国近代商业银行纸币史[M].石家庄:河北教育出版社,1996.

[67]《上海海关志》编纂委员会.上海海关志[M].上海:上海社会科学院出版社,1997.

[68]徐新吾,黄汉民.上海近代工业史[M].上海:上海社会科学院出版社,1998.

[69]中国历代货币大系编辑委员会.中国历代货币大系8[M].上海:上海书店出版社,1998.

[70]刘慧宇.中国中央银行研究(1928—1949)[M].北京:中国经济出版社,1999.

[71]马寅初.马寅初全集(第二卷)[M].杭州:浙江人民出版社,1999.

[72]中国历代货币大系编辑委员会.中国历代货币大系9[M].上海:上海辞书出版社,2001.

[73]洪葭管.中国金融史[M].成都:西南财经大学出版社,2001.

[74]上海对外经济贸易志编纂委员会.上海对外经济贸易志[M].上海:上海社会科学院出版社,2001.

[75]叶世昌,潘连贵.中国古近代金融[M].上海:复旦大学出版社,2001.

[76]杜恂诚.中国金融通史(第三卷)[M].北京:中国金融出版社,2002.

[77]仇华飞.中美经济关系研究(1927—1937)[M].北京:人民出版社,2002.

[78]杜询诚.上海金融的制度、功能与变迁(1897—1997)[M].上海:上海人民出版社,2002.

[79][日]菊地悠二.日元国际化———进程与展望[M].北京:中国人民大学出版社,2002.

[80]洪葭管.上海金融志[M].上海:上海社会科学院出版社,2003.

[81]熊月之.上海租界与文化融合[M].上海:上海社会科学院出版社,2003.

[82]潘连贵.上海货币史[M].上海:上海人民出版社,2004.

[83]洪葭管.20世纪的上海金融[M].上海:上海人民出版社,2004.

[84]戴建兵.白银与近代中国经济(1890—1935)[M].上海:复旦大学出版社,2005.

[85]洪葭管.中央银行史料(1928.11—1949.5)[M].北京:中国金融出版社,2005.

[86]千家驹,郭彦岗.中国货币演变史[M].上海:上海人民出版社,2005.

[87]中国社会科学院近代史研究所中华民国史研究室,中山大学历史系孙中山研究室,广东省社会科学院历史研究室.孙中山全集(第2卷)[M].北京:中华书局,2006.

[88]蔡志新.孔祥熙经济思想研究[M].太原:山西人民出版社,2007.

[89]洪葭管.中国金融通史(第四卷)[M].北京:中国金融出版社,2008.

[90]中国政协天津市委员会文史资料委员会,中国银行天津分行.卞白眉日记[M].天津:天津古籍出版社,2008.

[91]米尔顿·弗里德曼,安娜·J.施瓦茨.美国货币史(1867—1960)[M].北京:北京大学出版社,2009.

[92]刘克祥,吴太昌.中国近代经济史(1927—1937)[M].北京:人民出版社,2010.

[93]孟建华.中国现代货币流通理论与实践[M].北京:中国金融出版社,2010.

[94]于海娣.中国历史常识全知道[M].北京:中国华侨出版社,2011.

[95]尤瑟夫·凯西斯.资本之都———国际金融中心变迁史(1780—2009年)

[M]. 陈晗译. 北京：中国人民大学出版社，2011.

[96]默里·罗斯巴德. 银行的秘密：解开美联储的神秘面纱(第 2 版)[M]. 北京：清华大学出版社，2012.

[97]方明. 全球货币战略：霸权博弈[M]. 北京：中国法制出版社，2013.

[98]江沛等. 城市化进程研究[M]. 南京：南京大学出版社，2015.

[99]刘大钧. 上海工业化研究[M]. 北京：商务印书馆，2015.

[100]浙江省博物馆. 银的历程——从银两到银元[M]. 北京：文物出版社，2015.

[101]宋佩玉. 近代上海外商银行研究(1847—1949)[M]. 上海：上海远东出版社，2016.

[102]徐瑾. 白银帝国[M]. 北京：中信出版社，2017.

[103]上海市银行同业公会，复旦大学中国金融史研究中心. 百年追梦：上海市银行同业公会史事编年(1918—2018)[M]. 上海：上海辞书出版社，2018.

[104][英]弗里德里希·冯·哈耶克. 货币的非国家化[M]. 姚中秋译. 海口：海南出版社，2019.

二、期刊类

[1]黎传霖. 中交停兑始末：各处之反动[J]. 护国军纪事，1916，(5).

[2]罗志如. 统计表中之上海[J]. 南京国立中央研究院社会科学研究所季刊，1932，(4).

[3]姚庆三. 中国金融问题之回顾与前瞻[J]. 东方杂志，1933，30(4).

[4]余捷琼. 民国五年中交两行的停兑风潮[J]. 社会科学杂志，1936，(7).

[5]罗尔纲. 清代的元宝纹银[J]. 历史研究，1956，(4).

[6]吴景平. 英国与 1935 年的中国币制改革[J]. 历史研究，1988，(6).

[7]黄汉民. 1933 和 1947 年上海工业产值的估计[J]. 上海经济研究，1989，(1).

[8]吴景平. 美国和 1935 年中国的币制改革[J]. 近代史研究，1991，(6).

[9]穆渊. 新疆近代货币问题上的分裂与反分裂斗争[J]. 新疆大学学报(哲学社会科学版)，1991，(2).

[10]王昭武. 近代新疆货币述略[J]. 民族研究，1992，(3).

[11]张忠民. 近代上海经济中心地位的形成和确立[J]. 上海经济研究，1996，

(10).

[12]骆玉鼎.交易货币化与货币的信用本质[J].财经研究,1998,(9).

[13]关绍纪,朱建君.美国银行制度的改革和联邦储备体系的建立[J].山东大学学报(哲学社会科学版),1998,(1).

[14]姚会元.中外钱币交流及西方银元流入对中国货币近代化的影响[J].福建论坛,2000,(6).

[15]杜恂诚.中国近代两种金融制度比较研究[J].中国社会科学,2000,(2).

[16]吴景平.评上海银钱业之间关于废两改元的争辩[J].近代史研究,2001,(5).

[17]吴福环,宋佩玉.新疆货币金融的近代化[J].新疆大学学报(哲学社会科学版),2002,(3).

[18]何继英,何民华.上海新发现清代窖藏银锭银币[J].收藏家,2002,(5).

[19]陈明.自由与权威的调和——论美国国民银行体系确立的背景、实质及影响[J].湘潭大学社会科学学报,2003,27(5).

[20]朱荫贵.抗战前钱庄业的衰落与南京国民政府[J].中国经济史研究,2003,(1).

[21]陶水木,邹荣华.上海钱业公会在稳定金融中的作用(1917—1927年)[J].历史教学,2004,(1).

[22]杨勇.近代江西地方货币与乡村金融转型[J].中国农史,2005,(4).

[23]李耀华.上海近代庄票的性质、数量与功能[J].财经研究,2005,(2).

[24]周春英.近代中国银行监管制度探析[J].烟台师范学院学报(哲学社会科学版),2006,(2).

[25]邹晓昇.银元主币流通与上海洋厘行市的更替[J].史学月刊,2006,(8).

[26]戴建兵.传统币制的缓慢演变——中国仿铸银元的历程[J].钱币文论特辑,2006,(2).

[27]宋佩玉.竞争·协作·共生:1927—1937年的中外银行业[J].学术月刊,2007,(9).

[28]李晓春.近代外资银行没落原因初探[J].阴山学刊,2008,(2).

[29]刘锡良,王丽娅.国际货币竞争理论研究评述[J].经济学动态,2008,(5).

[30]逄锦彩,王倩.自由银行业思想评述[J].当代经济研究,2008,(7).

[31]戴建兵,陈晓荣.传教士与中国货币[J].江苏钱币,2008,(2).

[32]贺水金.不和谐音:货币紊乱与近代中国经济、社会民生[J].社会科学,2008,(5).

[33]刘巍,郝雁.一种有害的货币供给机制:不可控外生性——对近代中国1910—1935年的研究[J].江苏社会科学,2009,(5).

[34]张宁.近代武汉区域货币中心地位探析[J].湖北大学学报(哲学社会科学版),2009,(3).

[35]姚莉.胡佛的悲剧命运与1929—1933年大萧条[J].宜宾学院学报,2009,(11).

[36]贾雁民,张煜.清代中晚期江苏官银匠的两大独立系统[J].中国钱币,2009,(3).

[37]贾雁民,张煜.清代上海地名银锭漫谈[J].钱币博览,2010,(3).

[38]燕红忠.货币供给量、货币结构与中国经济趋势:1650—1936[J].金融研究,2011,(7).

[39]宋振凌.银本位币制之改进——从本位制构建的角度论“废两改元”[J].经济研究导刊,2011,(11).

[40]刘燕武.天津行化银由宝银转为“虚银两”的过程[J].中国钱币,2011,(2).

[41]戴建兵.中国近代的白银核心型货币体系(1890—1935)[J].中国社会科学,2012,(9).

[42]陈晓荣.论民国金融体系下的商号钱票[J].江苏钱币,2012,(2).

[43]陈永祥,林宝燕.论第一次世界大战对英国经济实力的打击[J].湖南省社会主义学院学报,2012,(5).

[44]李继民.日元国际化历程及受阻原因分析[J].技术经济与管理研究,2014,(1).

[45]赵星宇.浅析1916年中国银行上海分行应对停兑风潮[J].榆林学院学报,2014,(24).

[46]管汉晖,陈博凯.货币的非国家化:汉代中国的经历(前175—前144年)[J].经济学季刊,2015,(4).

[47]巫云仙.美国银行制度变迁中联邦政府与地方势力的博弈探析——以银行业的数量变化为中心[J].政治经济学评论,2015,6(2).

[48]刘愿,岳翔宇.银行商誉资本与货币竞争性发行——来自中国白银风潮前夕银行微观数据的经验证据[J].财经研究,2016,(3).

[49]刘愿.市场结构、银行行为与1921—1937年上海物价波动——以中国银行上海分行为中心的分析[J].中国经济史研究,2016,(4).

[50]巴里·艾肯格林.英镑的过去,美元的将来——历史视角下的国际储备货币竞争[J].财经智库,2017,2(5).

[51]金源云,李国强.鸦片战争赔付款实付银两数额再研究[J].河北大学学报,2017,(1).

[52]崔志海.精琪访华与清末币制改革[J].历史研究,2017,(6).

[53]王小欧.日英在1935年中国币制改革问题上的对立——从棉业竞争角度的观察[J].长春师范大学学报,2017,(1).

[54]孟建华.改革开放40年中的人民币[J].中国金融家,2019,(4).

三、学位论文类

[1]宋佩玉.1840—1911年中国货币制度研究[D].乌鲁木齐:新疆大学,2001.

[2]王利中.民国前期(1912年—1927年)中国货币制度研究[D].乌鲁木齐:新疆大学,2003.

[3]郑成林.从双向桥梁到多边网络—上海银行公会与银行业(1918—1936)[D].武汉:华中师范大学中国近代史研究所,2003.

[4]王晶.上海银行公会研究(1927—1937)[D].上海:复旦大学,2003.

[5]邹晓昇.上海钱业公会研究(1917—1937)[D].上海:复旦大学,2006.

[6]孟川.近代青岛货币金融述论(1897—1937年)[D].苏州:苏州大学,2007.

[7]李昌宝.中国近代中央银行思想研究[D].上海:复旦大学,2007.

[8][日]木村泰枝.西方·日本·中国——日本人的"上海梦"[D].上海:复旦大学,2008.

[9]余秀荣.国际金融中心历史变迁与功能演进研究[D].沈阳:辽宁大学,2009.

[10]孙宏伟.国际货币竞争力研究[D].北京:外交学院,2010.

[11]马峥.从英镑到美元:国际货币霸权转移研究[D].沈阳:东北大学,2011.

[12]李智.货币金融版图的国际区域扩张研究[D].长春:东北师范大学,2011.

[13]彭景景.民国时期马寅初经济思想研究[D].郑州:郑州大学,2012.

[14]李石.“滇币”始末——民国时期云南地方货币金融体系初探[D].昆明:云南大学,2013.

[15]张振家.东亚地区货币竞争与人民币国际化研究[D].沈阳:辽宁大学,2013.

[16]许明霞.1935年国民政府法币改革研究——以非对称依赖为视角[D].上海:华东师范大学,2014.

[17]郝明超.1927—1937年中国金融制度现代化研究[D].哈尔滨:哈尔滨工业大学,2014.

[18]王宝忠.利益集团与民国“废两改元”货币制度改革研究[D].沈阳:辽宁大学,2017.

四、外文类

[1]Friedman. The Methodology of Positive Economics in Milton Friedman Essays in Positive Economics[M]. University of Chicago Press, 1953.

[2] Friedman. A Program for Monetary Stability [M]. Fordham University Press, 1960.

[3]Mundell R A. Theory of Optimum Currency Areas[J]. American Economic Review, 1961,(51).

[4]Mckinnon R L. Optimum Currency Areas[J]. American Economic Review, 1963,(53).

[5]Kenen P B. The Theory of Optimum Currency Areas. An Eclectic View. Monetary Problems in the International Economy[M]. University of Chicago Press, 1969.

[6]Ingram J C. Comment. The Currency Areas Problem, Monetary Problems in the International Economy[M]. University of Chicago Press, 1969.

[7]V K Chetty. On Measuring the Nearness of Near Moneys[J]. American Economic Review, 1969,(59).

[8]Milton Friedman, Schwartz. Monetary Statistics of the United States[M]. Columbia University Press, 1970.

[9]Haberler G. The International Monetary System. Some recent Developments and Discussions[M]. Princeton University Press, 1970.

[10]Fleming. On Exchange Rate Unification[J]. Economic Journal, 1971,(18).

[11]Brunner K, Meltzer A H. The Use of Money. Money in the Theory of an Exchange Economy[J]. American Economic Review, 1971,(61).

[12]Klein B. The Competitive Supply of Money[J]. Journal of Money, Credit and Banking, 1974,(6).

[13]Hayek. Choice in Currency, A Way to Stop Inflation[M]. Institute of Economic Affairs, 1976.

[14]Tower E, Willett T D. The Theory of Optimum Currency Areas and Exchange-rate Flexibility[J]. Special Paper in International Economics, 1976,(11).

[15]Miles M A. Currency Substitution, Flexible Exchange Rate and Monetary Independence[J]. American Economic Review, 1978,(68).

[16]Bryant. The Competitive Provision of Fiat Money[J]. Journal of Banking & Finance, 1981,(5).

[17]McKinnon R I. Currency Substitution and Instability in the World Dollar Standard[J]. American Economic Review, 1982,(72).

[18]Lawrence White. Free Banking in Britain[M]. Cambridge. CUP, 1984.

[19]Kawai M. Optimum Currency Areas[M]. Stockton Press, 1987.

[20]Oh S. A Theory of a Generally Acceptable Medium Exchange and Barter [J]. Journal of Monetary Economics, 1989,(23).

[21]Rawski Thomas G. Economic Growth in Prewar China[M]. University of California Press, 1989.

[22]Eugene W. Banking in a revolution[A]. Forrest H Capie, Geoffrey E Wood. Unregulated Banking: Chaos or order? [C]. London: Macmillan, 1990.

[23]Hugh Rockoff. Lessons from the American Experience with Free Banking [A]. Forrest H Capie, Geoffrey E Wood. Unregulated Banking: Chaos or Order? [C]. London: Macmillan, 1990.

[24]Down K, Greenaway D. Currency Competition, Network Externalities and Switching Costs. Towards an Alternative View of Optimum Currency Areas[J]. The Economic Journal, 1993,(420).

[25]Sahay R, Vegh C. Dollarization in Transition Economies[J]. Evidence and

Policy Implication, 1995,(45).

[26]Bernanke B. The Macroeconomics of the Great Depression: A Comparative Approach[J]. Journal of Money, Credit and Banking, 1995,(27).

[27]Cavalvanti R, Erosa A, Temzelides T. Private Money and Reserve Management in a Random-Matching Model[J]. The Journal of Political Economy, 1999,(107).

[28]Berentsen A. On the Private Provision of Fiat Currency[J]. European Economic Review, 2006,(50).

[29]Martin A, Schreft S. Currency Competition. A Partial Vindication of Hayek[J]. Journal of Monetary Economic, 2006,(53).

五、其他

[1]上海市档案馆,中央银行上海分行编. 我国中央银行之沿革. 上海:上海市档案馆. 档号:Q5—2—4.

[2]中国第二历史档案馆藏国民政府档案:中央银行筹备经过及筹设调整各地分支行州附西北军提走甘省行现金引起纸币贬值,档号:一—2431.

[3]《发行独立准备公开制度之创设及实行》,《交通银行月刊》增刊第 1 号,1925 年 5 月,第 4 页,上海档案馆藏,档号 Q55—2—234.

[4]《中央银行营业报告》1928 年、1937 年上期,中国第二历史档案馆藏,档号(三九六—0672).

[5]《中央银行现制之解剖》,上海市档案馆藏(中央银行上海分行档案),档号 Q53—2—4,1908—1953.

[6]北京通信[N]. 申报,1921-11-19.

[7]中交兑现之昨讯[N]. 申报,1921-11-18.

[8]北京金融界风潮别报[N]. 申报,1921-11-18.

[9]義农. 兑现潮中之舆论一斑[N]. 银行周报,1921-11-29.

[10]郑维均. 小银行滥兴杂感[N]. 银行周报,1922-02-14.

[11]静如. 武汉金融恐慌记[N]. 银行周报,1927-10-04.

[12]汉口中央银行被劫[N]. 银行周报,1927-11-29.

[13]中央银行开幕记[N]. 银行周报,1928-11-06.

[14]中央银行条例与 17 年金融公债条例[N]. 银行周报,1928-10-09.

[15]中央银行兑现风潮纪略[N]. 银行周报,1929-03-20.

[16]贝淞孙. 废两改元问题[N]. 银行周报,1932-05-31.

[17]国家关税税则委员会. 上海商品年度报告[R],1934.

[18]子明. 国人应自动抵抗外资银行增发钞票[N]. 银行周报,1935-03-05.

[19]胡孟嘉兼任中国实业银行总经理[N]. 银行周报,1935-06-04.

[20]叶琢堂兼任四明银行总理[N]. 银行周报,1935-06-04.

[21]杜月笙任通商银行董事长[N]. 银行周报,1935-06-22.

[22]新货币政策实行以后[N]. 银行周报,1935-10-19.

[23]李思浩,吴震修. 关于上海中国银行 1916 年抗令兑现的回忆[A]. 全国政协文史资料研究委员会. 文史资料选辑(第 49 辑)[C]. 北京:文史资料出版社,1964.

[24]唐传泗,黄汉民. 试论 1927 年以前的中国银行业[A].《中国近代经济史丛书》编委会. 中国近代经济史研究资料(第 4 辑)[C]. 上海:上海社会科学院出版社,1985.

[25]杜恂诚. 二十世纪二三十年代上海的远东金融中心地位[A]. 上海金融的现代化与国际化国际学术讨论会论文集[C]. 上海:上海古籍出版社,2003.

[26]卓遵宏. 中央银行与近代上海金融中心地位(1927—1937)[A]. 上海金融中心地位的变迁[C]. 上海:复旦大学出版社,2005.

[27]王琪森. 上海光复起义与辛亥革命[N]. 文汇报,2011-08-08.

[28]国际清算银行. 2018 年年度经济报告[EB/OL]. https://www.bis.org/publ/arpdf/ar2018e.pdf. 2018.

[29]2018 国际金融中心发展指数报告[EB/OL]. http://upload.xinhua08.com/2018/0713/1531467701815.pdfTheGlobalFinancialCentresIndex25Report[EB/OL]. https://www.zyen.com/.

后　记

党的十九大报告指出，文化是一个国家、一个民族的灵魂；文化兴国运兴，文化强民族强；没有高度的文化自信，没有文化的繁荣兴盛，就没有中华民族的伟大复兴。货币是不同时代政治经济和文化技术发展的缩影，货币竞争在历史长河中与货币的演变相伴相生。上海近代的货币竞争历史，不仅是对我国传统货币文化的继承和发展，而且也是东西方货币思想交流碰撞的产物，见证了货币形态、货币制度的变迁，蕴含着丰富的历史经验和教训。新中国成立70周年以来，我国的货币主权实现了统一，货币制度不断健全。同时，我们也必须认识到，当前非现金支付和数字货币的迅猛发展，对传统的现金支付和以中央银行为核心的货币发行体系形成了潜在挑战，也对人民币法定货币地位带来冲击。面对这些挑战和冲击，只有加强货币史研究，探求货币发行流通背后的经济发展机理和制度演进脉络，吸取货币竞争历史经验教训，保持对中国传统货币文化的自信，才能在科技金融和多元文化的激流中站稳脚跟，提高我国货币软实力和话语权，为人民币在各层次的货币竞争中赢得主动权。

本书是集体智慧的结晶。在成书过程中，余文建局长发挥了统筹协调作用，确定选题、拟定框架思路，组织多次学术讨论并提出关键修改意见与建议；作为本书主要参与者和撰写人，吴金友、魏雅丽、王笑、左勇、盛苗、陆岳、马士荣、黄飞燕、胡谦做了大量工作，付出了辛勤劳动；中国人民银行上海总部金融服务一部季家友主任、陈勇副主任、梁伟副主任以及货币金银处俞伟强处长等协调各方资源予以支持，并给出撰写意见或建议。本书在构思撰写初期，复旦大学中国金融史研究中心吴景平教授、张徐乐副教授、辜雅博士以及上海造币厂黄超高级经济师等提出了宝贵意见和建议;在查阅大量史料档案的过程中,也得到了上海图书馆(南汇书库)、上海市档案馆、上海博物馆、上海市银行博物馆、上海造币博物馆、上海市钱币学会等倾力相助;同时,本书得以付梓,也获得了上海市支付清算协会和上海市钱币学会的支持,在此一并表示感谢。

由于水平有限,错误或疏漏在所难免,敬请广大读者批评指正,并诚挚希望多提宝贵意见,以便不断修改完善。